# 民国海魂

## 抗战海军英豪肖像

刘传标◎编著

中国社会科学出版社

**图书在版编目（CIP）数据**

民国海魂：抗战海军英豪肖像 / 刘传标编著. — 北京：
中国社会科学出版社，2015.4
ISBN 978-7-5161-5323-9

Ⅰ. ①民… Ⅱ. ①刘… Ⅲ. ①海军－军事人物－生平
事迹－中国－民国 Ⅳ. ①K825.2

中国版本图书馆CIP数据核字(2014)第306563号

| | | |
|---|---|---|
| 出 版 人 | 赵剑英 | |
| 责任编辑 | 武 云 | |
| 特约编辑 | 张 瑜 | |
| 责任校对 | 张 敏 | |
| 责任印制 | 李寡寡 | |
| 出 版 | 中国社会科学出版社 | |
| 社 址 | 北京鼓楼西大街甲158号（邮编 100720） | |
| 网 址 | http://www.csspw.cn | |
| 发 行 部 | 010-84083685 | |
| 门 市 部 | 010-84029450 | |
| 经 销 | 新华书店及其他书店 | |
| 印 刷 | 北京市大兴区新魏印刷厂 | |
| 装 订 | 廊坊市广阳区广增装订厂 | |
| 版 次 | 2015年4月第1版 | |
| 印 次 | 2015年4月第1次印刷 | |
| 开 本 | 787×1092 1 / 16 | |
| 印 张 | 22 | |
| 字 数 | 375千字 | |
| 定 价 | 58.00元 | |

# 前　言

　　1931年9月18日，日本法西斯侵略者悍然发动"九一八"侵华事变。1937年"七七事变"又发动了全面侵华战争，当时中国海军仅有66艘军舰，总排水量6.8万吨，而日本海军的总排水量达120万余吨，在数量上中国海军只有日本海军的5%；在质量上，中国海军仅拥有轻巡洋舰以下的各种舰艇，而且新旧不一，武器装备落后，日本海军不仅种类全，拥有包括战列舰和航空母舰在内的各型舰艇，而且还有大量新型舰艇在造。更为重要的是，日本海军还编有庞大的航空兵部队和陆战队，达12.7万人，而中国海军官兵总共仅为2.5万人左右，仅为日海军的六分之一。江阴、武汉、鄂西会战后，丧尽制海权和内河主河道的制河权，在亡国灭种的危难关头，无论是制定战略的高层指挥官，还是普通士兵，浴血奋战，以血肉之躯筑起了捍卫民族尊严的钢铁长城，无数英烈英名永远彪炳史册。

　　勿忘历史，勿忘先烈。缅怀在争取民族独立和自由过程中英勇献身的海军英烈，铭记他们建立的不朽功勋。

　　继承先烈遗志，弘扬爱国精神，团结奋进，建设海洋强国。筑梦复兴，告慰忠魂。

　　《民国海魂》收录了抗日战争期间海军抗日高层指挥官和对日作战中阵亡的英烈。

　　《民国海魂》根据历史档案，参考国内外及台湾地区已经出版的各种书刊；近代海军人士的回忆录、访谈录，及海军后代撰写的纪念其先人的文章；人物相片来源于海军后代及历史档案、旧书刊等。

# 目　录

# 陈策

## ——香港保卫战中的"东方纳尔逊"

### （1893—1949）

陈策，原名明堂，字筹硕。广东省琼山县（今海南省文昌县）会文镇沙港上圮村人，生于清光绪十九年（1893年），3岁时随父亲到新加坡，8岁时回国。小学毕业后到省城广州，初入专门工业学校，与张发奎等为同学。

光绪三十四年（1908年），陈策转入广东黄埔水师学堂第十五届驾驶班学习。

宣统三年（1911年）初，陈策加入同盟会后。八月十九日（10月10日）武昌起义爆发后，陈策在海口响应起义，组织东山炸弹队，任炸弹队队长、敢死队指挥，组织进攻海口城。时琼崖县令诈降，开城门让陈策等潜入城内，却暗藏大批清兵围攻陈策等，陈策败退出城，匿藏于水渠内，清兵追至，以竹竿探渠，有一"过基峡"（蛇，又称银脚带，银环蛇，剧毒）从渠口出，扑向清兵，清兵弃竿而遁。

1912年1月1日，中华民国南京临时政府建立。4月，广东政府改广东水师工业学堂为"广东海军学校"（李田任校长）。陈策返回"广东海军学校"继续学习。

1914年，陈策等被派往"楚豫"炮舰见习舰课。

　　1915年12月12日，袁世凯称帝，蔡锷等人发动护国运动，陈策在黄埔海军学校成立"海校同志会"，密谋策动驻广州的"宝璧"、"江巩"舰起义讨伐袁世凯。讨袁失败后陈策流亡香港。

　　1916年12月1日，陈策毕业于黄埔海军学校第十五届驾驶班。

　　1917年4月15日，为了向黎元洪总统和国会施加压力，段祺瑞假军事会议之名，欲用武力要挟国会，爆发"府院之争"。

　　7月2日，广东省长朱庆澜邀请孙中山组织军政府。7月21日，在孙中山及粤省议会一再发电敦促下，程璧光、林葆怿，借赴象山港演习为名，率领第一舰队的"海圻"（舰长汤廷光）、"永丰"（舰长魏子浩）、"福安"（舰长李国堂）、"飞鹰"（舰长方佑生）、"同安"（舰长吴光宗，因他不在舰，由梁渭璜代理舰长职）等舰南下广东参加孙中山领导的护法斗争。

8月2日，林葆怿率领"海圻"、"永丰"、"飞鹰"、"同安"、"豫章"、"舞凤"、"福安"7舰抵达广州。

9月1日，国会非常会议选举孙中山为广州军政府海陆军大元帅，程璧光任护法军政府元帅部海军部长、林葆怿任护法海军总司令兼舰队司令。

9月19日，陈策任护法军政府大元帅府海军参议。

由于护法舰队中多为广东海校学员，陈策因此威望日增。

1919年，陈策代表"黄埔海军学校同志会"赴漳州向时任"闽粤军"总司令陈炯明游说"顺师讨逆"，促使陈炯明从漳州回到广东支持孙中山。陈策也因此得到孙中山先生的器重。

当时，孙中山帐下的海军力量包括两支，大型舰艇主要来自拥护护法的原第一舰队，包括当时中国最大的战舰"海圻"号巡洋舰，最早使用透平主机的"肇和"号巡洋舰等，还有一部分力量是原来清朝广东水师的若干小型舰艇的广东江防舰队。

1920年夏，时江防舰队内部腐败滋生，孙中山派孙科到澳门以特派员名义成立办事处，策动在粤海陆军起义。陈策奉孙中山密令，组织民军武装，自任前敌指挥，并依靠广东海军学校毕业出来的第十四、十五、十六期校友，策划江防舰队的"江大"、"江固"、"江巩"三舰起义。

7月15日，陈策、冯肇宪等人联络"江固"、"江大"舰上内应，准备午夜夺舰。晚10时许，冯肇宪获悉有一批人提前在省河东堤将"江固"舰劫走，以为计划暴露而取消行动。

8月23日，广东江防舰队的"江大"、"江固"二舰，宣布起义，加入反桂作战。陈策等因此得到孙科的信任，陈策出任广东航政局局长。

1921年，陈策奉孙中山之命出任广西抚河船舶管理局局长。

4月7日，国会非常会议在广州召开，成立中华民国政府，孙中山被推选为非常大总统。

5月5日，孙中山在广州就任中华民国非常大总统，设总统府于广州观音山（越秀山）南麓。广东护法军政府海军部改称"中华民国政府海军部"。

5月6日，中华民国非常大总统孙中山正式任命汤廷光为海军部长，林永谟为海军次长兼舰队司令，"永丰"舰舰长毛仲芳兼参谋长。孙中山先生委派陈策为长洲要塞司令、广东海军陆战队司令。

毛仲芳任护法海军参谋长后，因总司令林永谟将一切事务交他处理，渐渐独揽大权，海军官兵内部则因省籍问题结成两大派，即闽籍为一派，非闽籍为一派，两派经常发生争斗殴打。

1922年3月26日，护法舰队中非闽籍官兵向非常大总统孙中山建议"以非常手段夺回海军控制权"。孙中山也认为护法舰队前段依附桂系，一些舰艇指挥官又沟通北洋政府海军官员，给陈炯明以可利用之机。于是决心对护法海军进行整顿。密令原"同安"舰舰长温树德和长洲要塞司令陈策为正、副海军改革指挥官。

3月31日，陈策、温树德密召参谋长吴志馨、"海圻"舰协长田炳章、鱼雷大副赵梯昆、"肇和"舰副长田士捷和欧阳格、李毓藩、郭朴等士官会商"夺舰"事宜。经通宵密谋，决定以敢死队突击的方式登上舰艇，武力夺取军舰，驱走闽人，接管并改建舰队。

4月26日晚上，陈策代表孙中山大总统在东山飞机厂召开"夺舰"敢死队队员会议。决定由长洲要塞司令陈策带领江防舰队夺取驻泊黄埔的"海圻"、"海琛"、"肇和"等大舰。

4月27日，孙中山密令对护法舰队各舰实行总攻击。至下午5时，各舰相继归顺，"夺舰"成功，将闽籍海军官兵全部驱逐出境。

4月30日，孙中山对驻粤海军进行改组，并重新任命护法舰队各舰舰长。任命温树德为海军舰队司令兼"海圻"舰舰长，吴志馨为"海琛"舰舰长，田士捷为"肇和"舰舰长，欧阳格为"飞鹰"舰舰长，冯肇宪为"永丰"舰舰长，丁培龙为"永翔"舰舰长，招桂章为"楚豫"舰舰长，田炳章为"同安"舰舰长，何瀚澜为"豫章"舰舰长，林若时为"福安"舰舰长，袁良骅为"舞凤"舰舰长，孙祥夫为陆战队司令。陈策"勇猛敢战"晋升为海军少将。5月3日，陈策任大本营第四路游击司令；5月5日陈策任广东海防司令，粤海舰队临时指挥部副指挥。

6月16日，陈炯明、叶举叛变，围攻孙中山总统府。陈策等迎护孙中山抵海军司令部，登"楚豫"号炮舰。6月17日，护送孙中山由"楚豫"舰转登"永丰"舰（舰长冯肇宪）。6月21日，陈策等海军官兵到"永丰"舰，表示一致服从孙大总统。陈策等与"永丰"舰官兵发出"海军舰队护法讨陈（炯明）"通电，否认与陈炯明叛军议和的海军总长汤廷光具有代表海军之权利。

6月24日，孙中山在广州黄埔"永丰"舰上接见香港《士密西报》记者，申明照常行使总统职权。6月26日，广州各界代表应陈炯明部属之请，赴"永丰"舰恳求调和，孙中山则向他们表明反击叛军的严正立场。

7月9日，因海军司令温树德率"海圻"、"海琛"、"肇和"三艘大舰叛离黄埔，海军陆战队也向陈炯明叛军投降，致使与海军互为犄角之势的长洲要塞陷落，孙中山被迫率"永丰"、"楚豫"、"同安"、"豫章"四舰驶避新造村河面，决计鼓勇冲入省河。7月10日凌晨2时，陈策等率"永丰"等四舰由海心冈驶至三山河口。拂晓，命各舰炮击叛军。上午9时30分，孙中山乘"永丰"舰率先前进，"楚豫"、"同安"、"豫章"舰鱼贯跟随，边战边行，驶至炮台附近，"永丰"舰中弹，时值孙中山、蒋介石、陈策等站立甲板上，险些中弹。经过激战，"永丰"等舰相继通过炮台，进抵省河白鹅潭。时粤海关英国税务司登"永丰"舰晋见孙中山，竟以白鹅潭是通商港口和毗邻沙面租界为借口，提出舰队驶离白鹅潭及孙中山离粤之无理要求。孙中山予以严词驳斥，指出："此为我之领土，我可往来自由。"英国税务司无言以对，黯然离舰。

陈炯明、叶举的叛军因"永丰"、"楚豫"、"同安"、"豫章"四舰在白鹅潭与外舰毗邻而泊，不敢发炮轰击，遂令江防司令周天禄以水雷炸沉"永丰"舰，事成酬以水警厅厅长一职。周天禄随即到广南船坞，与其同事徐直等制造水雷，并教会徐直怎么施放水雷的方法。7月19日，徐直自驾小轮，率3人潜至白鹅潭放置水雷。10时许，水雷爆炸，当时正值涨潮，"永丰"舰移位未能命中。

7月23日，原护法舰队司令温树德在"海圻"舰向驻泊白鹅潭的"永丰"等舰发出电令，命立即驶离白鹅潭，到莲花山外锚地归队，否则严加惩处。

7月27日，温树德致函孙中山，要求孙中山"早日离粤，并饬永丰四舰归队"。

8月9日，孙中山在蒋介石、陈策等陪同下离开"永丰"舰，乘英国"摩汉"号炮舰赴港。

8月12日，温树德接收"永丰"、"楚豫"、"同安"、"豫章"四舰，并重新任命了四舰舰长。

12月26日，北伐军在广西大湟江举行"白马会盟"。12月31日誓师东下。

1923年1月3日前锋到达肇庆边境，1月9日攻克肇庆。陈炯明粤军第一师陈济棠一团及四团工兵营长邓演达阵前起义，1月10日攻克三水；1月15日占领广州，洪兆麟在汕头宣告与陈炯明脱离关系，欢迎孙中山回粤。陈炯明通电下野，残部向惠州逃窜。

1月20日，在粤的滇、桂、粤军及海军将领和两广人民代表多次致电吁请孙中山回广东主持军政大局。

2月15日，孙中山由上海回到广州，2月21日以"陆海军大元帅"名义行使职权，任命陈策为海防司令。

3月14日，陈策任"陆海大元帅府"江海防舰队司令兼盐务缉私主任，率领广东海军讨伐陈炯明。

1924年1月16日，陈策因派舰为商人拖运谷船，在金斗湾与香山县驻军冲突，随即派陆战队乘军舰将当地驻军缴枪并攻入香山县城。香山县长朱卓文向广州军政府陆海军大元帅孙中山控告陈策。

1月17日，广州军政府陆海军大元帅孙中山下令免去陈策海防司令之职，任命冯肇铭代理海防司令。

在共产国际的帮助和撮合下，国共两党以"党内合作"的形式实现了第一次合作。

1月20日至30日，在中国共产党人的参加与帮助下，孙中山在广州召开了国民党第一次全国代表大会，重新解释了三民主义。大会通过了共产党人起草的以反帝反封建为主要内容的宣言，确定了"联俄、联共、扶助农工"的三大政策，从而把旧三民主义发展为新三民主义。

1925年3月12日，孙中山先生逝世，蒋介石掌握国民党军权。

7月1日，广州的大元帅府改组为中华民国（广州）国民政府。所辖军队统一改编为国民革命军。成立国民政府军事委员会，请苏联资助建设海军，撤销"建国粤军总司令部舰务处"，另在国民政府军事委员会下设"军事委员会海军局"，统辖在广东的海军各舰艇。苏联派斯美诺夫将军为海军局局长（先后代局长：欧阳琳、李之龙、潘文治）。局内设军事厅（厅长兼"永丰"舰舰长欧阳琳）、教育厅（厅长肖广业）、审计处（处长冯肇铭）、政治部（主任李之龙，共产党员），下辖全省大小各军舰。

陈策被聘为（广州）国民政府军事委员会"海军局"顾问，陈策自此偏离国民党的统治核心。

1926年7月4日，中国国民党中央执行委员会通过《出师北伐宣言》。

7月8日，（广州）《国民革命军总司令部组织大纲》颁布实施，将国民政府军事委员会海军局裁撤归并由国民革命军总司令部节制。蒋介石一直倚重潘文治，在国民革命军军事委员会另成立"海军处"，潘文治任处长、冯肇铭充任"海军处"副处长。

7月9日，国民革命军在广州举行北伐誓师典礼。蒋介石发表宣言、通电和告广东军民书等，以国民革命军总司令名义，宣告北伐战争正式开始。北伐军兵分三路，西路军为主力，担任正面作战，兵力约5万，进攻两湖，直指武汉；中路军进攻江西孙传芳部；东路军向敌兵空虚的浙闽进军；第五军留守广州根据地。

北伐正式开始后，国民革命军接连攻克长沙、平江、岳阳等地，8月底取得两湖战场上的关键一战——汀泗桥、贺胜桥战役胜利。

10月，北伐军进抵武汉，先后占领武昌、汉阳、汉口，全歼吴佩孚部主力。因北伐军节节胜利，闽系海军决定与北伐军合作。

11月26日，在林知渊策动下驻厦海军警备司令林国赓、海军陆战队队长林忠率部在厦门起义归附国民革命军，所部改编为国民革命军闽厦海军，指挥官林知渊。

12月10日，驻泊福州马尾等地的海军第一舰队，在司令陈季良的率领下，宣布服从国民政府，首先易帜归附国民革命军。林国赓随海军易帜参加国民革命军。

1927年3月14日，海军总司令杨树庄正式宣布与国民革命军合作，通电率领第一、第二舰队和练习舰队所属44艘舰艇易帜，加入国民革命军。杨树庄任国民革命军海军总司令。

广东海军的地位又从"中央"降为"地方"，国民政府军事委员会"海军局"改制为广东舰队司令部，林振雄任司令。

4月18日，陈策任国民革命军海军总司令部驻南京办事处副处长、军事委员会海军局顾问、广东"清党"委员会委员兼情报处处长，广州特别市党部委员兼组织部部长。

5月，陈策奉蒋介石之命出任驻香港的私人代表。

6月1日，驻广东海军重组，设立"广东舰队司令部"（潘文治任司令，归当时主持广东军政的国民党广州政治分会主席、第八路军总指挥李济深节制）。

6月22日，李济深下令将广东各舰艇重新编组为"广东海防舰队"、"广东江防舰队"、"广东运输舰队"。"海防舰队"有"中山"、"飞鹰"、"广金"、"民生"、"自由"、"舞凤"六舰，"江防舰队"有"江固"等23艘舰艇，"运输舰队"有"福安"等19艘舰艇。

11月16日，张发奎乘李济深到上海参加国民党中央会议，率领所部回广州会同李福林在广州发动兵变，夺取广东军政大权。

11月17日，张发奎下令裁撤"广东海军舰队司令部"，代之以"广东军事委员会舰务处"，并免去"广东海军舰队司令"潘文治之职，改由冯肇铭（冯肇宪的胞弟）为"广东军事委员会舰务处"主任（处长）。冯肇铭上任后，为了掌握海军，先撤了"飞鹰"舰舰长舒宗鎏之职，但新任舰长黎钜镠登舰时却被舰上官兵拒之门外。陈策也拒绝服从"广东军事委员会舰务处"主任（处长）冯肇铭之令，表示效忠中枢（中央）。

12月2日，舒宗鎏驾驶"飞鹰"舰绕避虎门炮台，出走汕头，与拥护李济深的第十一师师长陈济棠等取得联系，共同反对张发奎。

12月11日凌晨，中共广东省委张太雷、叶挺、恽代英、叶剑英、杨殷、周文雍、聂荣臻等在广州领导工人、农民和第四军教导团、警卫团官兵等2万余人举行武装起义。在广州的国民党军政要员陈公博、张发奎、黄琪翔、朱晖日纷纷逃跑往广州河南第五军军部，张发奎避入了"广东海军江防司令"冯肇铭的座船"宝璧"舰，黄琪翔上了"江大"舰，薛岳登上"江固"舰。张发奎利用"宝璧"舰的电台立即进行联络，调集军队前来广州镇压起义军。

当日下午起，冯肇铭也调集"江大"等舰以英、日军舰作掩护，炮击驻守长堤的起义部队。并联合英美等国军舰一起向珠江北岸炮击，掩护第五军李福林部抢夺城外制高点观音山。起义军用迫击炮向敌舰还击，在观音山同敌军进行了反复争夺。

英、日、法驻广州领事在沙面举行紧急会议，决定帮助张发奎等运输军队，镇压广州起义部队。

国民党中央以蔡廷锴（后来的第十九路军军长）第六十师为主力讨伐张发奎，蔡廷锴师协同陈策所部舰队沿江西进。蔡廷锴与陈策共同乘坐"中山"炮舰指挥作战，连续占领肇庆、德庆、都城。陈策的海军运送士兵在封川县长岗登陆，随后占领梧州。

12月17日，张发奎战败离开广州出走后，张发奎所建的"广东军事委员会舰务处"主任（处长）冯肇铭也随之离去。南京国民政府明令解除张发奎的职务，授权李济深返回广东"全权整顿粤局"。

1928年1月23日，李济深回广州复任广东省主席兼第八路军总指挥职务，李济深任命陈策为广东海军司令，舒宗鎏为海军副司令兼"飞鹰"舰舰长。

1929年3月21日，李济深赴南京开会，被蒋介石软禁于汤山。国民政府任命陈济棠为广东编遣特派员，回广州主持广东政务。

4月6日，广东海军司令陈策率领"飞鹰"、"中山"等舰赴西江与桂军作战。

4月8日，南京国民政府明令任命陈策为广东海军编遣区主任委员、原广东海军副司令舒宗鎏为委员。

4月22日，南京国民政府下令将广东海军改编成第四舰队。

5月4日，南京国民政府明令委任陈策为海军第四舰队司令，"中山"、"飞鹰"、"海虎"、"宝璧"、"自由"、"澄江"、"江大"、"江汉"、"江巩"、"江固"、"江绥"（舰长马廷祐）、"执信"（舰长梁斌）等舰艇被编入第四舰队。在此陈策竭力发展第四舰队的实力，从香港购回了一艘1200吨的商船，改造成为军舰，取名"海瑞"号。又接收了李济深执政时期订造的"坚如"、"执信"、"仲元"、"仲恺"四艘炮舰。

5月8日，原广东海军副司令舒宗鎏、参谋长陈锡乾、秘书长袁柳溪等利用陈策去香港之机率"中山"、"飞鹰"、"海虎"、"宝璧"、"自由"、"澄江"（舰长陈兆铿）、"江大"、"江汉"、"江巩"、"江固"10舰驶离广州，集中南石头，宣布广东海军反对陈策，拥护桂系。

5月9日，粤军炮队协同空军司令张惠长的飞机队轰击舒宗鎏率领的附桂各舰，毁伤数舰。"中山"舰等支持不住，在南石头升起降旗。

5月10日，陈策与附桂的"中山"等10舰达成协议，陈策向各舰提供善后经费30万元。舒宗鎏等起事者领得10万元后在美国领事保护下离舰出走。"中山"等舰起事人员接受30万元后，先后将10艘舰艇交给陈策。

5月11日，陈策先收复"中山"、"飞鹰"、"海虎"、"宝璧"、"自由"、"澄江"六舰；5月12日又收复"江大"、"江汉"（1931年3月2日沉没，死亡15人）、"江巩"、"江固"四舰。陈策重新委任各舰舰长，陈兆铿充任"江澄"炮舰舰长。

事态平息后，陈策以"中山"炮舰为旗舰，率领各舰到西江与桂军交战。

5月15日，陈策派第四舰队"广庚"炮舰护送蒋系粤军第八十五师副师长文鸿恩等人前往海丰收编徐景唐部两个团。

5月17日，桂军主力进至广东靖远、芦苞一带与粤军发生激战，陈策率领第四舰队驶往芦苞，助粤军炮击桂军。

5月19日，粤军向桂军发动总攻击，陈策率领第四舰队"中山"、"江大"等炮舰在马口炮击桂军，配合广东陆军攻击桂军。

5月24日，南京国民政府明令表彰在"蒋桂战争"中有功的第四舰队司令陈策等。

5月28日，陈策率领第四舰队"仲元"、"仲恺"、"执信"三舰攻击柳州的桂军，"执信"舰舰长梁斌阵亡。

5月29日，陈策率第四舰队"中山"等五舰进驻封川，协攻桂军。

6月1日，陈策指挥"中山"、"江大"、"江固"、"江巩"等炮舰对界首、鸡笼洲、狮子山等桂军炮台进行轰击，大量杀伤桂军。

6月2日，陈策率领第四舰队内河舰12艘及海军陆战队，掩护粤军第八路军范石生部攻占梧州，第八路军第15师李明瑞、第57师杨腾辉部相继由西江入桂。"蒋桂战争"，以蒋胜桂败告终。

6月9日，陈策率领"中山"、"江大"、"江固"、"江巩"等舰回抵广州。

7月22日，陈策兼任广东治河委员会委员。

当时，大亚湾海面商船常常遭劫，香港当局以此为借口常派舰前来骚扰。陈策派出一艘军舰和一个连陆战队驻防大亚湾，并在平海设立了报警电台。

1930年1月1日，陈策获得"三等宝鼎勋章"。

6月2日，陈策为培养自己的军事人才，将停办的广东海军学校复办，改名为"黄埔海军学校"，陈策兼任校长。

1931年1月1日，陈策获得"二等宝鼎勋章"。

2月28日，胡汉民与蒋介石发生激烈争吵后，被扣押。次日，胡被迫辞去国民政府委员、立法院院长等要职，并被囚禁于南京汤山。孙科、陈济棠、汪精卫、唐绍仪等在广州通电反蒋并驱走广东省长陈铭枢，成立广州国民政府。

5月5日，陈策兼任广东保安处处长之职。

6月3日，陈济棠与桂系借胡汉民事件联合反蒋。

1932年1月6日，陈策任西南政务委员会委员、中国国民党广州特别市党部委员兼组织部部长、广州政治分会委员。

3月，第四舰队司令陈策当选中国国民党中央执监委员会委员。

陈策依靠自己掌握的海军舰队、海军陆战队和海南岛，俨然也成了一个袖珍的"南霸天"。与割据广东号称"南天王"的陈济棠冲突与矛盾日益加剧。当时陈济棠手下虽有3个军及其他部队，但对海、空军却指挥不灵。张惠长当司令是汪精卫推荐的，陈策的靠山是孙科。因此，广东形成了三军鼎立的局面。陈济棠决心除掉张惠长和陈策等人。

4月26日，陈济棠决定将驻广东的海军第四舰队（广东海军）改编为"西南政务委员会第一集团军第一舰队"（隶属于反蒋派别的领导机构"西南政务委员会"），委任陈策为国民政府"非常会议"海军司令、军事委员会海军事务处处长。

4月29日，陈济棠乘广东空军司令张惠长外出视察之机，下令撤去其空军总司令职务，改任他为第一集团军高等顾问，另委任其亲信空军参谋长黄光锐代理空军总司令，同时免去陈庆云的虎门要塞司令之职。

陈策深恐自己的"西南政务委员会第一集团军第一舰队总司令"职位也保不住，于是立即将舰艇集中到黄埔，进入战备状态。

5月2日，陈济棠企图以"广州议事"之名诱捕陈策。陈策警觉，认为是"鸿门宴"，拒绝出席，登舰戒备。

陈济棠诱捕不成，5月3日召开军事会议，决定改组海军，第四舰队司令部改称为"西南政务委员会第一集团军海军舰队司令部"（又称海军总司令部），仍以陈策为海军总司令兼海军学校校长，李庆文任"第一舰队"副司令；将"海军广南造船所"改称"广南造船厂"。

5月6日，"中山"等20余名舰长通电拥护陈策，谴责陈济棠对海军蓄意剪除，并表示为避陈济棠暴力压迫，将舰队移驻琼崖唐家湾。

5月7日，陈策联合原空军司令张惠长发表声明，反对陈济棠改编粤海空军。

5月11日，陈济棠为加强对海军的控制，以"节省军费"为名，宣布裁撤广东海军总司令部，将广东海军第一舰队（第四舰队）改为直接隶属于第一集团军管辖，免去陈策舰队司令之职，改任陈策为第一集团军高级顾问。陈济棠委任邓龙光为海军司令，严令即日视事。

5月14日，陈策将留驻广州的军舰集中于黄埔与陈济棠部对抗。

5月29日，陈济棠接受胡汉民、伍朝枢调解，委任陈策为第一集团军海防司令，但陈策坚持海军不能隶属陆军，不予理睬。

陈策率领"中山"、"飞鹰"等舰集中琼崖，在海南岛的海口另组海军司令部。

6月1日，陈济棠决心用武力征服陈策为首的海军。陈济棠用重金收买了广东空军人员，并在雷州半岛集结重兵达7个团，以陈章甫为总指挥，征集大批民船，准备渡海作战。

6月3日晨8时，陈济棠正式下令将西南政务委员会第一舰队（第四舰队）改为西南政务委员会第一集团军江防舰队，以张之英为司令。陈策闻讯后，宣布脱离陈济棠，并令（原虎门要塞司令）陈庆云以海军第四舰队司令部总参议名义，协同参谋长陈鼎将"中山"、"飞鹰"、"福安"、"海瑞"、"海强"、"海虎"、"广金"等较大军舰组成编队及海军陆战队。陈策与陈济棠之间的"改制之争"全面爆发。

6月3日下午，陈济棠派第五师张达部赴黄埔收缴海军陆战队军械，但海军陆战队已登舰他驶，双方遂发生激战，"广金"舰舰长李锡熙被扣押。

6月11日，陈济棠委任海军舰队司令邓龙光接收第四舰队总司令部机关及部分舰艇。

在上海，中央常委派马超俊乘"龙山"轮抵粤，欲调解"二陈"之争，但遭到陈济棠拒绝。

6月12日，陈济棠复电给在上海的中央委员，电文中称："政委会之令海军改隶，纯为积极整顿海军，乃陈策昧于私见，致有抗命之举……。陈策也政务会委员，并承认政务会为西南最高政治机关，应知如何尊重政府命令，遵命改隶，乃竟不出此而公然反抗。各委员若爱护陈策，应设法劝告，使勿趋迷途而自误。现政府对于陈策之觉悟，至为渴望，如能从劝，自可予以自新之路。"

6月13日，马超俊调解无望而北返。广东的陈济棠陆军遂开始对海军准备进攻。

6月15日，陈策为解决部队经费、弹药缺乏问题，派"中山"、"海瑞"两舰运载陆战队三个营突袭陈济棠老家广西北海，抄了陈济棠的老家，缴获陈贮藏的鸦片数十万两，并提走北海中央银行现款20余万元，运回海南岛。

6月15日，陈策亲自率领"中山"等舰在珠江口外迎战陈济棠军船队，陈济棠的船队在陈策舰炮的轰击下仓皇败退。随后陈策每日派战舰封锁珠江口。

6月17日，陈济棠派梁公福团进击唐家湾，与驻守该地支持陈策的海军四艘小炮舰及少量海军陆战队展开激战，炮舰退往澳门。

6月19日，陈济棠派海军司令李庆文会同"舞凤"舰舰长丁培龙、"安北"舰舰长李芳等率各舰赴澳门，招编各逃避澳门的艇舰的事宜。

6月21日，陈策海军又在零丁洋截获陈济棠装有4000支步枪、800箱子弹、6挺机枪的"水东"号轮船。

6月25日，陈济棠派飞机轰炸陈策的舰队。

6月29日，陈策的代表黄仲瑜向汪精卫报告广东海军情况，汪精卫于次日中央常务会上提出讨论，决定以"中央"名义电劝"二陈"即日停止战事行动，并电留粤各中委，调解海军风潮，以期永息干戈，一致对外。

6月30日，"中山"舰舰长陈涤宣称不愿参加内战，督驾"中山"炮舰驶往福建东山海面暂避，因淡水用完，闽系海军派"楚泰"、"江元"舰为"中山"舰补给淡水等。

7月3日，"中山"舰驶抵厦门，原拟留厦门协助十九路军。

7月4日，第一舰队司令陈季良来厦门接收，令"中山"舰北上入江南造船所修理，并派罗致通为舰长，编入中央海军（闽系海军）第一舰队遭用。"中山"

舰北归后，陈济棠请胡汉民调停海军的事。海南岛方面的舰只，分泊在白马、海口等处。

7月4日，肖佛成致函陈策，劝令出洋。

7月5日，广东陈济棠的飞机开始向陈策的"飞鹰"、"福安"舰轰炸，弹多落海，且被高射炮还击，粤机改向海口各机关及海军陆战队轰炸，共11次，商店、住房多被殃及，死伤甚重。

7月6日，广东陈济棠的飞机又不断从雷州飞海口，向"飞鹰"舰轰炸，又遭到"飞鹰"舰及秀英炮台的高射炮还击，互战约一小时，"飞鹰"舰中一弹，穿铁底板，该舰悬白旗，表示不抵抗，以援救员兵生命。但两广空军副司令丁纪徐亲自驾飞机轰炸、向"飞鹰"舰掷弹，又被击中，7月7日晨6时沉没于海口。陈策的其他舰艇也多有损伤。

在陈济棠空军的攻击下，陈策率领舰艇四散，"福安"、"海瑞"、"执信"、"海康"、"平西"、"智利"、"江澄"、"西兴"、"珠江"、"飞鹏"、"江大"、"江固"、"湖山"等舰逃避到香港，港英当局担心"二陈"火并殃及香港，敦促陈策投降。

7月8日，蔡廷锴为解决广东"二陈"之争提出：由广东省府每月供给海军经费200万元，陆战队开赴厦门，由第十九路军收编，广东每月接济军饷10万元；主张中立的舰只由南京方面安置，拥护陈策的舰只开往福建，海南岛由第一集团军接防。在蔡廷锴调停下，双方接受了这个方案。

7月12日，陈策被迫宣布下野赴欧美考察海军。广东海军（第四舰队）原有30多艘海防舰和30多艘内河舰均被陈济棠的第一集团军舰队收编。陈济棠下令撤销第一舰队总司令部，改设第一集团军舰队司令部，委任张之英为舰队司令，李庆文为舰队副司令。

时值第十九路军蒋光鼐就任福建"绥靖"公署主任，出面调解粤军总司令陈济棠与粤海军司令陈策的内斗。最终促成粤海军陆战队由陈策带领由琼转闽，加入第十九路军。第十九路军派谭启秀部前往海南岛收编了海军陆战队。

7月25日，粤海军陆战队指挥部和第一、第二、第四团分乘"公平"、"海顺"、"广利"、"福安"轮。

7月26日，第三团乘"嘉禾"、"遇顺"轮，抵达厦门港，暂驻海澄县（今龙海县）。"福安"、"海瑞"、"执信"、"海康"、"平西"、"智利"、"江澄"、"西兴"、"珠江"、"飞鹏"、"江大"、"江固"、"湖山"等舰从香港返回广州。

8月4日，撤入闽的粤海军陆战队第一、第二、第三、第四团整编为3个团，番号改为第十九路军补充第二旅，陈策任旅长，开驻长泰县至漳州江东桥一带，旅部设长泰县城。由于该旅官兵的情绪不稳，第十九路军总指挥部于8月27日将其解散，所属第一、第二、第三团分别改编为第六十师、第六十一师、第七十八师的补充团，陈策调任筑路工程队总队长。

1933年7月14日，陈策任南京国民政府"军事委员会海军事务处"少将处长。7月15日，"海圻"、"海琛"、"肇和"三艘大舰脱离东北海军系列到广东，陈济棠企图借助三艘大舰实力与南京政府对抗，编为"西南政务委员会粤海舰队"。南京国民政府开始考虑策动这3艘大舰脱离广东，并由陈策负责实施。

1934年，陈策任南京政府军政部海军军令处处长。

1935年6月15日，驻守省城的"海圻"、"海琛"、"肇和"3舰官兵爆发不满陈济棠撤换舰长及欠饷，抓起新任舰长方念祖、陈海等。陈济棠闻讯，急电虎门司令李洁之出兵截击。深夜一时许，"海圻"、"海琛"舰冲出海口（由于当时"肇和"舰机件损坏不能行驶），向虎门炮台发炮百余发，沙角探海灯被击毁，守军还炮欠准，两舰趁雷雨全速驶出虎门口。

6月16日上午，海军部长陈绍宽率领中央海军舰队"宁海"号巡洋舰来截击，要求两艘叛舰降旗投降。"海圻"舰和"海琛"舰避进英国人控制的香港。港、英当局生怕两边在港岛开战，拒绝陈绍宽的舰队入港。最后，南京政府即派陈策率舰南下调停，陈策提出两艘军舰归顺中央，但是归军政部直辖，不属海军部管。

7月9日，陈策率两舰离粤北上。陈策的策反，一举搞垮了陈济棠的海军主力，史称"三大舰事件"。

1936年6月1日，陈济棠联合李宗仁在广州宣布独立，成立"抗日救国政府"，自任首脑，史称"两广事变"。

"两广事变"爆发后蒋介石想利用陈策在广东海军的威望和关系网。7月12日，指派军令处处长陈策中将到香港相机行事。陈策到香港后成功地策动广东海军鱼雷艇"快艇1号"和"快艇4号"两艘脱离陈济棠，抵达香港。广东的空军、陆军宣布效忠中央，海军也投奔陈策。

8月3日，"两广事变"平息后，陈策出任虎门要塞司令。

11月12日，陈策获"三等云麾勋章"。

1937年"七七事变"全面抗战爆发后，陈策以国民党中央执委、南京政府海军部次长、广州江防司令、虎门要塞司令身份协同第四舰队（又称粤海舰队）和海军陆战队负责广东沿海防务，拱卫中国的南大门。

陈策一方面积极筹措资金，急速从香港购买高射炮，并联络空军予以协防；另一方面令虎门要塞官兵搜集废船等沉塞于珠江口，堵塞航道，并加紧修筑广虎战备公路。并令陆战队增贮炮弹，将虎门要塞有效布防为三线，即最外端的大角、沙角炮台为第一线；横档炮台为第二线；镇远威远炮台为第三线，分兵驻守。正常的布防，应该是大炮在后，小炮在前，因此日军进攻大角沙角炮台的时候，三线炮台都可以对其打击，陈自知力量不够，因此巧于用智，下令把口径最大的维克斯大炮部署于最前，而后面的两层炮台只装备轻型火炮，用于打击绕到大角、沙角背后的敌舰。这古怪的变阵其实是个变相的空城计，又像个核桃壳，外面硬，里面软，实战中这个古怪的阵势让日本人吃尽了苦头。

8月8日，日军飞机低飞侦察虎门要塞，守军用高射炮射击，日机退去，随后开始轰炸虎门要塞和周围阵地，虎门之战拉开序幕。日军不断派舰炮击虎门要塞，日军先后对虎门发动过三次大规模的进攻。陈策每战必身先士卒，在炮火中指挥作战。

由于陈策深沟高垒，虎门要塞的岸炮舰炮配合，官兵对水道了如指掌，只要日舰靠近炮台，便随时发炮还击，尤其第四舰队"肇和"、"海周"两舰虽然陈旧，但在自己内线行驶，依托岛礁活动，机动灵活，神出鬼没，日军为无法捕捉其航迹而顾虑重重。日军飞机侦察也因为天气原因效果不好。

9月1日，一架日机进入虎门炮台高射炮集火射击范围，当即被击落坠毁于黄潭，两名飞行员死亡，中国军队将飞机残骸运回莞城，陈列在民众教育馆以鼓舞士气。日军收买水匪汉奸刘阿九等4人侦察水道情况，结果被中国海军陆战队抓获，按照陈策快速毙人的习惯，即日被枪决，一时大小汉奸胆寒，不敢为日军卖命。庞大的日军舰队和陈策对峙月余，竟奈何他不得。见到虎门要塞坚固难以攻击，日军转而攻击周围岛屿。

1938年3月，日寇强攻虎门要塞失败后，利用设立在毗邻港澳和沙面租界的特务机构，在中国军队内部进行策反，企图从内部攻破虎门要塞。日军许诺当时居住香港的粤军宿将李福林（曾任广州市市长，日本方面认为他在广州既有影响力，又有对中国政府的不满情绪，加之文化程度不高，有收买作为汉奸的"价值"）以"广东省长"之职。通过与李福林的旧部联络，最终取得了驻守在珠江以南的两个旅粤军（李的旧部）的"内应"。日军遂决定4月中旬"内外合力"进攻广州虎门。

陈策与李福林合演反间计，诱使日军登陆虎门，在海上击毙日军数百人。陈策也在这次战役中被日军炮火击中，先在广州和香港治疗，伤情好转后转重庆，左腿被截去。

6月16日，陈策担任国民政府"军事参议院"中将参议闲职。

1939年7月，中国南京政府得到香港政府的通知，在日本人的压力下，香港方面准备关闭对大陆的石油供应。重庆国民党当局下令将香港和澳门两个直属支部改为港澳支部，委任吴铁城为港澳总支部主任委员。

8月1日，重庆国民政府委派陈策以中国国民党中央执行委员兼港澳总支部委员兼国民政府驻港全权联络代表身份，赴组织海外抗日工作。陈策到香港后利用他在香港的各种关系，统筹在香港进行的抗日工作；包括建立地下抗日力量，使用各种措施与手段组织运送物资到中国后方。

12月12日，吴铁城调任海外部部长，陈策任港澳总支部主任委员。

1941年12月7日，日本对美国不宣而战，偷袭了珍珠港，发动太平洋战争的第二天，日军空袭了美军驻菲律宾克拉克空军基地。美军在太平洋地区的海空力量几乎被一网打尽，盟军的整个南洋地区门户大开。同日深圳河以北的日军发动对香港的进攻，12架战机轰炸启德机场，机场停着的5架皇家空军飞机和8架民航机被日本空军摧毁。

12月14日，日军完全占领九龙半岛；12月18日，在港岛北角登陆；12月25日，港英当局致电通知陈策，准备投降。陈策以坚定的口吻，通知英方说："我是中国人，绝不会向日本鬼子投降！本人决计突围，贵方如有人愿意相从，请即到亚细亚行来！"在场的十多名英国高级军官，及30多名其他官兵及情报人员，也决定跟随突围。

英军即将仅余的数艘鱼雷艇交陈策指挥。陈策率领72名中英官兵突围。1942年1月16日，突围官兵安全到达柳州。

香港当局向日军投降的当晚由陈策率领搭艇突围的64个人于12月29日合影照片，第二排中央为陈策（手臂包扎纱布者）。

陈策（中排左二负伤者）与中英突围人员合影。

陈策率领72个中英官兵香港突围成功，国民政府授予陈策"一等干城勋章"，英国国王为了感谢陈策在这次突围中的功绩和无畏精神，以及他在香港战役中的贡献，授予陈策大英"帝国骑士司令勋章"KBE（Knight of the British Empire），授予陈策将军的副官徐亨皇家骑士OBE（Officer of the Order）称号。

5月29日，（重庆）国民政府明令授予陈策海军中将。

1945年春，陈策出任广州军事特派员、广州特别市市长兼中国国民党广州特别市党部主任委员。

8月15日，抗战胜利。

9月16日，张发奎代表中国在广州中山纪念堂接受日军投降，陈策将军也参加受降仪式。

图为陈策等步入广州中山纪念堂参加受降仪式。

11月12日，陈策获"胜利勋章"。

1946年6月，陈策当选为制宪国民大会代表、广州市长。8月，陈策代表国民党政府访问香港。9月，陈策因旧病复发辞去广州市市长之职。

1947年4月18日，陈策被聘为国民政府顾问。4月，英国大使馆代表英王乔治六世授予他"大英帝国爵士"称号，并将他接到印度专门为他制作了假肢。

1948年3月，陈策当选为第一届"国民大会"代表。

1949年春，陈策出任广州绥靖公署副主任、海南特区行政院院长公署高级顾问。

8月30日深夜12点，陈策病逝于大德路海军联谊社内之寓所，终年58岁。葬于广东海军坟场。国民党元老于右任评价陈策"义气盟军重，忠诚国父知"。

著有《香港抗战及突围经过》等。

陈策是广东海军历史上罕见的悍勇型海军将领。先后参加过辛亥革命，护国战争，护法战争，讨陈，反共，讨桂，讨粤，抗日，太平洋战争，当过海军司令官，做过军阀，封过爵士，干过市长，领导过外交使团，指挥过盟军舰队，办过学校，修过铁路，和侵略军作战中失去一手一足。

关于陈策的死因：

一说陈策日前在游泳后吃鱼生粥过多，咯血致死。

一说他长期受足伤和胃病折磨，身体极为虚弱，酒会后服用了安眠药以便入睡，酒精和安眠药发生共同的作用，麻痹中枢神经致死。

一说陈策是因夫人死后破了产而自寻短见的。

一说是时值人民解放军已经大举南下，每天仍依时到绥署办公室上班的陈策，曾与余汉谋研究"确保华南决策"，余汉谋委派他负责三角洲一带，指挥海陆的军事。回到家里召开了一次酒会，与同僚痛饮，引发急性胃炎而亡。

一说酒会上有位叫陈静涛的军统特务，奉蒋介石之命暗杀陈策，理由是担心他追随宋庆龄投靠中共。

陈策有两位弟弟，陈明周、陈明臣。兄弟三人分属海、陆、空三军，在抗日战争中赤血报国、忠勇可嘉，一时引为佳话。

三弟陈明周与其兄陈策二人感情深厚。中学毕业后，由于成绩优异、身材高大，陈策鼓励弟弟报考广东航空学校。陈明周在航空学校学成后，入了空军，成为翱翔蓝天的斗士。很快，表现突出的陈明周升至空军中校。

陈明臣是陈策四弟，后改名陈藉。陈藉中学毕业后赴日本学习军事。1929年，陈策任海军第四舰队编遣委员会主任，即将海军陆战队扩至两个团，任命陈藉为陆战队一团团长。次年，陈策再将海军陆战队扩至四个团，人数达7000人，任命陈藉为总指挥。在复杂的派系斗争中，陈藉最终率海军陆战队投奔福建第十九路军。

由于陈藉具有一定军事理论基础，国民政府把他当作军事专家来精心培养。1935年，他被派赴德国步兵专门学校深造。1940年，调任第七战区司令长官部少将咨议，参加第七战区抗日。1941年，他赴香港协助兄长陈策协防香港。

兄弟三人在抗日战争中的卓越事迹，深深镌刻在历史的石柱上。在抗日战争胜利60周年之际，陈策、陈藉兄弟俩分别获中共中央总书记、国家主席、中央军委主席胡锦涛颁发的爱国将领纪念奖章。

陈策原配司徒氏，早丧。陈策续娶梁少芝，1949年6月7日因难产死于广州海军联谊社寓所，葬于广州市郊海军坟场。

陈策生有12个子女，与梁氏膝下有2子8女，两子排行七、八，为孪生兄弟，名曰安邦、安国。

长女：陈琼蕙，在成都燕京大学毕业后，便往美国密苏里大学深造获新闻系硕士学位。后在中央通讯社芝加哥分社任负责人。陈琼蕙、伍庆培婚后回国。伍庆培在岭南大学授课，陈琼蕙则受聘于广州大学，现定居于加拿大。

自琼蕙以下9个女儿，姓名中间均有一"琼"字，足见陈策情系故乡、难忘海南。姐妹们在教育、医疗卫生、土木工程等领域都颇有建树。

两个儿子陈安邦、陈安国是双胞胎，都有在英国留学的经历，研究冷气工程。兄弟二人历任英国克顿空气调节公司工程师、香港北极公司总工程师、邦国工程有限公司负责人等。

安邦、安国兄弟热爱祖国，虽然前者加入美国籍，后者加入英国籍，但都积极推动海外侨胞支持祖国建设，热衷于家乡教育等公益事业。安邦是香港海南同乡会第七、第八届理事长和永远名誉会会长，2009年病逝。安国是海南省第一、第二、第三届政协委员和香港海南同乡会第八届监事长，英国伦敦华侨协会的创办人和永远名誉会长。

陈明周的大儿子陈宏，曾在桂林、韶关读书，经常得见伯父陈策。广州解放前，他在岭南大学读书，又常利用周末时间去探望伯父，陈策也很喜欢这位高才生侄儿。陈策病重弥留之际，陈宏也在侧送终，极尽孝道。

广州解放后，陈宏回到海南华侨中学及海南大学教书，当上了教授。"文革"期间，因家庭背景陈宏被戴上右派、国民党特务的帽子，下放农场劳动。改革开放后，陈宏曾任全国政协委员、民革中央委员、民革海南省委主委、海南省政协副主席，2002年逝世。

陈明周的其他子女都有成就，次子陈绕光是云南省美术学院系主任，三子陈继光是高级工程师。

陈策家族有300多人，分布在英国、澳大利亚、美国、中国香港、中国台湾及上海、广州等国家和地区。

# 陈传滂

## ——与炮艇共存亡

## （1914—1938）

陈传滂，字熹齐。福建省闽县（今福州市）马尾镇人。生于1914年，父亲陈宜山（又名学宜），母亲郑玉冷。兄弟3人，兄陈传淘、弟陈传淡。

陈传滂，10岁进入马尾厂当学徒。1928年，考上了马尾艺术学校。学习刻苦，成绩优异，同学们称他为"书筒"或"书袋"。

在艺术学校学习两年后，他原想报考海军学校，但由于视力影响，未能如愿。于是他选择了自己感兴趣的无线电学，以优异的成绩考上了南京下关海军无线电学校。

1932年，陈传滂毕业于南京下关无线电学校，分配海军陆战队第二独立旅第三团第五电台少尉副电官等职。

1936年9月22日，陈传滂充任南京无线电台电信员。

1937年7月7日，日本发动了全面侵华战争。

1938年1月1日，因应抗战需要，海军部改制为海军总司令部，陈传滂调任海军总司令部无线电台电信员，被授予三等电信佐。

5月1日，陈传滂调任国民党海军"抚宁"炮艇任少尉无线电员。

6月2日（端午节），"抚宁"炮艇停泊在闽江口亭头村江面，艇上有些人登岸回家过节。陈传漭在"抚宁"炮艇报务室里执行例行公务。日本轰炸机飞来了，肆无忌惮地对准"抚宁"炮艇俯冲轰炸，一枚炸弹击中"抚宁"炮艇。陈传漭从报务室被炸了出来，掉在左舷栏杆上。他满头是血，但神志清楚。炮艇开始下沉，有几名水兵从左艇跳水。这时机房也已被炸，艇上大火熊熊。随着船艇慢慢下沉，陈传漭身不由己地滑向左舷海中。又一架轰炸机俯冲呼啸而下，投下一枚深水炸弹。轰然一声，从海底喷起巨大的水柱。"抚宁"被日军炸沉，陈传漭阵亡，年仅25岁。

1938年底，国民党在马尾开追悼大会，追悼"抚宁"炮艇等全体死难将士。

# 陈耕炳

## ——血染江阴

## （1897—1937）

陈耕炳，福建侯官县（今福州市）人。生于清光绪二十二年（1897年），烟台练营出身，海军"宁海"舰枪炮副军士长。曾历充各舰一、二、三等兵和帆缆下士、枪炮上士等职。

1937年9月23日，日寇飞机空袭江阴中国海军驻地，中国军舰的高射炮兵急忙开炮迎敌，但难以抵挡敌机的轮番轰炸。日机冒着猛烈的炮火，一架接一架地向中国两艘主力舰俯冲投弹，但无一命中。反而有一架敌机被炮弹直接命中，坠入江中。第一波攻击结束后，敌机又分散成十余个小队，由四面八方向"宁海"俯冲而下，大量炸弹随之落在军舰四周。

"宁海"舰陈宏泰舰长临危不乱，急令高射炮专打空中敌机，高射机枪改为平射，对付俯冲低飞的飞机。然而，双拳难敌四手，虽然两架敌机在中国两主力舰的炮火中坠落江心，技术拙劣的日机也没能投中任何一枚直接命中弹，但中国战舰仍被敌机破片屡屡炸中，大量密集的近失弹使"宁海"舰薄弱的舰体遍体鳞伤。

下午3时30分，"宁海"舰进水已经甚多，舰体向右倾斜。如再在此处挨炸，军舰沉没就只在转瞬之间了。因为舰艏的起锚机已经损坏，舰长陈宏泰命令："斩断锚链向上游转移！"轮机兵江铿惠下士在横飞的弹片中，操起一把消防斧冲上舰艏，迅速地砍断了锚链销；随即主机启动，"宁海"舰在硝烟中蹒跚向上游驶去。

但由于进水过多，"宁海"舰的舰身向右舷和舰艏方向倾斜，只能勉强航行；因轮机和指挥系统受损，操作亦极不灵便。

帆缆中士陈秉香与一位引港员配合操舵，向上游快速蛇行。然而志在必得的日机在投完炸弹之后马上返回机场挂弹，维持高强度的攻击。杀红了眼的"宁海"舰枪炮军士长陈耕炳等官兵又先后将3架敌机击落。但在起锚后20分钟，前桅右后方直接落下一颗炸弹，桅杆顿时倾倒，水柜与一根烟囱全毁。同时，下望台与海图室半毁，前三足桅被轰毁了一足，左舷的高射炮与轴皮被炸飞，右舷的鱼雷炮损坏，悬挂的舢板四艘也全毁，机舱严重浸水，舵机也开始失灵。

锅炉舱、前后风机舱全部进水，枪炮副军士长陈耕炳在指挥炮击敌机时，被敌击中胸部，当场阵亡，终年40岁。

# 陈宏泰

## ——左腿大血管被炸断仍指挥作战

## (1888—1976)

陈宏泰，字兰孙，福建省闽县（今福州市）人。生于清光绪十四年八月十一日（1888年9月16日）。

光绪三十三年十二月（1908年1月），陈宏泰毕业于广东黄埔水师学堂第十届驾驶班。毕业后奉派上"通济"舰（管带葛宝炎）见习，旋任海军巡洋舰队候补员、教练官等职。

宣统三年八月十九日（1911年10月10日），武昌起义爆发，海军各舰纷纷易

帜起义，陈宏泰随舰参加易帜起义。

1912年1月1日，中华民国南京临时政府成立，充任"江鲲"炮艇航海副。

1913年4月20日，陈宏泰被授予海军中尉，升任"江鲲"炮艇副艇长。

1914年10月16日，陈宏泰获得"五等文虎章"、"陆海军二等银色奖章"。

1915年春，陈宏泰奉派与李世甲、陈绍宽、俞俊杰、丁国忠、魏子浩、韩玉衡等随魏瀚赴美国留学，主攻海军飞机潜艇技术。

1915年11月20日，陈宏泰晋升为海军上尉。

1916年10月，陈宏泰留学期满回国，派充福州船政局海军学校航海教官。

1917年1月1日，陈宏泰调任第二舰队炮舰大副。

1918年10月23日，陈宏泰获"陆海军一等金色奖章"。

1919年1月1日，陈宏泰升任第二舰队炮舰副舰长。

1920年4月，中国北京政府没收德奥在中国各港之舰艇、商船。陈宏泰任接收德奥舰船专员奉命与方莹等人接收管理"利捷"、"利绥"两炮舰，及"华甲"、"华乙"、"华丙"、"华丁"等10艘商船，成立"海军租船公司"，陈宏泰等负责运营管理。

1923年初，陈宏泰等奉派赴美国学习潜艇技术。

1924年7月12日，陈宏泰等留学期满回国。

8月12日，陈宏泰任"海容"巡洋舰副舰长。

1925年8月3日，陈宏泰任海军第一舰队中校参谋，8月23日被授予海军少校军衔。

1926年7月4日，中国国民党中央执行委员会通过《出师北伐宣言》。7月9日，国民革命军在广州举行北伐誓师典礼。蒋介石发表宣言、通电和告广东军民书等，以国民革命军总司令名义，宣告北伐战争正式开始。北伐军兵分三路，西路军为主力，担任正面作战，兵力约5万，进攻两湖，直指武汉；中路军进攻江西孙传芳部；东路军向敌兵空虚的浙闽进军。广东革命政府国共合作北伐开始。

7月13日，陈宏泰调任"江贞"炮舰少校舰长。

11月30日，广东国民革命军北伐东路军总指挥何应钦，率所部第九师顾祝同、第十师冯轶裴、第三师谭曙卿和独立第四师向闽境迫近。

12月10日驻泊福州马尾等地的海军第一舰队和闽厦海军警备司令部，在司令陈季良的率领下，海军宣布服从国民政府，首先易帜。陈随闽厦海军警备司令部归附国民革命军。

1927年3月14日，海军总司令杨树庄正式宣布与革命军合作，通电率领第一、第二舰队和练习舰队所属44艘舰艇易帜，加入国民革命军。

陈宏泰随舰队率领"江贞"炮舰易帜，并参加"龙潭战役"等。

4月12日，蒋介石在上海发动政变，屠杀共产党人和进步人士。5月21日，唐生智所部第三十三团团长许克祥发动"马日事变"。6月13日，武汉中政会命唐生智全权处理湖南事件（"马日事变"），6月20日唐生智在汉口演说，指长沙"马日事变"之不当，必须讨伐蒋介石。6月26日唐生智下令停止湖南党部及各种民众团体反共活动，查惩"马日事变"首要"以肃军纪"，许克祥被记过一次。

9月8日，唐生智在安庆演说，痛批蒋介石，否认宁汉合作。9月13日唐生智回到汉口，并将"决川"、"浚蜀"两舰带去。

10月8日，陈宏泰被授予海军中校军衔。

10月9日，蒋介石决定讨伐唐生智。10月15日，陈宏泰率领"江贞"炮舰随第二舰队司令陈绍宽参加"第一次西征"，协同"楚有"、"楚同"、"楚谦"、"永绩"、"永健"炮舰及"辰"、"宿"、"列"、"张"等鱼雷艇由南京下关出发，向芜湖进发。

第二舰队占领芜湖后，西征舰队以"永健"舰（舰长陈永钦）和陈宏泰率领的"江贞"舰为前锋，驶至土桥附近，陈宏泰、陈永钦两舰发现岸旁靠泊唐生智的"江防炮舰和铁驳各一艘"，以"舢板出军"，夺取唐生智部江防司令王庆的座舰。

10月19日，陈宏泰督驾"江贞"炮舰占领田家镇要塞后，陈宏泰继续督驾"江贞"舰向汉口推进。唐生智被迫离开武汉，海军占领武汉，陈宏泰又督驾"江贞"舰协同"楚同"舰（舰长李世甲）上驶新堤，监视岳州下游杨林矶、城陵矶两处。

11月初，"楚同"舰奉命回武汉驻防，陈宏泰率"江贞"舰负责新堤防务，旋海军占领岳州。

1928年7月20日，陈宏泰因参加"第一次西征"有功，升任"永健"炮舰中校舰长。

1929年3月28日，"蒋桂战争"爆发，陈宏泰率领"永健"炮随第二舰队司令陈绍宽掩护蒋军与桂军作战（史称"第二次西征"），历时一个多月，打败了占领两湖的桂系军队。

由于海军在拥护南京蒋介石集团是积极坚决，蒋介石认为可利用，西征结束后，同意成立海军部。4月12日，南京国民政府明令设立海军部。6月1日，国民政府海军部正式成立，杨树庄任上将部长。

1930年5月13日，南京国民政府明令任命陈宏泰为"永健"炮舰舰长兼理"建安"舰监修，5月14日叙为海军二等中校。8月15日免去兼理监修之职。

1931年5月6日，南京国民政府明令授予陈宏泰"六等宝鼎章"。

6月1日，"永健"舰舰长陈宏泰调任"逸仙"轻巡洋舰代理舰长；7月20日，任"逸仙"轻巡洋舰舰长；7月29日，叙为一等海军中校。

10月19日，调查"江元"炮舰在福建兴化湾搁浅案，海军部派海政司司长许继祥、参事朱天森和"逸仙"舰舰长陈宏泰、海军部科员张振声、邓宗淦等组成审查庭在上海开庭审理。

1934年2月5日，陈宏泰升任"海筹"巡洋舰舰长（曾国晟任副舰长），被叙为海军二等上校。3月1日陈宏泰奉命督驾"海筹"舰随第一舰队司令陈季良（"剿匪"司令）"进剿"赣、粤、闽、湘、鄂五省之红军根据地。

3月8日，海军部长陈绍宽倡办海军大学，对在职中、上校舰长进行再培训。同时加强对海军的整顿，实施改革。"海筹"舰舰长陈宏泰与"应瑞"舰舰长林元铨、"宁海"舰舰长高宪申、"海容"舰舰长欧阳勤等23位舰长联名，以"军务缠身"和"反对由日本人任教官"为名，拒绝入学进修。并由林元铨向国民政府主席林森呈文控告陈绍宽部长。陈绍宽获知自己"未孚众望，且军纪如此"，便向南京政府辞职，将部务交由政务次长陈季良代理。

陈绍宽倦勤的消息一传出，以"海筹"舰副舰长曾国晟、"宁海"舰副舰长薛家声、"海容"舰副舰长周应骢及上海申报馆编辑、退职海军军官林溥民等散发匿名传单，揭露舰长们。海军上下议论纷纷，军心动荡。事情闹到非陈绍宽重返海军部将无以收拾的地步。

3月13日，海军部政务次长、第一舰队司令陈季良把"应瑞"舰舰长林元铨调任海军军械处处长，"宁海"舰舰长高宪申调任海军引水传习所所长，以示惩处。

5月10日，陈宏泰被授予海军上校。

12月13日，陈宏泰因"剿赤"有功，被国民军事委员会授予"二等二级国花勋章"。

1935年9月11日，"海筹"舰舰长陈宏泰获得"陆海空甲种一等奖章"。

1937年3月27日，"海筹"舰舰长陈宏泰升任"宁海"舰上校舰长。"七七事变"后，海军奉命构筑江阴封锁阻塞线；8月11日上海抗战爆发前夕，陈宏泰奉命由南京下关督驾"宁海"舰下驶，8月12日达江阴。

8月13日，上海抗战爆发，日军飞机轰炸江阴阻塞线，自8月16日起到9月23日止，陈宏泰督率"宁海"舰协同"平海"等舰在江阴遭日军轮番轰炸，与日军展开殊死的水空作战，共击落敌军飞机6架，士气大振。9月23日，日军72架飞机分成两批，向中国军舰发动空前猛烈的轰炸。下午2时，日军先以9架舰载攻击机和3架舰载战斗机攻击江阴炮台，吸引要塞火力，另以29架舰载轰炸机专攻"宁海"舰。一开始，日机即以俯冲轰炸的战术团团围住"宁海"舰。"宁海"舰官兵拼死抵抗，大小火炮一齐开火，转眼间就将两架日机击落，但"宁海"舰也被炸弹击中，锚链舱、弹药舱等被弹片击穿，江水滚滚涌入。陈宏泰左腿被炮弹击中，血流如注，虽然经卫生员紧急处置，但因大腿血管被炸断，力不能支，晕倒在指挥室内。后经副舰长甘礼经中校等人一再规劝，才同意去接受治疗。陈宏泰及负伤战士移"威宁"炮艇运往南京海军医院治疗，"宁海"舰交由副舰长甘礼经指挥。

1938年1月1日，因应抗战需要海军部改制为海军总司令部，陈绍宽任海军总司令，下设参谋、军衡、舰械、军需四处。

陈宏泰伤愈出院，调任海军总司令部舰械处少将处长。

2月7日，薛岳到长沙就任第九战区司令长官，令战区工兵指挥官朱焕庭筹办封锁湘江工作；成立"湘、资、沅、澧四江封锁委员会"，第九战区司令长官公署工兵指挥官朱焕庭兼主任委员，海军总司令委派舰械处处长陈宏泰任副主任委员，第九战区司令长官部派罗星求任主任参谋。

陈宏泰主要任务是负责在洞庭湖、湘阴水道布设水雷。陈宏泰选择湘阴下游磊石山附近水面为雷区；海军派林溁率领布雷队（队员22人），负责湘阴布雷。

2月14日，海军总司令部因抗战需要增设"作战教训研究会"，海军总司令部参谋长陈训泳兼任研究会主任研究员，军务处处长杨庆贞、军衡处处长林国赓、舰械处处长陈宏泰兼任研究员，海军总司令部少将候补员王寿廷等为委员，负责收集研究战时经验教训，研拟作战方案。

1939年1月1日，海军总司令部舰械处处长陈宏泰获得"华胄荣誉奖章"。

2月28日，"洞庭湖警备司令部"副司令方莹，奉军事委员会之令赴宜昌工程处服务，海军总司令部派舰械处处长陈宏泰兼任"洞庭湖警备司令部"副司令，舰械处处长职务由参谋处处长杨庆贞兼代。

9月，日军由新墙、扬林、通城三路举兵南犯，直攻长沙，海军舰艇奉命在岳阳策应。海军先后在湘江、沅江抢布水雷2000枚，在湘阴以北芦林潭一带设置雷区。日军在汉奸引导下，从岳阳乘小艇、民船迂回绕过雷区，断我在磊石山、霞凝港布雷队的后路。

布雷队布雷之后，分别将布雷轮"六胜"、"江安"等舰自毁，由陆地返回湘阴。日军因避雷区，首尾不能兼顾，兵力分散，给养断绝，被炸毁十多艘汽艇后只得撤退。

第一次湘北会战告捷。11月12日（重庆）国民政府明令授予陈宏泰"华胄奖章"。

1940年2月1日，陈宏泰任洞庭湖警备副司令，赴洞庭湖主持抗战。

1941年9月1日，（重庆）国民政府海军各区布雷游击调整机构，沿江划分四区，组设第一、第二、第三、第四布雷队。由原浔鄂区洞庭湖布雷队扩编为第一布雷总队，在洞庭湖区成立，总部设在长沙，下辖7个大队，负责配合第九战区在湘江、洞庭湖一带的作战，海军总司令部舰械处处长陈宏泰兼任总队长（后以周宪章、张日章为总队长）。

1942年10月1日，陈宏泰调任海军第一布雷总部上校总队长，领导海军各布雷游击队深入敌区布雷，成功地触炸敌舰艇、船数十艘。

1943年3月12日，陈宏泰因战功晋升为海军少将。

9月7日，海军总司令部舰械处少将处长林国赓因公积劳病逝于重庆；9月12日，第一布雷队总队长陈宏泰回任海军总司令部舰械处处长。

　　1945年8月15日，日本宣布无条件投降。8月21日，陈宏泰任海军第一舰队代理司令。蒋介石、陈诚为了架空海军总司令陈绍宽的职权，于9月1日在军政部下新设"海军处"，任命陈诚兼任处长，调原驻英海军训练处处长周宪章上校为副处长。"海军处"下设一个办公室和人事、训练、军务、供应4组，掌管海军的行政、教育、训练、建造等事项，分割架空了海军总司令陈绍宽和他的总司令部的权力。

　　9月12日，陈绍宽下令接收敌伪海军舰艇，重组海军。9月16日，海军总司令委任第一舰队代司令陈宏泰为海军接收南京区专员，负责接收汉（口）浔（阳）区敌伪舰。

　　11月7日，蒋介石集团为抢占抗战胜利果实，切断八路军、新四军的运输线，电令海军总司令部迅即编组小型舰队担任北巡任务；截断胶州半岛、辽东半岛间共军海上运输，并保护华北、东北军政交通补给之安全。海军总司令陈绍宽时正率"长治"军舰前往台湾考察，且以战后舰艇多待整修，装备油料多感不足为由，直至12月23日，海军总司陈绍宽令第一舰队陈宏泰率编组小型舰队开赴渤海湾执行北巡任务（"北巡舰队"，归东北保安司令部节制）。

　　12月10日，陈宏泰因抗战英勇，被国民政府授予"忠勤勋章"。

　　12月18日，陈宏泰率领北巡舰队"永翔"、"永绩"、"长治"、"靖安"（"兴隆丸"改名）、"曦日"等舰艇开赴青岛，以葫芦岛为根据地，执行"渤海一线之警戒"任务，协同国民党陆军"清剿"共军，并担任补给、护航及截击共军海上增援等任务。

　　12月26日，海军总司令部人员被迫辞职，蒋介石下令裁撤海军总司令部。海军总司令部所有业务由军政部海军处正式接管，原第一、第二舰队之编组，仍维持现状不变，并归由国民党军事委员会直辖。

　　12月28日，陈宏泰任"军事委员会第一舰队"司令，被授予海军少将军衔。

　　1946年2月4日，国民党军事委员会下令裁撤海军第一、第二舰队司令部，另在上海成立"舰队指挥部"，由军政部长、海军处处长陈诚兼任舰队指挥官，魏济民任参谋长代行指挥官之职。

　　3月12日，军政部海军处升格为海军署，组成以海军少壮派周宪章、高如峰、林祥光、杨元忠、魏济民5人为首的新的海军首脑机构。

5月5日，陈宏泰获"胜利勋章"。5月20日，军政部海军处舰队指挥部下令整编水面部队，原第一舰队所属"长治"、"靖安"、"曦日"舰艇及由美国赠让刚回国的"永胜"、"永顺"、"永泰"、"永宁"、"永定"等护航炮舰，编组成海防舰队，陈宏泰充任海防舰队队长，以青岛为根据地，负责渤海一线之警戒；原第二舰队所属舰艇，编入江防舰队，方莹担任舰队司令，驻泊江湾一带，担任沿江警备任务，以确保沿江一带治安。

自第一舰队改编海防舰队后，舰艇无论在质量还是数量方面均有所增加，并仍以执行北巡为主要任务。为有效封锁胶东一带共军，截断其与辽东半岛间之海上活动，陈宏泰派"永绩"、"咸宁"二舰驻防连云港，其余"永翔"、"长治"、"靖安"等舰则以青岛为根据地，秦皇岛作为补给站，实行轮替方式向渤海湾及龙口、烟台、威海卫、石岛一带水域，加强海面巡弋任务，以截断山东与海州及辽东半岛间共军之海上交通。

5月31日，海防指挥部成立，陈宏泰充任少将指挥官。

6月1日，军政部海军署改组海军总司令部，军政部部长陈诚兼海军总司令，调桂永清为副司令部，周宪章少将为参谋长，下辖海军海防舰长和江防舰队，陈宏泰任海防舰队司令。

6月16日，国共内战全面爆发后，随着战局变化，陈宏泰派海防第一舰队舰艇昼夜出海梭巡，封锁渤海湾口与长山列岛通往旅顺、大连及朝鲜沿海之海域，并督促青岛造船所赶修"逸仙"、"永宁"、"永胜"、"美亨"、"美宏"、"永绩"等舰，及在马公造船所待修之"咸宁"舰外，余各类机动舰艇则采轮替分段方式执行巡弋任务。其中由威海卫至烟台为第一区段，派遣"永泰"、"永顺"、"永定"三舰负责，并逐日轮派两舰出巡，另一舰即行整备待命；烟台至龙口为第二区段，由"长治"、"美益"、"美朋"三舰担任出巡；秦皇岛附近海域则由"永翔"军舰负责巡弋，另以"太康"军舰作为预备舰，以备紧急派遣使用。

在蒋介石向山东、东北等地发动重点进攻期间，陈宏泰奉命率海防舰队运送国民党陆军及物资到华北各战场。

桂永清主掌海军后排挤福州人，培植自己的势力。蒋介石集团向山东等地重点进攻被粉碎后，桂永清认为海防第一舰队司令陈宏泰和江防舰队司令方莹都是闽系海军老将，是陈绍宽余党，处处打击之。

8月12日，陈宏泰称病辞职。9月12日，陈宏泰被免去海防舰队司令之职，转任海军总司令部"法治委员会"法治委员；江防舰队司令方莹也被免去江防舰队司令之职。

闽系遭到彻底排挤，战后总司令部军官佐属现职编制的514人中，闽籍仅92人，由陈绍宽时代的近80%下降到18%。江苏、浙江、湖南、安徽、江西籍的猛增，直辖重要署、处全被非闽系掌握。由于桂永清纵容青岛系，青岛系处处给周宪章制造麻烦。周宪章自知势弱，遂抬出马尾系的旗帜号召旧闽系团结一致，维护闽系的实力地位。周宪章曾是马尾海校训育主任，旧闽系的青壮年军官均是其先后期同学和学生，如魏济民、林祥光、高如峰等。

周宪章等为了稳住闽系，保住自己的实力，也拥护以马尾系为旗帜团结起来。周宪章、魏济民（上海海军指挥部负责人）、林祥光（青岛中央海军训练团主任）、高如峰（台澎要港司令）等人开始暗中串联，收集桂永清的材料，发起"翻箱倒柜"（福州方言"反蒋倒桂"谐音）活动。

周宪章派海军总司令军学司司长欧阳宝、航政司司长陈书麟等三人赴青岛，以视察为名，暗中进行秘密联络。到达的当晚，就在林祥光家密商，要联合起来向国民政府最高当局申诉，推倒桂永清，拥陈绍宽出山，或请李世甲上台，进而重振闽系势力。接着，林祥光派亲信郑昂去上海与魏济民联系，又密约高如峰一致行动。

1947年2月17日，林祥光以为陈宏泰祝寿为名，在青岛饭店邀请驻青岛的各舰长刘孝鋆等十多人，以及训练团的参谋、副官赴宴。会上商定要推倒桂永清，拥护李世甲出任海军总司令。刘孝鋆等人写了一封联名信交给林祥光带到南京转呈周宪章，向最高当局控告，然后各地海军响应。

桂永清在青岛中央海军训练团安插的政治处长陶涤亚（系原国防部第二厅政治处主任，以陆军少将衔奉桂永清之命来青岛训练团搜集情报，监视海军官员活动，尤其是注意林祥光等的闽系活动）手下军统人员买通了军需课股长王廷模，得知林祥光、郭鸿久、郑昂等人的秘密活动和利用渔船捕捞海产等情况，密报给了桂永清。

桂永清得到消息后，立即借"渔案"采取先发制人的措施，林祥光在南京机场下飞机时就被扣押，搜去信件，交军事法庭审讯。随后，桂永清派专员赶到青岛逮捕了郭鸿久，并调查"渔案"详情，宣布由陈赞汤暂代中央海军训练团主任一职。郑昂得到风声逃到香港。

桂永清压下了"倒桂"风潮后，大肆排斥异己，任用亲信，用明升暗降、委以虚职的方式，调离一批掌实权的马尾系官员。至此，闽系海军终于结束了自己在中国海军的统治地位。

1949年8月14日，福州解放前夕，蒋介石曾派员"威逼利诱"，企图胁迫陈宏泰去台湾，遭到陈宏泰严词拒绝。陈宏泰留大陆参加新中国建设。

1955年4月，陈宏泰当选为中国政治协商会议福建省委员会第一届常务委员，被聘为文史馆馆员。

1956年7月，陈宏泰加入国民党革命委员会（民革）。12月，陈宏泰当选为"国民党革命委员会"福州市委员会第二届委员。

1959年、1963年，连续当选中国政治协商会议福建省第二届、第三届委员会常务委员。

1976年3月10日，陈宏泰病逝于福州，终年88岁。

1979年3月10日，政协福建省委员会在福州举行追悼会，悼念爱国民主人士刘通、练惕生、秦望山、陈宏泰。

著有《海军湘江布雷记》等。


子：陈在和，福州海军学校第八届航海班优秀毕业生。1944年，奉命赴美国接收美赠"八舰"，后曾任"永顺"舰舰长。1949年，随蒋介石集团撤往台湾。退役后到香港董建华之父的船务公司任总经理。

# 陈季良

—— "我深恨未能将日寇赶出中国……。我死后，不要让我入
土，我要看着日本人被打败。等打败了日本人，你就往
我的棺材里倒几杯酒，我也要好好庆贺一番。"

（1883—1945）

陈季良，原名世英，字季良（"庙街事件"后改名为陈季良）。福建省侯官
县（今福州市）三坊七巷文儒坊人。生于清光绪九年九月十三日（1883年10月
13日）。曾祖父陈鸣昌、祖父陈翼谋都是举人，父陈境河优行附生，以劳绩保江

苏知县。兄弟5人,陈季良排行第四。其长兄世隆、二兄世钟、三兄世桢,五弟世荣都走科举之路。

光绪三十一年二月(1905年3月),陈世英(季良)毕业于江南水师学堂第四届驾驶班,毕业派上"通济"舰见习。

宣统元年六月(1909年7月),陈世英调任"海容"舰鱼雷大副,授福建金门都司。

宣统三年八月十九日(1911年10月10日)武昌起义爆发,革命军连克武汉三镇,成立了湖北军政府,共推标统黎元洪为首领,声势浩大。

八月二十一日(10月12日),清廷令海军统制官萨镇冰督率海军巡洋、长江两舰队赴鄂援助,协助镇压武昌起义。

九月十四日(11月4日),"海容"舰鱼雷大副陈世英(季良)随舰(管带喜昌、帮带联升,二人皆为满族)抵达武昌,随即奉命会同"海琛"及"江"字和"楚"字各炮舰上驶,向武昌炮击。

随着驻泊上海吴淞口等地舰艇先后易帜起义,湖北军政府都督黎元洪以师生之谊两次写信给萨镇冰,希望海军能转到革命军方面来。于是萨镇冰采取自行引退,以"身体有病必须赴沪就医"为由离舰出走。临行前指定资格最深的"海筹"舰管带黄钟瑛为舰队队长。

九月二十二日(11月12日)萨镇冰离开舰队后,黄钟瑛即下令"海筹"、"海容"、"海琛"舰离开阳逻开赴九江。青年军官同情革命,在巡洋舰队副官汤芗铭、"江贞"舰管带杜锡珪及"海琛"舰正电官张怿伯、驾驶副杨庆贞、三副高幼钦、见习士官阳明等策动下,黄钟瑛召集"江贞"、"江利"、"楚豫"、"湖隼"、"湖鹗"、"湖鹰"诸舰艇管带会议,决定"各行所愿"。

九月二十三日(11月13日),"海筹"、"海容"、"海琛"三艘巡洋舰驶离武汉阳逻锚地后不久,"海琛"舰见习士官阳明即扯下龙旗掷于江中,首先悬起白旗。"海容"舰陈季良与鱼雷大副饶涵昌、大管轮饶秉钧、军需大副严寿华和航海三副郑畴刚、蒋斌等召集全舰官兵公议起义,并由陈季良、饶涵昌等出面动员管带喜昌"自动离职"。

喜昌离舰后,由"江贞"管带杜锡珪改任"海容"管带,鱼雷大副陈季良改任"海容"舰枪炮大副。"海容"巡洋舰和其他舰只一道掉转炮口支持革命军。

九月二十九日（11月19日），阻截清军强渡汉水进攻汉阳，陈季良随"海容"舰（管带杜锡珪）冒险孤军深入，炮轰江岸的清军阵地，并冲过清军的火力网抵达武昌鲇鱼套的黄鹤楼下。陈季良奉命将舰上的轻重机关枪、弹药等轻重武器集中起来，用舢板运入武昌城，援助革命军守城。

当鱼雷艇"湖鹏"号赶来助战而被江岸上的清军炮火封锁时，陈季良协助管带杜锡珪用舰炮猛轰清军江岸炮兵阵地，一举摧毁清军江岸炮台和阵地，掩护"湖鹏"号。

十月初七日（11月27日），清军攻入汉阳，武昌危在旦夕。为了切断清军交通线，自十月初八日（11月28日）起"海容"、"海琛"、"海筹"舰每日轮番用舰炮轰击北军南下必经的第一、第二两道铁桥及附近的洋油厂。

数日后，南北各派代表在上海议和，"海容"、"海琛"、"海筹"舰奉命东下，在高昌庙下锚，以便进坞修整，听候北伐。

1912年1月1日，中华民国临时政府在南京成立，原"海筹"舰管带黄钟瑛升任海军总长兼海军总司令。当时，南北各派代表正在上海议和。

1月8日，南京临时政府海军部成立。南京临时政府建立，孙中山就任临时大总统。但袁世凯对孙中山就任临时大总统极为不满，竟唆使北洋军将领40多人通电主张君主立宪，反对共和，并叫嚣要以"开战"来解决政体问题。面对袁世凯的军事讹诈，孙中山毫不妥协，决定进行北伐。

1月11日，孙中山宣布自任北伐军总指挥，以黄兴为参谋长，并制订了组织"六军四路"北伐计划。

1月12日，新成立的海军部奉命派舰参加北伐，调拨"海容"、"海琛"、"南琛"舰组成北伐舰队，海军部次长汤芗铭兼北伐军海军总司令，杜锡珪任南京临时政府海军北伐舰队"海容"舰代理舰长之职；葛保炎任中华民国南京临时政府北伐舰队"通济"练习舰舰长。从上海出发，直赴烟台。北伐舰队以海军次长汤芗铭为司令，坐镇旗舰"海容"号上指挥。陈季良随"海容"舰参加北伐。

1月16日，汤芗铭率海军北伐舰队抵达烟台，护送北伐军在烟台登陆。时烟台已经独立，都督为海军"舞凤"舰管带王传炯。

1月17日，北伐舰队遂派"海琛"舰护送北伐军运兵船至登州等地登陆，以武力促成和巩固当地的独立。随后"海容"、"海琛"、"南琛"各舰轮流至辽东半岛鸭绿江口、营口、秦皇岛、牛庄、登州、威海卫等地巡弋，以壮声势，威逼北京清廷。

2月12日，隆裕太后在袁世凯的逼迫下，带着6岁的小皇帝溥仪在养心殿下诏退位。

2月13日，孙中山在袁世凯通电赞成共和后，提出辞职。2月15日，临时参议院选举袁世凯为临时大总统。南北议和，汤芗铭奉命停止北伐作战。

北伐结束后，陈季良因功升任"湖鹗"鱼雷艇艇长。

1913年1月31日，陈季良被授予海军少校军衔。

6月17日"二次革命"爆发，袁世凯派海军次长汤芗铭赶赴九江督率第二舰队（司令徐振鹏）的"建安"、"策电"、"飞霆"、"楚同"、"江利"、"江亨"、"湖鹗"等舰艇协同镇压。陈季良管带驾"湖鹗"鱼雷艇在"湖口之役"中，"侦探敌情，屡次蹈险，通报护送，深资助绩"。8月8日，陈季良授被予海军中校军衔。

1914年10月16日，陈季良因参加镇压"二次革命"有功被授予"四等文虎勋章"、"二等金色奖章"。

10月25日，陈季良调任"江亨"炮舰中校舰长。

1917年1月1日，陈季良获得"六等嘉禾勋章"。

1918年1月7日，陈季良获得传令嘉奖。

11月11日，第一次世界大战结束，要求收回被沙俄侵夺的黑龙江、松花江航权的呼声日益高涨。

1919年1月4日，陈季良获得"四等嘉禾勋章"。

5月30日，北京政府大总统徐世昌明令："江亨"炮舰中校舰长陈季良在办理福建南日岛等处劫案出力，传令嘉奖。

6月20日，海军部视察王崇文奉命率员前往黑龙江、松花江调查。王崇文调查后认为：收回黑龙江、松花江航权对"巩固国防，保护航运"意义重大，并亲自研拟了"收回黑龙江、松花江航权办法及江防建设规划"呈报海军部，建议海军部"在哈尔滨建立海军吉黑江防司令部，请求先派军舰数艘前往，再图发展"。建议在东北建立一支水上力量——江防舰队，永久性驻扎黑龙江上。

此案经海军部呈请国务会议，国务会议议决交海军部筹办。海军部决议派遣舰队北上，并派少将视察王崇文携"哈尔滨设立江防司令部议案"至上海，向海军总司令蓝建枢商请调拨军舰事宜。经上海海军总司令公署核准，决定由第二舰队抽调"江亨"、"利捷"、"利绥"、"利川"等炮舰组成北上舰队，充实吉黑江防。

7月2日，北京政府海军部特设"吉黑江防筹备处"（归海军总司令节制），派海军少将视察王崇文为处长。王崇文奉命后，在北京、上海等地物色人手，以沈鸿烈为"吉黑江防筹备处"参谋长。

海军总司令部最终建立"靖安"（舰长甘联璈）、"江亨"（舰长陈世英）、"利通"、"利捷"（舰长林培熙）、"利绥"（舰长毛钟才）舰的北上舰队。

7月21日，北上舰队以"靖安"舰舰长甘联璈为舰队长，自上海高昌庙港起航出发，赴哈尔滨附近屯防。"江亨"炮舰、"靖安"运输舰（装足各舰的粮、煤、水等）先行，"利通"舰拖带浅水炮舰"利捷"、"利绥"舰。8月8日抵达海参崴。8月18日自海参崴起航进入鞑靼海峡。8月22日到达鞑靼岛时，已经不时有雪粒降落舱面甲板，因担心冰封港口，甘联璈、陈季良等冒险率舰继续北上。

8月25日，抵达庙街。庙街（位于黑龙江入海口附近，即俄国尼古拉耶夫斯克港，也称"尼港"，为俄国在远东的要塞，是进入黑龙江的必经之路。俄国十月革命后，日本进行武装干涉，近千名陆军进驻庙街，另外还有4艘驱逐舰和一艘巡洋舰。除了日本军队，庙街还驻扎着日军支持下的白俄军队，当地形势极为复杂）有2000多位华侨在此经商。"靖安"、"江亨"、"利捷"等舰驶抵庙街，让异乡游子感到亲切，华侨们纷纷登舰参观，舰队队长、"靖安"舰舰长甘联璈及"江亨"舰舰长陈季良等利用此机会，广泛了解周边情况。当地的中国商会会长相告：再有十余天，即结冻封江，若往哈尔滨，日行夜歇须数天，以速起航为妙。商会专门推荐一位领港员（精通俄语，兼做翻译）。

但因从海参崴取道黑龙江驶向哈尔滨，"利捷"、"利绥"两舰自力上溯，护航的运输舰"靖安"号也无力拖带。"吉黑江防筹备处"处长王崇文电请海军总司令部改派大型舰支援。8月29日，海军总司令部改派"利川"舰

（舰长林天寿）北上换"靖安"舰回防。

9月1日，"靖安"舰南下回上海，王崇文下令重组北上护航舰队，"江亨"舰舰长陈季良为舰队长。同时王崇文为增强舰队实力，向东三省督抚张作霖请求拨炮舰配合行动。

10月14日，北洋政府为了表彰陈季良在北上护航中的劳绩，明令授予"二等文虎章"。

10月22日，陈季良率领"江亨"、"利绥"、"利捷"、"利川"等舰自庙街起航溯黑龙江上驶，开赴哈尔滨。

10月23日午后途经伯力大桥时，遭到日军炮击，陈季良见对方来势如此凶猛，且不明真相，立即打旗语告诉其他各舰回航。陈季良和几位舰长商量后决定先回庙街过冬，待来年开春解冻后再作计议。此时江面上已结薄冰，"江亨"舰领先破冰前行，返抵庙街，当地华侨热情帮助中国海军官兵筹备粮食和过冬的菜肉，寻找过冬宿舍。

10月28日，一支苏联红军游击队向庙街地区白俄军队（日军支持下）发起进攻。白俄军队溃逃，一些躲在日本领事馆。第二天，两位苏联红军军官来到中国军队驻地拜访"江亨"舰舰长陈季良。自此之后，苏联红军官兵常到中国海军官兵的宿舍来做客，成了好朋友。

11月22日凌晨两点时，驻守在领事馆里的日军突然向苏联红军游击队驻地发起进攻，红军奋力反击，将日军打回到领事馆内。由于日本领事馆防御坚固，红军游击队没有重型火器，久攻不下。

11月26日，苏联红军游击队便派了一名代表前来拜会"江亨"舰舰长陈季良，要求借炮二尊。舰队长陈季良与其他4位舰长商量，大家一致同意借舰炮给苏联红军。陈世英（季良）第二天一早即将"江亨"舰3英寸口径边炮一尊、"利川"舰5门响格林炮一尊借给苏联红军，同时还送给苏联红军钢弹、开花弹各3发，格林炮弹15响。苏联红军利用这些大炮与炮弹，一举攻克日军盘踞的领事馆，击毙日军数十人，还俘虏了130多名日军官兵，史称"庙街事件"。

1920年3月下旬，庙街的江面开始解冻，苏联红军游击队决定撤出庙街。临行前将所借舰炮全部归还给中国海军，并对陈季良说，日军在开冻后定来报复，劝陈季良舰队长率领中国海军到其他港口暂时躲避。

陈季良随即命令舰上人员将"江亨"舰和"利川"舰进行了改造，对两艘舰上的大炮进行重新安排，并改编弹药库存表册，以备查对。同时，决定将"江亨"等4舰开往马街港。正如红军游击队所预料的，此时日本调来军舰20余艘准备报复。同时，白俄的浅水炮舰也从上游顺流而下，它们一起向中国舰艇开炮示威。陈季良深知这是日舰示威，没有下令还击。

随后日军舰艇和白俄的浅水炮舰分别停泊在庙街和马街港，监视中国海军的"江亨"、"利绥"、"利捷"、"利川"等舰，并派土肥原（在侵华战争中的日本特务头子）等数名军官来到"江亨"军舰，指责中国海军借舰炮给苏联红军游击队，扬言"如果一星期内不把暗助红军的凶手交出，则对中国军舰发动攻击"。面对可能遭到日本和白俄军舰的联合攻击的严峻形势，陈季良做好了拼死抗敌准备，下令各舰都检查舰底水塞，一旦敌舰开炮，打开舱底水塞，与舰共存亡。

数日后，日本政府就"庙街事件"向中国政府提出交涉，提出了四条无理要求：由中国驻日公使向日本政府道歉；由驻庙街的中国海军向日本总司令道歉；严加惩处对此事负有责任的中国人；向死亡的日本海军的家属支付一定数额的抚恤金。

最后，日本人控告"江亨"舰舰长陈季良杀害日本士兵，无理地要求北洋政府开庭审判陈季良。

软弱无能的北京政府，竟屈从于日本人的要挟，责令海军部派海军部副官陈复（海军上校，留学日本海军学校）为首席调查委员到庙街会同外交部代表进行调查。同时责令"吉黑江防筹备处"处长王崇文协助调查处理。

4月13日，中日双方代表抵达庙街，组成中日联合调查组，"吉黑江防筹备处"处长王崇文将军派其参谋沈鸿烈（留学日本海军学校）协助调查。

经历18次的调查取证，日方并没有获得任何有力的证据证明中国海军暗助苏联红军。

最终中日双方在奉天组成"特别法庭"来审理此案，审判庭上日方居然有6人来做审判委员，而中方只有4位审判委员，陈季良等舰长和副舰长都成为"被告"接受审查。审查持续了两个多星期，日方始终没有找到任何中国4舰协助苏联红军打日军的证据。

最终以"因冻江期迫，恐延搁各舰航期，从权解决，舰炮误由白党落于红党（指苏联红军）之手，舰长未及追究为憾"为由，中日双方签名盖印，此案遂告了结。但日方又采取外交欺诈的手段，逼迫北洋政府，要求中方"赔礼、道歉"，必须给陈季良舰长以严厉处分，同时要求将"江亨"舰调离。

12月28日，北洋政府在日方的威逼下，答应日方这种非常无理的要求，电令王崇文将军向日方"赔礼、道歉"，并通令全军，给予陈季良"撤职、永不叙用"的处分。王崇文对此深表同情，并写信给海军部的同仁举荐陈季良，要求尽力对陈季良予以关照。

由于陈世英（季良）率舰远航北上，历尽困苦，不畏艰难，功绩卓著，在"庙街事件"中又表现出了凛然的气节，受到海军同仁的同情和钦佩。

1921年1月12日，北京政府大总统徐世昌明令授予"江亨"舰舰长陈季良"二等嘉禾章"。

1月20日，北京政府大总统徐世昌明令，免去陈季良"江亨"舰舰长之职，仍留军效力。

7月14日，北京政府迫于日本的压力下令严惩"庙街事件"的肇事者陈季良。经当时海军部署理总长之职的李鼎新呈报，将陈世英更名为"陈季良"，留在军中服务。

11月11日，陈季良奉命南返回到上海后，被任命为海军长江游击队中校队长。

1922年2月1日，陈季良升任"楚观"舰中校舰长。是时正值第一次直奉战争，北京政府因军阀割据，国库空虚，无力供给海军军饷，海军只得投靠军阀，以图生存。陈季良所管带的"楚观"舰隶属于第二舰队，而第二舰队司令杜锡珪投靠直系，主张海军参战，抗击奉系军阀张作霖。但第一舰队司令林建章则投靠皖系，因皖系中立而主张海军中立，不参战。最后杜锡珪动员海军耆宿萨镇冰到第一舰队游说，策动第一舰队主力舰"海容"（舰长周兆瑞）、"海筹"（舰长甘联璈）、"永绩"（舰长蒋斌）三舰脱离林建章，开赴秦皇岛。第二舰队司令杜锡珪即令"楚观"舰陈季良督率第二舰队的"楚有"、"楚泰"等炮舰配合"海容"、"海筹"、"永绩"三舰，用舰炮轰击山海关的奉军，加速了奉系军阀的惨败。

杜锡珪 "因助直系军阀战胜奉系有功"，继蒋拯升任海军总司令，第一舰队司令林建章下台，由"海容"巡洋舰上校舰长周兆瑞继任第一舰队司令之职；第二舰队司令之职由"海筹"巡洋舰上校舰长甘联璈继任。6月27日，陈季良也因"助战有功"升任"海容"巡洋舰舰长。

1923年1月31日，陈季良被授海军上校军衔。2月7日，陈季良因在第一次直奉战争中，"助战有功"被授予"三等宝光嘉禾勋章"。3月，皖系的曾毓隽为了控制全国海军，通过曾以鼎策动"海筹"、"永绩"舰于4月5日起锚离开青岛向南航行。

4月8日，"海筹"舰舰长许建廷、"永绩"舰舰长蒋斌联合原驻泊上海高昌庙的海军"建康"舰舰长严寿华、"列"字鱼雷艇艇长彭瀛及江南造船所所长刘冠南等联名发出"庚电"，反对直系"武力统一"，主张"联省自治"。并表示拥戴林建章（原海军第一舰队司令）为海军领袖，宣告海军独立（指沪队），号召各舰艇开来上海集合，而且保证按月发饷，还补发欠饷等。

7月7日，杜锡珪因担心驻泊在闽、厦一带的舰艇也会发生"兵变"，特派"江元"舰舰长欧阳勣（杜锡珪的亲信）乘"宁兴"轮赴福州马尾港，向驻泊马尾的"海容"舰舰长陈季良劝导说："千万勿受叛舰的引诱，对本军饷粮一切，本部自当妥筹办法。"同时林建章也派"海筹"舰大副李孟亮赴福州，运动各舰来归。当"宁兴"轮离开码头至吴淞口时，欧阳勣与李孟亮在舱面相遇，二人各负"敌对"的使命，而归于同途。当"宁兴"轮驶进马尾时，陈季良派小火轮来接欧阳勣，而李孟亮也要搭该小火轮同往"海容"舰见陈季良（任"江亨"舰舰长时，李孟亮是二副），同是熟人。登上"海容"舰，欧阳勣先见了陈季良，谈及李孟亮也同轮来福州，陈季良将李孟亮留在舰中，嘱副长监视，不准其登岸和到其他各舰，以免摇动军心。最后陈季良要求李孟亮仍搭原轮返沪。

7月30日，陈季良被授予海军上校衔。此时，海军因北洋政府拖欠粮饷及给养，而竭力向福建地方扩张。海军总长杜锡珪指令海军练习舰队司令杨树庄"筹划夺取金门、厦门、东山"。8月21日陈季良奉命督率"海容"舰协同"应瑞"（舰长陈绍宽）等舰艇攻打金门、厦门，并夺取金门。

10月9日，陈季良因夺取金门有功，被授予"二等宝光嘉禾章"，11月29

日，又获得"五狮"军刀一柄。

1924年4月16日，陈季良奉海军练习舰队司令杨树庄兼摄"闽口厦门警备司令"之命率领"海容"，协同"应瑞"等舰及海军陆战队第一混成旅第一团（团长马坤贞），再次向占据厦门一带的北洋军阀臧致平部进攻。臧致平的杨化昭部败逃漳州，海军占领厦门。5月5日，陈季良因战功晋升为海军少将。

9月3日，江苏督军齐燮元和浙江督军卢永祥（直系军阀和奉系军阀）之间的"江浙战争"在昆山安亭、黄渡爆发。此时，北京政府海军分裂为对立两派，以海军总司令杜锡珪为首的投靠直系军阀，以林建章为首"上海海军领袖处"及"独立沪队"投靠皖系军阀。

9月5日，齐燮元、卢永祥两军激战于浏河、黄渡。北洋政府海军中支持皖系的林建章和支持直系的杜锡珪，各派舰艇助战。驻南京的海军总司令杜锡珪电令杨树庄，令其率领"应瑞"（舰长陈绍宽）、"海容"（舰长陈季良）二舰自闽海北上助战。"第二次直奉战争"以直系战败而告终。

1925年2月6日，陈季良升任海军第一舰队司令兼"闽江海军警备司令部"司令。

1926年7月4日，中国国民党中央执行委员会通过《出师北伐宣言》，7月9日，国民革命军在广州举行北伐誓师典礼。蒋介石发表宣言、通电和告广东军民书等，以国民革命军总司令名义，宣告北伐战争正式开始。北伐军兵分三路，西路军为主力，兵力约5万人，进攻两湖，直指武汉；中路军保障西路侧翼安全，进攻江西孙传芳部；东路军向敌兵空虚的浙闽进军。第五军留守广州根据地。

随着北伐军节节胜利，闽系海军将领看到了国民革命力量必然取代北洋军阀统治全国的总趋势，于是决定相机应变。

北京政府海军部总长杜锡珪从北京避居上海，与海军总司令杨树庄密商，决定由杜锡珪在北洋军阀政府中周旋，杨树庄负责同国民革命军建立联系，并"告诉各舰队司令相机行事"。

11月21日，海军总司令杨树庄派方声涛到广州接洽闽系海军易帜事宜。

11月26日，林知渊策动驻厦门海军警备司令林国赓、海军陆战队队长林忠率部在厦门率先易帜，归附国民革命军。

11月30日，广东国民革命军北伐东路军总指挥何应钦，率所部第九师顾祝同、第十师冯轶裴、第三师谭曙卿和独立第四师向闽境进迫。

闽省防务吃紧，军阀孙传芳调驻防福州的"福建省防卫司令"李生春率领所部赴闽北防守，又令汀（州，即今长汀）漳（州）龙（岩）镇守使兼第一师师长张毅，星夜率所部队伍开往福州接防。

张毅所部向福州开动，海军陆战队即命林寿国团前往截击。林寿国团原是由民军改编的，纪律废弛，士无斗志，不愿与张毅部交锋，当两军在福清县境将要相遇的时候，林寿国团向侧翼一闪，避开正路。

12月1日，张毅先头队伍阎廷璋教导团已渡乌龙江驻扎北岸高地，企图渡江。

海军第一舰队司令兼闽厦海军警备司令陈季良认为"张毅部如果开来福州，对于马尾海军根据地有所不利"，决定借助乌龙江之险要，截击张毅部。陈季良密电厦门海军代理司令林国赓，抽调驻厦海军陆战队林志棠团，司令部卫队营营长庄宗周（即庄哲生）和第一连连长林萱、第二连连长林琳、第三连连长刘刚德、第四连连长王飞及全部官兵由"华甲"运输舰舰长陈永钦亲自指挥装载运到马尾，停泊马江候令。

12月2日拂晓，陈季良下令攻击乌龙江北岸高地的阎廷璋教导团"务必歼灭，勿被逃逸"；令林志棠团长为前敌指挥率所部队伍由马尾派船装载出发，趁潮驶入闽江，从鳌头登陆，向乌龙江北岸高地东北方向进攻；令庄宗周营由马尾派船装载出发，趁潮通过固安港向乌龙江北岸高地东北方向进攻。至半江，山上的阎廷璋教导团用手电筒向海军运兵船射照，但陆战队官兵沉着前进，于拂晓前到达目的地。

12月2日，闽系海军陆战队协同"江元"军舰和"海鸿"炮舰，向乌龙江北岸山上的阎廷璋教导团猛烈进攻。张毅的阎廷璋教导团处于三面包围之中，后路背水并受海军炮火威力之不断夹击，战况非常激烈。战约3小时之久。张毅的阎廷璋教导团后援不继，孤军作战，无法支持，除死伤者外，张毅部已渡江的先头部队2000余人缴械投降。小部散兵窜至南乡黄山下渡一带，由庄宗周营长派队追击歼灭。海军于乌龙江截击张毅、阎廷璋团遂告胜利。

12月3日，驻闽海军舰艇又在沿海截获了多艘为张毅部队运送弹药和粮饷的军运船。

12月5日拂晓，张贞所部杨逢年团与海军陆战队激战，张毅部有数倍于海军陆战队的兵力，海军陆战队伤亡甚重。唐岱銮团长阵亡，萧礼崇参谋长受伤被俘，林忠指挥官带卫兵用门板渡河逃回。庄宗周营队伍冲出"旁道桥"，退守棉山高地，收容所有陆战队残部，奉令退回乌龙江北岸候令。

海军马尾造船所飞机制造处主任巴玉藻等奉命派戊型双翼水上飞机"江鹊"号等二架飞机助战，向张毅的北洋军阀部队投掷炸弹和燃烧弹。虽然飞机轰炸未能给张毅的部队造成重大伤亡，但飞机的威慑作用却对北洋军阀官兵的作战心理和士气产生了很大的影响，张毅部溃败。第二次瓜山战役至此结束。北伐军何应钦所部开入福州。

12月10日，驻泊福州马尾等地的海军第一舰队，在司令陈季良的率领下，海军宣布服从国民政府，易帜归附国民革命军。

第一舰队在闽首先发难倒戈成功，配合北伐军东路军夹击北京政府军张毅部，北伐军很快占领了福建全境，北洋军阀统治福建告终。

12月15日，国民政府福建政务委员会成立，海军第一舰队司令陈季良任政务委员。

12月30日，国民革命军海军司令部成立，陈季良任司令。后兼福建省政府委员。

1927年3月14日，海军总司令杨树庄正式宣布与革命军合作，通电率领第一、第二舰队和练习舰队所属44艘舰艇一律易帜，加入国民革命军。在吴淞口成立国民革命军海军总司令部，杨树庄正式就任国民革命军海军总司令，参谋长吴光宗。

淞沪及南京克复，国民革命军（闽系）海军一方面以主力舰队掩护北伐军作战；一方面加强巡逻以防御直鲁联军的东北海军舰队窜扰长江一带。

3月28日，陈季良率归附北伐军的第一舰队的"海容"、"海筹"、"应瑞"舰北上，进入长江掩护北伐军作战，并负责吴淞至江阴的防务，联合陆上北伐军与敌作战，并掩护陆军渡江追敌。

由于安庆至吴淞，绵亘千数百里江面，国民革命军海军决定划区防守，封锁江面。吴淞至江阴为第一区，由国民革命军海军第一舰队司令陈季良率"海容"、"海筹"、"应瑞"、"列"字等舰艇担任防务，江阴至镇江为第二区，由国民革命军海军第二舰队司令陈绍宽率领"楚有"、"楚同"、"通济"、

"甘泉"、"利通"等舰艇担任防务，镇江至南京为第三区，由总指挥杨庆贞率"楚谦"、"联鲸"、"张"字等舰艇担任防务，南京至芜湖为第四区，由国民革命军海军练习舰队司令陈训泳率"永绩"等舰担任防务。各区舰队均联合陆上友军与敌作战，将宁、镇、澄、通等处完全收复，并掩护陆军渡江追敌。

5月2日，盘踞在瓜洲及镇江北岸的直鲁联军，连日以炮火射击镇江南岸及江面各舰；盘踞在小河镇、天星桥两处的直鲁联军，扣留民船多艘，也企图伺隙偷渡；盘踞在三江营一带的直鲁联军，则在沿岸挖壕设堡，屯兵要隘，也企图大举渡江。陈季良奉命率领第一舰队赴援。

5月13日，孙传芳部队集合2万余人企图在通州渡江，陈季良率"海容"、"海筹"等舰从段山港下巡，于该处江面严加戒备，检查来往船只，嗣即开泊浒浦，直鲁联军孙传芳部慑舰炮威力未敢偷渡。

5月18日晨7时，北洋政府直鲁联军的东北海军舰队司令沈鸿烈率领"海圻"、"肇和"、"定海"、"威海"各敌舰来袭吴淞口。时"海筹"舰驻泊吴淞口时，遭到"海圻""镇海"两巡洋舰炮袭，"海筹"舰受伤，士兵死伤20余人。在舰长陈训泳指挥下，当即斩断锚链急速起航，由时任航海正的刘孝鋆在炮火和雾色中正确领航，向长江上游浅水区全速疾驶规避，同泊的"应瑞"舰见状也弃锚随行。吃水深的"海圻"、"镇海"舰在上述两舰脱离其舰炮射程后，再讨不到便宜，又担心在当时的长江枯水期，一旦追击时遭搁浅反中圈套，只有掉头返航。

陈季良获讯率领"海容"、"海筹"、"应瑞"、"豫章"、"建康"各舰，奉令兼程驰援。东北海军舰队"海圻"、"肇和"、"定海"、"威海"等舰闻陈季良率领第一舰队而来，而退出吴淞口。率领海军"海容"、"海筹"等舰向南口追击，"海圻"、"肇和"、"定海"、"威海"等舰北遁。

7月6日，南京国民政府特任陈季良为"国民政府军事委员会"委员。

7月12日，海军将长江防线从新分段布防。陈季良率领"海容"等舰担任上海至江阴的防务，严防北洋（东北）的舰队侵袭。

7月20日，投靠蒋介石集团的闽系海军总司令杨树庄奉蒋介石军事集团之命派军舰增防安庆，配合第七军向芜湖挺进。

8月31日中午，盘踞北岸的孙传芳部向投靠南京国民政府的"楚有"舰开炮，"楚有"舰奋起反击。午后1时，第一舰队司令陈季良率"海容"舰开抵大河口，"通济"、"永健"、"联鲸"各舰陆续赶至三江口策应。大河口的孙传芳部被"海容"等舰猛烈炮火击退。晚，孙传芳部在乌龙山、八卦洲间偷渡，巡弋江面的"楚有"、"楚同"、"楚谦"三舰发炮截击，南渡的孙传芳部全数被击败，取得龙潭战役胜利，首都南京转危为安。海军扼守长江，粉碎了孙传芳部渡江的企图，国民革命军取得北伐以来最辉煌的胜利。

10月19日，南京国民政府委任陈季良为国民革命军海军委员会委员。

11月1日，南京国民政府任命杨树庄为国民革命军海军总司令（兼福建省主席），陈季良为国民革命军海军第一舰队司令。由于杨树庄兼福建省主席在福建主持政务，海军总司令部日常事务由陈季良代摄。

1928年4月14日，国民党海军在上海召开代表大会，成立海军特别支部，陈季良被选为委员。

7月12日，蒋介石、冯玉祥、阎锡山、李宗仁、陈绍宽等在北平汤山决定军事整理方案，共同签字，呈请政府实施，海军总司令部呈请设立海军部，统筹进行海军建设计划。但国民政府仍按原先决议，在行政院军政部之下设海军署。

8月27日，南京国民政府明令免去陈季良福建省政府委员之职。

9月1日，第一舰队司令陈季良被选为"国民政府侨务委员会"委员。

10月，陈季良当选为国民党第三届代表大会海军代表。

陈季良协同第二舰队司令陈绍宽等向军事委员会辞职，对蒋介石施加压力，迫使蒋介石于12月5日在军政部下设一个海军署，以陈绍宽为署长，陈季良等任委员。同月，陈季良出任代理海军总司令。

1929年1月22日，张学良正式宣告归附南京国民政府，东三省易帜，全国"统一"后，国民政府召开编遣会议，并决定取消海军部，设"海军编遣区办事处"。

2月27日，南京国民政府任命杨树庄为"海军编遣办事处"主任委员（未到任以前由陈季良代理），陈季良为"海军编遣办事处"委员。并取消海军总司令部，仅保留第一、第二舰队，另外将东北海军编为第三舰队，广东海军编为第四舰队，四支舰队直属于军政部，由蒋介石控制。

陈季良、陈绍宽等人对蒋介石的这种"分而治之"只做形式"统一番号"的做法极为不满，认为这种体制是"企图毁掉闽系海军本已削弱的政治地位"，于是提出自己的按传统方法精心起草了一套方案，拟就海军建设三点建议：一是全国海军统一；二是缓裁；三是设立海军专部。并要求两年内拨款6900万美元来扩建和改善海军，"以此达到海军收支统一，从事统一"。

2月，闽系海军内部以前海军总长杜锡珪、陈季良为首的海军将领对杨树庄等人的亲蒋行为极为不满，暗中与北方的冯玉祥将军联系，准备配合冯军反蒋行动，但事为海军总司令杨树庄察觉，杜锡珪被派往欧美考察海军，陈季良等人准备配合冯玉祥反蒋的行动受到牵制而流产。

3月28日，"蒋桂战争"爆发，海军掩护蒋军与桂军作战（史称"第二次西征"），历时一个多月，打败了占领两湖的桂系军队。由于海军在拥护南京蒋介石集团上是积极坚决，蒋介石认为可利用，西征结束后，同意成立海军部。

4月12日，南京国民政府明令设立海军部。6月1日，海军部正式成立，杨树庄任上将部长，陈季良出任国民政府海军部常务次长兼第一舰队司令。

6月1日，为中国国民党总理孙中山先生奉安之日，海军司令部高昌庙海军司令部及特别党部政治训练部，于总理奉安日上午10时，在司令部大操场，举行总理奉安公祭典礼。除司令部党部政训部三部全体人员外，尚有直属各小组全体党员，及驻沪各机关各舰艇党部代表，江南造船所党部全体执监委员等，约500余人，由代理总司令陈季良主席，秘书郑友益宣读祭文。行礼如仪，情形悲壮严肃，并摄影以为纪念云。

9月，国民革命军海军舰队举行第一次校阅。第一舰队司令陈季良奉海军总司令部之命负责校阅驻沪各舰艇。

12月1日，蒋介石集团将海军经费从每月500万元预算削减到250万元。在一次军事委员会上，就成立海军部事宜质询蒋介石，蒋介石又以各种借口搪塞，海军总司令杨树庄、第一舰队司令陈季良与第二舰队司令陈绍宽三位委员"拂然退出会场，以示反对"。

1930年1月1日，陈季良获得"三等宝鼎勋章"。1月6日，福建省防军司令林忠、海军马江要塞司令萨福畴等利用北方阎锡山反对蒋介石企图改组南京国民政府的形势，会同闽北新编第二师师长卢兴邦部旅长卢兴荣（卢兴邦弟）、独立第四师（新编第一师）师长张贞（闽南系），借省府委员财政厅厅长陈培锟春宴各厅、委的机会，于酒半酣时，由林忠举号，将福建省政府委员林知渊、许显时（兼建设厅厅长）、陈乃元（兼民政厅厅长）、程时煃（兼教育厅厅长）、郑宝菁（兼省政府秘书长）及水上公安局局长吴澍共6人绑架送交尤溪卢兴邦扣押，翌日被拘诸人被送往延平（今南平市）。史称"一六事件"。

3月28日，南京国民政府国务会议议决任命陈季良为第一舰队司令。

4月10日，南京国民党中央政府下令讨卢兴邦，海军部常务次长兼第一舰队司令陈季良兼任"海军陆战队总指挥部"总指挥。

4月15日，陈季良在福州设"海军陆战队总指挥部"；4月18日，陈季良回福州指挥陆战队。

陈季良呈请海军部批准把与卢兴邦通同作乱"绑架福建省六个省委委员"的陆战队第一旅旅长兼省防司令林忠、邱振武、萨福畴三人扣押，并撤去本兼各职，解送南京军事委员会军法处审理。海军第一混成旅改为两团制的第一独立旅，以第一团团长金振中升任旅长；第一团团长则以刘刚德升充。刘刚德是该旅第二团领导下的一个营长，原第一团第一营营长郑鑫鉴和第三营营长吴从周有些不服，口出怨言，愤而辞职，刘刚德上报，并以林震世、许际隆二人分别递补；原海军陆战队独立旅，改为两团制的第二独立旅，仍由林寿国任旅长。

10月22日，海军陆战队总指挥陈季良部署就绪，协同陆军第五十六师师长刘和鼎，分三路进军讨伐"一六事件"主谋卢兴邦，"刘卢战争"爆发。

1931年1月1日元旦叙勋，陈季良获得"二等宝鼎勋章"。1月6日，陈季良转任海军部政务次长。

陈季良率领海军陆战队协助刘和鼎主力击溃卢兴邦部主力，卢兴邦部溃退到水口以上的柳埕、漳湖坂一带，掳的"六委"（见"一六事件"）被救出，卢兴邦本人则龟缩在他的尤溪老巢作困兽之斗。

海军总指挥陈季良亲向刘和鼎建议，乘卢兴邦部主力新败"应予追击"。刘和鼎表示同意，于是双方议定，刘和鼎为主力陆军第四十九师师长张贞部王祖清团，从永春、德化扑尤溪之背。

海军则派陆战队第二旅旅长林寿国率林秉周团，并抽调第一独立旅第一团周凯仁与黄大金两营由团长刘刚德（归林寿国旅长节制）率领从宁德、古田向柳埕、漳湖坂挺进，配合刘和鼎部主攻尤溪。派出第二独立旅旅长林寿国率第三团

（林秉周团）从宁德攻古田。

当刘和鼎部未到情况下林寿国轻敌下令，要刘刚德率领第一独立旅第一团周凯仁与黄大金两营向柳埕进攻。遭到卢兴邦部的顽强抵抗。正当战火激烈之际，临时归由林寿国旅指挥的新编的钱玉光部倒戈，向第一独立旅第一团开火，海军军心大乱，刘刚德急率部退上高山暂作防御，刘和鼎部赶到，用排炮猛击卢部，敌不支溃退。讨卢战事结束后，两旅陆战队仍由杨树庄指挥。陆战队第二独立旅林秉周团，进驻建瓯。

4月30日，南京国民政府中央监察委员邓泽如、林森、萧佛成、古应芬，为"胡汉民事件"自广州通电弹劾蒋介石，列举"六大罪"。

1932年1月5日，陈季良被补授予海军中将。1月6日，陈季良升任海军部政务次长兼第一舰队司令。

1月16日，陈季良被授予"海陆空甲种一等奖章"。

1月27日夜，日军以"三支实业社"等被烧，以"保护民"为由，向驻扎在上海的第十九路军发动进攻。虽然蒋介石实行"不抵抗政策"，海军部令海军"不准先动手"。陈季良闻讯后，立即命令驻泊上海高昌庙的海军舰艇及叶宝琦警卫营进入一级战备。

2月初，日本人利用商船为掩护，企图冲入高昌庙，海军江南造船所哨兵忍无可忍，自卫开枪击毙日本船长福田。日军以此为借口，不断向陈季良第一舰队挑衅，无理要求"惩办凶手"、"赔偿道歉"。陈季良等海军将领考虑到我海军向日本订造的"宁海"舰正在建造，且订金已付，如果关系破裂，我海军损失巨大。

2月中旬，上海抗战进入紧要关头，抗日军民向海军要求借武器装备以抗敌，陈季良以"军人以服从命令为天职"为由，拒绝抗日军民要求，引起上海各界人士不满，舆论的谴责。

11月11日，海军部特派政务次长陈季良为校阅委员长，率领校阅委员林献炘（军械司司长）、唐德炘（舰政司司长），蔡世溁（军衡司恤赏科科长）、陈可潜（舰政司电务科科长）、李景澧（经理处总务科科长）等校阅海军所有的机关、舰艇。

1933年2月23日，海军部派第一舰队司令陈季良乘"宁海"舰赴江阴，督率

"海容"、"海筹"、"应瑞"、"逸仙"舰等会操，历时二个月。

11月20日，在全国抗日反蒋高潮的推动下，驻守福建的第十九路军将领陈铭枢、蒋光鼐、蔡廷锴等联合李济深等反蒋派势力，公开宣布与蒋介石决裂，在福州成立"中华共和国人民革命政府"。

12月15日，蒋介石下令讨伐第十九路军，海军派练习舰队司令王寿廷率"中山"等舰奉命驰抵福建宁德三都澳会同李孟斌司令，与其他的十余艘舰艇协同中央军围剿第十九路军，封锁闽江口。

12月16日，海军部长陈绍宽、陈季良为陆战队总指挥，率"海容"等舰回闽"相机收复马长地区"。陈季良率舰队抵福建宁德三都澳，从海上协助蒋军向第十九路军进攻。陈季良因同情第十九路军，在最后关头，网开一面，让第十九路军顺利南撤。

12月29日，南京国民政府传令嘉奖第一舰队司令陈季良。

1934年3月4日，陈季良肝病发作，陈绍宽派上海海军医院军医官陈澄专机来闽接陈季良赴沪就医。陈季良辞去"海军陆战队"总指挥部之职，陆战队总指挥部遂宣告结束。

7月10日，海军部在马尾创办海军大学，培训在职舰长，海军部长陈绍宽，马尾要港司令李世甲兼教育长。聘请两个日本海军顾问充当教官，抽调海军各舰艇长入学受训。

9月6日，陈季良晋升为海军中将。10月15日海军例行校阅，陈季良再次担任校阅委员长，率领校阅委员校阅海军所有的机关、舰艇。

12月6日，以"应瑞"舰舰长林元铨、"宁海"舰舰长高宪申、"海容"舰舰长欧阳勋、"海筹"舰舰长陈宏泰、"大同"舰舰长孟琇椿、"中山"舰舰长罗致通、"克安"舰舰长林镜寰等为首的23位舰长"发难"，向国民政府和军事委员会进行控告，指控陈绍宽重用亲日分子李世甲和聘用两个日本人为教官，将海军军事教育大权委诸敌人。

12月14日，控告陈绍宽的"状文"一份由林元铨向林森官邸投递；一份则由程嵋贤趁蒋介石乘坐"永绥"舰由汉口返南京之便，当面递呈蒋介石。林森接到林元铨所递的状子，便批转行政院处理。

蒋介石在"永绥"军舰上接受程嵋贤的状子，并倾听了程嵋贤的面诉，据事后程对人说，蒋介石在接受状文和倾听程的控诉的时候，频频点首，连声叫好。程嵋贤等以为"状告准了"，四处张扬：陈绍宽必倒台矣。

行政院院长汪精卫接到国民政府和蒋介石交办的案件，立即召见陈绍宽，汪精卫想拉陈绍宽一把，把两张状子当面交给陈绍宽，全案交陈绍宽自己去处理，并且，授意可以惩办为首的舰长，以平息风潮。陈绍宽在拜别汪精卫之后，直奔蒋介石官邸，蒋介石不予接见（据传闻蒋介石当时刚好正在理发），使陈绍宽感到出乎意料的冷遇。

12月20日，陈绍宽写了两份辞呈，一份给行政院，一份给军事委员会后，从南京赴上海，请陈季良赴南京主持部务。汪精卫也令海军部总务司长致电政务次长陈季良回部"代行"部长之职。

1935年2月15日，海军部代理部长陈季良着手处理23个反对陈绍宽的上中校舰长。3月1日将"应瑞"舰舰长林元铨、"宁海"舰舰长高宪申调离。为陈绍宽部长铺平返部的道路。

3月6日，陈绍宽接受蒋介石和汪精卫的慰留，回海军部视事，23个舰长反对陈绍宽的风潮平息。

5月，陈季良率领"宁海"、"海容"、"应瑞"等十几艘舰只从吴淞出发，北上会操。经烟台、青岛、大小鼠山、大沽等处，沿航操演船阵、鱼雷射放、含炮射击、航行救生等。

6月1日，"海军体育促进会"成立，推选海军部长陈绍宽为会长，海军部政务次长陈季良等11人被推选为理事。

8月1日，"福州海军艺术学校"停办，福建省教育厅将"海军艺术学校"改为"私立勤工初级机械科职业学校"（"勤工学校"）。聘马尾造船所工务长（总工程师）萨本忻为校长。设校董会，以萨镇冰为名誉董事长，陈绍宽为董事长，李世甲为常务董事，陈季良、陈兆锵、陈训泳、林国赓、陈培锟、叶龙骧为董事。

9月6日，陈季良被授予海军中将。

9月28日，海军江南造船所建造的"平海"舰完工下水，海军部派政务次长陈季良前往举行典礼。

12月24日，陈季良任海军部政务次长。

1936年1月1日，因易帜支持国民革命军北伐有功，陈季良获得"三等云麾勋章"。

7月9日，南京国民政府明令：陈季良"翊赞国民革命有功"，颁给"国民革命军誓师十周年纪念勋章"。

1937年1月1日，陈季良获"二等云麾勋章"。

"七七事变"爆发时，海军部长陈绍宽作为副使，与正使孔祥熙一起出访，参加英皇加冕典礼未归，海军部常务次长兼第一舰队司令的陈季良，代行海军最高指挥官大权，积极投入备战。当时中国海军共有舰船57艘，连小艇算在内，总吨位也不过6万吨，不及日本海军的1/25，且多半是超期服役的旧舰。最大的"宁海"、"平海"、"逸仙"、"应瑞"4舰，加起来还不如日军1艘万吨巡洋舰的吨位大。从舰艇数量、吨位大小、装甲优劣、火力强弱、射程远近、速度快慢、舰龄长短等各方面比较，当时的中国海军实力远逊于日本海军。当时日军曾叫嚣"一鼓作气下南京，两个月结束战争"。为阻挡日军进犯首都南京，陈季良等海军将领选择在江苏江阴一带构筑阻塞线。陈季良任江阴封锁区总指挥，做好了为国献身的准备。在战前动员会上，他坚定地对海军官兵说："军人当忠于职守，勇于从战，以身报国。在陆地战场，人人要有马革裹尸的雄心；在海上战场，人人要有鱼腹葬身的壮志，不管战场环境如何险恶，人人都要奋勇杀敌，要坚持用最后的一发炮弹或一颗鱼雷，换取敌人的相当代价。"

8月12日，陈季良赴江阴主持布置江阴水道封锁线，他调集一批老舰艇、23艘商轮、8艘趸船和185艘民船及大量石方筑起第一道江阴阻塞线（后又将当时中国海军序列中吨位最大的"海圻"号等4艘老舰沉入江中），又在第一道阻塞线后构成一条辅助阻塞线；同时将"平海"、"宁海"、"应瑞"、"逸仙"等4艘主力舰列于最前线，他坐镇"平海"旗舰上指挥。

日军十分清楚，若不能突破江阴防线，日军舰队的行动范围将只能在崇明岛、黄浦江一带，而不能突入长江腹地。于是，日寇集中了70多艘军舰，飞机300多架和十多万兵力，计划一举攻克江阴防线。

在没有任何空军力量的支持下，陈季良率中国海军"平海"、"宁海"、"应瑞"、"逸仙"等十余艘大小军舰，以"平海"为旗舰，驻守江阴第一线，与日本海空军展开浴血奋战。日军出动大批飞机对中国海军水面舰艇部队及岸上机关进行狂轰滥炸，陈季良则指挥各舰高射炮在整个江阴构成密集的防空网迎战。由于陈季良等海军官兵顽强抵抗，持续月余，日军无法前进。

8月21日，日军派出了包括当时独霸全球的日本海军航空兵"九五式水上侦察机"在内的精锐空军，对江阴封锁区再次进行狂轰滥炸，被称为"第一次世界大战之后最惨烈的江阴海空战"由此拉开了序幕。中国海军官兵在陈季良的指挥下英勇还击，首轮还击就击落敌机一架，初战告捷。日军见首轮攻击未达到目的，即改变战术，增派兵力，以80多架次飞机分四批集中攻击当时中国海军实力最强的"平海"、"宁海"两舰。

9月22日，江阴保卫战爆发，日本海军联合航空队出动30多架攻击机、战斗机，携重型炸弹，轮番窜犯江阴，向长江江阴封锁区实施开战以来最为猛烈的空中轰炸。当时陈季良以"平海"舰为旗舰。所以，敌机首先以旗舰"平海"舰为重点目标，分批环攻"平海"舰，以求"擒虎"之功。"平海"舰官兵冒着弹雨英勇奋战，用高射炮和高射机枪猛烈还击，击落敌机4架。但"平海"舰也被炸伤，舰上有5名官兵牺牲，20余人受伤，舰长高宪申腰部中弹受伤。

当晚，在陈季良召集的各舰舰长会议上，针对敌机对"平海"旗舰攻击猛烈的情况，有舰长建议陈季良降下司令旗。但陈季良坚决不允，说："平海舰是我军旗舰，也是敌机轰炸的重点，但我决不因此而降下司令旗！"

9月23日，日军飞机再次轮番轰炸驻守南京至江阴阻塞线的中国海军，激战一整天后，"宁海"舰负重伤下沉，"平海"舰也弹痕累累，前后舱皆进水，无法堵塞。陈季良令其开抵十二圩沉搁浅滩坐底，进行抢修。9月24日，陈季良又移驻"逸仙"舰，并挂出司令旗继续指挥战斗。

9月25日上午9时，16架敌机猛攻"逸仙"舰，掷弹二十多枚。陈季良率官兵勇猛用15架炮对空还击，击落敌机二架，而"逸仙"舰也被击中，舰上官兵牺牲14人，重伤6人。官兵们劝陈季良快撤，陈季良喝道："不！我们还剩十几发炮弹，我们要和敌人拼到底！"激战中，"逸仙"舰再次中弹，舰身左倾，舰首炮与舰尾炮都被炸毁，弹片击中了陈季良腰部，血流如注，陈季良摔倒在甲板上。他忍着剧痛，果断地下令"逸仙"舰抢滩驶泊目鱼沙。敌机见"逸仙"舰无力还击，就超低空飞行，继续轰炸"逸仙"舰，陈季良顽强地站起来，大吼一声："中国军人最好的归宿，就是与敌人战到最后一刻！"陈季良将军的精神感染了全舰官兵，包括那些身负重伤但还有一口气的官兵也从血泊中顽强地站起来，与敌人血战，直到"逸仙"舰被炸沉。

负伤后的陈季良依然不下火线，继续移驻"定安"舰，再次升起司令旗，指挥与敌作战。有人再次劝告陈季良说："挂司令旗暴露目标是很危险的。"可陈季良早已将个人的生死置之度外，坚定地说："司令旗在，中国的舰队就在，对敌是蔑视，对自己的人是鼓舞。"当时在江阴海空战场观战的一位德国顾问被陈季良和中国海军英勇无畏的精神所震撼。他说："这是第一次世界大战以来，我所亲眼看到的最惨烈的海空战。"对冒死指挥作战的中国海军将领陈季良更是赞叹不已。

血战至10月23日，虽然陈季良所率的中国海军第一舰队主力舰在敌机狂轰滥炸之下损失殆尽，但日寇却依然未能突破江阴封锁线。

海军部长陈绍宽赶到前线，鉴于季良指挥作战50多天，且有负伤，心力交瘁，急派第二舰队司令曾以鼎接江防司令之职，令季良下火线到后方医治疗养。时电雷学校校长欧阳格竟向蒋介石谎报："陈季良临阵脱逃。"蒋即批示："革职法办。"后在海军部陈绍宽部长出面力保，及德国顾问和一批在江阳炮台上观看海空战斗情况的人出来作证。蒋介石才电告陈绍宽说："误会，误会，代我安慰陈季良。"

12月初，中国海军奉命放弃江阳防区，退守长江上游。陈季良将第一舰队司令部设于万县，带伤坚持抗战工作。

1938年1月1日，海军部改制为海军总司令部，陈绍宽任总司令。1月31日，国民政府军事委员会再次委任陈季良为第一舰队司令，下辖"中山"、"永绩"、"江元"、"江贞"、"楚观"、"楚谦"、"楚同"、"楚泰"炮舰及"甘露"测量舰和"克安"、"定安"运输舰等。

因江阴之战，战绩显赫，第一舰队司令陈季良于1939年1月1日被国民政府军事委员会明令记功一次，通令全军表彰。

1940年1月，陈季良任海军第一校阅组组长，组织校阅各江防要塞、海军学校等机构。

1944年6月15日，海军总司令部中将参谋长陈训泳在重庆病故，第一舰队司令陈季良兼海军总司令部参谋长。

1945年春，陈季良腰伤复发，又得了伤寒。4月14日，陈季良艰难地说出了他人生的最后一段话："我深恨未能将日寇赶出中国……。我死后，不要让我入土，我要看着日本人被打败。等打败了日本人，你就往我的棺材里倒几杯酒，我也要好好庆贺一番。"说完这段临终遗言，戎马生涯四十载的陈季良将军，带着对东瀛日寇的满腔仇恨，在四川万县离开了人世，终年63岁。

4月17日，海军总司令部派舰械处处长陈宏泰、军需处科长陈景芗驰赴万县会同第一舰队司令部轮机长朱葆清等，负责处理陈季良丧葬善后事宜。陈季良的夫人遵照陈季良遗言，为陈季良制了一口水泥棺放在重庆山坡上的稻田里。

5月25日，（重庆）国民政府明令抚恤。

9月10日，（重庆）国民政府明令追赠已故海军中将陈季良为海军上将。

抗战胜利的那一天，陈夫人没有走上街头欢庆，却静静地来到丈夫的灵柩前，恸哭一场。抗战胜利后，陈季良的水泥灵柩被运回老家福州。当载着陈季良灵柩的军舰抵达福州马尾港时，家乡人自发地涌到码头上迎接这位抗日英烈魂归故里。福州人为陈季良举行了公祭。


陈季良的夫人是台湾一古董商的女儿，当年随父在厦门开设古董店。陈季良每到一地必逛古董店。一日，舰泊厦门，随意逛店，与古董店主的女儿一见钟情，缔结百年之好。

抗战胜利后，陈季良夫人带着儿子到台湾，尔后一直生活在台湾。陈季良长子曾出任台北市"议长"。改革开放后，陈季良孙辈多次回榕给祖父扫墓。

# 陈绍宽

## ——领导失去制海权的海军血泪抗战八年

## （1889—1969）

陈绍宽，字厚甫，福建省闽侯县（今福州市仓山区）胪雷乡胪雷村人。生于清光绪十五年九月十四日（1889年10月8日）。其父陈伊黎，原先是一名箍匠，后服务于晚清海军，由水手升至二管轮。童年时代的陈绍宽，为生活所迫，在家务农放牛。光绪二十四（1898年）10岁入私塾读书；光绪二十九年（1903年）15岁入福州格致书院学习；光绪三十一年（1905年）17岁入南洋水师学堂驾驶班。平日以勤学见称，成绩优异。

光绪三十四年（1908年）冬，陈绍宽毕业于江南水师学堂第六届驾驶班，被派往"通济"舰见习。宣统元年（1909年），进京部试，名列一等，授为海军协军校（相当于后来的海军少尉）。

宣统二年（1910年），陈绍宽在故居与同乡潘墩村人潘璧玉成婚。

宣统三年（1911年），陈绍宽充任"联鲸"炮舰驾驶二副兼教习，升海军副校（相当于后来的海军中尉），后改授职五品衔把总，任驾驶大副。

八月十九日（10月10日）武昌起义爆发后，随"联鲸"炮舰易帜起义。

1912年1月1日，中华民国南京临时政府建立，3月北京政府成立，陈绍宽调

任北洋政府海军"镜清"练习舰粮饷大副兼驾驶大副，授海军上尉。因奔母丧回家，乘"镜清"舰（当时任该舰大副）由沪航榕，舰长嘱陈绍宽督带。依照海军惯例，倘舰船3年没有进出某港口，则驶入此港时，可请引水员领航。"镜清"舰已多年未到福州港，且闽江口至马尾航道地势错综复杂，依例船到马祖岛或川石附近，就可请人领航。但陈却亲自驾驶，安全驶抵马尾。一个上尉军官初次率舰进港，竟不请人领航，且安抵目的地，此举轰动了当年的海军界。

1913年初，陈绍宽调任"江亨"舰副舰长，2月25日授予海军上尉军衔。6月调任"肇和"舰驾驶大副；9月调任"应瑞"舰航海正；11月充任"湖鹏"鱼雷艇艇长。11月12日北京政府大总统袁世凯令：任命陈绍宽为海军总司令处副官。

1914年5月25日北京政府大总统袁世凯令：任命陈绍宽海军少校。

5月26日，海军总司令处改为海军总司令部（总司令李鼎新），陈绍宽充任副官，升海军少校。

1915年春，陈绍宽奉派与陈宏泰、李世甲、俞俊杰、丁国忠、魏子浩、韩玉衡等随魏瀚赴美国留学，主攻海军飞机潜艇技术。

12月5日，南方革命党人陈其美、杨虎、孙祥夫、蒋介石等就利用李鼎新宴请"肇和"舰舰长黄鸣球之机，于下午3时，杨虎率30余名革命党人分乘两艘火轮舢板靠近"肇和"舰，由"肇和"舰枪炮大副王楣、陈可钧接应登舰。里应外合，武力占领舱面，将舰上人员均封锁在甲板下。夺取驻泊在高昌庙的"肇和"军舰。是日适逢星期日例假，海军总司令李鼎新以下官员均不在司令部，独少校副官陈绍宽在部。

12月6日凌晨4时，时正值陈绍宽在"应瑞"舰当值，闻讯即奔旗台，以旗语传令在港的"海琛"、"应瑞"两舰用机关炮向"肇和"舰的甲板发起猛烈射击，并令"舢板出军"。由于"肇和"舰上的革命党人大多没有舰炮操作经验，根本无力还手。革命党人不支最终被迫弃"肇和"舰而退去，"肇和"舰起义失败。

夺回"肇和"军舰。事后，北洋海军部长刘冠雄以总司令李鼎新、练习舰队司令徐振鹏疏忽失职，分别加以处分，"肇和"舰舰长黄鸣球被革职监禁，陈绍宽因制止革命党人夺取"肇和"舰有功，12月15日破格由少校副官擢升"肇和"舰上校代理舰长。

陈绍宽接任"肇和"舰后即着手整顿舰上纪律。时有一大副常睡至近午才起床，某晨陈绍宽于起床号后，下令救火演习，以该大副寝室作假想的出事点，一时舰上的水龙头集中向该大副的房门冲喷，水柱冲射入室，弄得该大副十分狼狈。从此舰上官兵不敢越规逾矩。

中国海军自甲午战争以后，与列强拉开了很大距离。第一次世界大战爆发后，北洋政府海军部派陈绍宽和郑礼庆赴欧洲观战，目的是从现代战争中汲取经验教训。

1916年1月1日，陈绍宽获得"三等文虎章"。2月28日，北京政府海军部派海军少校陈绍宽奉命赴美调查考察学习潜艇和航空技术。10月间，因为袁世凯称帝，时局动荡，致使留学生经费断绝，留学生被迫于陆续回国，陈绍宽回国后代

"海容"巡洋舰舰长。

11月12日，北洋政府参谋本部选派沈鸿烈等6人赴欧洲各交战国观察战事，海军总长程璧光也趁此时派海军少校陈绍宽随同出国观战，顺便留英深造，获北洋政府大总统黎元洪同意。

12月9日，陈绍宽获得"四等嘉禾章"。

12月24日，陈绍宽与郑礼庆两人踏上了前往欧洲的征程。他们先到英国、法国、意大利考察、调查英国法国意大利等交战国潜艇和飞机作战情况（事后陈绍宽以调查员身份撰写飞机、潜艇报告书，供海军人员学习参考）。

1917年1月11日，陈绍宽抵达日本，并自1月14日起由东京出发，赴日本海军各重要机关参观，1月27日离日本转赴美国。

2月5日，陈绍宽抵檀香山，再转往美国本土。2月18日到达华盛顿谒见中国驻美公使后，只得在美滞留，并自2月21日起赴各地考察。3月完成《报告调查日本海军及各重要机关详细情形》。陈绍宽在美停留期间，英国驻北京公使馆海军随员赫腾向海军部次长曹嘉祥表示，英国政府鉴于"欧战开始至今已将三载，一切海军攻守大法已大变更，从前在海军中视为能力，现在几莫能辨"，因而邀请中国海军派遣4名专门人员来英参观三个月，期使中国能"有所取法，从此力谋进步也"。参观之军港和兵工厂并无限制，且有英国官员引导，所作之考察报告可经由中国公使转递国内，英国政府不予检查。海军部乃指派陈绍宽、陈道源、徐祖善、林国赓4人赴英参观。

在美国的陈绍宽闻讯，立即于5月1日冒险东渡大西洋，5月12日安抵英国伦敦（其余3人之中，陈道源另有公差，并未前往；徐祖善、林国赓两人则于8月14日离开北京，取道俄国，于9月28日抵达伦敦）。

6月5日，陈绍宽访谒外务部及海军部，英外务部指派1名海军上校陪同陈氏参观各处军港、军舰及厂校营栈，至7月上旬返回伦敦，随即以个人名义托友人介绍参观飞机工厂。8月完成《英国航空战备》、《英国海军作战计划》、《参观各处情形报告》。10月19日起赴各地参观，至11月17日结束。

1918年1月7日，陈绍宽获得"三等嘉禾章"，奉命在英国调查潜艇、飞机战时实用情况，陈绍宽完成《航空报告》。2月间由英赴法参观海军战备，另考察意大利海军；4月30日返回伦敦。5月2日，入英国海军潜艇队，考察潜艇根据地设备，并随潜艇出海操演巡弋。7月5日，返回伦敦，准备返国。7月16日，入英海军战斗大队。

8月8日，陈绍宽被北京政府授予海军中校军衔。

8月14日，中国北洋政府对德、奥宣战。8月22日陈绍宽任北京政府驻英公使馆海军正武官并兼海军留学生监督，因此续留英国。一等造舰官徐祖善充驻英副武官。

10月18日，获得"三等嘉禾章"。10月19日陈绍宽、徐祖善、林国赓赴各地参观，至11月17日结束。12月间林国赓取道美国，徐祖善取道法国分别离英回国。陈绍宽则奉海军总长刘冠雄指示："继行调查，并于飞机、潜艇两项详加考察。"遂请驻英公使代为设法"谋充英海军前敌，随同出战，藉增识见"。陈绍宽以驻英大使馆武官身份随英国海军上将司令齐立克（Jalico）在旗舰参加与德国海军交战的著名的格罗林战役。这期间他坚守岗位，履行职责，得到英国海军当局的赏识（1920年11月战争结束后获得英国女王颁发的欧战特别劳绩勋章"纪念章一枚），并完成《潜水艇报告》。

1919年2月24日，参加巴黎和会，北京政府派遣萨镇冰为巴黎和会海军代表，出席巴黎和会。

巴黎和会会议期间各国设海陆军讨论会，北洋政府初决定派萨镇冰为代表，后由海军部电令驻法国吴振南参事商洽中国海军吨数，至少以80万吨为准。并派驻英海军正武官陈绍宽为巴黎和议海军委员。陈绍宽出任巴黎和会中国代表团海军专门委员。4月海军部派驻英海军武官陈绍宽兼充伦敦万国海路会议代表。经陈绍宽与英国商洽，英政府允将所没收之德国潜艇拨给中国，海军部令福州海军飞潜艇学校预选轮机副4员赴英接收，并分令海军总司令及福州船政局会同筹备接收工作（注：后英国政府变卦，海军部是空欢喜一场）。

6月24日，陈绍宽出席在伦敦举行的万国航道会议，为中国海军代表。

10月，陈绍宽奉命回国，任"通济"练习舰舰长，本年完成《报告英国最近之海军政策》、《英国海军舰艇船坞报告书》；12月，完成《报告英美日各国扩张军舰并条陈我国海军规划》，上呈海军总长萨镇冰，除了分析大战结束前英、美、日三国更加扩张海军，更沉痛指出中国海军已落后甚多，借此期望新任之海军总长能大力建设中国海军。

陈绍宽出洋三年多的时间里，写下9篇考察报告：

第一份是《报告调查日本海军及各重要机关详细情形》（1917年3月），陈绍宽在这份报告中，除介绍日本海军的发展情况外，还和他前一年在美国考察所见做一比较，特别留意欧战爆发后对日本海军建军方向的影响，同时也在各节提出他个人对改善中国海军的建议。

第二份是《英国航空战备》（1917年8月），他在报告中介绍了三种英国新型海军航空飞机发展的情况，强调海军航空部队之重要性。海军总长刘冠雄读完此份报告后，甚为赞赏。该份报告后交由海军印刷所印成《赴欧调查海军航空战备报告书》，分送各级机构参考。

第三份是《英国海军作战计划》（1917年8月），这是陈绍宽对英国海军作战计划之调查。他并提醒中国海军当局要注意飞潜人才的培训。

第四份是《参观各处情形报告》（1917年8月），主要是参观波次摩斯军港、水雷厂、海军航空中学校、要港之设防、战斗巡洋舰之情况；但每处和美国、日本现况做一比较，并建议参加欧战的中国最好派舰巡弋，借展国威。

第五份是《航空报告》（1918年1月），共10章，介绍英国航空和海军部有关的发展情况，在给总长的呈文中，特别提及德国新发展出来的可潜巡洋舰（submersible cruiser）。该报告亦由海军印刷所印发参考。

第六份是《潜水艇报告》（1918年11月），共10章，附录"英国潜水艇舰配表"。

第七份是《报告英国最近之海军政策》（1919年）。分析战时与战后英国舰队之编组情形及在世界各地之任务。

第八份是《英国海军舰艇船坞报告书》（1919年）。在其呈文中，陈绍宽还指出战后列强并无缩小军备之计划。海军总长批示"亟应印出多部，分送各部院各省及本属。"

第九份是《报告英美日各国扩张军舰并条陈我国海军规划》（1919年12月）。为陈绍宽给新任海军总长萨镇冰的呈文，除了分析大战结束前英、美、日三国更加扩张海军，更沉痛指出中国海军已落后甚多，藉此期望新任之海军总长能大力建设中国海军。

担任驻英武官期间，陈绍宽还撰有《战时琐闻》，以战事之记载方式，呈报国内。

10月25日，陈绍宽充任"通济"练习舰舰长。

1920年1月1日，北京政府大总统徐世昌授予陈绍宽"五等嘉禾章"，晋授海军上校。

第一次直奉战争，陈绍宽以助直有功，7月8日北京政府大总统黎元洪明令任命陈绍宽代理海军总司令公署参谋长。

1923年1月19日，陈绍宽调署"应瑞"舰舰长，1月30日被授予海军上校军衔。

6月3日，北京政府大总统黎元洪明令任命陈绍宽为"应瑞"舰舰长，7月30日被授予海军上校。

8月，直、皖军阀争夺闽厦地盘，北洋政府海军总司令杨树庄率"应瑞"（舰长陈绍宽）、"海容"（舰长陈季良）等舰攻打厦门。此时厦门为皖系臧致平部所盘踞，港内的磐石炮台和胡里山炮台都装有12英寸口径的火炮，而"应瑞"、"海容"两舰火炮口径都仅6英寸。陈绍宽督带"应瑞"舰冒着来自嵩屿、胡里山、磐石三面的猛烈炮火，率舰奋勇冲入厦门港，陆战队登陆失败，陈绍宽又在猛烈炮火中率舰冲出，立下大功。虽然第一次攻打厦门李厚基余党臧致平，无功而退。但陈绍宽在此役中的英勇表现传扬一时。

10月10日，北京政府大总统曹锟明令授予陈绍宽"二等文虎章"。

12月14日，北洋吴佩孚拨给温树德所带的驻粤舰队30万元开拔费。12月18日，护法舰队司令温树德率领在汕头的"海圻"、"海琛"、"肇和"、"楚豫"、"永翔"、"同安"、"豫章"等7舰，自汕头起碇，离粤北返开往青岛，投向北京政府的吴佩孚，护法舰队的历史至此完结（温树德率舰队主力离开广东后，"永丰"舰与因机器损坏留在广州的"飞鹰"、"福安"、"舞凤"三舰编为练习舰队，直辖于广州陆海军大元帅大本营，不久统归广东海防司令陈策指挥）。

12月27日，陈绍宽在汕头附近洋面截住随温树德北上之原来护法舰队"豫章"炮舰。

1924年2月1日，陈绍宽因在汕头收回"豫章"舰而获嘉奖。2月8日，任海军总司令公署（总司令杜锡珪）参谋长。5月5日，因战功卓著，被晋升为海军少将。

1925年2月11日，北京政府临时执政段祺瑞令：着任命陈绍宽"应瑞"巡洋舰舰长。

1926年7月4日，中国国民党中央执行委员会通过《出师北伐宣言》，7月9日，国民革命军在广州举行北伐誓师典礼。蒋介石发表宣言、通电和告广东军民书等，以国民革命军总司令名义，宣告北伐战争正式开始。北伐军兵分三路，西路军为主力，担任正面作战，兵力约5万人，进攻两湖，直指武汉；中路军保障西路侧翼安全，进攻江西孙传芳部；东路军向敌兵空虚的浙闽进军。第五军留守广州根据地。

7月10日，海军第二舰队司令许建廷辞职；9月18日"应瑞"舰舰长陈绍宽升任第二舰队司令之职。

北伐正式开始后，国民革命军连克长沙、平江、岳阳等地，8月底取得两湖战场上的关键一战——汀泗桥、贺胜桥战役胜利。10月，北伐军进抵武汉、江西，北伐军推进到江西，陈绍宽曾派舰溯江而上，协助孙传芳与北伐军作战。

此时海军总司令杨树庄已暗中联络北伐军，依附直系军阀的海军部长杜锡珪被海军总司令杨树庄说服，决定归附国民革命军。杨树庄曾向各舰队司令征求意见，当时任第二舰队司令的陈绍宽反对说："有断头将军，无投降将军。"

12月10日，驻泊福州马尾等地的海军第一舰队在福建首先发难，在陈季良司令的率领下，宣布易帜归附国民革命军。

1927年3月14日，海军总司令杨树庄正式宣布与革命军合作。通电率领第一、第二舰艇和练习舰队所属44艘舰艇一律易帜，加入国民革命军。在吴淞口成立国民革命军海军总司令部，杨树庄正式就任国民革命军海军总司令。陈绍宽率领第二舰队易帜归附北伐军，担任江阴至镇江的防务。

3月28日，陈季良率归附军的第一舰队的"海容"、"海筹"、"应瑞"舰北上，进入长江掩护北伐军作战，负责吴淞至江阴的防务，联合陆上北伐军与敌作战，并掩护陆军渡江追敌。面对安庆至吴淞，绵亘千数百里江面，国民革命军海军决定划区防守，封锁江面。吴淞至江阴为第一区，由国民革命军海军第一舰队司令陈季良率"海容"、"海筹"、"应瑞"、"列"字等舰艇担任防务；江阴至镇江为第二区，由国民革命军海军第二舰队司令陈绍宽率"楚有"、"楚同"、"通济"、"甘泉"、"利通"等舰艇担任防务；镇江至南京为第三区，由总指挥杨庆贞率"楚谦"、"联鲸"、"张"字等舰艇担任防务；南京至芜湖为第四区，由国民革命军海军练习舰队司令陈训泳率"永绩"等舰，担任防务。各区舰队均联合北伐军，收复南京、镇江等地。

4月10日，陈绍宽督率第二舰队截击由泰兴潜渡过江的孙传芳部两团，并将其全部歼灭。为蒋介石在南京成立国民政府立了一功。

5月2日，盘踞在瓜洲及镇江北岸的直鲁联军，连日以炮火射击镇江南岸及江面各舰；盘踞在小河镇、天星桥两处的直鲁联军，扣留民船多艘，企图伺隙偷渡；盘踞在三江营一带的直鲁联军，则在沿岸挖壕设堡，屯兵要隘，也企图大举渡江。陈绍宽率领第二舰队赴援。

5月13日，孙传芳部队集合两万余人企图在通州渡江，陈绍宽率领第二舰队在江面严加戒备，检查来往船只，嗣即开泊浒浦，直鲁联军孙传芳部慑舰炮威力未敢偷渡。

"四一二"蒋介石叛变革命后，6月"宁汉之争"爆发，唐生智回师武汉准备东征讨蒋，蒋介石令陈绍宽率舰封锁长江上游马当等处。

7月6日，陈绍宽被南京国民政府特任为军事委员会委员。7月20日，宁汉形势日益紧张，陈绍宽率领军舰增防安庆。7月25日，孙传芳北洋军队偷袭南京；7月26日，陈绍宽开始协助第一军和第七军等部队参加龙潭战役，连日激战；7月31日，何应钦、白崇禧等督率各军扫荡龙潭附近孙传芳军，猛烈追击，海军复于江上截击，取得龙潭大捷。

8月27日，投靠奉系的孙传芳部渡江反扑，先后占栖霞山、龙潭，陈绍宽率舰在龙潭、栖霞山间沿江防守，配合蒋桂军力捣孙部阵地，并派舰截断其归路。在大河口歼灭南渡之孙传芳残部两万余人，俘虏万余人，粉碎了孙传芳南渡重新占领江南的美梦。

9月，国民政府传令嘉奖。

9月17日，陈绍宽再任军事委员会委员。由于容共的问题，引起国民党内部分裂。蒋介石以武汉政府受共产党控制为由，在南京另组国民政府，主张清党。武汉政府下令开除蒋介石的党籍并予以通缉，并计划派兵征伐南京，南京也下令通缉约200名共产党人。史称"宁汉分裂"。

10月15日，南京政府决定西征武汉集团的唐生智；10月19日，陈绍宽奉蒋介

1929年6月1日南京政府海军部成立合影，前排左一为杨树庄，右二为陈绍宽

石之命，率领第二舰队"楚有"等舰沿江而上，攻打唐生智（史称"第一次西征"），当日不战而下芜湖。10月23日，西征海军占大通，炮击西退之刘兴军。10月27日西征海陆军占安庆，将2000余人缴械，攻入湖北。

11月6日，攻下龙坪；11月7日，海军占领武穴；11月11日，不战而下蕲春；11月13日，进占鄂城、黄冈；11月14日，率先进入武汉，奠定了湖南的局面。随即留守两湖沿江一带巩固江防。

1928年1月15日，程潜和白崇禧继续对湖南用兵，1月17日，陈绍宽以督带的海军占领湖南岳州，随即占领湘阴、长沙等地。西征结束，陈绍宽率领第二舰队奉命回防南京。

2月11日，陈绍宽因助蒋攻桂有功，被南京国民政府简派为湘鄂临时政务委员会委员。

4月11日，陈绍宽被国民党中央政治会议任命为武汉分会委员。

6月26日，陈绍宽随蒋介石等北上，代表海军参加军事善后会议。

7月12日，蒋介石、冯玉祥、阎锡山、李宗仁、陈绍宽等在北平汤山决定军事整理方案，共同签字，呈请政府实施，海军总司令部呈请设立海军部，统筹进行海军建设计划。但国民政府仍按原先决议，在行政院军政部之下设海军署。

7月25日，南京国民政府明令特派陈绍宽等为"禁烟委员会"委员，负责在海军中开展禁烟运动。陈绍宽与海军总司令杨树庄等联名请求设立海军部。

11月21日，蒋中正致电张群请陈绍宽转告杨树庄，说明"海军部此时不便另设，以待有款扩充时加设。当此训政开始，建设无绪时，当实事求是，海军同志来做一模范也。"

11月27日，陈绍宽晋升中将。陈绍宽和第一舰队司令陈季良等向军事委员会辞职，对蒋介石施加压力，迫使蒋介石于12月1日在国民政府行政院军政部之下设海军署。12月5日，海军第二舰队司令陈绍宽兼任国民政府军政部海军署署长。

12月28日，蒋介石为排除异己，削弱其他派系的军事力量，在南京成立国军编遣委员会，海军总司令部及其他集团军总司令部同时撤销，在上海改设海军编遣办事处，以杨树庄为主任，青岛系海军的凌霄和粤系海军的陈策为副主任。

12月29日，张学良在东北易帜，蒋介石实现形式上的全国统一。

1929年1月1日，南京召开编遣会议，海军总司令杨树庄及第一舰队司令陈季良、第二舰队司令陈绍宽等作为编遣会议海军代表。

1月22日，国民政府决定：国民革命军总司令部、各集团军总司令部、海军总司令部限3月15日一律撤销，同时成立中央和各区编遣办事处。

陈季良、陈绍宽则请求"将各舰队统一调遣、请缓裁海军总司令部、请设海军专部"等三案。所提各案未获通过，陈绍宽和陈季良愤然离南京回沪，联袂提出辞职。蒋介石怕海军群龙无首。1月27日，亲赴上海会晤陈绍宽和陈季良，表达中央和个人挽留之意，也重申政府建设60万吨军舰的希望。云："我们曾讲要在15年以内，有建设60万吨的希望，照此看来，我们在5年以内，或者即可完成，与世界上列强的海军相抗，巩固我们的国防。"（蒋介石夸下造舰60万吨的海口，仅是安抚陈绍宽的权宜之计）。陈绍宽、陈季良遂接受慰留。

2月5日，南京国民政府训令（第87号）：海军总司令部将撤销，成立海军编遣办事处，原第一、第二舰队番号不变，东北海军舰队改为第三舰队，广东海军各舰改为第四舰队，统归编遣委员会管辖，由海军编遣办事处分别编遣。

2月27日，国军编遣委员会海军编遣委员会成立，陈绍宽任海军编遣处委员。

3月16日，海军总司令部撤销，改设海军编遣办事处，负责全国海军的编遣工作。杨树庄为主任委员（称病未到任，由海军编遣办事处委员陈季良代理主任委员）。

编遣办事处只负责编遣事宜，而无指挥权，各舰队（含中央海军及东北、广东海军的舰队）的调动、军官任命等职权都丧失了。这样，就引起了海军将领的强烈不满。杨树庄和陈绍宽等人以"海军地位有国际关系，且海军行政事宜非海军总司令部所能兼任，其海军新建设计划尤须另设专部统筹进行"为理由，极力要求成立海军部，统一全国海军舰队。

为了加强政治独裁，蒋介石下令撤销武汉政治分会，并且准备从桂系手中夺取武汉和两湖地方政权，这就使桂系李宗仁等大为不满，蒋桂矛盾日趋于尖锐化。3月26日，蒋指责桂系威胁中央，下令讨伐，亲率三个军指向武汉。

3月27日，蒋桂之间因争夺两湖地盘爆发了"蒋桂战争"；3月28日，海军将领通电拥护中央；3月29日，陈绍宽奉命率第二舰队"楚有"、"咸宁"舰护送蒋介石到九江督师，协助蒋介石讨伐桂系（即第二次西征）。3月30日，海军占田家镇；4月4日，协助陆军攻占刘家庙；4月5日，攻下武汉；4月7日，海军攻占岳州；4月13日，由汉口疾进，击破郝穴，在英国军舰的帮助下攻占马家寨防线，继攻破观音寺防线等三道防线。海军战功卓著，蒋介石集团占领两湖后，因助蒋讨伐桂系有功，任命陈绍宽兼湘鄂政务委员会委员和湖南省政府委员，并被授予"中流砥柱"大勋旗。

4月12日，国民政府设立海军部，特任杨树庄为海军部长，陈绍宽为政务次长，兼任湘鄂政务委员会委员、湖南省政府委员。

5月6日，第二舰队司令陈绍宽乘"江鲲"舰上巡入峡至南沱，奉国民革命军总司令蒋介石之令，由宜昌率"楚有"舰下驶。同时留"江鲲"舰在宜昌驻防，并调"楚谦"舰赴宜昌协助，沙市由"楚观"、"江犀"舰屯守，"诚胜"、"勇胜"舰担任输运，并巡弋宜昌、沙市附近；荆河以下各舰艇分扼要隘，首尾联络，互为策应。

5月8日，粤桂战争爆发，桂方余部自两湖失败后退入粤、桂。

5月25日，南京国民政府明令任命海军第二舰队陈绍宽等为禁烟委员会委员。6月1日，海军部正式成立。因部长杨树庄兼任福建省政府主席，由次长陈绍宽代理部务，晋升海军中将。10月，陈绍宽派"威胜"炮艇会同当地驻军，"围剿"在宜昌上游一带活动的贺龙率领的红军部队。

1930年1月1日，获得"二等宝鼎勋章"。3月20日，蒋介石自南京乘军舰东驶检阅军队，代理海军部长陈绍宽同行。3月28日，陈绍宽被国民政府国务会议任命为第二舰队司令。6月6日，陈绍宽率舰到汉口，即赴岳州布防，抵挡桂军进攻湖南；6月13日，白崇禧桂军自岳州南退；6月14日，海军进入岳州。7月5日，陈绍宽由海军部代理部长返任政务次长。8月，红一方面军进攻长沙，陈绍宽调派军舰扼守长江要隘，令舰队驰援长沙，参与"剿共"。

10月16日，英国政府因海军部代部长陈绍宽从前（第一次世界大战）参战有功，特赠欧战纪念勋章一枚。12月31日，陈绍宽兼任海军江南造船所所长。

1931年1月1日元旦叙勋，陈绍宽获得"一等宝鼎勋章"。5月3日，广东将领陈济棠等通电反蒋；6月4日，陈绍宽调军舰到福建，对广东陈济棠施加压力。

12月30日，海军部长杨树庄辞去海军部部长之职，南京国民政府明令特任陈绍宽为海军部部长。

1932年1月1日，陈绍宽正式就任海军部部长、军事委员会委员，1月6日，南京国民政府明令免去陈绍宽海军政务次长之职。

1月16日，陈绍宽被授予"海陆空甲种一等奖章"。1月18日，南京国民政府令（第171号）免去陈绍宽第二舰队司令之兼职。

1月26日，陈绍宽被南京国民政府授予海军上将。

1月27日夜，日军以"三支实业社"等被烧，以"保护民"为由，向驻扎在上海的十九路军发动进攻。蒋介石实行"不抵抗政策"，海军部令海军"不准先动手"。

1月28日，日军进犯上海闸北，中国军队奋起抵抗，双方展开了长达数月的激烈战斗，史称"一二八"淞沪抗战。

2月初，日本人利用商船为掩护，企图冲入高昌庙，海军江南造船所哨兵忍无可忍，自卫开枪击毙日本船长福田。日军以此为借口，不断向陈季良第一舰队挑衅，无理要求"惩办凶手"、"赔偿道歉"。陈绍宽等海军将领考虑到我海军向日本订造的"宁海"舰正在建造，且订金已付，如果关系破裂，我海军损失巨大。

2月中旬，陈绍宽任凭日本海军军舰炮击上海第十九路军，命令中国海军"不准还击"，执行蒋介石的不抵抗政策，未能给第十九路军及上海抗日民众有力支持，受到诟病与谴责，承受了作战不力的严厉批评与责难，被上海民众指责为"亲日派分子"。

针对海军抗日不力之指控，陈绍宽说明淞沪战争爆发时，"本部正在调度一切。越三日。日军炮轰都市，本军发号施令，一秉政府意旨，力持镇静，从容应付，为地方人民计，安然渡过难关。倘当日稍涉张皇，则京城繁盛之区，户口之众，其结果真不知何若，到今日更不知做何感想。乃无识者流，对于本军每发不负责之言论，不知事实俱在，安可厚诬。"在另一篇文章中他也说是时"本军一秉中央意旨，力持镇静，弭变无形，绝未敢轻举妄动，图一时之快意，转酿成祸国殃民之举"。这说明了海军确曾奉命不加入战斗，但他认为此举对避免战事扩大，维护首都安全，有正面之贡献。

海军承受了连续几个月外界的批评，并由此产生的议论是"优空废海"，要求政府勿再耗资发展海军。陈绍宽则抱怨海军建设经费远远落后陆、空军，而"陆军对于国难，也未曾有什么较好的办法。"更质疑"单靠空军，就能救国吗？"所以"要能救国，要能应付国难，陆海空三者均不可偏废，这是凡有常识的人都晓得的。"陈绍宽对这些打击海军的言论出自"自命为知识阶级之时流及负有振导民众之舆论界，抑或盲其心目，漫肆雌黄，诚可痛心。"在这种情况下，他呼吁政府应确实编列充足的海军发展经费，以建设强大的海军，但此一愿望无法获得实现。

批评的另一个焦点，涉及了海军既有的派系问题。4月7日，在行都洛阳召开的"国难会议"上，丁默村、李根源等42人提出"彻底改造海军并整饬海防以防暴日"案，要求取消海军部、罢免海军高级负责人、改造海军、整饬海防，指出海军"仅某省少数人据而专之，不啻视作钢饭碗"。

为此，5月，陈绍宽上呈行政院，说："此种言论，殊昧国家制度。该丁默村等身为委员，不问事实若何，漫肆诋诽，挑动省界恶感，恐含有他种作用。"要求诉"丁默村等人诬告罪"，行政院复函"实无计较之必要"。其后又有监察委员高友唐指出于右任院长说过："何苦以全国人民血汗金钱来维持福建人的饭碗"，"海军为福建人之天下"。

陈绍宽则反驳说："他难道不知道所谓中国的海军不只福建人吗？东北和广东两方面海军，是哪一省人呢？这福建人饭碗和福建人的天下，由何说起？"陈绍宽于当年6月提出"统一海军计划案"，指出"南北海军因与当地军政长官自相联络，饷糈不由政府发给，以致情形隔阂，未能听命于中央。"要求将东北和广东海军舰队收归海军部，沈鸿烈专任青岛市长，陈策委以粤省职务，或将两人调任中央军政机关官吏。甚至建造军舰的川省督办刘湘，也应令其取消舰队，或改挂水警旗（然1933年1月军事委员会所提之"军事进行纲要"，却要将"中央东北广东三舰队一律收归军委会指挥，以一事权。"并把"福州东北三海军学校应改组为统一之海军军官学校，直隶中央"。1934年海军部呈军事委员会的"国防计划"中，指出"海军不统一，不但失国家统一之实，而且贻军事上作战之灾。"也提出将"海军之指挥权自海军部之手，悉移而置之于军事委员会委员长之下"，指出"南北海军因与当地军政长官自相联络，饷糈不由政府发给，以致情形隔阂，未能听命于中央。"要求将东北和广东海军舰队收归海军部。并统一海军教育机关，不过军事委员会并无进一步的行动）。

由于陈绍宽因海军发展缺乏经费与统一全国海军的宏愿难申，陈绍宽于11月16日呈请辞职。他说："余因个人能力薄弱，海军责任綦重，于受命长海部以来，先后提出辞呈者凡五六次，今次辞职，当不外此动机。"11月30日，行政院批示："该部长悉心任事，劳怨不辞，毅力勤规，夙享懋绩，正赖弘才擘画，巩固国防，而请辞去本兼各职之处，应毋庸议。"

1933年1月，军事委员会在公布的"军事进行纲要"中，将"中央、东北、广东三舰队一律收归军委会指挥，以一事权。"并把"福州东北三海军学校应改组为统一之海军军官学校，直隶中央"。2月，陈绍宽又提辞呈，后经海军重要将领和蒋中正电派张群代表慰留，陈绍宽才打消辞意。7月22日，陈绍宽等抵庐山；7月25日，参加蒋介石在庐山牯岭召开的时局会议。

11月22日，陈绍宽任"军事长官惩戒委员会"委员，11月24日，令海军驻闽各舰封锁福建（因11月20日福建第十九路军发动反蒋事变）。"福建事变"失败，十九路军败退。12月23日，海军舰艇进驻马江，收复长门要塞，宣布正式封锁闽江；12月31日，派陈季良赴闽指挥海军作战，配合陆军向福建第十九路军进攻，镇压"福建事变"。

1934年1月10日，海军收复厦门；1月11日，收复金门；1月14日，陈绍宽率舰抵马尾；1月15日收复福州。

7月10日，陈绍宽以提高军官素质，培训在职舰长为目的，在马尾创办中国第一所"海军大学",校址设在马尾旧司令部(今造船公司钢结构车间,江滨路马尾旱桥头东边),另在它的右边建一座楼房为教室。海军部长陈绍宽兼任校长,海军马尾要港司令李世甲兼任教育长,聘请日本海军大佐寺岗谨平和海军法律顾问法学博士信夫淳平讲授军事和国际公法。林元铨等上中校舰长认为,"日本侵华之心昭然若揭,请日人讲学,是与虎谋皮"。于是召集23位上中校舰长,于11月23日,联名向国民政府主席林森上请愿书,告陈绍宽私聘日本海军教授,要请解除日籍教官。林元铨等还批评日造"宁海"巡洋舰"构造平常,物质又劣,全军骇异,舆论沸腾。"而国人仿"宁海"舰自造的"平海"舰,则"聘雇日人神保敏男及工匠数十人来江南造船所重新改造。"因此请求蒋中正"饬下海军部取消成约,解雇日人。"林森将信转行政院院长汪精卫处理,汪精卫又转给陈绍宽处理。此项指控对陈绍宽自是打击甚大,因为反对他的舰长,均属中央海军,一向与他关系密切。

陈绍宽因23位上校、中校"控告",即把海军部务交由陈季良代理,离开南京到上海。11月28日再以"才疏力弱,难胜重任",呈请辞去本兼各职。11月30日蒋介石请孔祥熙"代劝其速回,并问其补救处置之道。"12月1日陈绍宽电呈蒋中正,指出"绍宽猥蒙知遇,未报万一,讵以诚信未孚,致遭横流之变,有负信任,贻羞国人,追思咎戾,无任痛心,辞职待罪,实非得已。"蒋介石则以"该部长佐理中枢,备着勋勤。值此国难方殷,讵容高蹈,务望勉抑谦怀,共济时艰",未同意其辞职。最后由行政院决议给予病假一月(陈绍宽在两个月后始销假上班)。

1935年2月15日,南京政府海军部代理部长陈季良着手处理23个反对陈绍宽的上中校舰长,将"中山"舰舰长罗致通调任"通济"号练习舰代理舰长,派"楚泰"舰舰长萨师俊代理"中山"舰舰长(成为该舰第十三任舰长)。

3月1日,海军代理部长陈季良处分反对陈绍宽部长的为首者,决定将"应瑞"舰长林元铨、"宁海"舰长高宪申调离。高宪申调任海军引水传习所所长。3月6日,陈绍宽接受蒋介石和汪精卫的慰留,回南京海军部视事,23人反对陈绍宽的风潮平息(4月12日海军大学开始上课)。

5月17日,南京国民政府明令免去海军部部长陈绍宽江南造船所所长之兼职。

6月,海军体育促进会成立,海军部部长陈绍宽兼会长。7月,陈绍宽兼任国防会议委员。8月1日福州海军艺术学校停办，福建省教育厅准将海军艺术学校改为私立勤工初级机械科职业学校（"勤工学校"）。聘马尾造船所工务长（总工程师）萨本忻为校长。设校董会，以萨镇冰为名誉董事长，陈绍宽为董事长，李世甲为常务董事，陈季良、陈兆锵、陈训泳、林国赓、陈培锟、叶龙骧为董事。

9月6日，陈绍宽被授予海军上将，叙为一级。

11月22日，陈绍宽当选为国民党第五届中央执行委员。12月4日，陈绍宽又呈请辞职，国民政府仍未同意，12月12日，中央政治会议决议通过行政院各部会长官人选，海军部长陈绍宽。中国海军从清末的北洋、南洋、东北三个派系逐渐变为国民政府时期的三个新派系，即马尾派（陈绍宽创立）、东北派（沈鸿烈创立）、电雷派（欧阳格创立），马尾派借助海军部长陈绍宽而成为国民党海军的中心。

1936年1月1日，南京国民政府授予陈绍宽"二等云麾勋章"。

7月9日，南京国民政府明令授予陈绍宽"翊赞国民革命有功"，颁给"国民革命军誓师十周年纪勋章"。

7月13日，陈绍宽当任国防会议委员。12月12日，时任西北"剿匪"副总司令、东北军领袖张学良和时任职国民革命军第十七路总指挥、西北军领袖杨虎城，在西安发动的直接军事监禁事件，扣留了当时任职国民政府军事委员会委员长和西北"剿匪"总司令的蒋介石，目的是"停止剿共，改组政府，出兵抗日"。蒋介石被扣于西安，12月13日，中央常务会议及政治会议决议加推陈绍宽等6人为军事委员会常务委员。

1937年3月20日，国民政府特派行政院副院长兼财政部部长孔祥熙为参加英王乔治六世加冕典礼特使，海军部长陈绍宽为副使。3月26日，南京国民政府令：授予海军部长陈绍宽"二等彩玉勋章"。4月2日，孔祥熙、陈绍宽自上海启程赴英，4月30日，抵达英国。5月12日，英王乔治六世举行加冕典礼；4月15日孔祥熙、陈绍宽觐英王辞行；5月15日，陈绍宽代表国民政府和德国签订合同，由德国为中国制造潜艇。5月30日，孔祥熙、陈绍宽觐见意大利国王。

7月7日夜，卢沟桥的日本驻军在未通知中国地方当局的情况下，径自在中国驻军阵地附近举行所谓军事演习，并称有1名日军士兵于演习时失踪，要求进入北平西南的宛平县城（今卢沟桥镇）搜查。中国守军拒绝了这一要求。日军向卢沟桥一带开火，向城内的中国守军进攻。中国守军第二十九军三十七师二一九团予以还击。这便掀开了中国全面抗日战争的序幕。

"七七事变"爆发，正在欧洲考察海军的陈绍宽闻讯立即回国主持海军抗战部署。由于当时中国海军势单力薄，无法向优势的日本海军进行主动出击，他执行单纯防御战略，将长江舰艇集中于江阴附近，冀配合要塞阻遏敌舰深入，以拱卫南京。他下令破除了长江航路的标志，并征集商轮以及民船、盐船及军舰等堵塞港道实行封锁，在江阴布第一道封锁线，以拱卫京畿。8月7日，陈绍宽在海军部召见"通济"练习舰舰长严寿华，指示他封锁江阴要塞，不料封锁密令被亲日的国民政府行政院机要秘书黄浚泄露，日本侨民、军舰、商轮立即驶出长江，陈绍宽封敌于长江的计划落空。

8月9日，"虹桥机场事件"爆发。8月11日，蒋介石指示陈绍宽迅速将现有的31艘军舰和征用的轮船，开往江阴水道，构筑堵塞封锁线，在防敌溯江而上的同时，堵住位于长江内河的日本海军十余艘战舰的退路。在接到命令后的当晚，陈绍宽即率第一舰队主力舰艇驰往江阴，与此同时，江阴下游的炮艇也奉命西上，轰毁沿途水道航标。8月12日，陈绍宽抵达江阴后，将由国营招商局和各轮船公司征集的20余艘轮船及"海容"等八艘老式军舰，在拆除舰炮后逐一沉入江底，以沉船方式构筑江阴封锁线。此后，为加固封锁线，海军部还在沿江之江苏、浙江、安徽、湖北等地，征集180只民船，运送3000多立方巨石、6500多担碎石，填充沉船间的空隙，并在江阴一段布设水雷。随后，他又命海军部次长、第一舰队司令陈季良中将率领多艘主力舰负责守卫长江水上封锁线。

9月22日上午，日海军联合航空队首批30余架攻击机和战斗机，以大编队机群袭击江阴，轰炸中国海军第一舰队，主要目标指向旗舰"平海"号及其姊妹舰"宁海"号。此次海空战持续两个小时，战况惨烈。击落日机3架，伤8架；中国海军阵亡6人，伤30余人，"平海"、"应瑞"两舰受伤。日军未达目的，急于再次进攻。23日1时10分，日军出动73架飞机，分两批向中国舰队发起进攻。"平海"、"宁海"两舰在经过顽强的浴血奋战后被击沉。陈绍宽随南京政府高级官员撤往武汉。

9月25日，日军再次出动飞机攻击中国舰队。因"平海"号沉没，陈季良转到"逸仙"号指挥，故日军集中全力进攻"逸仙"号，激战一小时，"逸仙"舰弹洞遍体，被敌机炸沉。当日，陈绍宽派往江阴增援的"健康"号驶到龙稍港江面时，遭11架敌机攻击，亦中弹沉没。因第一舰队实力大减，陈绍宽派第二舰队司令曾以鼎少将乘"楚有"舰驰援江阴并接替陈季良指挥作战。28日，大队日机袭击江阴，围攻"楚有"舰。该舰官兵虽竭尽全力奋战，但终因寡不敌众，于10月2日被炸沉。

9月29日，蒋介石传令海军部嘉勉海军将士："此次暴日肆意侵略，犯我领土，各地遍受荼毒，我海军将士同仇敌忾，该部部长及次长督率官兵，不惜牺牲一切为国奋斗，此来苦心焦思，筹划江防，拱卫京城，并且愿拆除舰炮，巩固江岸防务，此种破釜沉舟之决心，殊为可贵。近来江阴附近敌机肆行轰炸，致伤亡我海军将士多名，尤所轸念，仰该部长转饬所属知照，并对所有受伤将士代致慰问。"后来，由于封锁江阴要塞的军事机密，被汪精卫的亲信泄露给日本总领事，日方采取相应措施，致使封堵日寇于长江内的计划失败。

持续一个多月的江阴海战，是中国海军主力同日本海军航空兵之间展开的一场以空袭和反空袭为主的殊死拼杀。战斗的结果是击落日机20架，而中国第一舰队主力则损失殆尽。

11月12日，日军占领上海后，一面由陆路迂回，一面派大批飞机向守卫江阴封锁线的我国舰艇轰炸，国民党中央海军舰队基本损失殆尽。

南京沦陷后，陈绍宽撤往武汉。陈绍宽又在马当构筑第二道阻塞线，以保卫武汉。这时，已没有什么军舰和商船可资阻塞，只在江流湍急的马当用"投石填江"的办法垒成一个个石塔，并施放水雷800枚，添设武汉区炮队，安装拆下的舰炮10尊，以黄陵矶白浒山为阵地，阻碍敌舰前进。

1938年1月1日，国民政府行政院改组，海军部被裁撤并入军政部，陈绍宽军政部海军署署长。1月15日，陈绍宽任军事委员会委员、海军总司令，不久海军总司令部迁往汉口。

日本侵略军迂回前进，迫近马当，要塞司令传令毁除炮件退却，第二道阻塞线拆除。敌攫取九江后，又窥伺田家镇，陈遂决定利用长江水流下趋之势，布放漂流水雷向敌舰展开游击战，并亲临葛店督战，但力量有限，收效不大。不久武汉陷落，陈绍宽随即撤至长沙，奉命负责封锁湘阴阻塞线。6月30日，马当要塞失守；8月，军委会下令追查海军失守的罪责，陈绍宽看了军委会命令后大为激愤，亲自拟复，措辞强硬。

10月4日，武汉失守后，中国海军已经没有可用的舰艇，抗战进入了最艰难的阶段。

1939年1月，海军总司令部撤退至重庆。中国的首都迁到重庆，日本海军在宜昌被阻，因为长江上游不能通航。中国海军官兵只能在陆地上操演，他们的炮位设在宜昌江岸。在战争期间，陈绍宽除了担任海军司令这个职务外，还是最高国防委员会的委员。但这些职位不过徒有其名而已。

1940年5月，海军战舰参加了宜昌会战，海军每战皆败，中国海军力量丧失殆尽。8月，海军残存的舰艇相继被炸沉，幸存的军舰也失去作战能力，国内有"废海军，建空军"的议论，海军总司令部乃再度反击此言论。

12月28日，（重庆）国民政府军事委员会授予海军总司令陈绍宽"光华甲种一等奖章"。

1941年11月17日，陈绍宽在重庆参加国民参政会第二届第二次全会。

9月以后，中央海军仅存舰艇11艘，中国海军基本解体，陈绍宽的权力渐失。

1942年2月8日，英海军部宣布以军舰三艘赠与中国，被命名为"英德"、"英山"、"英豪"。3月，美国赠送炮舰一艘，命名"美原"。

日军的空中肆虐让陈绍宽进一步看到了航空母舰的作用。1943年11月，他代表海军部再次提出海军建设的规划。在这次规划中，他已经不再满足于拥有几艘航母了，而是要建造几个航母群。他设想将中国沿海划为4个海军区：第一区从辽宁安东到山东半岛成山头；第二区从成山头到长江口；第三区从长江口到广东汕头；第四区从汕头到中越交界。每个区成立一支海防舰队，拥有5艘航母，全国沿海共需要20艘航母，每艘航母造价18亿元。这个规划令包括蒋介石在内的许多人瞠目结舌。陈绍宽却说："这笔钱国家是省不得的。"

显然，就战时中国的状况来看，上述规划没有实现的可能，陈绍宽也明知这一点，但在他看来，先给蒋介石吹吹风也是很有意义的。

1944年1月1日，陈绍宽以抗日期间"著有功绩"，国民政府授陈绍宽"青天白日勋章"以资嘉奖。9月，国民政府与法国民族解放委员会开始正常邦交，法民族解放阵线赠送炮舰一艘，被命名为"法库"。

1945年2月，军政部部长陈诚向蒋中正建议裁减海军总部人员，经陈绍宽力争，始中止此议。4月25日，陈绍宽奉命随宋子文赴美国纽约参加筹组联合国大会，任中国代表团海军顾问。5月5日，陈绍宽在国民党"六全"会上当选为中央执行委员。5月19日当选为国民党第六届中央执行委员。陈绍宽以中国代表团海军顾问身份赴美参加联合国筹组工作。

8月初，在抗战即将胜利之际，陈绍宽拉上军政部部长陈诚、铨叙厅（主管人事）厅长钱卓伦，结合现有海军舰艇情况，制订了《海军分防计划》。该计划对几年前的规划作了修订，将拥有航母的数量从20艘减为12艘，目的是让更多的人接受这一方案。陈绍宽解释说，这12艘航母当然不是一次完成，期限为30年。第一个十年计划先造1万吨和8000吨航母各一艘，每吨造价6280美元。请求拨款整修留在后方的舰艇，蒋介石未予批准。至此，陈绍宽一筹莫展，更加被轻视了。

8月15日，日本宣布无条件投降。陈绍宽日夜兼程自欧洲返国，准备海军受降事宜，并准备重新整顿他领导了十多年的中国海军。

蒋介石、陈诚为了架空海军总司令陈绍宽的职权，于9月1日在军政部下新设"海军处"，任命部长陈诚兼任处长，调原驻英海军训练处长周宪章上校为副处长。"海军处"下设一个办公室和人事、训练、军务、供应等4组，掌管海军的行政、教育、训练、建造等事项，分割架空了海军总司令陈绍宽和他的总司令部的权力。

9月2日，代表中国海军在东京湾美舰"密苏里"号上接受日本投降。9月9日，陈绍宽奉命与何应钦等人在南京接受日军代表冈村宁次的投降书，委派的海军总接收员却是曾以鼎。陈绍宽气愤之余，自己命令曾国晟为接收海军大员。9月16日，海军总司令部接收上海日本海军设施。

10月10日，陈绍宽被授予"抗战胜利勋章"。

解放军部队从山东半岛渡向辽东半岛，蒋介石集团为抢占胜利果实，蒋介石令陈绍宽率"长治"等舰前往堵截。陈绍宽则率"长治"军舰前往台湾考察。11月7日，军事委员会蒋委员长再令海军总司令部迅即编组小型舰队担任北巡任务；截断胶州半岛、辽东半岛间共军海上运输，并保护华北、东北军政交通补给之安全（陈绍宽则以战后舰艇多待整修，装备油料多感不足为由，直至12月23日，始派驻青岛第一舰队司令陈宏泰率"永翔"、"永绩"、"长治"、"靖安"、"曦日"等舰艇5艘，开赴渤海湾执行北巡任务，并归东北保安司令部节制，以葫芦岛作为根据地，阻绝共军在东北与山东间之海面活动。而后第一舰队因移驻青岛，且负责北方海域之巡弋任务，故亦有以"北巡舰队"概称之）。

由于陈绍宽拒不执行蒋介石封锁渤海湾的命令，令陈诚和蒋介石极为愤怒。陈诚乘机向蒋介石进言说："这是下决心的时候了。"最终促使陈绍宽离开海军。12月26日，蒋介石下令，免去陈绍宽海军总司令职。12月31日，海军总司令部被撤销，一切业务由军政部海军处（处长由陈诚兼任）接管，舰队暂由陆军总司令部指挥。

12月31日，陈绍宽与海军处副处长周宪章办完交接手续。

1946年1月31日，陈绍宽离开南京；2月5日，陈绍宽回福州隐居，"蛰居胪雷乡，息交绝游，杜门谢客"，他在乡种植蔬菜、花果，粗衣淡饭，悠游林下。

虽然国民党政府仍给他军事委员会委员、国民政府战略顾问委员会委员的虚衔，他从未就职。

1947年5月10日，陈绍宽被聘为总统府战略顾问委员会委员，陈绍宽默然处之，蒋介石派人给他送钱，他拒不接受。

1949年7月，蒋介石希图裹胁他去台湾，派福州绥靖公署主任、福建省主席朱绍良，备了丰盛的菜肴往访陈绍宽，陈杜门谢客，朱惆怅而返。稍后，朱轻装简从，悄悄登门，他躲避不及，只好硬着头皮出来见客。朱单刀直入地对他说："委座来电，要老前辈离闽赴台，共襄国是。"陈绍宽不甘示弱地说："我年逾花甲，月是故乡圆，水是家乡好，还去台湾做什么？……蒋委员长如一定要我飞往台湾，只好从飞机上跃下，葬身闽海波涛之中。"朱闻之，无语告辞。在重大抉择面前，陈绍宽是非分明，没有半点含糊。

陈绍宽和中共地下组织建立了联系，并配合解放战争的大好形势，策动一部分海军官兵起义，为人民解放事业作出了贡献。

8月17日，福州解放，陈绍宽与萨镇冰立即通电公开拒绝蒋介石的赴台电召，拥护中国共产党领导的新政权。时任中共福建省委书记、省人民政府主席的张鼎丞两次亲赴闽侯胪雷，探访陈绍宽，诚恳请他出山，为革命工作。陈绍宽欣然表示，愿意参加革命工作。尔后，他来到福州，公开表态拥护中国共产党的领导。

10月1日，新中国成立后任华东军政委员会委员。

1950年2月，陈绍宽任华东军政委员会委员（1950—1954年）；10月，任福建省人民政府（主席张鼎丞）副主席，福建省政协副主席，声明"此番出山，并非做官，而是为人民做事"。

1951年10月，陈绍宽任政协全国委员会候补委员。

1952年，陈绍宽任福建沿海防卫司令员。

1953年1月，陈绍宽任华东行政委员会委员。

1954年8月，陈绍宽当选福州第一届人民代表大会代表；9月，当选第一届全国人民代表大会代表，被选为国防委员会委员。

1956年3月，陈绍宽被选为中国国民党革命委员会第三届中央委员会副主席，先后赴苏联、印尼和缅甸等国参观访问。

1958年12月，陈绍宽被选为中国国民党革命委员会第四届中央委员会副主席。

1959年2月，陈绍宽任福建省人民政府副省长；4月，当选第二届全国人大代表。

1965年1月，陈绍宽当选为第三届全国人民代表大会代表。

1969年3月，陈绍宽被确诊患胃癌，住福建省立医院治疗，病重期间，周恩来总理十分关心，曾多次打电话，嘱咐福建省立医院做好治疗抢救工作。7月30日，陈绍宽在上海逝世，终年81岁，当时正值"文革"动乱，治丧从简，不举行追悼会，只举行了告别仪式。

陈绍宽一生廉洁自持，沉默寡言，不善舌辩，性格坚毅，洁身自好，对旧社会、旧军队的不良嗜好深恶痛绝，与国民党高层掌权者屡屡闹翻，以致处处受到排挤；他不抽烟、不饮酒、不赌博，唯好读书，除熟读中国古书，也精通多门外语，熟练掌握英、法、德、西班牙语等；陈绍宽是海军元老，他对建设中国海军，争回祖国版图、测量权、引水权以及造就海军人才等，作出了重大贡献，陈绍宽虽有建设强大海军的理想，却因国内政局的动荡、日本的侵略，以及国内海军各派系间的互不相让而难有作为。

陈绍宽一生致力于海军事业，壮年丧偶未再娶，无子女。孑然一身回到家乡，所带除书卷外，别无长物。他说："不论做官与做人，都要光明磊落，清廉自守。"还说，"当官不是终身制，而做人却是终身的事。不当官，人还是要做的。"他用光明磊落的一生诠释了他的做人之道。

1976年"四人帮"倒台后，福建省政府为陈绍宽召开了追悼会，悼词中缅怀他在"解放战争后期，与我党建立了联系，为人民解放事业作出了贡献"的光荣革命经历，赞誉他"工作认真负责，谦虚谨慎，勤勤恳恳，作风正派，生活俭朴"的一生，推崇他"是一位受人们尊敬的爱国民主人士"。

# 陈训泳

## ——"抗战中参赞帷幄，适应戎机"

### （1887—1943）

陈训泳，字道培。福建省闽侯县（今福州市）人。生于清光绪十三年（1887年）。

光绪二十六年（1900年），陈训泳年14岁，考入福建船政学堂后学堂。

光绪三十年十月（1904年11月），陈训泳毕业于第十六届驾驶班。毕业后奉派上舰见习，旋充任"通济"练船教练官。

光绪二十九年（1903年），陈训泳调任"飞鹰"炮船粮饷大副。

光绪三十二年（1906年），陈训泳调任"海筹"驾驶大副。

宣统二年（1910年），陈训泳调任"海筹"舰（管带黄钟瑛、帮带陈鹏翔）驾驶大副。

宣统三年八月十九日（1911年10月10日）武昌起义爆发后，陈训泳参加"海筹"巡洋舰易帜起义。

1912年1月充任"同安"炮舰代理舰长；7月调任"永翔"炮舰代理舰长；10月升任"海筹"舰副舰长。

1913年1月31日，陈训泳被北京政府授予海军少校。北京政府海军部决定增设练习舰队，以饶怀文为司令。5月7日，陈训泳调任"通济"练习舰舰长。"二次革命"爆发后，陈训泳奉命督带"通济"协同"海圻"、"海容"、"海琛"、"永翔"等5舰向革命党进攻，5月13日克复吴淞炮台，镇压"二次革命"。

1914年5月28日，海军总长刘冠雄呈请称：前"海筹"次长现任"通济"舰长少校陈训泳保全沪局厥功甚伟，拟请升授海军中校，以示优异。

北京政府大总统明令授予陈训泳海军中校军衔，并授予"二等文虎勋章"。

7月30日，因"通济"练习舰发生火药爆炸事件，死伤见习生陈衍渠等32人、书记录事2人，又投江而死2人。海军总长刘冠雄认为"通济"舰长陈训泳失职失察，被革命党之见习生破坏而发生惨案，革除"通济"舰舰长之职，并将军衔降为少校。

10月16日，陈训泳因参加镇压"二次革命"有功，获"二等文虎勋章"及"陆海军一等金色奖章"。

10月25日，陈训泳充任"楚同"炮舰少校舰长。

1917年11月27日，恢复中校军衔。获得"七等嘉禾章"。

1921年，海军借粤军许崇智部入闽驱赶李厚基部，李厚基部溃败之机，海军马尾造船所所长陈兆锵与练习舰队司令杨敬修下令驻闽海军舰艇截击李部，时陈训泳率"楚同"驻泊乌龙江之峡兜，奉令乘李厚基部半渡乌龙江时发炮轰击，迫使李厚基部缴械投降，夺取无数武器装备，海军势力在福建进一步扩张与巩固。

1921年11月7日，北京政府大总统徐世昌明令"巡闽海军收复闽南，在事出力之陈训泳授予海军上校"。

12月3日，陈训泳获得"四等嘉禾勋章"。

1923年2月7日，陈训泳获得"三等嘉禾勋章"；4月4日，北京政府大总统黎元洪传令嘉奖陈训泳。

5月5日，陈训泳调任"应瑞"练习舰舰长。

6月3日，陈训泳任"永健"炮舰舰长；8月15日，调任"普安"运输舰舰长。

1924年9月18日，直系军阀与皖系军阀间的江浙战争（"齐卢战争"）爆发，海军中以海军总司令杜锡珪为首投靠直系，决定派舰艇支持直系齐燮元参战，而以原第一舰队司令林建章为首，在上海成立"海军领袖处"及海军沪队，支持皖系卢永祥。杜锡珪下令李景曦率第二舰队沿长江而下，令杨树庄率驻闽厦海军舰艇及陆战队北上入吴淞口。

9月22日，陈训泳奉命督驾"普安"运输舰，运载海军陆战队一个营及给养，随杨树庄北上入吴淞口，参加浏河战役，与齐燮元部水陆联手夹攻，击败卢永祥部，并同时迫使林建章之沪队司令周兆瑞反林投杜，率沪队归队。

11月17日，陈训泳调任"楚同"炮舰舰长。

1925年7月15日，陈训泳因"战功显著"晋升海军少将军衔。7月22日，"楚同"舰长陈训泳调署"海筹"巡洋舰舰长。

1926年7月1日，广州国民政府发表了《北伐宣言》，7月9日，国民革命军正式出师北伐。7月10日，陈训泳调任"海筹"舰少将舰长。

随着北伐军节节胜利，闽系海军将领看到了国民革命力量必然取代北洋军阀统治全国的总趋势，于是决定相机应变。

北京政府海军部总长杜锡珪从北京避居上海后，与海军总司令杨树庄密商，由杜锡珪在北洋军阀政府中周旋，杨树庄负责同国民革命军建立联系，并"告诉各舰队司令相机行事"。

11月21日，海军总司令杨树庄派方声涛到广州接洽闽系海军易帜事宜。

11月26日，林知渊策动驻厦门海军警备司令林国赓、海军陆战队队长林忠率部在厦门率先易帜，归附国民革命军。

第一舰队在闽首先发难倒戈成功，驻扬子江流域之海军在杨树庄率领下也频频与革命军联系，为了海军统一行动，杨树庄在"海筹"舰召开各舰长会议；第二舰队司令陈绍宽、"海筹"舰舰长陈训泳、"海容"舰长王寿廷、"应瑞"舰长萨福畴等，会上陈训泳等倡议海军立即行动，支持北伐，打击北洋军阀。

1927年3月14日，杨树庄正式率领各舰队司令及全体海军官兵公开发出通电，宣告归附国民革命军，参加国民革命，改挂青天白日旗，并协同北伐军水陆夹击北洋军。国民政府海军总司令部在吴淞口成立，杨树庄为总司令。

3月25日，东北海防舰队，沈鸿烈为了显示威力，令凌霄率领"海圻"舰自烟台、"镇海"舰（舰长方念祖）自青岛港码头起航南下，开赴上海吴淞口支持军阀部队对抗北伐军。

3月26日拂晓，东北海军军舰以8吋主炮与舷侧副炮袭击"海筹"、"应瑞"两舰，时国民革命军（闽系）海军"海筹"号根本没有防备，听到炮声后舰上水兵才匆匆站炮位，但已经来不及了。"海圻"以重炮轰击"海筹"，但可能因为弹药老旧造成许多发穿板未爆，"海筹"因而只是漏水而未沉没或解体。"镇海"母舰还派出一架飞机轰炸上海，效果虽不大但给对方造成极大的心理震撼。

这时闽系海军的"通济"舰迎面而来，"镇海"升起信号旗叫"通济"投降，"通济"在主桅上立刻就升起了一面白旗诈降。突然，"通济"开炮了并且加速逃离，并很快就驶离了射程，"镇海"也没受到损伤。

3月27日，国民革命军海军练习舰队司令李景曦调任国民革命军海军总司令部总参谋长，陈训泳升任练习舰队少将司令。

当北伐军攻克上海、南京后，海军加强对长江的封锁，从安庆到吴淞口防务重新布防，采取分区驻防，吴淞口—江阴为第一区，由第一舰队司令陈季良率"海容"、"应瑞"、"海筹"等舰艇担任防务；江阴—镇江为第二区，由第二舰队司令陈绍宽率"楚有"、"楚同"、"通济"、"甘泉"、"利通"等舰艇担任防务；镇江—南京为第三区，由随蒋介石亲征舰队总指挥杨庆贞率"楚谦"、"联鲸"、"张"字等舰艇担任防务；南京—芜湖为第四区，由练习舰队司令陈训泳率"永绩"等舰担任防务。陈训泳率"永绩"等舰巡抵焦山时，镇江北岸北洋军以大炮"排炮环攻"。陈训泳下令还击，相持数小时，北洋军死伤枕藉，无力反抗而溃逃，"永绩"副舰长阵亡。

蒋介石发动"四·一二"反革命政变后，建立独裁政府。陈训泳任国民政府委员、国民军事委员会会员。

4月22日，陈训泳以"海筹"为旗舰巡驻于吴淞口。

5月18日晨7时，北洋政府直鲁联军的东北海军舰队司令沈鸿烈率领"海圻"、"肇和"、"定海"、"威海"各敌舰来袭吴淞口的"海筹"、"应瑞",并与驻守吴淞口炮台的北伐军发生激战。陈训泳奉命率"海筹"等舰追击。

7月12日,长江战事暂平静,海军重新布防,第一段上海—江阴由第一舰队司令陈季良率"海容"、"海琛"等担任防务;第二段江阴—镇江由练习舰队司令陈训泳率"海筹"等舰担任防务;第三段镇江—南京由第二舰队司令陈绍宽率"楚有"等舰担任防务。

7月20日,"宁汉分裂"后,宁汉矛盾加深,投靠蒋介石集团的闽系海军总司令杨树庄奉蒋介石军事集团之命派军舰增防安庆,配合第七军向芜湖挺进。

7月28日,南京国民党中央执行委员会政治会议决议,特任陈训泳等为国民政府军事委员会委员。

8月30日,"龙潭战役"爆发,陈训泳率领"通济"、"楚同"二舰在龙潭、栖霞山间沿江猛攻。

8月31日,南渡的孙传芳部全数被击败,南京转危为安。南京政府海军扼守长江,取得龙潭战役胜利。

10月19日,以汪精卫为首的武汉国民政府与蒋介石为首的南京国民政府对峙,南京国民政府组织西征军,下令讨伐武汉国民政府,"宁汉战争"爆发。陈训泳率舰参加攻打武汉国民政府唐生智部,轰击唐生智部的江防炮舰与驳船。先后"克复"安庆、武穴、岳州等地。

11月1日南京国民政府特任陈训泳为练习舰队少将司令,兼任南京国民政府委员。

1928年4月28日,国民党海军第一次国民党员代表大会召开,大会选举成立海军特别党部,陈训泳被选为执行委员。

12月29日,张学良通电宣布服从国民政府。

1929年1月22日,东三省举行"易帜"典礼,正式宣告归附南京国民政府。南京国民政府宣布北伐成功,全国"统一"告成。

北伐战争结束,北京政府的闽系、东北的青岛系、广东的粤系海军已全部归附南京国民政府。海军筹划统一事宜,拟把原东北舰队改编为第三舰队,由陈训泳任司令,但因沈鸿烈等东北海军反对而未成行。

3月27日，蒋桂战争爆发，陈绍宽率第二舰队掩护陆军作战，蒋介石与陈绍宽坐镇在第二舰队旗舰上，亲自指挥。奉国民政府海军编遣处指派海军练习舰队司令陈训泳率"海容"、"海筹"、"应瑞"等舰巡弋于宁汉之间。4月9日，中央海军练习舰队司令陈训泳率领"海容"、"应瑞"二舰自上海经厦门赴广东，准备改编广东海军，统一对桂军作战。5月14日，陈训泳率"海容"、"应瑞"、"永健"、"永绩"、"楚泰"、"江元"抵粤，"海筹"号由吴淞口护送装载商轮到广东省虎门登陆。

5月19日，陈训泳派"楚泰"、"江元"炮舰驶入黄埔助战，并掩护蒋光鼐部赴汕头，陈训泳率领"海容"、"永绩"、"永健"封锁汕头港口。

5月23日，"海容"、"永绩"、"永健"等舰驶抵汕头海面，威逼徐景唐部撤出汕头，收复潮汕。桂军通电服从中央，两广军事遂告结束。

5月24日，南京国民政府明令表彰在"蒋桂战争"中有功的练习舰队司令陈训泳等。

5月31日，陈训泳率"海容"、"海筹"、"应瑞"等三艘军舰北旋抵达南京，国民革命军总司令蒋介石下令特加犒劳海军。

1930年1月1日，陈训泳获颁"四等宝鼎勋章"。

1931年1月1日，陈训泳被授予"三等宝鼎勋章"。

8月12日，南京国民政府明令海军马尾要港司令郁邦彦因病准予辞职，陈训泳暂代海军马尾要港司令。

1932年1月16日，陈训泳获"海陆空甲种一等奖章"。

1933年12月29日，南京国民政府指令（第2402）：传令嘉奖练习舰队司令陈训泳。

1934年1月24日，陈训泳被授予海军中将。1月30日，海军协助蒋介石集团平定"闽变"后，海军部常务次长李世甲调任马尾要港司令。2月13日，海军练习舰队司令陈训泳调任海军部常务次长。

1935年6月，"海军体育促进会"成立，海军部部长陈绍宽兼会长，海军部常务次长陈训泳为副会长。8月1日，福州海军艺术学校停办，福建省教育厅准将"海军艺术学校"改为"私立勤工初级机械科职业学校（'勤工学校'）"。聘马尾造船所工务长（总工程师）萨本忻为校长。设校董会，以萨镇冰为名誉董事长，陈绍宽为董事长，李世甲为常务董事，陈季良、陈兆锵、陈训泳、林国赓、陈培锟、叶龙骧为董事。

9月6日，国民政府授予陈训泳海军中将军衔。

1936年7月9日，陈训泳因"翊赞国民革命有功"，获得"国民革命军誓师十周年纪念勋章"。11月12日又因"国父诞辰纪念叙勋"获"三等云麾勋章"。

1937年3月23日，"海军新生活促进会"改组，陈训泳出任"海军新生活促进会"主任委员。

1938年1月1日，因应抗战之需，海军部奉命裁撤缩编为"海军总司令部"，陈绍宽任上将总司令，常务次长陈训泳任中将参谋长。

2月，海军总司令设"作战教训研究会"陈训泳兼任研究会主任研究员。

1939年1月，海军总司令部迁重庆；4月9日，设立海军总司令部"迁建委员会"，陈训泳任主任委员。

1941年2月9日，陈训泳"抗战以来，参赞帷幄，适应戎机"，军事委员会授

1931年在南京的海军舰艇人员在"海容"舰上为欢迎前海军部部长杜锡珪（二排居中戴瓜皮帽者）到访而留影，彰显袍泽之情。前排席地而坐右起为出席者中高官阶的练习舰队司令陈训泳和"海容"舰舰长王寿廷、"应瑞"舰舰长林元铨。时任"应瑞"副长的刘孝鋆在第五排右起侧身让人的第四人。

予"光华甲种一等奖章"。4月,陈训泳任海军"三十年度校阅组主任"。8月,海军总司令部成立"招生委员会",陈绍宽总司令为委员长,陈训泳、杨庆贞等为委员;11月15日始负责招考新生。

1943年6月15日,陈训泳因病逝于重庆,终年58岁。9月10日,国民政府追赠陈训泳海军上将军衔。

# 陈兆锵

—— "我不能担任伪职，如果他们再逼迫我，我就自杀殉国……"

（1862—1953）

陈兆锵，字敬尔，号铿臣。福建省闽侯县螺洲乡（今福州市仓山区螺洲镇）店前村，后定居于福州城内朱紫坊。清同治元年六月十一日（1862年7月7日）出生于福州市法海路。自幼聪敏，6岁开始在本乡陈氏家族的"明伦堂"塾学接受传统的启蒙教育。

同治十三年（1874年），陈兆锵因对新式教育的渴求，13岁时他考入福建船

政后学堂后学堂第二届管轮班。陈兆锵学习历经8年零4个月，每次考试均名列前茅。

光绪五年闰三月二十二日（1879年5月12日），陈兆锵以考列优等褒奖千总，充任福建船政局监工。

光绪六年（1880年）夏，陈兆锵堂课结束，派"永保"、"琛航"等练习船见习。

光绪八年（1882年）秋，陈兆锵毕业于福建船政后学堂第二届管轮班。

光绪九年（1883年）初，陈兆锵等派"扬武"练习船见习，随"扬武"远航新加坡、槟榔屿、小吕宋岛及北海到日本等地。

光绪十年（1884年），陈兆锵调充北洋水师供职，充北洋水师"定远"舰三管轮，深得"定远"舰管带刘步蟾器重，视为心腹与助手。光绪十六年（1890），陈兆锵升署"定远"二管轮之职。

光绪十七年（1891），陈兆锵随北洋海军提督丁汝昌访问日本。

光绪十八年二月三十日（1892年4月26日），经李鸿章奏请光绪帝，陈兆锵升署北洋海军右翼中营守备，仍任"定远"舰二管轮。

光绪十九年十一月二十五日（1894年1月1日），陈兆锵以"洞悉机务，忠于职守"擢升为右翼中营游击，充任"定远"舰总管轮。

光绪二十年正月（1894年2月），朝鲜爆发东学党农民起义，清政府应朝鲜政府之邀，决定出兵协助弹压。

光绪二十年五月初二日（1894年6月5日）清政府应朝鲜政府之请，先派芦防马步900人为前锋入朝。日本按预订计划以"保护侨民"为借口亦于6月5日成立战时大本营，并陆续向朝鲜派兵达1万余人，并占领了仁川、汉城等地。7月23日，日本人闯入朝鲜王宫劫持朝鲜国王，组成傀儡政权。

五月初六日（6月9日）直隶提督叶志超率领榆防各营乘"海晏"轮起航赴朝，由"济远"、"威远"、"广乙"三舰护送。初八日早登岸，驻守牙山。

六月二十一日（7月23日）方伯谦督驾"济远"协同"广乙"、"威远"三舰及运兵轮"爱仁"、"飞鲸"均先后到达，停泊内岛。

六月二十三日（7月25日）拂晓，"济远"、"广乙"完成护航任务，从牙山起碇返航。二舰驶至丰岛海面时，日本海军联合舰队"吉野"、"秋津洲"、

"浪速"等12艘军舰对北洋舰队不宣而战,在朝鲜牙山口外丰岛附近海域偷袭中国护送援兵赴朝之"济远"、"广乙"、"操江"等舰及运兵船"高升"号,中日丰岛海战爆发。

七月初一日(8月1日)中日两国政府同时向对方宣战,甲午战争正式爆发。

八月十六日(9月15日)清政府决定再度增调兵力赴朝作战。夜,丁汝昌亲自率领北洋舰队主力"定远"、"镇远"、"致远"、"靖远"、"来远"、"经远"、"平远"、"威远"、"超勇"、"扬威"、"济远"等18艘舰只,护送刘盛体的铭军8个营4000人,分乘招商局的"海定"、"海顺"、"丰顺"、"普济"、"广济"号等5艘轮船从大连港起锚,驶往鸭绿江口安东附近的大东沟,前去支持平壤战斗。

八月十八日(9月17日)北洋舰队起锚返航旅顺途经黄海北部大东沟海域,与日本联合舰队在黄海展开激战。"定远"舰总管轮陈兆锵鼓轮激进,密切配合丁汝昌各项指令,与"镇远"舰齐头并进为前锋,其他各舰左右两翼呈雁阵人字形直接敌舰队,把敌舰冲为三段,震撼中外的黄海大东沟海战爆发。敌人把炮火聚射在"定远"旗舰上,以图一举打沉中国舰队的旗舰,使中国舰队群龙无首,陈兆锵密切配合望台上指挥官每一个指令,多次避免被敌围攻之险情。海战自上午战至下午,日舰退走,北洋水师退回旅顺。

黄海战后,北洋水师奉命采取"避战保船"的消极策略,集众舰于威海卫军港。

光绪二十年十二月二十五日(1895年1月20日),日本第二军在荣成湾龙须岛登陆,占领荣成,进而分兵犯威海。光绪二十一年正月初一日(1895年1月25日),日军发动对威海卫水陆夹攻,"定远"号因中敌鱼雷而沉没,管带刘步蟾服毒自杀,陈兆锵等获救。正月初六日(1月30日),日军攻占威海南帮炮台,居高临下炮击北洋舰队,形成海陆两路夹击威海港内的北洋水师。

2月11日,提督丁汝昌和护理左翼总兵署镇远管带杨用霖皆拒降自杀。部分洋员与威海卫营务处提调牛昶昞等商议降事,决定由美籍海员浩威起草投降书,以丁汝昌名义向敌乞降。2月12日,程璧光奉命乘"镇北"炮舰将投降书递交给日军旗舰。2月17日,日军开进刘公岛,北洋水师全军覆没。

光绪二十一年四月初四日(1895年4月28日),陈兆锵等幸存北洋水师被革职返乡。

光绪二十一年十月（1895年12月），中国收回大连湾和旅顺港后，为防止再有他国觊觎，清廷令张之洞调派南洋数舰北上，驻扎于旅顺船坞。十一月十六日（12月31日），南洋的"开济"、"寰泰"两舰驶抵旅顺，另有南洋的"镜清"、"南瑞"和福建的"福清"三舰于十一月二十四日（1896年1月8日）陆续到华。清廷拟恢复北洋水师，陈兆锵奉召回北洋供职。

光绪二十二年（1896年），陈兆锵被选派赴英考察造船制舰；光绪二十四年（1898年）回国，充任"飞鹰"大管轮。

光绪二十五年十月（1899年11月），"海天"、"海圻"两舰到华，深得叶祖珪的赏识和信任的"飞鹰"管带刘冠雄调任"海天"管带，陈兆锵充任"海天"巡洋舰机关总长。

光绪二十六年（1900年）义和团运动爆发后，西方列强以"保护使馆"为名纠集英、美、俄、德、法、奥、意、日八国联军入侵中国。

八国联军调集军舰聚集于大沽口。海军提督叶祖珪驻"海容"舰，被困于大沽口，"海龙"、"海犀"、"海青"、"海华"四艘鱼雷艇亦被夺，"海华"管带饶鸣衡战死。

清廷中的顽固势力企图借用义和团的力量来达到排外的目的，极力主战。五月二十五日（6月21日），慈禧太后下令向英、美、俄、德、法、奥、意、日等11个国家宣战。两江总督刘坤一、湖广总督张之洞等对清廷这一近似荒诞的命令不予承认，拒绝参战。他们在美、英等国的支持下，与驻上海的各国领事订立"东南互保章程"，声明要遵守中外条约，保护外国人的生命财产安全。接着，两广总督李鸿章、山东巡抚袁世凯等也纷纷加入这一"互保"的行列。

海军对清廷向列强宣战的命令也持消极态度。当时，海军"海天"等9舰正在山东登州一带海面操巡，山东巡抚袁世凯力促海军各舰南下，以避联军。当时刘冠雄督带泊于山东庙岛，山东巡抚袁世凯要求"海天"等9舰驶入长江"以避敌锋"。"海天"管带刘冠雄首先响应，刘冠雄率"海天"南下，各舰紧随南下，前往上海。抵达上海后，刘冠雄及各舰管带走访了各国驻沪领事，声明舰队南来，是为了保护中外人士生命财产安全，不要因此产生误会。并与盛宣怀、沈瑜庆及各国驻沪领事正式会商，炮制了所谓的《东南保护约款》，明言保护"洋人、教堂、教民"，保护"中外人士生命财产"，"禁止谣言，严拿匪徒"，以达成"各国舰队亦勿扰长江流域"等互不侵犯的交易。陈兆锵随"海天"舰加入了"东南互保"的行列。

光绪三十年正月（1904年2月）日俄战争爆发，日军进攻沙俄占领的旅顺口。清廷无力制止发生在本国领土上的这场战争，只得宣布"中立"。三月初八日（4月23日），清政府以中立筹备防守，急需军火为由，命刘冠雄率"海天"舰由秦皇岛赶赴江阴装运军火，限期接运军械以济辽西军需。

三月初九日（4月24日），刘冠雄督驾"海天"舰在海上遇上了大雾天气。到了晚上，大雾越来越浓重，海上能见度已很低。在这种情况下，军舰应当减速缓行。但是，刘冠雄认为任务紧急，时间不容耽搁。他相信，凭借自己多年海上航行的经验，完全可以应付这样的恶劣天气。所以，他没有下达减速的命令，而是指挥军舰继续以原速穿雾疾行。三月初十日（4月25日）凌晨，"海天"舰驶至长江口外舟山鼎星岛附近。刘冠雄下令核计水程表里数，准备驶入吴淞口。正在这时，忽听军舰左舷方向"鸣角甚近"。刘冠雄判断附近有民船，为避免相撞，下令立即转舵。不料，军舰撞到了礁石上。由于"海天"舰船速太快，来不及反应，军舰冲上了礁石，舰艏高高昂起，指向天空。刘冠雄见军舰触礁，急忙采取措施抢救，但为时已晚，一切都已无济于事。上午9时以后，海上突然刮起了西北风，汹涌的海浪猛烈地撞击着受伤的军舰，使舰体不断与顶星岩礁石摩擦、碰撞，军舰伤情变得愈加严重，舰尾部分渐渐沉入了水中。官兵纷乘舢板离舰，陈兆锵独自留岛护舰。

"海天"舰和"海圻"舰是甲午海战后清朝最大的两艘军舰。"海天"舰的毁损，对海军来说是一个重大损失，引起朝野震动。

刘冠雄"即行革职"，陈兆锵也遭革职处分，降为管轮，旋调江南船坞任总监督技正。

光绪三十三年六月二十三日（1907年8月1日），清政府在陆军部设立"海军处"，陈兆锵充任"陆军部海军处"第一司轮机科科长。

宣统元年五月二十八日（1909年7月15日），清廷"筹办海军事务处"成立，陈兆锵充任第二（船政军政）司司长，宣统元年六月十二日（1910年2月24日）调江南船坞总办。

宣统三年八月十九日（1911年10月10日），武昌起义爆发后，海军同情革命，于11月先后易帜起义，陈兆锵也参与江南船坞易帜。

1912年1月1日，南京临时政府成立，临时政府下设海军部。1月3日，"代表会议"通过临时政府各部设置及孙中山提出的总长、次长名单。1月5日，孙中山任命黄钟瑛为南京临时政府海军总长，汤芗铭为次长。

2月12日，隆裕太后在袁世凯的逼迫下，带着6岁的小皇帝溥仪下诏宣布退位，两千多年封建帝制结束。袁世凯通电赞成共和。

2月13日，南北和谈，孙中山向南京临时政府参议院辞职，举袁世凯为代理总统。

2月15日，临时参议院选举袁世凯为第二任临时大总统。

3月6日，南京临时参议院允许袁世凯在北京就职。

3月30日，北京政府第一届"唐绍仪内阁"成立。黄钟瑛患肺病不能担任海军总长的职务，写信辞职。临时参议院推举刘冠雄为海军总长。袁世凯任命刘冠雄为海军部总长。

北洋政府根据海军总长刘冠雄的咨请，将江南船坞仍划归海军部直接管辖。北京政府海军部，派陈兆锵等办理接管事宜。陈兆锵奉命接管上海船坞。

12月30日，陈兆锵被授予轮机少将。

1913年2月20日，江南船坞归海军部管辖，改称"海军江南造船所"，陈兆锵任所长，海军上校邝国华为副所长。

陈兆锵到任后对江南造船所采取"半官半商"的经营方针，即"体制上归海军部所有，经营上对海军兵舰修造按照实用工料，收回工价，对承揽修造的商轮，获有余利，酌提花红奖赏"，"既保证了生产业务，又维护了利权"，调动了全厂员工的积极性。

由于陈兆锵采取一些改革措施，使这一近代造船基地得以生存下来，并出现"营业日上"的局面。如在造船、修船、生产技术等方面都有较大的进步。

在陈兆锵主持下，海军江南造船所，先后为招商局建造"江华"江船；又为天津海河疏浚公司制造"通凌"、"没凌"等号破冰船（在技术上解决了外国造船界对于破冰船尚未能解决的技术）；为川江公司承造"蜀京"船（赢得了专造川江浅水轮方面的技术盛誉）。

由于国民党在国会大选中，取得了压倒性的胜利，宋教仁正欲循欧洲"内阁制"惯例，以党首身份组阁。不料3月20日22时45分，宋教仁在上海火车站被刺杀。

　　孙中山于事发后即从日本返回上海，主张以武力讨伐袁世凯，发动反对袁世凯独裁统治的"二次革命"。6月9日，袁世凯先下手为强，下令免除李烈钧的江西都督职务，任命黎元洪兼署江西都督；6月14日，又将广东都督胡汉民免职；6月30日，安徽都督柏文蔚也被免职。国民党籍的三位都督都被袁世凯以"不称职"、"不孚众望"的名义罢免。至此，南方的国民党人也只能丢掉幻想，起而应战了。7月12日，被免职的李烈钧在孙中山指示下，从上海秘密返回江西，在湖口召集旧部成立"讨袁军总司令部"，组织"讨袁军"，正式宣布江西独立，并发表"讨袁檄文"，"二次革命"正式爆发。

　　"二次革命"爆发后，革命党人在上海高昌庙进攻江南制造局。海军协同北洋陆军拒守，陈兆锵负责后方的粮饷策应，事后得到袁世凯的嘉奖，刘冠雄更倚之为左右手。

　　8月20日，陈兆锵被授予轮机中将。

　　1914年5月25日，陈兆锵获得"二等文虎章"。

　　1915年9月25日，福州船政局局长郑清濂自请辞职。江南造船所所长陈兆锵调任福州船政局局长。时正值船政积弊为烈之时。陈兆锵锐意振兴船政事业"汰冗振疲，一切与为更始"。添购罗星塔前沿江余地（有引港商人筑楼其上，近坞之水被阻，不得直下，致坞前常有沙淤停积，时患浅滞），"以通沙流，便于各种船舶进船坞修造"。在陈兆锵的不懈努力下，疏浚江流，清除船坞淤沙。

　　1915年12月12日，袁世凯发表接受帝位的申令，复辟了帝制。袁世凯当上所谓"中华帝国皇帝"。袁世凯称帝，激起全国人民的反对，举国开始了反袁的"护国运动"。12月30日，福州马尾船政局局长陈兆锵联合海军褫职留任总司令李鼎新、船政局副局长刘懋勋，江南造船所所长王齐辰、副所长邝国华，大沽造船所所长吴毓麟，吴淞海军学校校长郑祖彝，烟台海军学校校长兼管枪炮练习所事宜曾瑞祺，福州海军学校校长王桐，福州海军制造学校校长陈长龄，南京海军雷电学校校长刘秉铺，天津海军军医学校校长经亨咸，烟台海军练营营长吕德元，南京鱼雷练营营长常朝干，吴淞海军医院院长许世芳等通电称拥护洪宪国体。

1916年10月9日，陈兆锵获得"三等嘉禾勋章"。

1917年12月，在福州船政局创办全国第一家飞机制造厂——"飞机工程处"，并以巴玉藻为主任，进行中国飞机设计与制造的尝试工作，为中国航空工业开创先河。

1918年1月7日，陈兆锵获得"四等宝光嘉禾勋章"。

1919年5月4日，"五四运动"爆发的消息传到福州，5月7日福州协和大学等院校学生3000多人在南校场集合，游行示威。马尾海军学校、海军飞潜学校、海军艺术学校等校全体学生乘船上省参加集会，海军闽口司令林颂庄、局长陈兆锵派艇中途截住，令往中洲海军公所，施加压力送回马尾。

陈兆锵在任11年，恢复自光绪三十三年（1907年）业已停止的造船业务，原计划制造小型浅水艇、小型炮舰十艘，测量舰一艘，终因经费被积欠100余万元，最后只完成"海鸿"、"海鹄"（各300匹马力）两艘各190吨位、设备较全、式样也较新的小炮舰，使福州船政局在极度困难中得以维持和发展，并制造飞机15架。

面对西方列强飞速发展的军事工业，陈兆锵认为"海防的发展趋势必是立体的"，他虚心地向留学回归人员请教欧美列强的最新军事科学动态，并听从他们的建议，不断地向当局请求兴建海军飞机制造所。当王孝丰、巴玉藻、王助、曾贻经等留英留美学习飞机制造专业学生陆续回到福州船政局后，为"人尽其才"，多方努力请设"飞机工程处"。并呈请将飞潜、制造、海军三校合并为"福州海军学校"，陈兆锵自兼校长，为了确保船政经费，陈兆锵还倡议创建"海军溉田局"，建议将海军"银元局"盈利四十余万元作为筹办长乐莲柄港水利工程（"海军溉田局"）之用。派技术、测量人员到长乐勘测地形，并以自己的积蓄和向友人借贷30余万元投资该工程建设（"海军溉田局"——莲柄港水利工程基本于1929年竣工）。

陈兆锵在海防教育上颇有贡献。他认为，海军的兵种必然要增加航空兵，而航空兵的建立必须基于航空教育的基础。在他的努力下，海军当局决定在福州创办"海军飞潜学校"，在条件十分困难的情况下，于1918年4月创建"海军飞潜学校"，并自兼校长。陈兆锵以留美学习制造飞艇的巴玉藻等为专业教官，设立甲、乙、丙三班，海军学校中选100余人转入飞潜学校学习，并以甲班学飞机制造专业；乙班学造船专业；丙班学机器制造专业。1923年夏甲班陈钟新等17人毕业，1924年8月乙班郭子桢等19人毕业，1925年4月丙班林轰等20人毕业，为中国培养第一批飞机和潜艇制造专业人才。福建船政局成为中国航空工业的摇篮。同时，他加强了海军艺术学校的教风学风整顿，解聘"表现不佳"的法籍教员沙彭员德。改变了从前艺徒学生单一学法文制造专业，增设英文专业。陈兆锵"为中国近代海防事业作出过重要贡献"。

1919年10月14日，陈兆锵获得"二等嘉禾勋章"。

1920年1月1日，陈兆锵获得"三等宝光嘉禾勋章"。

1921年8月，福州船政局试制水上飞机告成，开创我国飞机制造之先河。陈兆锵督率有方，10月17日大总统徐世昌以特授陈兆锵"勋五位"（男爵）。

1922年，陈兆锵在福州马尾创办"电灯厂"，实现福州船政局由蒸汽动力向电机动力的转变，为海军各机关及附近居民首度实现"电照明"，结束马尾地区油灯照明的时代。

同时陈兆锵倡议并带头募捐款重修马尾"昭忠祠"，改为"甲申、甲午两役合祀"之祠，并亲自在昭忠祠后山崖巨石上题刻"蒋山青处"四字，寓颂烈士精神不死，与青山长存。以示对海军先烈的崇敬。

1923年2月8日，陈兆锵被授予"二等宝光嘉禾勋章"。4月26日，陈兆锵兼署财政部闽海关监督，为船政筹措经费。

1924年2月14日，北京政府大总统曹锟明令任命陈兆锵为将军府将军。12月间，福建因军阀混战，船政局经费无着被勒令停办。陈兆锵报告北京政府海军部，陈述"船政造船机关，决不容军阀摧残"，应尽快收回海军部管辖。海军部同意其建议。

1925年1月8日，临时执政段祺瑞明令免去陈兆锵所兼任闽海关监督陈兆锵之职，任命王君秀为闽海关监督。

6月，江南造船所所长王齐辰因病辞职。9月12日，福州船政局局长陈兆锵调任"江南造船所"所长。当他离任之时，马尾居民夹道欢送他，并在官道码头建立去思碑，记其事迹。

这时江南造船所英籍总工程师摩根自诩有建设之功，总揽大权，目空一切。

陈兆锵到江南造船所履职后"锐意改革，对造船所的兴革事项，以回权限整肃纪纲为己任"，呈请资遣英国工程师毛根，改用飞潜学校毕业生王荣瑸等人负责造船所技术工作，摆脱外国人的控制。此举遭到"洋人"的反对，海军总长杜锡珪不予支持，愤而辞职。

1926年3月13日，北京政府临时执政段祺瑞明令免去陈兆锵江南造船所所长之职。

陈兆锵辞职后归故里，任福州船政局局长。5月福州船政局改称"海军马尾造船所"，局长陈兆锵调离，以工务长马德骥为所长。

1927年5月22日，陈兆锵在马尾主持创办"海军制造研究社"，出版社刊《制造》杂志，推动了海军制造技术的进步。

1929年6月1日，国民政府成立海军部，陈兆锵被聘为顾问。

1929年"海军溉田局"——莲柄港水利工程基本竣工。

1930年10月，海军溉田局改组，以福建省长兼总司令杨树庄之叔杨廷玉为经理，陈兆锵为董事长，并兼任"马尾中学"（前身马尾海军艺术学校，名誉董事长萨镇冰、董事长陈绍宽、校长萨本炘）董事，为地方教育服务。

1935年8月1日，"海军艺术学校"奉令停办，福建省教育厅准将"海军艺术学校"改为"私立勤工初级机械科职业学校"（即"勤工学校"），聘马尾造船所工务长（总工程师）萨本炘为校长。设校董会，以萨镇冰为名誉董事长，陈绍宽为董事长，李世甲为常务董事，陈季良、陈兆锵、陈训泳、林国赓、陈培锟、叶龙骧为董事。陈兆锵兼任福州孤儿院董事长。

1937年"七七事变"全面抗战爆发。1938年1月1日因应抗战需要，海军部改制为海军总司令部，海军部部长陈绍宽充任海军总司令，陈兆锵被聘为海军总司令部少将顾问。

1941年4月21日，福州第一次沦陷，日军企图让年已79周岁的陈兆锵出任维持会会长，一次次地派人到陈兆锵家游说。陈兆锵托病誓死不从，日军逼至病床旁，他疾言："若再强逼，必自尽殉国。"日军不甘心失败，提出同意他不当维持会会长，但要当维持会名誉会长，陈兆锵还是坚决不同意。于是日军便说："只要陈将军在维持会举行成立大会那一天出席典礼仪式即可。"陈兆锵拍案而起："什么一天？一天就等于一万年。"他告诉家人："一日沦为汉奸，便要遗臭万年。"

　　见软的不行，日军就来硬的，派了许多汉奸捎话来，说什么敬酒不吃就吃罚酒，如果恼了日本人，杀身之祸在所难免。那天晚上，陈兆锵对夫人说："局势你都知道了，我不能担任伪职，如果他们再逼迫我，我就自杀殉国……"说着，做了一个服毒的手势，接着说："到时，你别惊慌，也不必请医生。"陈兆锵做好了最后的准备。在决定以身殉国时，就给在重庆的陈绍宽写信，实际是封"遗书"。他在信中表明了自己宁死不屈的决心。由于当时日寇占领福州，他委托在邮局工作的远房侄孙陈长亮派邮递员冒险越过日寇封锁线，到未被日寇占领的闽清将信投邮。信终于寄到重庆陈绍宽手中。

　　抗战胜利后，鉴于陈兆锵在福州沦陷时宁死不屈、忠贞的爱国精神和行为，海军部颁给"凛冽可风"银盾，表彰其爱国精神。陈绍宽以国民政府海军总司令的名义发表函电，赞扬："陈兆锵将军为我'海军之光'。"当时省政府主席李良荣亲至法海路陈兆锵的家上慰问，对他的骨气大加赞赏。

　　1948年1月10日，陈兆锵被国民政府授予海军轮机中将并退役。

　　1953年2月4日，陈兆锵在福州法海寺病逝，享年92岁。

　　陈绍宽亲自上门吊唁，并亲切慰问家属。

二弟：陈兆麟（玉书），毕业于福建船政后学堂第四届驾驶班。

三弟：陈兆琛，曾任福建船政书记官。

陈兆锵生育二子。

长子：陈大馨。

次子：陈大武，1946年1月1日任中央海军（青岛）训练团机务课课长。

# 方莹

## ——虎口脱险的布雷英雄

### （1889—1965）

方莹，字琇若，祖籍福建省闽侯县上街乡庄南村，生于清光绪十五年十月二十三日（1889年11月15日）。父，方仲恒，系甲午中日海战副将"济远"号管带方伯谦胞弟，曾任"海筹"号巡洋舰书记官。光绪二十八年（1902年）壬寅科举人。方莹从小随父亲住福州朱紫坊48号。

方莹幼年读于私塾，童年入闽县高等小学、闽县高等学校学习。

光绪三十四年（1908年），方莹到北京就读于福建旅京同乡所设的"北京闽学堂"（时任该校监督的是知名御史莆田江春霖）。方莹在这个学校只读三年就因学校经费支绌停办。

宣统三年（1911年）春，方莹转入上海"南洋中学"继续学习。

1912年3月10日，袁世凯在北京就任临时大总统，并组成北京政府第一届内阁。刘冠雄任海军总长，萨镇冰任民国交通部吴淞商船学校校长。方莹考入交通部吴淞商船学校（校长萨镇冰）高等班学习航海。当时我国海禁初开，航海事业尚处于萌芽阶段，萨镇冰对于商船的学生，期望至为殷切。方莹在校期间学习努力，成绩优良。

　　1915年3月，方莹等毕业于吴淞商船学校第一届航海科。方莹等毕业后先在"保民"练习船见习，航行于我国沿海南北各口岸，11月，方莹被派充"保民"练习船航海二副。

1915年吴淞海军学校毕业生，前排左起第二为方莹

1916年6月，北京政府交通部以经费困难，下令停办"吴淞商船学校"，该校"保民"练习船也随之被裁撤。经萨镇冰介绍，方莹等转入"肇和"练习舰再行见习。10月，海军部下令在"吴淞商船学校"原址建立"吴淞海军学校"，并在南京鱼雷营创办"南京海军鱼雷枪炮学校"（为海军教育高级阶段学校，初级阶段由烟台海军学校承担）。方莹又转入南京海军鱼雷枪炮学校高级班学习。

1916年南京海军雷电学校第二届雷电班结业合影。前排左起：郑畴芳、饶琪昌、陈承辉、田炳章、曹明志、方莹、周荣道、钦琳、李宝和、卢文祥、孙新、张佺；第二排左起：黄振、陈泰培、王兆麟、陈绍基、陈泰植、郭昶荣；第三排左起：许建鹰、黄显琪、魏朱英、潘士椿、蒋瑜、萨师俊、蒋元俊、严陵

　1918年秋，方莹毕业于南京海军鱼雷枪炮学校。毕业后被充"海筹"巡洋舰航海少尉候补员。

1919年9月7日，方莹被授予海军中尉。

1920年夏，方莹被派往"华丙"商船充任航海员作远洋实习，往返澳洲、香港、菲律宾、马尼拉、南美洲各商埠。

1922年，方莹从"华丙"船调任"建威"舰中尉枪炮副。

1923年9月，方莹调任"普安"运输舰上尉航海长。

1924年1月，方莹充任"海鹄"炮艇上尉代理艇长。7月7日调任"应瑞"练习舰上尉航海长（舰长陈绍宽）。

1926年7月4日，中国国民党中央执行委员会通过《出师北伐宣言》。7月9日，国民革命军在广州举行北伐誓师典礼。蒋介石发表宣言、通电和告广东军民书等，以国民革命军总司令名义，宣告北伐战争正式开始。北伐军兵分三路，西路军为主力，担任正面作战，兵力约5万人，进攻两湖，直指武汉；中路军进攻江西孙传芳部；东路军向敌兵空虚的浙闽进军。

北伐正式开始后，国民革命军连克长沙、平江、岳阳等地，8月底取得两湖战场上的关键一战——汀泗桥、贺胜桥战役胜利。10月，北伐军进抵武汉，先后占领武昌、汉阳、汉口，全歼吴佩孚部主力。

国民革命军北伐，陈绍宽率所属舰艇驻泊南京，北伐军推进到江西，陈绍宽曾派舰溯江而上，协助孙传芳与北伐军作战。

1927年1月1日，方莹升为"应瑞"舰少校副舰长。

3月14日，海军总司令杨树庄正式宣布与革命军合作。通电率领第一、第二舰队和练习舰队所属44艘舰艇一律易帜，加入国民革命军。在吴淞口成立国民革命军海军总司令部，杨树庄正式就任国民革命军海军总司令。方莹随海军易帜参加国民革命军海军。

1928年8月4日，方莹调"定安"运输舰任中校代理舰长。

1930年2月21日，方莹任"定安"舰舰长。5月13日，方莹任海军招考委员会委员、审查股股员。12月30日被叙为海军二等中校。

1931年6月17日，方莹调任"楚有"舰代理舰长。7月20日，方莹任"楚有"舰舰长。7月29日叙为二等中校。

1933年1月10日，方莹获得"甲种二等奖章"。

时蒋光鼐、蔡廷锴率领的第十九路军（因在"一·二八事变"中坚持抗战而被蒋介石赶到闽赣前线"剿共"）在与红军连战失利后，十九路军内部许多人逐渐认识到内战没有出路，决心走抗日反蒋的道路，并采取联合共产党的策略。

10月26日，第十九路军代表与中共代表在瑞金签订《反日反蒋的初步协定》。11月20日在全国抗日反蒋高潮的推动下，驻福建的第十九路军将领陈铭枢、蒋光鼐、蔡廷锴联合国民党内李济深（南京政府训练总监）及第三党黄琪翔等反蒋派势力，公开宣布与蒋介石决裂，在福州召开了中国人民临时代表大会，决定成立中华共和国人民革命政府，并决定同共产党合作，开展抗日反蒋运动。史称"福建事变"（简称"闽变"）。

在镇压"闽变"时方莹因奉命率"楚有"舰进泊马江，被蒋介石"传令嘉奖"。12月29日方莹获得"海陆空甲种一等奖章"。

1934年1月1日，方莹获得"陆海空军甲种一等奖章"。3月3日升任"自强"舰舰长。3月5日，方莹叙为海军一等中校。

1935年2月12日，二等中校"自强"舰舰长方莹充任"宁海"舰代理舰长。3月13日方莹任"宁海"舰舰长。12月23日，方莹充任海军引水传习所上校所长。

1936年1月17日，方莹任海军引水传习所上校所长。在担任"海军引水传习所"所长的两年任内，他召集长江中段汉宜湘线之引水人员分期训练，考试及格者达300余人，均发给引水营业证书，使引水人员技术有所保障，并以维护航路之权益及轮船之安全。

1938年1月1日，因应抗战形势需要，海军部改制为海军总司令部，"海军引水传习所"停办。"海军引水传习所"上校所长方莹改为海军总司令部候补员。1月12日，方莹奉海军总司令部命令，绕道入汉口抵抗日前线，充任洞庭湖警备司令部副司令。2月1日，武汉区炮队成立，方莹任上校队长。

3月1日，方莹任浔（黄）鄂区要塞第一台（葛店村）台长，亲自兼任葛店布雷队上校队长，率部参加保卫武汉的战斗。8月间，十余架日机狂轰滥炸葛店要塞，破坏布雷区，然后从陆上迫近。10月16日，日舰多艘在飞机的配合下，开炮轰击葛店要塞，并派陆军猛攻，方莹率全台官兵坚持抵抗。那时国民党陆军在日军炮击前数小时已全部向西撤退，致使敌人在未发一枪一弹的情况下，顺利"越过五道防线冲向炮台，如入无人之境"。面对汹涌而上的日军，方莹指挥守台官兵"沉着应战，等敌人进入我们枪炮射程内即开动机关枪，投掷手榴弹，向其猛攻，打死打伤数十人，迫使敌人撤退"。坚持到10月24日，终因后路已被敌切断，在孤军无援的危急境况下，方莹被迫率兵下山向江边撤退，乘船驶离炮台。

1939年1月1日，出席川江要塞筹备会议，议设4个总炮台，以防日军西侵，方莹任川江要塞第一总台台长（石牌），负责构筑炮台及建造兵营，拱卫陪都重庆。

2月28日，洞庭湖警备区副司令方莹，调宜昌工程处，奉军事委员会令准派海军总司令部舰械处处长陈宏泰兼任该区副司令，处长职务由部派参谋处处长杨庆贞兼代。

3月1日，海军总司令部编组川江要塞第一、第二总台，方莹任海军川江要塞第一总台上校台长。3月15日川江要塞划为宜万（宜昌至万县）、渝万（重庆至万县）两区，方莹被充任宜万区要塞第一总台上校总台长。总台设在长江三峡西陵峡附近的石牌，石牌是江防最前哨，陪都重庆的第一门户。

4月19日，川江要塞划为宜万、渝万两区。海军总司令部派方莹为宜万区要塞第一总台部上校总台长，戴熙经为中校总台副，陈赞汤为上尉总台副；曾冠瀛为宜万区要塞第二总台部上校总台长，甘礼经为中校总台副，王廷模为上尉总台副。第一总台下分设第一、第二两台，第二总台下分设第三、第四两台，每台各派台长负责管理，其下并置分台。另有烟幕队。第一、第二烟幕队隶属于第一总台；第三、第四烟幕队隶属于第二总台。

10月24日，日军攻陷田家镇后迫近葛店，准备绕道进犯武汉。葛店炮台第一、第二、第三炮台官兵均先奉令撤退，只剩总台长方莹、总台副郑奕汉、第二分台台长江家驹、观察员黄顺棋及炮兵等计17人留守阵地。

方莹总台长派郑奕汉总台副前往指挥部请示机宜，不意刚到中途即被日军袭击，殉职。斯时日军已蜂拥而来，方莹总台长和江家驹等只好率领余众乘小船撤退，但小船被日军哨兵发现，被迫靠拢码头。日军哨兵搜查，知为国军，勒令缴交手枪，脱下军服，同时喝问谁是长官，在这万分紧迫关头，江家驹遂挺身而出，自认为长官，日军哨兵以为抓住国军军官，马上押着江家驹去，方莹总台长立即指挥船家离岸上驶，脱离险境。

江家驹被日军哨兵带去后关闭于汉口新市场的乐园楼上房间内，日军占领汉口后以乐园作为俘虏集中营，一般的俘虏均关于楼下，由日兵防守，楼上只关江家驹一人。江家驹寻找逃出牢笼的机会，在窗口瞭望，见下面为熟悉的汉安里，即从窗口爬下，沿僻处行走，时身上只穿内衣裤，幸尚存法币50元，路上逢一老妪，以5元让购一条青裤，另以5元向老翁让得一件短衫，向法租界天主堂所办的医院前进。那时该医院已改作难民收容所，早已住满难民，拥挤无一隙地。江家驹到时，院中办事人员辞以无法收留，经再三恳求，指点应向院长（英国人）联系，找到院长，说明身份请其支持，得到同情安排住在楼上优为招待，唯每日早晚要到教堂念经，并协助医院计算病人用的药品数量，终在院长帮助下，做一张往汉阳八宝口的通行证，改名为林和生，因而顺利地通过汉阳八宝口，沿途步行到达重庆，时已1940年1月初。参见海军总司令陈绍宽后，派充"江鸥"军舰副舰长。至于葛店撤出的炮台官兵早已到达重庆下游的木桐镇，向军械所长林元铨报到。

1940年宜昌沦陷后，这里更成为江防之最前哨，陪都重庆的第一门户。方莹深感责任重大，决心"死守江防第一门户，阻止敌兵西侵"，率领全台官兵兢兢业业，组织训练，上下一致，纪律严明。

1940年年终考核优良，获"光华甲种一等奖章"，并记功一次。

1941年6月4日，（重庆）国民政府明令：海军宜万区第一总台总台长方莹，抗战著绩，授予方莹"干城甲种一等奖章"。

10月12日，日军从宜昌西犯，方莹率驻守要塞的海军官兵坚守阵地"得到上司表扬"。12月，因年终考核成绩优良，又被记功一次。

1943年5月，日军重兵包围石牌要塞，并以空军对重庆实施"疲劳轰炸"，方莹率领守台官兵，英勇抗敌，以海军舰艇扫雷进攻。方莹率领守台全体官兵在石牌爱国商民的积极支援下，沉着守卫。当时国民党陆军胡琏部与石牌相掎角，向守台方莹率领的海军官兵密切配合，共同打退日军的进攻，取得要塞保卫战"鄂西大捷"。6月27日，方莹被记大功一次。重庆人民组织慰劳团前往劳军，在石牌炮台石洞内举行献旗典礼。10月10日，方莹又获得"六等云麾勋章"。

1945年3月27日，海军第一舰队司令陈季良在驻地四川万县腰伤复发，又得了伤寒（4月14日去世），方莹奉调署第一舰队司令。4月12日，以第一舰队上校司令身份兼代第二舰队司令。6月27日获"六等云麾勋章"。

8月15日，日本宣布无条件投降。8月21日，陈宏泰代理海军第一舰队司令。9月12日陈绍宽下令接收敌伪海军舰艇，重组海军。9月16日，海军总司令陈绍宽委任第一舰队代司令陈宏泰为海军接收南京区专员，负责接收汉浔区敌伪舰；方莹被委任为"海军接收汉口区专员"，负责接收汉口日本海军。9月21日，方莹任海军要港司令部司令，奉海军总司令陈绍宽之派遣赴上海接收上海日伪军投降。负责接收日本降舰数10艘和日本赔偿军舰16艘。

蒋介石集团令海军配合国民党陆军开赴东北，11月7日，军事委员会蒋委员长令海军总司令部迅即编组小型舰队担任北巡任务，截断胶州半岛、辽东半岛间共军海上运输，并保护华北、东北军政交通补给之安全。

12月26日，蒋介石集团在军政部设海军处，海军总司令部被撤销，周宪章率员接管海军总司令部。海军司令部所有业务由军政部海军处正式接管，原第一、第二舰队之编组，仍维持现状不变，并归由国民党军事委员会直辖。12月28日，军政部委任方莹为海军第二舰队司令，授予海军少将军衔。

1946年2月1日，国民党军事委员会决定撤销海军第一、第二舰队司令部，另在上海成立舰队指挥部，由军政部长兼海军处处长陈诚兼任舰队指挥官，魏济民充任参谋长代行指挥官职务。

有关军政部分由海军处负责，舰队指挥部则负责军令部分，原第一舰队所属舰艇及由往返美国各舰（"永胜"、"永顺"、"永泰"、"永宁"、"永定"等护航炮舰）5月1日编组成海防舰队，陈宏泰任海防舰队，以青岛为根据地，担任渤海一线之警戒。原第二舰队所属舰艇，编入江防舰队，方莹担任舰队司令，驻泊江湾一带，担任沿江警备任务，以确保沿江一带治安。方莹奉命率领第二舰队"裁断共军的海上交通运输"。5月5日方莹获"胜利勋章"。

6月1日，军政部海军处升格为海军署，组成以海军少壮派周宪章、高如峰、林祥光、杨元忠、魏济民五人新的海军首脑机构，采取分区治理，分闽台、京沪、青岛、广州四区。

6月18日上午，盟军总部6楼大礼堂举行中、英、美、苏四国均分日本降舰（驱逐舰26艘、海防舰和辅助舰109艘）会议。美国远东海军司令葛立芬中将主持会议。中国驻日代表团派出海军上校马德建为国家代表，海军上校姚玙、少校钟汉波、上尉刘光平为随员，出席会议。盟军总部已将它们按吨位大致平均分为4份，中、英、美、苏四国各得一份，作为日本对盟国四强先行赔偿的一部分，通过抽签进行分配。抽签分为2轮，第1轮抽签确定第2轮抽签的先后顺序，第2轮抽签抽出各份舰艇的归属。在第1轮抽签中，中国代表马德建抽得第2的顺序，在第2轮抽签中，抽得编号为"2"的那一份，该份舰艇共34艘。由于分得日本偿舰的4国国力不同，其处置这些舰艇的方法也不同。美国将偿舰就地拆解，英国将偿舰拖出外海炸沉，苏联将偿舰编入部署在海参崴的远东舰队，中国则将偿舰当成海军主战兵力使用。尽管这些舰艇大多已相当陈旧，但对国民党政府来说，在已经展开的内战中，仍是不可小视的重型武器。所以，国民党政府想尽快得到这些舰艇用于内战。于是，决定将34艘舰艇分4批回国。

6月20日，钟汉波奉中国驻日代表团团长商震之命，赴日本九州的佐世保港查验34艘舰艇。在确认这些舰艇没有大的问题后，商震立即下达命令，任命钟汉波为遣送日舰回国联络官，先率第一批8艘舰艇先期回国。

6月29日，钟汉波搭乘盟军水上飞机再次前往佐世保，办理舰艇移交的一切手续。两天后，他在美国海军上尉高沙陪同下，乘护送舰"若鹰"号，带领悬挂日本俘虏旗（红蓝两色E字缺角旗）和日本国旗的8艘日偿舰艇，直驶上海。

7月1日，军政部海军署改组海军总司令部，军政部部长陈诚兼海军总司令，调桂永清为副司令，周宪章少将为参谋长，下辖海军海防舰长和江防舰队，陈宏泰任海防舰队司令；方莹任江防舰队司令。

7月3日下午2时25分，第一批日偿舰艇进入上海吴淞口，经过外滩驶向高昌庙。7月6日上午9时，在高昌庙海军江南造船所，国民党海军上海第一基地举行了隆重的接舰仪式。9时整，第一基地司令方莹少将主持"接收分配日本军舰典礼"。

7月19日，青岛海军办事处改制为海军第二基地（青岛）司令部，董沐曾任司令。下辖：海军军需处、海军教导总队、炮艇队、青岛巡防处、葫芦岛巡防处、大沽巡防处。

7月26日，第二批回国的日偿军舰8艘，驶离佐世保军港，7月28日下午抵达长江口，在国民党海军"楚观"号江防舰和"联荣"号步兵登陆艇的引导下，驶入上海龙华江面。7月29日开始造册点收，31日正式举行接收典礼。

第一、第二批日偿军舰在海军上海第一基地完成接收后，方莹和杨道钊都认为，基地内泊港舰艇本来已经拥塞，添加了16艘军舰后，更是拥堵不堪，给江南造船所的保修工作造成很大压力，建议后续日偿军舰改驶他处接收。海军总部鉴于这种情况，决定将余下的日偿军舰驶往海军青岛第二基地接收。

时蒋介石发动内战向山东、东北等地实施重点进攻，陈宏泰、方莹奉命率舰队运送蒋军及物资到华北各战场。蒋介石集团向山东等地重点进攻被粉碎后，大有归罪于陈宏泰、方莹海军支持不力之意。桂永清也认为陈宏泰、方莹为闽系海军老将，是陈绍宽余党，处处打击陈宏泰和方莹。

8月28日，陈宏泰、方莹两人称病辞职。

9月30日，陈宏泰被免去海防舰队司令之职，方莹被免去江防舰队司令之职，另改派"长治"舰长刘孝鋆为海防舰队上校队长，接替原第一舰队担任北巡绥靖任务；"永绥"舰长叶裕和为江防舰队上校队长，接替原第二舰队负责长江下游之绥靖任务。

10月1日，海军"上海要港司令部"改制为"海军第一基地司令部"，方莹任基地司令。

1948年5月1日，国民党海军基地司令部改称海军军区司令部，直隶于海军总司令部。海军第一基地司令部（上海）改为海军第一军区司令部（上海），海军少将方莹任司令。海军第一军区司令部下设：参谋、副官、军务、港务、舰械、军需、总务、军法、新闻、接舰等科。下辖：上海海军工厂（上海船厂浦西部分）、江南造船所（所长：马德骥轮机少将，副所长：陈藻藩轮机少将）、定海巡防处、南京巡防处、镇江巡防处、江阴巡防处、温台巡防处、嵊泗巡防处、岱长巡防处、吴淞信号台、高昌庙信号台、苏州信号台、吴淞第一巡防艇队。

5月17日，方莹被授予海军少将。5月22日，因与国民党嫡系海军司令桂永清意见不合，申请除役回福州原籍。

1949年初，方莹返回福州组织反蒋活动。6月起在福州与中共地下组织联系，从事策反和情报搜集工作。8月17日福州解放后，成立"在闽海军人员联谊会"任总干事，配合解放军开展活动。

新中国成立前夕，方莹利用自己和家族在海军界的影响，动员海军精英留下参加新中国海军建设。

10月1日，中华人民共和国成立后，方莹参加人民解放军海军，被任命为华东海军研究委员会委员。

1950年5月5日，中国人民解放军华东军区海军司令部政治部命令：委任方莹为中国人民海军第六舰队副司令员；6月5日，中国人民解放军华东军区海军司令员兼政治委员张爱萍奉命宣布：方莹为海军第六舰队副司令员。

1951年，方莹调任华东海军干部轮训班副主任。

1953年，方莹调任华东海军司令部航海业务长和海军联合学校航海专科主任。

1957年11月，海军总司令部研究委员会主任曾以鼎因病毒性肺炎爆发，在北京海军总医院病逝，郭寿生升任海军总司令部研究委员会主任，方莹任副主任，主持中国海军史料的编经按集，编写审阅《海军史话》、《海军词典》及《海军发展概况》等书稿。

在海峡两岸关系紧张时期，方莹主动撰写广播稿，对台湾军政界宣传中国共产党的政策，敦促其率部归来，为和平解放台湾积极努力。

1963年7月，因形势变化，海军总司令部研究会撤销。10月郭寿生、方莹等以年老体弱有病退休回到福州，安置于福州广积营"海军村"。

1964年8月24日，刘孝鋆与方莹、曾国晟、陈景芗、郑震谦五人，经福建省政协二届十八次常委会议决议，增补为福建省政协第三届委员会委员后，方莹被聘福建省政府参事。

1965年2月26日，方莹以隐匿型冠状动脉硬化症病逝于福州，享年77岁。

方莹编写审定的著作有《海军史话》、《海军词典》和《海军发展概况》等书。


方莹兄弟三人，大哥方椿曾任"江元"号炮舰的书记官；三弟方鉴，1899年出生，从福州格致书院毕业后，历任海军上海海防处电台无线电官、海军陆战队第一旅通讯所无线电官、"江贞"军舰无线电官、所长等职，抗战期间奉命赴西南保护滇缅大通道。

方椿的儿子方振毕业于马尾海军学校第九届航海班，后来在台湾海军任职。

方莹的三叔方叔侗的儿子方沅曾在"江亨"炮舰任职，后来任海军少校；另一个儿子方焴的儿子方祥年任台湾海军总部舰政署少校工程师、台湾海军第三造船厂中校工程师，他的弟弟方永年任台湾海军总部中校计划官。

方莹的四叔方季煌的儿子方均，1897年出生。毕业于烟台海军学校，毕业后历任军舰航海长、舰长、南京水雷营教官等。抗战期间任海军第二布雷队安徽歙县办事处主任、浙江金华办事处主任，负责布雷队后勤补给工作。

方家出了两个将军，八个校尉级军官。

方莹的儿子：方一虹，抗日战争时任空军上尉飞行员。

# 高昌衢

## ——"奋不顾身，亲自操炮射击"

## （1914—1937）

高昌衢，又名光渠。福建省长乐县（今长乐市）航城街道龙门村人。生于1914年。父高焕新（字复斋，生于清光绪三年，卒于1949年，曾考中秀才，1903年入陈宝琛兴办的全闽师范学堂第一届学习。成绩优异，颇得陈宝琛垂青，毕业后即选派留学日本。因母病父衰，放弃留学机会。陈宝琛将他留校任学监兼主文史讲席）。兄弟四人，长兄高光佑，二兄高光暄，高光渠居三，四弟高光远。

1930年，高昌衢考入福州马尾海军学校第五届航海班。

1934年12月1日，高昌衢毕业于马尾海军学校第四届航海班。毕业后奉派在"宁海"军舰见习。

1937年3月26日，高昌衢等24人毕业。3月27日，海军"宁海"舰长高宪申调任"平海"舰长。4月24日高昌衢、刘耀璇、刘馥、朱汉霖4人充任"平海"舰为少尉航海见习生。

1930年马尾海校航海三班学生入学后合影，第一排右起：高昌衢、孟汉霖、高光暄、刘馥、刘耀璇、张家宝、萨师洪、孟汉钟、孔繁均、魏济民、魏行健、陈曙明、林君颜，第二排右起：郑昂、何博元、刘祁、林元暄、庄怀远、柳鹤图，第三排右起：卢国民、博啸宇、葛世铭、紫耀成、林乃钧、杨光耀、杨箓、欧阳炎，第四排右起：郭允中、蔡诗文、陈夔益、陈家振、常香圻

7月7日，"卢沟桥事变"后，日本帝国主义对中国的军事扩张得寸进尺，步步紧逼，其侵略魔爪很快就伸向上海。

高宪申奉命率"平海"舰保卫江阴封锁线。8月，日军大规模进攻江阴封锁线，他指挥舰上官兵英勇抗击侵袭日机，击落击伤日机多架。9月22日，在对空激战中，炮手一等兵周兆发、枪炮上士陈得贵殉职，高昌衢见炮位枪炮兵全部负伤，奋不顾身，亲自操炮射击，也壮烈殉国，终年24岁。高宪申腰部重伤，入院抢救，由副舰长叶可钰代理舰长。

高昌衢

# 高宪申

## ——血战江阴封锁线

## （1888—1948）

　　高宪申，字佑之。福建省长乐县（今长乐市航城街道）龙门村人。生于清光绪十三年正月三十日（1888年3月12日）。其祖父高尊，自幼饱读诗书，因慕明遗民傅青主的为人，后改名景傅，字仰山，经其在江阴当县令的亲友招致幕下办理文案，以才具练达，复膺时任两淮盐运司使某之聘，于同治年间来扬州经管盐务税收，遂在绿杨城郭定居。生有三子：长子高孔源，次子高孔良，三子高孔超（高乃超），兄弟三人都能发愤读书，诗词造诣也很深，指望应举成名，不料清廷废了科举，老大孔源去了浙江为幕于杭州府衙。老二孔良因受当时洋务运动影响，较早接受新思潮，只身去了广东，在广州时务学堂当教习，在他执教期间结识了不少闽籍海军军官，鉴于甲午战争的失败，是因没有一支强大的海军，为了培养子侄辈为国家和民族效力，他相继将其大哥的长子高宪乾、次子高宪申和高乃超的长子高宪顺携粤，送进入当时的广东黄埔水师学堂学习海军。

　　光绪二十九年（1903年），高宪申考入广东黄埔水师学堂第十届驾驶班。

　　光绪三十三年十二月（1908年1月），高宪申毕业于广东黄埔水师学堂第十届驾驶班。

光绪三十四年正月（1908年2月），高宪申奉派上"通济"舰（管带葛宝炎）见习，同年秋转入"海琛"舰见习。

宣统元年（1909年）初，高宪申充任"海琛"候补员等职。

宣统二年（1910年），高宪申派充"海琛"巡洋舰（管带汤廷光）枪炮大副。

宣统三年八月十九日（1911年10月10日），辛亥爆发后，随舰参加易帜起义。

1912年1月1日，中华民国南京临时政府成立。2月1日充任"应瑞"巡洋舰（舰长毛仲芳）军需长。

1913年3月12日，高宪申充任"海琛"巡洋舰（舰长林永谟）枪炮正。4月17日，高宪申授予海军中尉军衔。7月，高宪申获"二等奖章"。

1914年4月1日，高宪申调任"江贞"炮舰（舰长周兆瑞）航海副。5月25日，高宪申被授予海军上尉军衔。

1915年12月15日，高宪申调任"应瑞"巡洋舰（舰长杨敬修）上尉航海长。

因袁世凯倒行逆施，引起举国不满，革命党人为扩大声势，决定通过"肇和"舰上的革命党人、见习军官、候补员陈可钧等为内线，一举夺得靠泊于上海

高昌庙的"肇和"、"应瑞"、"通济"等舰。

12月3日，海军总司令部令"肇和"舰12月6日开赴往广州，见习航海副陈可钧商请杨虎、蒋介石等提前发动夺取"肇和"舰，并议定夺取"肇和"后立即鸣炮，作为上海全市起义的信号。

12月5日（星期日）下午3时，南京革命党人陈其美、杨虎、孙祥夫、蒋介石等利用海军总司令李鼎新宴请"肇和"舰黄鸣球之机，率领30余名革命党人分乘两艘火轮舢板靠近"肇和"舰，由陈可钧接应登舰。立即武力占领舱面，将舰上人员均封锁在甲板下。

12月6日凌晨4时，杨虎意图将"肇和"开出吴淞口，时正值陈绍宽在"应瑞"舰当值，陈绍宽发现"肇和"起锚意图不明，当即令"应瑞"、"通济"、"海琛"用机关炮向"肇和"的甲板发起猛烈射击。因"肇和"舰上的革命党人大多没有舰炮操作经验，根本无力还手。"肇和"舰起义孤军作战，受吴淞炮台封锁，不能驶出长江口外。"肇和"革命党人最终被迫弃"肇和"舰而退去，"肇和"舰起义失败。陈可钧乃跳水游至浦东。

12月6日，陈可钧被警察捕获，以铁链数条围之，解往北京（1916年1月10日陈可钧等被处决。终年24岁）。

1916年1月2日，"应瑞"舰航海长高宪申因平息"肇和"起义有功，（洪宪）政事堂策明令授予高宪申"五等文虎章"。

1月5日，高宪申晋任为"应瑞"巡洋舰少校副舰长兼航海长。12月5日，高宪申被免去"应瑞"巡洋舰（舰长杨敬修）航海长兼职，专任副舰长。

1917年春，北洋政府酝酿对德奥宣战。段祺瑞政府为了取得参战借款，扩充军力，实现其"武力统一"的目标，力主对德宣战。宣战提案遭到黎元洪和国会的抵制。4月15日，段祺瑞假军事会议之名，欲用武力要挟国会。段祺瑞内阁于5月7日决定对德宣战。咨请众议院同意，众议院决定缓议，段祺瑞指使军警、流氓，演出"公民团"包围议会，殴辱议员的闹剧，一时群情激奋，舆论大哗。

段祺瑞为通过宣战案，以"督军团"的名义，胁迫大总统解散国会。黎元洪以有违《约法》拒绝段祺瑞"宣战案"，由此酿出"府院之争"。5月23日，黎元洪在国会支持下，免去段祺瑞国务总理之职，由广东人伍廷芳组阁，爆发"府院之争"。

5月30日，安徽省长倪嗣冲、河南督军赵倜、山东督军张怀芝、奉天督军张作霖、陕西督军陈树藩、浙江督军杨善德宣告独立。鉴于府院水火难容的混乱局面。

7月1日，长沙巡阅使张勋乘机入京扶植溥仪复辟。国会被解放，黎元洪总统逃入日本使馆。

7月2日，程璧光以海军总长名义自上海通电讨伐复辟。段祺瑞在马厂誓师，组织"讨逆军"，自任"讨逆军"总司令。

孙中山在上海号召全国护法讨逆，决心"以海陆力量，为国民争回真正共和"，并决心南下酝酿成立"护法军政府"。孙中山和程璧光很快就联合护法达成协议：孙中山要求海军脱离北洋非法政府，"并南下护法"。为尽快开辟南方护法根据地，孙中山在上海急欲先行赴粤，以促西南开展护法运动。

7月10日，第一舰队司令林葆怿即令驻沪吴淞口的"应瑞"舰升火待命，为确保安全，派参谋长饶鸣銮携密函，护送孙中山、陈炯明、章太炎、朱执信、胡汉民等人，雇一艘拖驳船驶往吴淞。登上"应瑞"舰后，饶将密函和送给汕头"海琛"舰的饷款交给"应瑞"舰长杨敬修，嘱托杨敬修到汕头后把饷款交"海琛"，并送孙中山等转乘"海琛"到广州。

7月13日，高宪申协助舰长杨敬修督驾"应瑞"抵达汕头。高宪申应孙中山等订邀随孙中山等乘"海琛"舰抵达广州。孙中山一行顺利安抵广州，揭开了护法运动的序幕。

11月22日，高宪申任海军"应瑞"上尉副舰长。

1918年5月3日，高宪申调署海军总司令公署副官处上尉副官。10月7日，高宪申任海军总司令公署副官处（副官长陈毓淳）副官。

1919年5月15日，高宪申被授予海军少校军衔。10月14日获得"四等文虎章"。

10月23日，高宪申调任海军总司令公署少校参谋。

1922年2月4日，高宪申因"收复闽南"有功，北京政府大总统徐世昌明令"嘉奖"。

1923年2月8日，高宪申获得北京政府颁给的"四等嘉禾章"；12月16日，高宪申被授予海军中校。

1924年2月26日，杨树庄为海军生存之计，决心再征厦门，率领"应瑞"、

"海容"等舰聚集于金门一带海域。

3月29日，练习舰队司令杨树庄为迫使臧致平交出厦门，派林知渊与臧致平谈判，议决由海军"应瑞"舰拨给子弹30万发给臧致平部，臧治平部先将胡里山炮台的炮闩卸下交给海军。双方履行所约，海军兵不血刃，占领了厦门。"海容"、"应瑞"等舰暨陆战队第一团马坤贞所部进军厦门。

9月3日，江浙军阀之间爆发"齐卢战争"，杨树庄奉命率闽厦海军舰队和陆战队参加淞沪浏河战役，打垮皖系卢永祥，并逼使林建章的海军独立舰队归队。

因率领舰队助直系的江苏督军齐燮元打败皖系的浙江督军卢永祥控制下的上海有施加压力，9月20日北京政府大总统曹锟委任杨树庄为海军副总司令兼"海筹"巡洋舰舰长。并于9月27日特任杨树庄为"胜威将军"。

第二次奉直战争进入关键时期，吴佩孚受奉系张作霖部队和冯玉祥部队的两面夹攻，在华北的主力全部覆灭，段祺瑞派人给吴佩孚送了一封信，要吴佩孚赶快从塘沽离去。11月3日，吴佩孚率残部两千余人自塘沽登军舰南逃，回到长江流域，继续偏安一隅。张作霖、冯玉祥等在曹家花园召开的天津会议，决议成立中华民国"执政府"与"善后会议"以取代"国会"，并推段祺瑞为"中华民国临时执政"，统总统与总理之职。

段祺瑞上台，12月7日北京政府海军总司令杜锡珪辞职。12月21日北京政府临时执政段祺瑞令：海军练习舰队司令杨树庄代理海军总司令之职。高宪申调任海军总司令部（总司令杨树庄）副官长。

时陆战队旅长杨砥中野心膨胀，胡作乱为。陆战队驻扎长乐各地，军纪败坏，以筹饷为借口，横征暴敛，骚扰地方百姓；在马尾、琯头各处扣留盐船、强抽盐税，与盐务署引发冲突。为补充兵力，以长乐为征兵试点，将所有青壮年列为征兵对象，强行征召；陆战队官佐承办此事，上下其手，敲诈勒索，贫苦青壮年被迫应征，而富家子弟因有贿赂则可免役，乡民愤恨不已。又在长乐擅行丈量，计亩收税，行贿疏通的可以马虎从事，否则严格丈量，甚或以少报多，引起农民不满与反抗。其所部在县勾结土豪劣绅，巧立名目，强行收税，甚至于诱迫部分农民种植鸦片，从事勒索，以至地方风声鹤唳，民不聊生，怨声载道，闽省各公私团体及被害人纷纷向海军部控告。

杨砥中横行无忌，无法无天，树敌众多，人人都对杨砥中"愤愤于心"；而杨树庄也一直在寻找机会除掉杨砥中。

第二次直奉战争，直系失败，吴佩孚南逃，北京政府内阁解散，奉系军阀与皖系军阀合作。11月24日，中华民国临时执政府在北京成立，段祺瑞入京执政，就任"临时总执政"。黄郛任临时内阁总理，以林建章为海军总长，杨树庄为海军总司令，杜锡珪黯然下台。

林建章上台后一直想要除去杜锡珪的心腹杨砥中，以给杜锡珪一个沉重打击，并借此警告一下杜锡珪党羽中的桀骜不驯者。而杨砥中长期在闽为非作歹，在长乐、连江一带派捐、抽税、种烟，无恶不作，特别是在长乐实行征兵制，造成舰队和陆战队间的矛盾日益尖锐。林建章是长乐泮野乡望族，其乡里多受杨砥中的压迫与残害，林建章上台后，各地控告杨砥中的信件如雪花飞向海军部。海军部部长林建章派员调查"查有佐证"。林建章曾密令杨树庄将杨砥中逮捕"送京究办"，杨树庄也一直在等待时机。此时，有人将杨砥中"借到杭州为孙传芳祝寿之机商洽海军陆战队归附孙传芳"的事情密报杨树庄，正好给了杨树庄以收拾杨砥中的借口和机会。

1925年4月8日，杨树庄从福州乘"通济"舰来上海，杨砥中决定趁杨树庄离闽这个空当赶回马尾预备起事，以履行和孙传芳的合作诺言，就悄悄购买了三北公司"宁兴"轮的船票，准备动身回福州举事。"宁兴"轮停泊在上海十六铺码头，因装货耽搁了一天，定于第二天中午开船。

杨树庄到上海后，立即派人去秘密探查杨砥中在上海的有关情况。杨树庄得知杨砥中还没走，就密令"海容"舰长曾以鼎派人逮捕杨砥中归案。曾以鼎留了一个心眼，和杨砥中都是福州人，乡里乡亲的，杨砥中虽说平时骄横，但和自家并没有什么大的过节，不值得亲自去蹚这浑水。但杨树庄是现任的海军总司令，军人以服从命令为天职，杨树庄的命令是不能不执行的。为了既执行杨树庄的命令自家又能不沾血手，接到命令后，曾以鼎就将逮捕杨砥中的任务交给"海容"舰副长刘焕乾去办理。

4月9日，刘焕乾先派4个便衣到"宁兴"轮上监视杨砥中的行动。上午9点左右，为了掩人耳目，杨砥中是孤身登上"宁兴"轮，刘焕乾带4个便衣随后也登上"宁兴"轮。刘焕乾与杨砥中是"烟台海校"同学，刘焕乾上船时，见杨砥中在甲板上，就装作很高兴的样子，走上前跟杨砥中打招呼，声称特来"送行"。

杨砥中对刘焕乾的话信以为真，以为刘焕乾确实是看在同学的面子上来为他送行的，没有怀疑会有什么欺诈。两人寒暄了几句后，刘焕乾就拱手告辞。当两人握手告别时，刘焕乾乘势用力挟住杨砥中的右臂，大声告诉杨砥中说："杨树庄总司令有要事相商，请杨旅长和我一起到高昌庙走一趟吧。"高昌庙是海军总司令部所在地，杨树庄来上海后就住在这里。杨砥中一听，知道坏了，如果跟刘焕乾去见杨树庄，肯定没有好果子吃，只好边挣扎边回答说："'宁兴'轮马上就要开了，我来不及上岸晋谒总座，恳请我兄转告杨总司令，等他到闽我即以书面向杨总司令报告一切。"刘焕乾说："我已经吩咐'宁兴'轮船长要等杨旅长从高昌庙回船后才能开船，请杨旅长放心。"

杨砥中知其不妙，又挣不脱刘焕乾的胳膊，就用眼示意他的保镖采取行动，向刘焕乾靠拢，企图先下手为强。谁知刘焕乾早有准备，也放出暗号，4个便衣就"呼啦"一下拥上前来，将杨砥中团团包围起来。杨砥中的保镖见寡不敌众，好汉不吃眼前亏，保命要紧，哪还顾得杨砥中，悄悄地溜之大吉。杨砥中见保镖溜了，气得开口大骂："他妈的，老子平日待你们这帮狗日的不薄，一见有事却跑得比兔子还快，真是白养你们这般杂碎了！"边骂边大力挣扎。毕竟杨砥中是个久经训练的军人，在海军陆战队服役多年，困兽犹斗，临死挣扎，只见他身子往下一沉，胳膊肘儿往外一拐，从刘焕乾的胳膊里挣脱出来，用全力将刘焕乾推开，并乘机伸手从口袋里掏枪。刘焕乾见状，急忙喝令手下："快，快，将他逮起来！"4个便衣乘杨砥中掏枪之机，向杨砥中猛扑上来，一个站在杨砥中背后的便衣提枪就朝杨砥中开了一枪，击中杨的腰部，杨当即跌倒在地爬不起来。刘焕乾命令手下便衣将浑身是血的杨砥中架起来，强行扶上早已等在"宁兴"轮边上的小火轮驶回高昌庙。

船到码头，刘焕乾将情况向曾以鼎报告。曾以鼎马上将情况转报杨树庄。杨树庄正在家里搓麻将，他原想将杨砥中先抓起来再说，没想到杨砥中会拒捕并受了重伤，心下暗喜，却不动声色，只漫不经心地"哦"了一声，仍然专注于打牌。众人不知杨树庄葫芦里卖的是什么药，都不敢做声，只是机械地打着牌。过了许久，杨树庄把牌往桌上哗啦一推，轻舒一口气，这才拍拍手，慢吞吞站起来，吩咐高宪申副官长将杨砥中送往海军医院救治。高宪申副官长知道杨树庄对杨砥中恨之入骨，送医只不过是为了遮人耳目罢了，就将杨砥中用担架抬放在汽车上，故意磨磨蹭蹭地慢慢开；送到医院的时候，又把杨砥中搁在走廊里吹风，等到医生来检查的时候，杨砥中已是奄奄一息了。院方以杨砥中所中的是达姆弹，必须动大手术，海军医院设备简陋，不能胜任，理应转院治疗。当时杜锡珪也在上海，但杨树庄派了一队兵将医院封锁起来，禁止行人往来，以免走漏消息，不让杜锡珪知道杨砥中受伤情况。对于医院的请求，杨树庄故意大发雷霆，对高宪申副官长厉声说道："什么，堂堂的海军医院竟然治不了小小的伤口？你问问他们，究竟是干什么吃的？告诉他们，就在他们医院治，治不好我拿他们是问！"

4月10日，杨砥中终因时间耽搁，流血过多，"伤重不治而亡"。

杨砥中死后，海军部呈报段祺瑞。4月11日北京政府临时执政段祺瑞明令：海军总长林建章呈称驻闽海军陆战队第一混成旅旅长杨砥中扰害乡间违法滥刑，查有确据。杨砥中着即被免职，并被褫夺官勋交由海军部依法讯办，以肃军纪。

1926年7月4日，中国国民党中央执行委员会通过《出师北伐宣言》。7月9日，国民革命军在广州举行北伐誓师典礼。蒋介石发表宣言、通电和告广东军民书等，以国民革命军总司令名义，宣告北伐战争正式开始。北伐军兵分三路，西路军为主力，担任正面作战，兵力约5万，进攻两湖，直指武汉；中路军保障西路侧翼安全，进攻江西孙传芳部；东路军向敌兵空虚的浙闽进军。第五军留守广州根据地。

7月10日，海军第二舰队司令许建廷辞职，第二舰队人事调整。7月13日，高宪申调任"永绩"炮舰中校舰长。

北伐正式开始后，国民革命军连克长沙、平江、岳阳等地，8月底取得两湖战场上的关键一战——汀泗桥、贺胜桥战役胜利。10月，北伐军进抵武汉，先后占领武昌、汉阳、汉口，全歼吴佩孚部主力。

12月10日，驻泊福州马尾等地的海军第一舰队在福建首先发难，在陈季良司令的率领下，宣布易帜归附国民革命军，北洋军阀统治福建以此告终。

1927年3月14日，海军总司令杨树庄正式宣布与革命军合作，通电率领第一、第二舰队和练习舰队所属44艘舰艇一律易帜，加入国民革命军。在吴淞口成立国民革命军海军总司令部，杨树庄正式就任国民革命军海军总司令，高宪申率领"永绩"舰随杨树庄易帜，归附北伐军，负责筹备海军给养，参加攻克南京、龙潭战役及西征武汉、岳州等战役。

1928年1月2日，高宪申调任"靖安"运输舰中校舰长。

1929年8月27日，高宪申调任"通济"练习舰中校代理舰长。

1930年1月26日，高宪申舰长因"通济"舰在镇江触礁，受到记大过处分。5月13日，高宪申升任"通济"练习舰舰长。5月14日叙为海军一等中校。

1931年2月17日，高宪申被授予海军上校。4月29日高宪申获得"六等宝鼎章"；11月23日获得"甲种一等奖章"。

1932年1月18日，"通济"练习舰舰长高宪申调升"海容"巡洋舰上校舰长。8月22日"海容"巡洋舰上校舰长高宪申调任"宁海"轻型巡洋舰。9月1日"宁海"轻型巡洋舰举行升旗典礼，编入第一舰队。9月22日高宪申调任"宁海"轻型巡洋舰上校舰长。

1934年7月10日，陈绍宽以提高军官素质，培训在职舰长为目的，在马尾创办中国第一所"海军大学"，海军部长陈绍宽兼任校长，海军马尾要港司令李世甲兼任教育长，聘请日本海军大佐寺岗谨平和海军法律顾问法学博士信夫淳平讲授军事和国际公法。

高宪申等认为，"日本侵华之心昭然若揭，请日人讲学，是与虎谋皮"。11月23日，"宁海"舰长高宪申等23位上中校舰长联名向国民政府主席林森上请愿书，告陈绍宽私聘日本海军教授，要请解除日籍教官。林元铨等还批评日造"宁海"巡洋舰"构造平常，物质又劣，全军骇异，舆论沸腾。"而国人仿"宁海"舰自造的"平海"舰，则"聘雇日人神保敏男及工匠数十人来江南造船所重新改造"。因此请求蒋中正"饬下海军部取消成约，解雇日人"。

林森将信转行政院院长汪精卫处理，汪精卫又转给陈绍宽处理。

此"指控"对陈绍宽自是打击甚大，陈绍宽把海军部务交陈季良代理，离开南京到上海。11月28日陈绍宽再以"才疏力弱，难胜重任"，呈请辞去本兼各职。

1935年2月15日，南京政府海军部代理部长陈季良着手处理23个反对陈绍宽的上中校舰长，将"中山"炮舰舰长罗致通调任"通济"号练习舰代理舰长，派"楚泰"舰舰长萨师俊代理"中山"炮舰舰长（成为该舰第十三任舰长）。

3月1日，海军代理部长陈季良处分反对陈绍宽部长的为首者，决定将"应瑞"舰长林元铨、"宁海"舰长高宪申调离。3月28日，高宪申调任海军引水传习所上校所长。

12月23日，海军引水传习所上校所长高宪申复任"宁海"舰长。

12月25日，高宪申获得"二等一级国花奖章"。

1936年1月17日，海军引水传习所所长高宪申复任"宁海"舰上校舰长。

1937年3月27日，海军"宁海"舰舰长高宪申调任"平海"舰舰长。

"七七事变"全面抗战爆发后，高宪申奉命率领"平海"舰保卫江阴封锁线。8月，日军大规模进攻江阴封锁线，他指挥舰上官兵英勇抗击侵袭日机，击落击伤日机多架。9月22日，在对空激战中，"平海"舰与友舰一起，击落敌机5架。高宪申腰部重伤，入院抢救，由副舰长叶可钰代理舰长。

1938年1月17日，高宪申伤愈出院，派海军总司令部任职。

4月3日，高宪申派任海军"厦门要港司令部"司令，晋升海军少将，率驻厦门海军官兵重创入侵日军。5月10日，凌晨3时在舰炮和飞机的掩护下，日军海军陆战队约700余人，从厦门泥金、五通一带强行登陆。国军四四六团二营当即迎战，营副和第五连连长阵亡，阵地被突破。随后，四四五团三营奋起抗敌，将登陆之敌一部分包围于江头一带。午后，日军组织力量不断向守军发起攻击，四四五团三营伤亡过半，被迫撤到云顶山、金鸡岩一带。5月11日日军一部分突入市区，守军退路被截，大部重返前线死战，一小部分进入市区的义勇壮丁、保安队与敌展开巷战。5月12日日军后续部队1500多人相继登陆，占领全市。当晚高宪申、蒋英等撤往大陆。5月13日厦门全岛陷落。

6月1日，高宪申调任福州马尾海军学校（校长李孟斌）上校教育长。协助校长等辗转将福州马尾海军学校迁至湖南湘潭（后又迁到贵州桐梓）。

1939年1月1日，海军学校校长高宪申获得"华胄荣誉奖章"。

2月27日，海军学校校长李孟斌改为海军总司令部候补员。高宪申升任（贵州桐梓）海军学校校长，被授予海军少将。在极其困难环境中，竭力办好海校，直到抗战胜利，为海军培养出一批重要人才。

1939年11月12日，因参加江阴保卫战之功，高宪申获得军委会授予的"华胄荣誉奖章"，并记功一次。

1945年5月1日，高宪申晋升海军少将。9月12日，海军总司令部由重庆迁

民国海魂

1941年马尾海校航海九届毕业合影，前排左三高宪申，右二周宪章

马尾海校航海十届毕业合影，前排左五高宪申

航海第十一届修业留影，前排左六为高宪申

回南京。10月，高宪申率领桐梓海军学校师生乘海军辰溪工厂便车，由贵州桐梓暂迁重庆山洞。12月10日，高宪申获"忠勤勋章"。

12月26日，蒋介石下令免去陈绍宽海军总司令职。海军总司令部由陈诚的军政部接管。

12月27日，蒋介石核发下达"海总部原驻桐梓海军学校着即改组为中央海军军官学校。并由军政部负责办理"的命令。12月28日，"中央海军军官学校"改由军政部管辖。刚从美国留学归来的中校黄锡麟继邓兆祥充任青岛海军训练团教育处少校主任。

1946年6月6日，新的海军总司令部与国防部同时成立，陆军将军陈诚任海军总司令，校长高宪申调任"海军总司令部情报署"署长。

6月16日，"中央海军军官学校"正式成立。蒋中正兼任校长，杨元忠任教育长。高宪申去职。

1946年5月5日，高宪申获颁"胜利勋章"。

1947年4月25日，高宪申调任海军总司令部（总司令桂永清）第二（情报及海政）署少将署长。

1946年马尾海军学校（桐梓）第14届航海班迁回南京时合影。前排左七为高宪申

1948年1月1日，高宪申获得"四等宝鼎勋章"。2月14日，高宪申调任"海军总司令部法规委员会"委员，晋升为海军中将。

1948年6月18日，高宪申因患脑溢血病逝于南京，终年62岁。

兄：高宪乾，供职海军部。

堂兄：高宪顺，参加了孙中山先生的护法之役，积功被孙中山先生擢为"江贞"号舰的舰长，1934年在海军部退休回扬州。

女儿：高文溶。

# 江家骝

## ——"替主为俘"

## （1904—1997）

江家骝，字若麟。福建省长乐县（今长乐市航城街道）洋屿村人，生于1904年8月25日。

1921年夏考入福州海军制造学校，1924年4月北京政府海军部派海军制造学生江家骝、陈赞汤、王廷谟、黄建鉴、魏应麟、王靖、高如峰、林夔、程法侃、林祥光、叶守贞、林寿深、林濼、韩希超、程豫贤、陈经、薛臻、傅润霖、吴芝钦、陈训滢、谢为森、郎鉴澄、杜功治、李慧济、朱勤、魏衍藩、梁纫芳、沈德镛、陈寿庄、林逢泰、柯圣举等31名，改赴烟台海军学校学习，列为十八届驾驶班。

北伐开始后，江家骝与烟台海校同学邓兆祥、林遵、叶裕和、曾国晟等人，冒着杀头的危险在敌人眼皮底下组织新海军社。

1927年5月，烟台海军学校停办，第十八届学生江家骝、张天浤、陈赞汤、林祥光、高如峰、林濼、林准（后改名林遵）、程法侃、孟汉鼎、廖德棪、王廷谟、魏应麟、张大澄、李世鲁、陈训滢、李慧济、翁政衡、陈寿庄、林克中、江涵、杜功治、程豫贤、陈家桎、沈德镛、郎鉴澄、谢为森、薛臻、吴芝钦、刘崇平等30人及全校教职员离烟台到上海，并入福建的马尾海军学校（通称寄闽班）。10月，江家骅等在福州参加毕业考试，毕业后派"通济"舰见习。

1928年9月，江家骅等仍作烟台海校第十八届航海班毕业，充任少尉候补员。

1931年，江家骅充任第二舰队"楚谦"炮舰中尉航海副。

1937年，"七七事变"全面抗战爆发，江家骅随"楚谦"炮舰参战江阴保卫战。10月海军洞庭湖炮队（总队长罗致通）成立，江家骅调任海军洞庭湖炮队炮官、小队长，11月改任洞庭湖炮队中尉副官。

1938年1月1日，因应抗战需要海军部改制为海军总司令部，江家骅充任海军第二舰队司令部附额中尉。2月12日，江家骅充任海军葛店炮台第二总台台员、第二分台台副，3月改任葛店炮台第二总台（台长程嵋贤）第二分台台长。

1939年10月24日，日军攻陷田家镇后，迫近葛店，寻求绕道进犯武汉。田家镇炮台第一、第二、第三炮台官兵奉令撤退，总台长方莹、总台副郑奕汉、第二分台台长江家骅，观察员黄顺棋及炮兵等计17人留守阵地。

方莹总台长派郑奕汉总台副前往指挥部请示机宜，不意刚到中途即被日军袭击，殉职。陈绍宽根据武汉撤退已经完成，葛店在战略上失去坚守的价值，就电令方莹撤退。在方莹指挥下，炮台官兵坚守到下午5点；方莹令炮队将炮闩拆除后，于当夜紧急撤离。江家骅等17人快步疾行，赶到江边，乘上一艘正巧经过的帆船，向上游驶去。不料船到汉口码头时，却发现码头上已有日军巡哨，才知道汉口已经陷落，想立即转舵开走，却已被敌军哨兵发现。敌人哨兵大声喝问，命令船只靠岸。方莹无奈，只好让船家把船靠岸。敌哨兵上船搜查后，勒令各人缴交手枪、脱下军服，同时喝问："谁是长官？"在这万分危急的时刻，江家骅挺身而出，说："我就是长官。"敌哨兵立即将江家骅带走。方莹见状，乘敌哨兵无力分身之机，立即指挥船家将船撑离岸边上驶，脱离了危险。江家骅的行为令方莹深为感动，"替主为俘"在军中传为美谈。

江家骅被敌人关在汉口新市场的乐园楼上。当时敌人把乐园作为俘虏集中营，楼下关一般的俘虏，楼上只关"长官"江家骅一人。江家骅寻找逃出牢笼的机会，在窗口瞭望，见下面为熟悉的汉安里，即从窗口爬下，沿僻处行走，时身上只穿内衣裤，幸尚存法币50元，路上逢一老妪，以5元让购一条青裤，另以5元向老翁让得一件短衫，向法租界天主堂所办的医院前进。那时该医院已改作难民收容所，早已住满难民，拥挤无一隙地。江家骃到时，院中办事人员辞以无法收留，经再三恳求，指点应向院长（英国人）联系，找到院长，说明身份请其支持，得到同情安排住在楼上优为招待，唯每日早晚要到教堂念经，并协助医院计算病人用的药品数量，终在院长帮助下，做一张往汉阳八宝口的通行证，改名为林和生，因而顺利地通过汉阳八宝口，沿途步行到达重庆，时已1940年1月初。参见海军总司令陈绍宽，向陈绍宽讲述脱险经过，陈绍宽命令江家骃立即到军需处领取工资和补偿损失费等，并派充"江鸥"炮舰上尉副舰长。

1947年5月23日，江家骃充任海军汉口巡防处总务课上尉代课长。1948年3月26日晋升为海军少校。随内战升级，国民党军在东北、华北等多个战场，节节溃败，国民党海军总司令桂永清重构长江沿线防务，调江防舰队"永绥"、"楚同"、"安东"、"太原"、"江犀"、"联光"、"吉安"、"英豪"8艘主力舰归海防第二舰队（司令林遵），余下10艘炮舰负责湖口以西长江中上游江防，叶裕和任江防舰队上校司令（旋升海军少将）。11月1日江家骃调任海防舰队司令部少校参谋。

1949年4月22日，人民解放军渡江作战。4月23日海防第二舰队司令林遵率领起义。

7月23日，国民党水面舰艇部队改制，海防舰队部改编重组为海防第一舰队司令部和海防第二舰队司令部；江防舰队部改为江防舰队司令部，下辖"民权"（旗舰）、"永绥"、"安东"、"太原"、"楚同"、"江犀"、"吉安"、"联光"、"郝穴"、"永安"、"常德"、"英山"、"英德"、"英豪"、"咸宁"、"威宁"等舰艇（1948年秋，为加强长江下游的防守，江防舰队的"永绥"等8舰拨归海防第二舰队指挥）。海军上校叶裕和仍任江防舰队司令，程法侃任上校参谋长，江家骃任江防舰队少校参谋。

10月1日，中央人民政府成立，中国人民解放军以秋风扫落叶之势，从川东、川南长驱直入，且迅速歼灭了宋希濂、罗广文等部，蒋介石在重庆设置的外围防线也随之崩溃。江家骃随江防舰队司令叶裕和将江防舰队驻泊长江中上游的8艘炮舰（除"威宁"炮舰外）皆溯江而上，退守重庆，旋又率队撤到四川万县，时国民党川鄂边区绥靖公署主任孙震向国民党当局"国防部"要求留"永安"、"郝穴"两舰于四川万县，归其指挥。

11月27日，"郝穴"、"永安"两舰奉命运送弹药等物资增援重庆守军，被解放军围困的重庆。11月29日，"郝穴"舰长李世英、"永安"舰长聂锡禹在巴东的忠县起义，扣押国民党陆军押运员（11月30日率领下驶赴巴东解放区）。同日，国民党重庆卫戍总司令部、海军总司令桂永清命叶裕和率江防舰队"民权"、"常德"、"英山"、"英德"、"永安"等舰开往上游江津待命，叶裕和以江防舰队缺乏燃料拒绝执行命令。中午，蒋介石在逃离重庆的当天，又召开军事紧急会议，重申死守重庆，令叶裕和"候令行动"。桂永清令叶裕和毁舰"以免资敌"。会后，叶裕和回到"民权"舰上，即令参谋长程法侃通知各舰戒严，所有官兵家属迅速回舰，断绝与岸上交通，准备起义。

当解放军渡江时，叶裕和按预先与解放军商量好的约定，下令各舰统一拉长笛表示欢迎，从而保证了重庆的顺利解放。11月30日，江防舰队正式宣布起义。叶裕和派人到重庆南岸与人民解放军二野先头部队联系，解放军派员上舰，表示欢迎与慰问，江防舰队在叶裕和率领下"民权"（舰长程法侃，海军中校）、"常德"（舰长陈珩源，海军少校）、"英山"（舰长陈迪，海军少校）、"英德"（舰长王大恭，海军少校）、"永安"（舰长钟子舟，海军少校）5艘炮舰在重庆江面起义。江家骕随江防舰队起义。

12月1日，"民权"、"常德"、"英山"、"英德"、"永安"5舰改悬"重庆人民海军军舰"旗帜，各舰汽笛齐鸣，向入城的解放军表示欢迎。起义官兵120余人登岸参加重庆举行的入城武装游行，共庆重庆解放。随即，400名起义人员花名册、物资、器材、无线电、密码本、武器、械弹及17箱银元（每箱2000枚），悉数移交给重庆军管会。

江家骕等起义官兵经数月学习与培训，于1950年4月23日，华东军区海军在南京草鞋峡江面举行仪式，庆祝华东军区海军成立一周年并为军舰命名、授旗。"民权"舰被命名为"长江"艇（因其吨位较小，当时曾称江防炮艇，后统称炮舰或护卫舰），编入华东海军第七舰队，驻泊上海吴淞码头。命名、授旗后各舰在叶裕和队长率领沿江而下，"永安"、"英德"先行下驶，叶裕和率"民权"、"常德"、"英山"3舰于5月6日起航而下，5月18日到南京，全部编入中国人民解放军华东海军。

新中国海军将"英德"改名"嫩江"、"英山"改名"怒江"、"常德"改名"闽江"、"永平"改名"乌江"、"民权"改名"长江"。

江家骃参加人民海军歼灭盘踞沿海各岛的国民党海军及陆军残部，后调任北京军委会海军司令部研究委员会委员。

"文革"期间受到冲击，1985年7月25日，中共中央统战部、总政治部下发《关于解决部分原国民党海军起义人员工资待遇等问题的请示报告》，解决待遇问题。江家骃享受离休待遇，在福州休养。

江家骃任马尾区政协常委。1991年9月，参加在福州举行的"甲午海战中之方伯谦问题研讨会"。

1997年，江家骃因病去世，终年93岁。

# 姜翔翱

## ——血染江阴鱼雷快艇长

## （1904—1937）

姜翔翱，浙江省江山县（今江山市）新塘边镇勤俭村人。生于清光绪三十年（1904年）。兄弟三人，姜翔翱排行老二。

1932年1月28日，上海爆发"一·二八"淞沪事变后，蒋介石认为建立一支嫡系海军的时机已成熟，遂跳过海军部，委派欧阳格中将到镇江北固山的甘露寺创立电雷学校，姜翔翱考入电雷学校第一届。

1934年12月30日，姜翔翱毕业于电雷学校第一届航海班（后统一改称海校

电雷一期毕业生在江阴校区

二十三年十二月班航）。

姜翔翱毕业后先登上"策电"号练习舰实习舰课。毕业学生被授予少尉军衔，分配到从四川军阀刘湘处接收来的"同心"、"同德"号浅水炮舰实习。9个月实习期满后，充少尉航海副。

1936年3月，电雷学校快艇大队成立，姜翔翱充任"史可法中队"的"史34"号鱼雷艇中尉艇长。

1937年，"七七事变"全面抗战爆发。8月14日，电雷学校被改编成战斗序列，海军中将欧阳格任江阴要塞司令，马步祥为江阴要塞鱼雷快艇总指挥。江阴要塞司令部决定以鱼雷艇攻击日本海军舰艇"出云"号旗舰。胡敬端督驾"史102"艇协同"史171"艇（艇长刘功隶）伪装成民船由江阴经内河潜赴上海。8月16日晚8点整，"史102"艇从上海新龙华出动，经过三道沉船阻塞线与避过各英法意舰艇的监视，冲向正停泊在日本邮轮码头的"出云"号旗舰。在距离三百公尺处以50°射角发射了两枚鱼雷，一枚击中防雷网炸毁了敷网的驳船，一枚则击中岸壁。鱼雷艇袭击"出云"号，日寇旋即实施了报复。

8月23日，日军飞机对江阴要塞鱼雷快艇进行轰炸，企图一举歼灭江阴要塞鱼雷快艇。

9月29日，姜翔翱督驾"史34"鱼雷艇在奉命搭载5名陆军官兵执行敌后破坏任务，在到达十一里铺后，驶往四墩子港警戒途中遭到了4架日本战斗机的追击，艇长姜翔翱上尉指挥快艇变换位置，并使用并联机枪还击，日机多次俯冲扫射，快艇甲板中弹多处，艇上海陆官兵多半负伤，姜翔翱上尉指挥快艇迅速向夏港方向用最大速度脱离，并在一处潜湾放下了5名陆军官兵，在夏港附近水面被日本飞机追上，日机扫射的机枪弹击中了油柜，储存的汽油燃起大火，姜翔翱上尉命令弃船，但所有的海军官兵依然坚守战斗岗位，用准确的射击告诉日本飞机，他们还在继续战斗着，一架日本战斗机在俯冲时被击中了机舱，坠入水中爆炸，而姜翔翱上尉和副艇长叶君略中尉，轮机长江平光中尉等6名官兵全部壮烈牺牲。

妻子：吴兰琚，1994年去世，享年87岁。

子：姜树发，1998年从衢州电力局退休。

# 李长霖

## ——布雷英烈

## （1910—1939）

李长霖，福建省闽县（今福州市）人。生于清宣统二年（1910年）。

1925年，李长霖年15岁考入马尾海军学校第三届航海班。体格魁梧好体育，在海军第一届运动会上夺得多项锦标。

1931年7月28日，李长霖、陈庆甲等15人堂课结束，奉派上"应瑞"舰（舰长林元铨）见习。

1932年1月28日，日军入侵上海，李长霖、陈庆甲随"应瑞"赴南通警戒。

6月15日，李长霖、陈庆甲等15名在"应瑞"舰学习鱼雷枪炮完毕，参加毕业考试。

8月24日，李长霖、陈庆甲等15人毕业于马尾海军军官学校第三届航海班（后统一称海校"二十一年八月班航"）。

8月27日，李长霖、陈庆甲等15名奉派赴南京草鞋峡海军水鱼雷营学习水雷、鱼雷。

1933年2月5日，李长霖、陈庆甲等15名奉派登"通济"舰（舰长陈永钦、副舰长郑大澄、大副梁序昭和林赓尧等）练习舰课。

5月2日，航海练习生龚栋礼、薛奎光、陈庆甲、刘永仁、郑天杰、高举、陈祖珂、陈兆棻、李长霖、薛宝璋、江澜、刘崇端、孟绪顺、韩兆霖、林溥等15人在"通济"练习舰航海课程结束，蒋彬奉派负责监考。

陈庆甲、郑天杰、李长霖（后排中）等第三届航海班在"通济"舰见习舰课合影

5月10日，李长霖、陈庆甲、郑天杰等15名从南京草鞋峡海军水鱼雷营结业，11月充任少尉见习生派"应瑞"舰候补。

1934年，李长霖调任"海容"少尉鱼雷副。

1935年7月3日，李长霖充任"通济"少尉航海副。

1936年1月17日，奉派莫士代教授第三队长训练班受训，李长霖调任"永绥"中尉航海副。

1937年初调任"应瑞"中尉航海副。

"七七事变"全面抗战爆发，"八一三"淞沪抗战爆发后，李长霖充任江阴下游乌山炮台炮术教官，并亲自指挥击沉日军驻华驱逐舰2艘。

12月12日，南京、芜湖先后沦陷，日军溯江而上，直逼武汉，马当、湖口成为咽喉要地，海军奉命固守。李长霖奉命调任长江江防司令部布雷大队部担任布雷工作，在马当、湖口布雷。

1938年9月8日，海军九江布雷队成立，郑天杰充任队长，李长霖充任布雷队员。

10月，海军洞庭区炮队成立，罗致通充任中校队长，李长霖充任"江元"上尉航海员派第二舰队遣用。

1939年7月17日夜，李长霖奉命加强布雷区封锁，李长霖率领布雷队越过封锁线深入敌后布雷，因水流湍急，小火轮触雷被炸毁，李长霖被炸落江而亡，终年29岁。

# 李世甲

## ——接受台澎日本海军投降

## （1894—1970）

    李世甲，原名世英，又名渚藩、德声，字凯涛。福建省长乐县（今长乐市）鹤上镇沙京路北村，后迁居福州市城内南门兜来魁里，1925年再迁鳌峰坊。李世甲生于清光绪二十年三月二十日（1894年4月25日），父亲李复礼，又名叫顺彬，继承其祖传的笔店，以制笔为业，为"生花堂"老板。李世甲兄弟二人，弟李世申。李世甲7岁入私塾，12岁入私立自治学堂。

    光绪三十三年（1907年），李世甲时年13岁考入烟台水师学堂，因同班同学有一名叫王世英，从此改名"世甲"。其年纪在同班中最小，但刻苦学习，深得水师学堂监督（校长）谢葆璋喜爱。

    宣统三年五月（1911年6月）与刘德浦、杨砥中等83人同期毕业于烟台水师学堂第六届驾驶班。因本届毕业生共83人，人才济济，海军界采曹操兵马83万之意称为"83万班"。毕业后奉派到"通济"练习舰见习。

    八月十九日（1911年10月10日）武昌起义爆发，革命军连克武汉三镇，成立了湖北军政府，引起了清王朝的极度震恐。

    八月二十一日（10月12日），清廷急令陆军大臣荫昌率北洋军两个镇兵力由京汉路南下武昌，又命海军提督、舰队统制官萨镇冰率领巡洋、长江两舰队溯江而上，与荫昌会师武汉，企图一举将革命军歼灭。九月二十一日（11月11日）萨镇冰目睹清政府摇摇欲坠，各省纷纷独立的局面，既不愿为清廷殉葬，也不愿公然易帜加入革命军。萨镇冰以"身体有病必须赴沪就医"为由离舰出走。临行前指定资格最深的"海筹"管带黄钟瑛为舰队队长。

九月二十三日（11月13日）巡洋舰队副官汤芗铭、"江贞"管带杜锡珪及"海琛"舰正电官张怿伯、驾驶副杨庆贞、三副高幼钦、见习士官阳明等策动下，"海琛"舰见习士官阳明即扯下龙旗掷于江中，首先悬起白旗。黄钟瑛率领"海筹"易帜，"海容"也换上白旗，表示归顺革命。"楚豫"、"江利"等舰驶往上海，"江贞"、"湖隼"、"湖鹗"则前往九江参加起义，与"海筹"、"海容"、"海琛"会合。同行各舰艇也纷纷响应，"南琛"等相继从长江下游来归。因"海容"舰管带喜昌、"海琛"舰管带荣续、"海容"舰帮带吉升是满族人，不宜继任原职，遂决定于当晚发给路费送走。吉升跳江自杀，荣续、喜昌二人离舰。杜锡珪、林永谟分别继任"海容"、"海琛"管带。

时李世甲随"通济"舰赴烟台载运"海琛"、"海筹"、"海容"等3舰所需军火驶往湖北。见习学生郑沄、林培坚、李世甲等"通济"练习舰驶至中途，

胁迫管带易帜起义。随后参加光复金陵等战役。

1912年1月1日，中华民国南京临时政府建立，李世甲充任候补副。10月31日，南洋水师学堂改为海军军官学校，改学制为招收现役军官授以高级课程。李和充任代理校长，沙训鼎为学监，孟慕超为总教官。

1913年1月，李世甲被选派入南京海军军官学校再学习海军高等学科及战略战术。

5月20日，李世甲被授予海军少尉。

1915年1月22日，海军军官学校举行毕业考试，郑耀恭、李世甲、郑沅、赵梯昆、郑贞楳、林郢、盛建勋、刘德浦8人获得"最优等"。2月，李世甲充任"海容"舰中尉鱼雷副。

4月13日海军部从各舰队、各机关选出，李世甲、陈宏泰、韩玉衡、郭锡汾、丁国忠、郑耀恭、梁训颖、程耀垣、卢文湘、韦增馥、姚介富等12人被派往美国学习潜艇，并制定了《海军留学飞机潜艇暂行规则》。

5月12日，李世甲等随魏瀚赴美国留学，临行前大总统袁世凯、副总统黎元洪分别接见了李世甲等人，并致词勉励。同时又命在英国留学的巴玉藻、曾贻经、王助、王孝丰等11名学生转赴美国学习潜艇。李世甲等到达美国在旧金山与巴玉藻、曾贻经、王助、王孝丰等11名学生入美国潜艇基地新伦敦电船制造厂，专攻飞艇、潜艇等技术，马德骥等5名海军留学生前往波士顿船厂学习潜艇制造技术。

李世甲等23人在美学习一年后，由于袁世凯策划称帝，引起国内政局动荡、爆发战争，因而经费断绝，无法继续学习，1916年10月，陆续回国。

1916年12月，回国后被分派到第一舰队司令部任差遣员。

1917年春，段祺瑞把持的北洋政府对德国、奥地利宣战、俘获德、奥在中国的舰艇及商船十余艘，并把商船等易名为"利捷"、"利绥"、"华甲"、"华乙"、"华丙"……李世甲奉命南下到上海，任第一舰队（司令林葆怿）司令部副官兼"华乙"号上尉舰长。

1918年4月5日，日、英、美干涉军在符拉迪沃斯托克登陆。日本以保护侨民为名于4月5日派"岩见"、"三笠"、"朝日"等军舰占领海参崴。

同日，北洋政府发表出兵西伯利亚宣言，决定出兵俄国西伯利亚，参加西方列强14国联合干涉军，屏护三江，并进一步设法收复东北失地。中国北洋政府决定派遣海陆军两路挺进西伯利亚。令海军部派遣军舰前往海参崴，以表示尽了协约国一分子的责任。海军部转上海海军总司令部指派"海容"舰准备出发，派"海容"舰长林建章上校为中国干涉军代将，率"海容"及陆军加强团北上海参崴，参加干涉军。

4月24日，海军总司令部为了加强"海容"舰战力，把"应瑞"舰大副（调为候补员的上尉）郑耀恭、史国贤二人调到"海容"舰，由"建安"、"建威"炮舰拨来水兵各10名，计20名调到"海容"。北京政府参战处派了几位陆军人员赴海参崴，同时海军总司令部增派海军少校孟琇椿、上尉李世甲和何传滋三人赴海参崴。设立了海军指挥处（简称代将处），林建章为代将（最高的指挥官）兼"海筹"舰长，节制屯防海参崴中国海陆军。喻毓西（号右湘，留法，陆军少将）为代将处参谋长，傅鑫（号品三，留日，海军上校）、吴竹铭（陆军中校）、贾增吟（陆军中校）为参谋；海军总司令部副官孟琇椿（海军少校）为副官长，海军总司令部副官史国贤（海军上尉）、何传滋（海军上尉）、郑耀恭（海军上尉兼英文秘书）、充代将处副官；梁能坚（号伯原，是安福系巨子梁鸿志的胞兄）为秘书长，傅仰贤为俄文秘书、海军部咨议游学楷（号步云，留法，北京派来海军咨议）为法文秘书，高心源（号竹溪）为军需官，林泽民等为科员。

4月28日，海军代将林建章率领的"海容"号巡洋舰开往海参崴。

5月7日派赴海参崴的"海容"舰抵达朝鲜济州岛、巨文港寄锚一宵。次晨续航，经过对马海峡。经过4天航行到达了海参崴。驻海参崴总领事和中华总商会派员莅舰欢迎。"海容"到后也抛锚港中心，林建章就与各国司令等拜谒往来，以示联络和合作。

7月26日，北京政府大总统冯国璋明令授予第一舰队司令处副官李世甲海军上尉。

8月3日，中国海军部队由林建章海军代将率领"海容"号巡洋舰及其附属部队到达海参崴。北京政府大总统冯国璋明令：着"海容"舰舰长林建章，以海军代将（相当准将）节制派赴海参崴陆海军队。海军部派上校周兆瑞、咨议游学楷、科员奚定谟前往襄办外交。

中国驻西伯利亚军的司令部设在海参崴。陆军宋焕章支队到达海参崴后分驻于海参崴、伯力、庙街等地，保护当地华侨，维护社会秩序。

海军代将处防卫方面，由"海容"舰派来士兵2名，任卫兵守卫。地址设立于中国街附近，租一座楼房设处办公。按月经费，由北京参战处拨给。凡联合军总部开会时，由参谋长前往参加。属于海军的，则由海军人员参加。如有重要首领会议时，则由林建章带着喻毓西亲自出马。会议情况立即报给北京参战处备查。

当各国干涉军向西进军时，各国干涉军要组织一个参谋团，派往前方担任情报工作。林建章指派其表弟海军上尉李世甲参与。但李世甲的官阶太浅，临时权授以海军少校的资格前往参加，嗣由"海容"选派一等兵唐德成、沈景安并特雇通译员一名，供其遣用。

李世甲奉代将林建章之命，以随办委员联络官的身份随军北上，后由各国干涉军总部集中各国的人员，乘专车前往前线进行工作。他们就驻在火车上办公，时常通报俄方情况。李世甲以少校参谋身份随各国干涉军之陆军西进。但经过很久的时间，对方与联合军没有发生过任何接触，所以比较沉寂，形势稍见稳定，参谋团才撤了回来。

1918年11月11日，协约国和同盟国宣布停火。

1919年6月28日在巴黎的凡尔赛宫签署《凡尔赛和约》，标志着第一次世界大战正式结束，李世甲奉命留海参崴处理善后事宜。

9月7日，北京政府大总统徐世昌明令授予李世甲海军少校。

1920年1月10日，《凡尔赛和约》正式生效，中国驻海参崴海军代将处裁撤。

2月10日，李世甲随代将处撤回中国，至上海，调任练习舰队教练官，以海军少校派往"通济"练习舰任教官（舰长陈绍宽），负责教练烟台海军学校第十三届驾驶班毕业生冯家祺、周应聪、曾国晟等54人，随舰演练于东南沿海。旋调往北京政府海军部任中校副官。

1922年4月27日，广东护法舰队发生非闽籍官兵"夺舰事件"，护法舰队11艘舰艇相继被非闽籍官兵所夺取，闽籍军官毛仲芳、郑祖贻、倪则烺、林寿民等舰长被捕，闽籍官兵1100余人被逮捕，均集中黄埔予以监视。在夺舰战斗中，闽籍人员亡20余人，伤30余人；夺舰人员亡3人，伤5人。

5月12日，护法海军总司令林永谟和被夺舰的闽籍官兵被驱逐出粤境至香港。

5月30日，广东参加护法海军的闽籍官兵1000多人因军舰被夺而被遣散、驱逐回闽。这些官兵抵闽后，除官员分别安排外，所有士兵则集中于马江，时马江海军警备司令为杨敬修，把他们编为海军闽口要港警备队。李世甲调任海军练习舰队中校参谋兼闽口要港警备队管带。

10月18日，粤军许崇智部入闽讨伐陈炯明。在海军的配合下，征闽护国军大获全胜，夺取李厚基占领的汕头、潮州地区，李厚基残部被迫龟缩闽省。徐树铮策动闽北镇守使王永泉联合粤军许崇智进攻福建督军李厚基，海军练习舰队司令杨敬修和海军马尾造船所所长陈兆锵利用此机会，率领海军占领福州，派驻马尾舰艇，陆战队截击李厚基南逃之部队，缴其械。并下令扣押逃到马尾的福建护军使李厚基及财政厅长费毓楷。这一事件震动北洋政府。海军总长李鼎新恐事态扩大，使粤系有机可乘，乃派司长林葆纶、副官李世甲等组织调查团，赴福建负责调处善后工作，同时协助援闽之海军第一舰队司令周兆瑞等筹建闽江江防要塞，建立海军闽江警备司令部于马尾，先以第一舰队司令周兆瑞任警备司令，因杜锡珪与周兆瑞有矛盾，杜锡珪委任练习舰队司令杨敬修为"闽江警备司令"。

李世甲任海军闽江警备司令部中校参谋兼警备队队长（警备队由1000多名因在广东被夺舰事件中被驱逐回闽的原护法舰队官兵组成）。

1923年1月19日，北京政府海军部下令复设闽江海军警备司令部。5月5日舰队司令杨敬修辞职，"应瑞"舰长杨树庄部署练习舰队司令兼闽江警备司令，统一指挥驻闽舰队和陆战队。并设立海军警备队、闽江查验处等。

7月11日，海军马江警备司令部海军练营成立，以因护法舰队夺舰而被驱逐回闽的士兵为基础骨干，同时并招收练兵，扩充队伍，以练习舰队参谋李世甲兼任练营营长。马江海军练营设有帆缆、枪炮班（统称为舱面），轮机班包括电机（统称为机舱）及通讯班三种。马江海军练营成为旧海军参加国民革命军后训练士兵的唯一机构。

12月17日，广东护法舰队司令温树德接受北京政府海军部刘永谦策动率"海圻"、"海琛"、"肇和"、"永翔"、"同安"、"豫章"、"楚豫"、"同安"自汕头起航开往青岛。

闽系练习舰队司令杨树庄派"应瑞"（舰长陈绍宽）和"海容"等舰巡至汕

头港口，发现"豫章"掉队，即旗令其归队，并以"舢板出军"执行命令，夺取"豫章"舰。随后把"豫章"炮舰拖离汕头列南澳。李世甲任"豫章"舰代理舰长，驾"豫章"进入马尾港。

1924年2月26日，海军练习舰队司令兼闽江警备司令杨树庄率领"应瑞"、"海容"等舰聚集于金门一带海域，压迫盘踞在厦门的皖系军阀臧致平、杨化昭部。3月29日，迫使臧致平交出厦门，海军兵不血刃，占领了厦门。

4月，孙传芳就任福建军务督理，王永泉任军务帮办。直系军阀企图武力统一中国，五省联军司令孙传芳率部北上，而地方军阀王永泉则想乘虚控制福建，孙传芳闻讯回师征伐王永泉，王永泉猝不及防，兵败逃离福建。练习舰队司令杨树庄为扩大海军在福建的势力，派李世甲率马尾警备司令部警备队一个中队和闽口要塞驻防兵两个连共400余人，由马尾乘"吉云"号赶赴乌龙江峡兜时，正值王永泉部半渡，李世甲当机下令攻击，"吉云"号首先开炮堵截，迫使王永泉部缴械，俘获其炮兵200余人及武器装备等，使海军在马尾武器装备为之加强。

7月22日北京政府临时执政段祺瑞明令委任李世甲为"楚同"舰长。8月，直皖两系军阀重新开战，江浙间"齐卢战争"进入高潮，依附于直系军阀的海军总司令杜锡珪，命令驻闽厦海军由杨树庄督率北上入吴淞口，支持直系军阀齐燮元向卢永祥部攻击。时任参谋处主任的李世甲随军北上，参加炮轰吴淞刘河卢永祥部。随着齐卢战争胜败的明朗化，依附于皖系的海军上海领袖处（领袖林建章）的海军独立舰队（沪队）司令周兆瑞见大势已去，不得不暗中联络杨树庄，准备率独立舰队"海筹"、"永绩"等舰上岸之机，控制二舰。杨树庄准备到"海筹"舰与周兆瑞谈判，李世甲和副官萨师俊随杨树庄到"海筹"谈判。随后李世甲奉命驾"永绩"舰，李孟斌奉命驾"海筹"舰到南通州。海军上海领袖处及独立舰队解体，闽系海军实现"统一"。同年10月，"楚同"舰长李孟斌升任"海筹"舰长，李世甲继任"楚同"舰长，担任东山到南澳防务。10月22日，北京政府大总统黎元洪明令授予李世甲为海军中校。

1926年5月1日，广东革命政府派遣国民革命军第四军叶挺独立团和第七军一部为北伐先遣队，从广东肇庆出发，挺进湖南，揭开了北伐战争的序幕。7月1日，广东革命政府在广州誓师北伐。7月9日，北伐战争在"打倒列强，除军阀"的口号声中正式开始。参加北伐战争的国民革命军共8个军，约10万人，蒋介石为总司令。在北伐军中，一大批共产党员担任各级党代表或政治处处长，或者担任基层指挥员、战斗员。同时，中国共产党的各级组织还组织和武装了大批农民自卫军、工人纠察队，用以策应和支援北伐军的行动。7月12日和14日，中共中央和国民党中央分别发表《中国共产党对于时局的主张》和《北伐出师宣言》，号召全国人民支持国民革命军的北伐。

9月17日，北伐军的东路军发表《讨闽宣言》，何应钦部迅速占领闽南等地。11月30日驻闽厦的第一舰队司令兼闽厦要港司令陈季良鉴于大革命形势，首先易帜归附国民革命军。

随即李世甲奉陈季良之命率"楚同"舰由东山岛严密搜索闽江口以南海港海湾，截击北洋军阀张毅部的海上运输队。当张毅部逃窜到南港瓜山一带，海军陆战队唐岱鋆率团与张毅部激战，唐岱鋆团长战死。李世甲奉命率"楚同"舰赴乌龙江协助作战。海军"楚同"等舰及陆战队与北伐军张贞部协同作战，围歼张毅部于瓜山一带。12月18日北伐军的东路军何应钦部占领福州，闽省宣告光复。

1927年1月，李世甲奉陈季良之命，率"楚同"舰北上。于2月到上海，向海军总司令杨树庄报告驻闽厦海军易帜起义经过及北伐形势。

3月12日，李世甲奉杨树庄之命率"楚同"溯江而上到安庆，负责联络各舰准备起义。到南京下关，李世甲向第二舰队司令陈绍宽报告闽厦海军易帜起义及杨树庄总司令的密令，鼓动陈绍宽早做起义准备，当时陈绍宽云："有战死将军，没有投降将军"，表示对起义有顾虑。李世甲遂又回到上海将陈绍宽的顾虑及第二舰队的意向向杨树庄报告。北伐军叶挺独立团取得"汀泗"、"贺胜"桥两大战役胜利，打败孙传芳主力后，北伐军顺利占领江南大部，杨树庄在上海海军司令部召开各舰长会议，在会上李世甲等人主张海军应立即起义归附北伐军，拥护北伐达到保存实力的目的。

3月14日，杨树庄正式公开发出通电，宣告归附国民革命军。国民政府海军总司令部在吴淞口成立，杨树庄为总司令。

4月1日，驻长江的陈绍宽第二舰队宣布全部易帜起义。

4月2日，北伐军总司令蒋介石到舰队以示慰问，并欢迎海军的革命行动。越两日，蒋介石准备亲自督战。蒋介石以李世甲"楚同"舰为座舰，率"楚谦"、"楚有"等舰协同江右、江左两路北伐军向南京进攻。北伐军占领南京后，江南大局已定，李世甲又驾"楚同"舰护送蒋介石到上海。

4月下旬，北洋军阀张作霖命其直属海军渤海舰队司令沈鸿烈率"海圻"、"镇海"二舰潜入吴淞口，偷袭归附革命军的海军"海筹"、"应瑞"二舰。杨树庄下令闽系海军追击，李世甲奉命归队出击。沈鸿烈偷击后舰分两路，"镇海"往北，"海圻"往南逃脱。于是，杨树庄下令海军各舰加强戒备。

随之宁、汉分裂，双方分道北伐。5月，汉方北进河南，与冯玉祥国民军会师；宁方渡江北上，前锋深入鲁南，北洋军阀正面威胁暂告消解。

5月，李世甲随海军集体宣誓加入国民党。李世甲率"楚同"协同"楚谦"舰巡弋于芜湖至镇江江面。

6月，"楚同"舰长李世甲任南京国民革命军总司令部（总司令蒋介石）联络参谋，负责海军与各方面的联系。罗政通继任"楚同"舰长。

7月20日，宁汉形势日益紧张，陈绍宽率领军舰增防安庆。7月25日，孙传芳北洋军队偷袭南京。7月26日，陈绍宽开始协助第一军和第七军等部队参加龙潭战役，连日激战。

8月12日，蒋介石突然宣布辞去国民革命军总司令职务，离职下野。8月15日，南京国民革命军总司令部（总司令蒋介石）联络参谋李世甲因蒋介石下野调复任"楚同"舰舰长，奉命"楚同"舰随陈绍宽参加截击孙传芳部渡江和"龙潭战役"，于8月27日，在陈绍宽的督率下，协同"楚有"等舰在大河口歼灭南渡之孙传芳残部两万余人，俘虏万余人，粉碎了孙传芳南渡重新占领江南的美梦。

由于"容共"的问题，引起国民党内部分裂。蒋介石以武汉政府受共产党控制为由，在南京另组国民政府，主张清党。武汉政府下令开除蒋介石的党籍并予以通缉，并计划派兵征伐南京，南京也下令通缉约200名共产党人，史称"宁汉分裂"。

10月15日，南京政府决定西征唐生智，李世甲率"楚同"随第二舰队司令陈绍宽所组织的"楚有"、"楚谦"、"永绩"、"永健"、"江贞"等舰艇的西征舰队，从南京下关出发，攻打湘军唐生智的第一次西征。李世甲奉命率"楚同"与"永绩"舰驻守芜湖等待援军。10月17日，李世甲奉命率"楚同"护送李宗仁到安庆后，10月19日归队，与"永绩"舰组成第二分队，协同"楚有"、"楚谦"（第一分队），"江贞"、"永健"（第三分队），三路向田家镇要塞进攻。田家镇要塞易守难攻，李世甲向陈绍宽建议说："我们再打几次仗，连本钱都要花光，应补充一些新舰艇和弹药。"（战后，陈绍宽采纳其建议，截留湖南新堤关税款50万银元用于建造新舰）在李宗仁部刘和鼎师协助下于22日攻下田家镇要塞。10月23日，西征舰队占大通，炮击西退之刘兴军，李世甲率"楚同"和"永绩"二舰充西征舰队继续西征前锋向汉口推进。10月25日，汉口唐生智逃亡，10月27日西征海陆军占安庆，将两千余人缴械，攻入湖北。11月6日攻下龙坪；11月7日海军占领武穴；11月11日不战而下蕲春，11月13日进占鄂城、黄冈；11月14日率先进入武汉，奠定了湖南的局面。随即留守两湖沿江一带巩固江防。西征舰队继续西进，1928年1月完成西征。

李世甲因"西征"有功，于1928年2月受嘉奖晋升为海军上校，并调任"通济"练习舰舰长。

1928年4月，海军国民党党员代表大会于上海召开，李世甲膺选为代表参加，并被选为海军特别党部执行委员。李世甲调任国民革命军总司令部参议。

10月21日，李世甲随第二舰队司令陈绍宽及造械总监郑滋樨到象山，勘察准备筹建大规模海军学校。12月1日，国民政府在国民政府行政院军政部之下设海军署。12月5日，陈绍宽任海军第二舰队司令兼任国民政府军政部海军署署长。

1929年1月5日，李世甲任海军署总务处处长。海军署归军政部管辖，它的建立又形成了海军军政、军令机关并存的局面，这实际上是为撤销海军总司令部做准备。

依照编制，海军署原计划编设总务处及军衡、军务、舰械、教育、海政5个司，但初建时仅设总务处（下设文书、管理二科）、军务司（下设军事一科）、海政司（下设警备一科）。在上海的海军总司令部机构依旧。

2月25日，李世甲被授予海军上校军衔。

4月12日，国民政府明令设立海军部。6月1日，海军部正式成立。杨树庄上将任第一任海军部长，陈绍宽中将任政务次长兼第二舰队司令，陈季良中将任常务次长兼第一舰队司令。6月3日李世甲晋升海军少将任海军部总务司长兼江南造船所监造官。

6月11日，海军部成立留学生考选委员会，李世甲兼会考选委员会委员。

12月24日，福州海军学校期考海军部派总务厅厅长李世甲前往监考，并随带编译处处长夏孙鹏、上校科长王孝著、中校科员许秉贤、编译处少校科员张泽善、"通济"舰教练官郑沅、司书魏子璋等助理。

1930年1月6日，海军部总务司长兼充"逸仙"舰监造官。2月4日南京国民政府明令任命李世甲为海军部总务司少将司长。

3月15日，李世甲任"宁海"舰监造官，率领舰装设计监造官：海军少校王致光，轮机设计监造官：海军轮机少校林惠平，锅炉设计监造官：海军轮机上尉周煊，轮机设计助理监造官：海军轮机上尉陈耀屏、傅宗逵，锅炉设计助理监造官：海军轮机中尉陈日铭，炮械设计监造官：海军少校陈兆俊，鱼雷设计监造官：海军上尉薛家声，舰体设计监造官：海军造舰中校叶在馥，舰体设计监造官：海军轮机中校萨本炘，舰体设计助理监造官：海军造舰上尉徐振祺，电机电讯设计监造官：海军轮机中校周功良，电机电讯设计监造官：海军轮机中尉高春茂，翻译员：赵立吾，及图算员、帆缆、枪炮、鱼雷、轮机、电讯、通讯等监造人员约50人，第三次到日本，执行"宁海"舰监造任务。"宁海"舰在日本整整经过20个月，李世甲则来来往往监督，完成了"宁海"的监造任务。

1931年，"九一八事变"后，日本海军云集上海，李世甲奉派常驻上海，负责外交事务。1月6日，李世甲奉海军部派遣兼充"民生"舰监造官。

1932年1月12日，杨树庄辞去部长职，陈绍宽升任第二任海军部长，陈季良升政务次长兼第一舰队司令，李世甲以总务司司长代理海军部常务次长。1月16日，总务司司长李世甲兼任海军江南造船所"江宁"、"海宁"炮艇监造官，黄以燕兼监造员。

1932年1月28日午夜，日海军陆战队分三路突袭上海闸北，攻占天通庵车站和上海火车北站。担负沪宁地区卫戍任务的第十九路军3个师共3万余人，第六十师、第六十一师分驻苏州、南京一带，第七十八师两个旅驻守上海，在总指挥蒋光鼐、军长蔡廷锴指挥下奋起抗战。

"一·二八"事变爆发后，第十九路军在上海各界民众的全力支持下奋起抗战。正在上海指挥的中国海军部政务次长陈季良和代理常务次长李世甲在研究时局后认为：国家养兵千日，用在一时，如果全面抗战，政府当有命令，海军一定遵从，任何牺牲，在所不惜；如果是局部冲突，那我们就要慎重考虑。上海的海军财产尤须加以保护，海军江南造船所、海军军械库、海军飞机制造厂、海军医院、海军测量局、海岸巡防处、引水传习所、海军电台等单位如果遭到破坏，恐怕若干年也恢复不起来。但不管怎样，我们都要做好准备，等待命令，不宜轻举妄动。

由于陈季良、李世甲等海军将领执行蒋介石的不抵抗政策，未能给第十九路军及上海抗日民众以有力支持，受到公众谴责。

2月初，当日军利用商船冲击上海高昌庙江防警戒线，守卫江南造船所哨兵开枪自卫击毙其船长，日军无理挑衅并要求海军"惩凶、赔偿、道歉"时，李世甲与陈季良等海军将领考虑"宁海"舰的定金已付，舰在建造中，如关系破裂，海军损失甚大，不敢理直气壮与日本人抗争，由李世甲出面与日本驻上海海军武官北岗大佐商谈，委曲求全，与日方达成妥协"赔偿二万元"的耻辱协定，被上海民众指责为"亲日派分子"。

10月10日，国民党海军部长陈绍宽派军械处长李世甲为监造官，向日本播磨造船所订造的一艘轻巡洋舰"宁海"号举行下水典礼，李世甲赴日参加典礼。10月19日"宁海"舰监造官李世甲等率该舰从日本驶返上海，编入第一舰队建制，由高宪申任舰长。

1932年8月25日，"宁海"回国，李世甲为点收委员会委员长。10月15日兼充任江南造船所"抚宁"、"绥宁"炮艇监造官，曾国晟、黄以燕等兼监造员。

1933年2月15日，海军军械所升格为海军军械处。处长为上校级，下设修造、检验、兵器3课，统管各地之修械所和弹药库。海军部总务司司长李世甲兼处长。

5月16日，国民党海军部长陈绍宽派军械处长李世甲为"肃宁"、"威宁"炮艇监造官，曾国晟、黄以燕兼"肃宁"、"威宁"炮艇监造员。

8月19日，海军部长陈绍宽派海军部代理常务次长李世甲回闽负责整顿海军陆战队。

8月25日至30日李世甲在马尾、三都、厦门等地分别校阅第一、第二两独立旅和厦门护台营。着手从陆战队的基层开始整编：每连原有官兵140人（实际上缺额甚多），整编为112人，规定陆战队的士兵也和海军舰队士兵一样，必有执照，填具真实姓名、年龄、籍贯、住址，贴有本人半身照片，印有箕斗，每月定期点名，验照发饷，以杜绝冒名顶替、吃空吞饷的弊端。同时规定陆战队各主管官不得自由募兵，并把厦门要塞两个护台营撤销，另在长门成立海军陆战队补充营，以何志兴，马鸿炳先后分任营长，直属马尾要港司令指挥节制。各旅每年所需补充士兵名额，一律由补充营统一招募，统一训练，定期补充。凡陆战队士兵离职3天以上，即需上报，旅长准假权限，仅为3天，逾此即须报部批准，否则以违法乱纪论处。通过整编核实，每个独立旅的经费、包括临时费仅为55000元。与此同时，海军部为整肃陆战队的军风纪，通令各旅凡地方政事，绝对不许过问或干预。

1934年1月10日，南京国民政府明令任命海军少将李世甲为海军马尾要港司令。

1月15日，蔡廷锴率最后一批队伍退出福州，李济深、陈铭枢"中华共和国人民革命政府"瓦解。夜，海军陆战队先头部队尹家勋部冲进福州城内，再次贴上"安民布告"。但人民革命军一部仍留在城内。经萨镇冰从中斡旋，到1月16日中午才全部撤出。陆战队3000人随后入城。在连江、罗源的革命军闻知福州失守后，也分别撤走，两地均被陆战队占领。

1月24日，李世甲任福建省政府委员。

2月3日，李世甲调任南京政府海军部马尾要港司令兼海军陆战第一独立旅旅长、陆战队讲武堂监督，海军部常务次长职务由海军中将陈训泳继任。

2月12日，李世甲出任海军马尾要港司令后，即着手整顿海军各机关及陆战队。

3月13日，马尾要港司令李世甲率"楚同"、"楚泰"、"抚宁"、"绥宁"等舰及海军陆战队第一旅第二团第三营，视察了罗源、连江等地，下令在黄岐等地增筑碉堡加强工事，同时率"楚同"等舰及陆战队征剿占据闽江口外各岛屿的海盗以净闽口。

4月，李世甲赴厦门要港视察。

5月15日，驻守湖口的陆军第5师奉令开拔，军事委员会委员长蒋介石电令由驻湖口的（闽系）海军陆战队第一旅第二团接防。不久南浔护路的陆军也调走，南浔护路也归陆战队防守。

7月10日，海军部部长陈绍宽为培养海军人才，提高现役舰艇长的战略战术水平，决定在马尾创办海军大学，海军部长陈绍宽自兼校长，马尾要港司令李世甲兼教育长，派中校技正陈秉瑄等人到马尾筹建校舍。李世甲通过日本驻南京武官冈野大佐向日本接洽聘用日本教官来校讲学，引起林元铨，高宪申等23位舰长的强烈反对。23位舰长联名控告，反对聘用日本人，陈绍宽部长遂倦勤，致"海军大学"未能出台而流产。

9月17日，甲午海战纪念日，李世甲在马尾昭忠祠召开纪念会议，策励海军官兵向先烈学习，忠诚爱国，杀敌报国。

10月10日，海军第一届运动会在马尾开幕，李世甲任海军运动会主任，并在开幕式上代表陈绍宽部长致辞，鼓励海军官兵锻炼身体，创造优良成绩。

12月4日，南京政府海军部明令：海军陆战队"第一独立旅"与"第二独立旅"互易番号。以马尾要港司令李世甲兼第二旅旅长；原任第二旅旅长林秉周充任第一旅旅长，即率第一旅赴江西驻防，接防南浔路。

1935年，李世甲奉命派军舰护送省政府要员林知渊等一行12人到基隆参加"产业展览会"。

9月6日，南京国民政府明令授予李世甲海军少将。

为了提高陆战队军官素质，除遴选优秀资深人员保送往陆军大学受训外，李世甲呈报海军部转奉军事委员会核准，恢复已停办十年之海军陆战队讲武堂。

1936年2月18日，海军陆战队军官讲武堂开学，李世甲自兼监督（主任），派陆军大学出身之萨君豫上校为教育长，王渭临任教务主任。陆战队讲武堂分别成立学生队及军官队，前者以培养基层军官为主，兼修海军与陆军课程，学制四年，毕业后充实基层并择优保送去陆军各兵种专科学校。

7月15日，李世甲等"努力国民革命勋绩显著"，经海军部呈请授予勋章。

11月12日，国父孙中山诞辰纪念叙勋。南京国民政府明令授予李世甲"四等云麾勋章"及"国民革命军誓师10周年纪念勋章"。

1937年，"七七事变"爆发后，李世甲奉命主持闽海海军抗战备战工作。8月中旬起，李世甲亲自指挥构筑闽江阻塞线，征用"三北"等航业公司的"靖安"、"闽江"、"建安"、"同利"、"济发"等商轮及福建舰务稽核所的缉私船等数十艘装沙石在长门外熨斗岛和台江岛之间主航道上，横列一线下沉，并据闽江4个入海口（长门、乌猪、梅花、白头屿）的特点，分别设计阻塞方案。在长门港道以沉船构筑阻塞线，根据港道深度分别填筑石塪，成"品"字形阻塞墙。金门沦陷后，闽口战云密布，李世甲一面命令加紧构筑，一面令驻闽海各舰艇加强警戒以防日寇侵袭破坏阻塞线。

12月，马尾海军在闽江口熨斗岛和壶江岛间构筑阻塞线，以防日本军舰入侵福州，马尾要港司令李世甲下令撤除闽江口芭蕉尾至马尾间航行标志。

闽江阻塞线构筑基本完成，为防敌人破坏，李世甲命令驻闽江的"抚宁"炮舰（舰长蒋元福）、"正宁"炮舰（舰长郑震谦）、"肃宁"炮舰（舰长郑畴芳）3舰负责闽江口外巡防任务，并命令马尾造船所所长韩玉卫加紧制造水雷400枚，另令海军布雷队（中校队长陈秉清）加紧在各阻塞线外沿布雷。同时在陆上也命令海军陆战队在长门等地沿江构筑工事、掘战壕防空洞等，并调海军陆战队第二独立旅第四团（团长陈名扬）布防于长门要塞右侧之下岐、东岸琅岐岛一带以拱卫长门要塞侧翼，并奉命把马尾海军各机关及物资向闽北疏散。

1938年3月24日，日军出动近40架飞机首次轰炸福州，马尾造船所的造船、铸造两分厂被炸成平地。5月10日凌晨3时，在舰炮和飞机的掩护下，日军海军陆战队约700余人，从泥金、五通一带强行登陆。厦门失陷后，日寇加紧对闽江口进攻，不断派飞机轰炸马尾，长门和海军舰艇。"抚宁"、"正宁"、"肃宁"等舰先后被炸沉，李世甲下令把舰艇上炮械悉数拆下，并把舰上官兵集中于红山构筑临时炮台，成立红山炮队，加强闽江的陆上防御力量。

1939年6月，日寇占领闽江口外的川石岛向长门炮台不时发炮攻击，李世甲一面严加戒备，一面疏散非战斗人员，使日寇难于侵入。8月，李世甲抗战有功记功一次；10月，李世甲出任"二十九年度海军总校阅"第二组少将主任；12月2日获"二十八年度"嘉奖。

1940年2月，因"努力抗战，卓著效绩"再次受到嘉奖。

1941年4月18日，敌舰20余艘、汽舰十余艘，分泊闽江口、连江各地，闽江口局势，突告紧张。4月19日，敌人地面部队向熨斗、琅岐两岛登陆，海军陆战队乃奋起抵抗，战斗至为激烈。同时电光山、烟台山、金牌各炮台亦以猛烈炮火压制川石之敌，相持3小时。守军一连壮烈牺牲。不久，敌分兵两路，一路由连江镇海筱埕登陆；一路由长乐漳港登陆，并以飞机8架掩护进攻，向我炮台两侧迂回。李世甲率陆战队死守下岐一带，保护长门炮台。连江既失，我不得不放弃长门，向亭头、闽安镇转移。

4月20日，福州第一次陷落。李世甲下令炸毁不能迁移的设备及被敌机炸伤搁泊于福州南港的"楚泰"军舰，率领马尾海军各部门突围，向古田转移。

5月1日，第三战区二十五集团军司令长官陈仪委任李世甲为闽江江防司令兼海军陆战队第二独立旅旅长，以谷口至闽清口为防区，由海军陆战队担任防卫，所有水警大队和水警巡舰队均由其指挥，并调布雷队入闽。李世甲负责指挥海军陆战队、布雷队、特务连及水警大队、水警巡防舰队。

5月14日，（重庆）国民政府海军总司令部下令裁撤马尾要港司令部暨所属特务排、海军闽口要塞总台及各台、马尾修械所、药弹库、兵器库、电台、监狱、煤栈等机构。

6月1日，国民党海军总司令陈绍宽委任李世甲为海军闽江江防少将司令兼海军陆战队第二独立旅旅长，李世甲设闽江江防司令部于谷口。

7月25日，（重庆）国民政府军事委员会明令：海军闽江江防司令李世甲在马尾要港司令任内抗战著绩，授予李世甲"干城甲一等奖章"。

8月28日，日军因太平洋战争爆发前大举南进，占领福州等地之日军准备后撤。李世甲奉陈绍宽总司令之命率部向福州反攻。9月2日，督率陆战队第四团及陆军八十师到达福州郊外。9月3日上午率海军特务排首先进入福州城，但日军仍占据马尾、长门一带。李世甲命令海军陆战队第四团乘轮船由闽江而下直抵台江。9月4日当晚，李世甲督率陆战队反攻，傍晚海军陆战队到达马尾，马尾光复。

9月5日，闽江江防司令李世甲奉命督率陆战队第四团及陆军八十师收复马尾，海军闽江江防司令部移设马尾。李世甲随后也赶到马尾，移闽江江防司令部于马尾，旋即命令海军各机关迁回马尾。

9月6日，闽江江防司令督率陆战队第四团及陆军八十师攻克长门。时川石岛仍驻有敌军清水部，嘉登岛则为伪军林义和部所盘踞，拥有山炮及轻重机枪数十挺暨武装汽船多艘。壶江亦聚集伪军300余人负隅顽抗。闽安镇、琯头、亭头各地又有杂牌军王守霖部聚众骚扰。我陆战队第四团分派队伍限期肃清。王守霖部收复了连江县的琯头镇。

李世甲率海军收复马长地区后，立即下令修复被敌人破坏的工事及阻塞线，重新构筑阻塞线，并命令海军陆战队第四团（团长戴锡余）率第一营向闽江口外

"国民救国军"林义和伪军进攻，收复嘉登岛。

1944年9月28日，日寇第二次向福州等地进攻。9月29日日军从镇海筱埕登陆，李世甲命令海军陆战队和驻防在连江的海军前往迎击。日军占领连江后，李世甲所率海军及陆战队沿途狙击，在长门至岭头之间奋勇抵抗。终因大北岭陆军阵地被敌攻占，10月1日，福州各军政机关纷纷后撤。10月3日，驻福州的国民党陆军八十师（师长李良荣）全线撤退并电告李世甲后撤。10月4日，福州第二次沦陷。下午，李世甲率部由洪山桥乘轮撤到闽侯县大目埕。李世甲后撤时，组织海军游击队，坚持在鼓岭等地敌后抗战，并在桐口、白沙一带，继续与日寇抵抗，大小战斗无数次，互有伤亡。

1945年4月，第二舰队司令曾以鼎升任总参谋长，李世甲被委任为第二舰队少将司令，由刘德浦继任闽江江防司令。因交通被敌封锁未能成行。5月初，占领福州的日军准备撤退，海军总司令陈绍宽电令李世甲率海军陆战队克日收复马长地区。5月17日，李世甲与新任江防司令刘德浦召集海军及陆战队进行战斗部署，下令海军陆战队集结闽侯甘蔗镇待命。5月18日协同李良荣之八十师兵分三路向福州反攻。李世甲负责指挥陆战队从西路进攻，八十师由东和北两路，收复福州。李世甲立即率海军陆战队向马长地区挺进。5月19日收复马长地区。

8月15日，日本宣告无条件投降，盟军最高统帅部随即发布命令，规定在中华民国（东三省除外）台湾与越南北纬16°以北地区内之日本全部陆海空军与辅助部队应向中国战区统帅蒋介石投降。

海军总司令陈绍宽电令第二舰队司令李世甲少将兼任接收厦门日本海军专员，指令李世甲"克日前往办理具报"，并派刘德浦接任厦门要港司令。李世甲奉命率海军陆战队第四团第一营（营长林苞）于8月20日由福州出发向闽南挺进，8月26日到达集美，准备由集美渡海入厦门受降。因在接收厦门权限上与福建省主席刘建绪所派的省保安处处长严泽元发生争执，被福建省率省保安团所阻。李世甲率部转到龙溪。双方相持不下，拖延了一个多月。李世甲电告陈绍宽总司令，获回电"仰照前令办理"。

9月9日，何应钦、顾祝同、陈绍宽等在南京接受侵华日军统帅冈村宁次投降。9月10日，国民政府组建全国统一接收委员会，将中国战区（包括台澎地区）划分为16个受降区，以何应钦为主任委员，调派陆海空军代表为分别接收中国战区日本陆海空军的委员，其中海军总司令部参谋长曾以鼎中将负责接收日伪海军。

陆军总司令部为此向冈村宁次下达军字第二号命令：一、日本驻华舰队及越南北纬16°以北地区（香港除外）暨台湾澎湖列岛，日本舰队之舰船、兵器、器材、一切基地设备，及基地守备队、陆战队暨一切其他附属设备等，兹派中国海军总司令部参谋长海军中将曾以鼎负责统一接收；二、各海岸及岛屿之基地，仍由中国各受降主官派兵接替守备。上述命令，并责成冈村转饬日本中国方面舰队司令长官福田良三遵照执行。按照既定的受降接收原则，中国海军负责接收的地区共有淞沪、京芜及澄镇（即南京、芜湖、江阴、镇江）、华北、台湾澎湖、厦门、定海舟山群岛、汉口九江一带、广东越北8处。在实际接收时，又增加青岛一处，特派海军专员前往接收。

9月17日，李世甲、刘德浦负相同命令协力策划接收厦门日伪海军工作，以"接收厦门日本海军前进指挥所"名义，向日本海军司令原田清一发出命令。同时通知福建省主席刘建绪，刘德浦衔命来厦及海军陆战队入厦的决定。

9月24日，海军人员进入厦门。9月28日，在鼓浪屿举行受降仪式，中方代表有李世甲、刘德浦及郑沅等人，李择一担任翻译，日方有日本海军中将原田清一及其参谋长等五人。李世甲、刘德浦在鼓浪屿海滨饭店接受日本海军投降的仪式，共接收了2779名日本海军官兵（以厦门大学为战俘营）以及武器、舰艇等。接受日军投降仪式后，李世甲下令把接收的武器装备由海军布雷队押运回马尾要港司令部点收。

10月5日，台湾省行政长官公署前进指挥所于台北成立，中央委任陈仪为行政长官公署长官，负责统一领导接收台湾工作。

10月7日，海军总司令陈绍宽委任李世甲为接收日本海军专员"催其克日前往"。由于抗战期间海军人才流散，人手缺乏。李世甲以第二舰队司令部名义，在福州的《中央日报》上发出通告：号召凡抗战期间所有因编制精简而退职人员，因病因事离职的海军官兵，均限期报到；即少数逃亡者，亦不咎既往，酌量安排使用。数日内他共审查录用了200多人。李世甲把这些人作为接收日本海军机构的主要成员。

10月8日，李世甲晋升为海军中将。陈仪电告李世甲务必于10月20日前赶到台湾，协商接收事宜。李世甲遂乘"海平"炮艇返回福州，组织人员前往台湾办理接收事宜。

10月16日，李世甲令海军陆战队第二旅第四团团长戴锡余率领第二、第三营两营；以林斯昌为队长率领一个海军布雷中队，连同收容的原海军官兵，共计约1500人，乘大帆船二十余艘向台湾进发。

当时李世甲只掌握一艘约200吨的小炮艇"海平"号，原为香港海关的缉私艇，后被日军劫去作运输艇，此时艇员仍是日本人，而由中国海军上尉叶水源代行艇长职务。因该艇载员有限，李世甲决定由其率参谋、秘书、副官及特务排乘"海平"艇赴台，其他海军人员及台湾警备总司令部特务团分乘雇用的20艘大帆船横渡台湾海峡。

10月18日，李世甲率领参谋长彭瀛、参谋处处长陈秉清、参谋叶心传及特务排乘"海平"舰由马江出发，10月19日晚抵基隆，李世甲等翌日晨进入台北。

图为10月24日国民政府接收的军政人员搭美国军机抵达台北松山机场，前往会场接受投降的画面，中间穿陆军军服的是陈仪（走在队伍最前排），旁边穿海军少将制服的是海军第二舰队司令李世甲，陈仪左右紧跟着台湾警备副总司令陈孔达、司令部参谋长柯远芬、行政长官公署秘书长葛敬恩、七十军军长陈颐鼎、空军第一路军司令张廷孟。

李世甲等到达台北后，设海军第二舰队司令部于台北教育公会会堂，并给日本海军驻台湾司令长官福岛中将下令，着其"克日造具台湾日本海军投降官兵名录及舰艇、炮械、财产、档案、图表、机密文件等清册各三份听候点收，禁止其对外通讯，并限期扫清在战争期间在台湾海峡各港口所布的水雷"。

随即李世甲命日本海军指挥官造具投降官兵、舰艇、炮械、财产、物资、档案、图表、机密文件等清册，禁止对外通讯，限期清除台湾附近水域、各港口所布水雷。

台湾省行政长官兼台湾省警备总司令陈仪于10月24日飞抵台北。次日，即10月25日上午10时，中国战区台湾省受降典礼在台北中山堂（原台北公会堂）举行。参加典礼的中方人员有陈仪、葛敬恩、柯远芬、陈孔达、李世甲、张廷孟（空军司令）等受降官员和台湾人民代表，盟军代表19人列席，日方投降代表为台湾总督兼第十方面军司令官安藤利吉、台湾军参谋长谏山春树、高雄海军警备府参谋长中泽佑等5人。

完成签字仪式后，陈仪即席广播，正式宣布：此次受降典礼，经于中华民国三十四年（1945年）十月二十五日上午10时在台北中山堂举行，均已顺利完成。从今天起，台湾及澎湖列岛已正式重入中国版图，所有一切土地、人民、政事皆已置于中华民国国民政府主权之下。这种具有历史意义的事实，本人特报给中国全体同胞及全世界周知。

受降仪式后，台湾省警备总司令部为统一台湾地区军事接收步骤，特于11月1日组建了台湾地区军事接收委员会，下设7个接收组，即陆军3组、军政1组、海军1组、空军2组。李世甲既是军事接收委员会委员，也是海军接收组组长。

海军组接收范围包括日本海军高雄警备府司令部所属在台各地海军部队之武装舰艇、军港、营建厂库、物资、军警公用船舶、文卷图书等，但日本海军航空队归空军组接收，而澎湖日本陆军泼剌部队之武装人员及器材等则划归海军组一并接收。

为使接收工作顺利进行，须首先解除台澎地区日军之武装，收缴日海军警备队之轻重武器及海岸要塞炮台、高射炮等为主要目标，分别在基隆、高雄、马公3个地区实施，其他地区限期由日方自行解除武装，以待中国海军前往收缴。根据规定，解除各地区日海军武装后，应即收缴其武器弹药，并派队押送，搬存各

受降典礼后中国将领在彩牌下摄影纪念，左三为李世甲，左五为陈仪

地区仓库集中保管；唯对各海岸要塞，则先收缴各炮台之炮闩、瞄准器等，交由海军接收组保管。在解除日海军武装的同时，中国海军在台澎地区的接收工作也正式开始。

海军组又分台北地区、高雄地区、澎湖地区3个地区办理接收：

台北地区，由海军第二舰队上校参谋长彭瀛负责，下设武器舰艇、物资、通信器材3个小组，负责接收台北地区日本海军投降事宜。

在台北地区，海军接收工作分两路进行。一路由海军中校陈拔率领，11月1日，开始接收台北高雄警备府、高雄海军经理部台北支部、高雄海军军需部台北支部，12月4日至11日点收完毕；另一路由海军少校郑能培率领，11月2日，开始接收台北在勤海军武官府、台北海军人事部，12月4日点收完毕。

11月3日，开始接收高雄警备府军法会议、海军设营队、淡水震洋队及高雄海军病院草山分院，12月5日至6日点收完毕。

为了接收基隆，李世甲与台湾行政长官陈仪协商，另设海军基隆港办事处，以海军上校参谋严寿华为处长，负责接收驻基隆港之日本海军。解除日海军武装的任务主要由海军陆战队第四团担任，具体行动部署为：11月1日至4日，解除日海军基隆警备队、派遣队及基隆区海岸要塞各炮台武装，事毕后留驻步兵一连、机枪一排于该地，归海军基隆办事处主任严寿华指挥。

11月4日，开始接收基隆在勤海军武官府、高雄海军军需部基隆支部、基隆海军运输部，12月5日至8日点收完毕。

日本海军驻台北地区各单位，多属机关性质，可供接收的重要武器装备不多。惟淡水震洋队属于作战部队，本为日海军第102、第105两个震洋队合并，计有残余震洋艇50艘，仅存船壳，并无机器，且均损坏不堪使用；登陆舰3艘，仅有坏机器2副，亦需修理后方可使用。另由"基隆办事处"主任严寿华负责接收基隆港，除接收其附属设施如船坞、要塞、十八仓库、水产馆（被日军征作武器库）及淡水、桃园、宜兰、苏澳等处仓库外，还接收了4艘排水量不及百吨的小炮艇和3艘小汽艇。

高雄地区，由海军中校参谋陈秉清负责，下设武器、机械、军需、舰艇、车辆5个小组。命令海军陆战队第四团直属部队长和第二营（营长陈昌同）及海军布雷队等向左营军港进发，令该军港司令黑濑贺少将交出全部武器装备等，并把所有日本海军人员送入战俘营。11月6日至9日，解除日海军高雄海岸警备队及高雄区海岸各炮台武装，尔后即以第四团主力驻扎左营要港附近。

在高雄地区，海军接收工作于11月6日开始。当天先由接收负责人陈秉清等接收高雄日本海军司令部，并由李世甲率海军官兵及陆战队在此举行接收升旗典礼，礼毕又接收日海军通信队高雄港务部及部分舰艇。此后在陈秉清的直接带领下，11月7日接收高雄日海军警备队、海兵团及其鱼雷艇6艘、敷设艇1艘、驱潜特务艇2艘、潜水艇2艘、震洋艇208艘（内有机器者160艘），11月8日接收高雄日海军军需部、经理部及军法会议处，11月9日接收高雄商港内日军设施及船舶救难修理部、基隆运输部高雄出张所、高雄工作部等处，11月10日接收高雄新庄通讯队、海军病院及左营冈山地区炮台，11月11日接收高雄日海军施设部、凤山海军通信队，12日接收日海军第六燃料厂、深水施设部、高雄日海军病院及左营分院。其中日海军第六燃料厂，接收当天即奉令转交台湾省行政长官公署工矿处接管。海军在高雄的接收范围还包括台中和台南，其中台中东势郡石冈村日军官兵家属住宅由海军上尉吴懋州等于11月13日接收，台南日海军防卫所由海军上尉陈镜良等于23日前往接收，南投、高雄海军派遣队由陈秉清等于26日前往接收。至27日，海军在高雄及其附属地区接收完毕，经将重要武器收缴存库保管，其他物资器材因搬运需时，又缺乏人手，暂令日俘照常负责保管；另规定东西海兵团和新庄通信队旧址为日海军集中战俘营。点收工作自11月11日开始，至次年1月30日全部结束。

澎湖地区，由李世甲亲自负责，下设武器、器材、物资3个小组。11月11日至15日，第四团派出一营（步兵二连、机枪一排）前往马公解除澎湖地区日军武装。海军特务队除协助收缴日军武器，主要担负解除各港日海军舰艇武装的任务。

在澎湖地区，海军的接收对象分为日本海军和陆军两部分。李世甲亲自率部渡海到澎湖列岛接收马公港的日本海军。11月8日，先派海军陆战队第四团第二营营长陈昌同率步兵、机枪各一连及海军二等造舰正陈长钧率工匠15名，分乘日海军第74号、第190号两特务艇和"高知丸"号渡海进驻澎湖马公。李世甲则随后于11月14日率随员乘"海平"号炮艇前往马公，当晚接受日海军马公特别根据地队司令官相马信四郎少将来降，遂令其立即呈交驻澎湖列岛日海军官兵名册及舰船、武器、弹药、装具、厂坞、营舍、仓库、车辆、粮秣、文卷、书类、图表等军用物资之详细目录。11月15日上午8时，李世甲率中国海军官兵在马公办事处大门前举行接收升旗典礼，接收日海军马公特别根据地司令部、工作部、军需部、施设部、大案山火药库、电探台、菜园送信所、贮水池、凸角防卫所等处，16日接收渔翁岛、虎牛屿、测天岛、马公等海岸防海防空各炮台。自11月17日起，李世甲分派各员开始点收，至19日点收完毕。所有日海军官兵、工匠共1400人，除酌留部分技术人员，其余均分别集中于各地战俘营。另有归马公特别根据地司令部管辖的驻台南北门之日军防卫所，经电令高雄地区海军接收组，于11月22日派员前往接收。

接收驻澎湖列岛之日陆军泼剌部队（附有宪兵队）于11月20日开始，由陈昌同等军官带队执行，11月21日接收完毕。日泼剌部队主官为鹈饲源吉大佐，连同宪兵队在内共有官兵1694人，于11月22日天黑前分别集中于4个战俘营。陈昌同酌留其中宪兵90名，命由日宪兵队队长志苦昂大尉率带，分驻各战俘营负责维持其内部纪律。

12月1日，李世甲在马公岛设立海军马公办事处，委任中校参谋叶心传为处长，负责接收澎湖列岛之日本海军。

12月26日，蒋介石即以军事委员会名义发布命令：陈绍宽辞职照准，海军总司令部于12月31日撤销，一切业务交军政部海军处接管。

海军在台澎地区的接收工作到1946年1月30日全部结束，用时整整3个月，共接受1900余名日本海军人员的投降，分别集中于5个战俘营，以待逐批遣返。海军接收组将所有收缴的舰艇车辆、武器弹药及其他一切军用物资和设施等登记造册，分别呈报海军总部和台湾省行政长官公署。

接收工作完成后，李世甲被任命为海军台澎要港司令，司令部设于左营原日本海军警备府大楼（今军区大楼）。司令部内设参谋、副官、秘书、舰械、港务、军需、军法等处和无线电台、特务排等。台湾要港司令部下辖台北、基隆、马公3个办事处（基隆办事处在正式接收前即已设立，其接收任务归并于台北地区，其他两个办事处则因人员少任务重而迟迟未能组织就绪）和马公造船所（造机中校陈长均任所长）。

1946年2月4日，李世甲追随陈绍宽多年，两人关系极为密切。陈绍宽被免职，李世甲愤恨不平，即向军政府海军处处长陈诚电请辞职，其他海军官员如彭瀛、陈秉清等亦随其请辞。陈诚认为李世甲是陈绍宽的亲信，就顺水推舟准其辞职，仅保留接收台澎海军专员之职。台澎要港司令部一度"处于真空的状态"。4月1日，军政部特派海军处参谋高如峰到台湾接替李世甲（1947年5月，高如峰调任海军总司令部任副参谋长，台澎要港司令部奉令撤销。海军总司令部在台湾左营设立海军第三基地司令部，另在澎湖马公设海军巡防处，辖台湾、福建沿海一带防区）。

6月1日，李世甲离开台北返回福州，专任福建省政府委员的虚衔。

1947年，因李世甲为长乐人，被长乐县政府委任为"工赈工程委员会"名誉理事长。同年接受"海军溉田局"（长乐莲柄港水利工程）的委托在上海通过江南造船所所长马德骥为"溉田局"代购机器设备，获得好评。

1948年，国民党在战场上节节失败，经济上面临崩溃，物价飞涨，奸商囤积

民国海魂

居奇。李世甲受民众推荐出任"福州粮食配购审核委员会"主任委员兼省政府委员，旋兼任"戡乱建国动员委员会"委员，福建省"经济管制督导委员会"秘书长等职，曾一度代行福建省主席一职。

1949年4月23日，中国人民解放军解放南京，国民党总裁蒋介石落脚台北、代总统李宗仁迁徙广州。5月23日，上海战役临近结束时，中央军委指示第三野战军"应当迅速准备提早入闽"。7月上旬，第三野战军第十兵团司令员叶飞、政委韦国清奉命率领大军挺进闽北。国民党福建当局惊恐万状，最高长官福州绥靖公署主任兼福建省政府主席朱绍良失望动摇，有意挂冠，一度传出绥靖公署将撤销、公署副主任吴石（中共秘密党员）将接任省政府主席的消息。

蒋介石认为："没有福建即无以确保台湾。"7月9日（许多书籍依据时任国民党独立第五十师师长李以劻的误记写成"6月21日"），蒋介石由台湾松山机场飞抵福州义序机场，在空军补给站召见朱绍良等在榕部分将领，了解军情并蛊惑他们继续卖命。当天，他即乘原机，经平潭岛返回台湾。7月22日，蒋介石偕蒋经国等乘"华联"舰由广东黄埔抵达厦门，借宿归侨巨商黄奕住的鼓浪屿别墅。7月23日，召集汤恩伯、朱绍良等师长以上将领开会，讨论负隅顽抗的方案。7月24日，离厦返台。

7月26日下午4时45分，李宗仁乘"天雄"号专机由湖南衡阳飞抵福州义序机场，随行的有总统府第二局局长黄雪邨、中央银行国库局局长施耿民、国防部第五厅编训处处长谢连品、国防部第三厅第一处副处长邱和义、联勤总部第四处处长黄占魁、总统府机要室主任李扬、总统府侍卫长李宇清等20人。前往机场迎接的有朱绍良、吴石、李延年、吉星文、王修身、李世甲、袁国钦、石磊、丁超五等军政要员和各界代表百余人。

经李宗仁动员，8月3日，李世甲携妻儿到厦门，准备去台湾。旋闻海军前辈萨镇冰、陈绍宽等拒绝去台湾，又于8月15日返回福州。8月17日，福州解放，李世甲被管制四年。

1956年，李世甲先后被选为福州市政协、福建省政协委员，并加入中国国民党革命委员会。后兼任省政协台湾工作组组员兼秘书，在实现祖国统一大业上做过有益的工作。"文革"时受到冲击，被下放到古田县，因受林彪、"四人帮"

极"左"路线迫害，1970年4月11日在古田县自杀身亡，终年77岁。

因为李世甲抗战有功，2005年中华人民共和国向他追颁荣誉勋章。

李世甲曾撰写《我在旧海军亲历记》等回忆录。

妻：郑徽钦（1959年病故），生育有一女三子。

女儿：李作清，1942年毕业于之江大学工商管理系，后定居于美国。

长子：李作健（1922—2011），原服役于海军，后在航运界工作，今居上海。中共地下党员。生于1922年11月16日。1936年5月20日，李作健还未拿到初中毕业文凭就报考福州马尾海军学校，考入福州海军学校第九届航海班。

1943年充任海军布雷队队员1945年8月15日抗战胜利。9月16日，海军接收日本降舰"宇治"号改名"长治"，李作健充任"长治"舰枪炮官。1946年6月12日李作健调任中央海军训练团"中海"枪炮官，9月升任"中海"代理副舰长。10月，充任"联荣"舰代理中尉副舰长。1947年1月15日调任海军第二炮艇队中尉代理副队长。1947年2月1日调任"太和"号副舰长。1949年1月11日，协助舰长何乃诚督驾"太和"协同"太仓"号（舰长孙甦、副长段允麟）自弗吉尼亚州的诺福克基地先行起锚回国。4月15日，到达上海，编入海防第一舰队。随即参与策划海军舰艇起义，"永兴"号起义失败，李作健地下党员身份暴露。在其父李世甲的帮助下逃亡香港。在香港地下党刘朝缙的安排下，李作健暂住在已经起义的香港福建省银行。随即以香港桅灯厂去广州收账为掩护，悄悄住进广州一位名医的家里，继续从事对海军的策反工作。10月28日早晨8时，成功策反"联荣"、"舞风"、"炮38号"等舰起义并安全抵达广州市沙面。"联荣"舰起义后，李作健回到香港继续情报工作。1953年李作健被派往中共上海联络局

工作，动员留学海外的海校同学吴本湘、林金铨、王绥琯回国参加新中国建设，转业后任浙江省远洋公司总船长。离休前在杭州航运局工作。2011年12月6日，李作健病逝于上海，终年90岁。

次子：李作民，1947年福建协和大学毕业后，赴台湾学习玻璃之制造，服务于新竹玻璃公司。

三子：李作华，1949年去台湾，1954年毕业于台湾师范大学，后赴新加坡南洋大学任助教二年，旋入美国伊利诺伊大学进修，获文科硕士及哲学博士学位，在美国加州州立大学任教授十余年，现已退休，定居于美国南加州。

# 李锡熙

——右腿被炸断，命人抬来一把椅子，坐在指挥台上继续指挥

（1900—1938）

李锡熙，广东省台山县人，生于清光绪二十六年（1900年）。

1914年3月，李锡熙考入黄埔海军学校。4月5日，入黄埔海军学校第十六期航海班学习。

广东黄埔海军学校长期归广东地方政府管辖。1917年，北京政府海军部派少将邓聪保视察校务。时校长周淦（广东黄埔学校第十一期毕业）。邓聪保到校后为提高学校教学品质，决定对学生举行甄别考试，合格者（60分以上）留，即自费生亦可升官费，否则无论官费、自费、均须退学。时任校长周淦派第十五期毕业学生（已派舰艇见习）以"监考为名，给考生通气（指点错误）为实"。因此，考试不及格者只属极少数。邓聪保知道后深为不满。为了加强整顿，邓聪保向海军请求将广东地方政府管辖改由海军部直辖。

1917年2月，海军部下令将"广东黄埔海军学校"改为"广东海军学校"。邓聪保通过其妹夫程璧光（时任海军总长）的关系，出任广东海军学校校长之职，原校长周淦改任副校长兼水鱼雷局局长。

邓聪保上任后采取一系列改革。1918年2月4日，广东海军学校学生对邓聪

保改革"不满"，第十六届学生发动罢课，发表"宣言"。2月6日，"海圻"舰长汤廷光及第十五期练习生陈锡乾、俞谦到校调停广东海军学校"罢课"。2月7日，督军莫荣新，派总参谋甘日畅，另护法舰队（原海军第一舰队）司令林保怿也派参谋长饶鸣銮到校劝谕复课。2月15日，学生推举李锡熙、许元乾为代表往广州士敏土厂，晋谒孙大元帅及英督军，请维持广东海军学校原来制度。孙大元帅对学生具有的革命精神表示赞同，并允指令莫荣新督军、程璧光总长妥为办理。

面对广东海军学校学生罢课行为，校长邓聪保请求"海圻"巡洋舰汤廷光舰长派士兵驻校监视。

2月16日，程璧光、莫荣新联衔布告，革退主事学生李锡熙、许元乾、李单元（后历任师长、司令等职）、周夔铃、赖祖沨、金廷胜、罗振华、骆寿松、张志广、陈鉴英等10名。

2月19日，学生又推举官其慎、潘藻銮、郑景雄、俞安礼等4人为代表，再谒孙大元帅，呈请从速办理。官其慎、潘藻銮、郑景雄、俞安礼等4人又遭革退。

2月26日，学生再举代表许元乾、赖祖沨往谒孙大元帅。同日，程璧光在海珠长堤遭刺身亡。时广东水鱼雷局鱼雷管理员陈祖寿（第十四期毕业）、水雷管理员黄宝琦等采取"冒名"方式致函程璧光，称，广东海军学校学潮"应秉公办理，不应袒护大舅"。莫荣新等人核对学生"笔迹"。面对愈演愈烈的学潮，校长邓聪保指使亲信投稿报社，以"反复无常之周淦"为标题，指责周淦为"拥龙讨龙（周淦为龙济光任充校长）反复小人"，随即社会传言"广东海军学校副校长兼水鱼雷局局长周淦，精神失常，声言以水鱼雷轰炸寄泊黄埔之北洋舰，今程璧光总长遗体，又有该局职员恐吓函，蛛丝马迹，周淦实有嫌疑等语"。莫荣新为此将周淦免去本兼各职，扣留于督军署室内候查（三个月后始释）。

3月3日，广东盐务缉私统领彭泽（字东园，即抗战时之大汉奸）自称是程璧光之幼年同学，请莫荣新下令派其武装会同贤恩分局警察，到学生办事处搜查，将学生17人带往警察厅问话。邓聪保校长发出通告称"学生应具悔过书，始准复课"。此次学潮共有14人被革退，20余人自动退学。

时任广东海防办事所帮办周天禄（周淦之弟，第十二期毕业）以学生失学可惜，商请广东无线电专门学校校长萧广业，继续开班收容约十余人（一年后毕

李锡熙

167

业。经周淦请滇军师长张开儒，保送云南讲武堂者三人，李卓元、余华沐、许元乾，李、余毕业后再赴日本士官学校）余则或习法文，或就业，或留法。

1921年9月，邓镪保去世，粤军总司令陈炯明，派其舰务处处长周天禄兼署校长，乃恢复在学潮中被开除的李锡熙等学生学籍，但重入校者只有李锡熙等十几人。12月份期考后，陈炯明之参谋长邓铿主张节省经费，将校停办，对于年期已满，天文、驾驶等科均已授完之两班学生，周天禄听属员之意，只发黄埔海军学校第十六届修业证书（不发毕业证书）。

1922年4月26日晚上，陈策、温树德代表孙中山大总统在东山飞机厂召开"夺舰"敢死队队员会议。出席会议的有："海圻"协长田炳章、鱼雷大副赵梯昆、轮机候补员高凤华；"海琛"鱼雷大副缪庆福、枪炮二副张汉、航海二副萧仕豪；"肇和"副长田士捷、鱼雷大副常光球、航海三副盛延祺、李毓藩，航海二副郭朴与周之武；"同安"轮机长任治新；及海军部参议温树德及冯肇宪、袁良骅、欧阳格、欧阳琳、招桂章、丁培龙、郑星槎、吴志馨、李英杰、冯肇铭、袁柳溪、陈其永、卢善矩、胡轩、林若时、陈浩、陈锡乾、何十全、苏仰激、何瀚澜等。

4月27日（农历四月初一）中午12时半，黄埔海面正在涨潮，各舰官兵正进午餐。改革粤海舰队临时总指挥温树德，改革粤海舰队临时副总指挥、长洲要塞司令陈策，黄埔水鱼雷局长马伯麟，飞机师陈庆云、孙祥夫等人对驻泊广州的护法舰队"海圻"、"海琛"、"肇和"等11艘军舰及海珠的护法海军总司令部发动"夺舰"行动。

李锡熙参加"夺舰"。至下午5时，各舰相继被夺，捕舰长毛仲芳、郑祖贻、倪则烺、林寿民等，夺舰过程中"永丰"舰航海副林韵珂等因欲抵抗而被击毙。因"夺舰事件"闽籍人员亡20余人，伤30余人；夺舰人员亡3人，伤5人。闽籍官兵1100多人被捕。

4月28日晚，（广州）中华民国非常大总统孙中山先生在观音山接见盛延祺等"夺舰"立功人员，并委任汤廷光为中华民国政府海军部长，李国堂为海军次长。并宣告（广州）中华民国政府江海防司令部成立。陈策为广东海防司令，杨廷培为广东江防司令。

4月30日，（广州）中华民国非常大总统孙中山先生下令重组护法舰队司令部，温树德"夺舰"有功升护法海军舰队司令，李国堂升海军总司令部参谋长；孙祥夫为海军陆战队司令，马伯麟为长洲要塞司令，陈策为广东江防司令。同时重新任命了护法舰队各舰舰长，李锡熙在"夺舰"勇猛善战破格升广州大元帅府海军舰队"同安"炮舰上尉航海长。

1931年2月28日，胡汉民与蒋介石发生激烈争吵后，被扣押。次日，胡汉民被迫辞去国民政府委员、立法院院长等要职，并遭软禁。囚禁于南京汤山。6月3日，陈济棠、孙科、汪精卫、唐绍仪等借"胡汉民事件"，广州通电反蒋并驱走广东省长陈铭枢，成立广州国民政府，将驻守广东的"第八路军"改称为"西南政务委员会第一集团军"，将广东海军改编为"西南政务委员会第一集团军第一舰队"为西南政务委员会"第一舰队"，陈策任第一舰队总司令兼海军学校校长，李庆文任"第一舰队"副司令。李锡熙升任"广金"少校舰长。

1932年4月29日，陈济棠借广东空军司令张惠长外出视察之机，下令撤去其空军总司令职务，改任他为第一集团军高等顾问，另以其亲信空军参谋长黄光锐代理空军总司令。同时免去陈庆云的虎门要塞司令之职。

陈策看到空军既已改组，海军难免更动，遂即令"飞鹰"、"福安"、"海瑞"、"平南"、"海虎"、"广金"等舰，开赴海南岛集中候命，所有内河各舰大小数十只，由"中山"舰舰长陈涤（陈策之叔）指挥，集中内伶仃岛候命。"福安"、"海瑞"、"平南"、"飞鹰"等舰先行驶出。5月2日，陈济棠企图以"广州议事"之名诱捕陈策。陈策"警觉"拒绝出席，登舰戒备。陈济棠诱捕不成，于5月3日召开军事会议，决定改组海军，第四舰队改称为西南政务委员会第一集团军海军舰队。

5月11日，陈济棠为加强对海军的控制，以"节省军费"为名，宣布裁撤广东海军总司令部，将广东海军第一舰队（第四舰队）改为直接隶属于第一集团军管辖，免去陈策第四舰队司令之职，委任陈策为第一集团军高级顾问。

同时，陈济棠委任邓龙光为海军司令，严令即日视事。5月11日，陈济棠即任命邓龙光为第一集团军舰队司令，李庆文为代将副司令。并在西南政务委员会第一集团军司令部"舰务处"另委招桂章为"舰务处"处长。5月11日下午，邓龙光派总部副官接收军司令部。

5月3日晨8时，第四舰队司令陈策宣布脱离陈济棠。陈策令（原虎门要塞司令）陈庆云以海军第四舰队总司令部总参议名义，协同参谋长陈鼎主持将"中山"、"飞鹰"、"福安"、"海瑞"、"海强"、"海虎"、"广金"等较大军舰组成编队及海军陆战队，宣布脱离广东政府，向海南岛进发，另组海军司令部。

当陈策驶近虎门要塞时，舰队遭到虎门要塞炮台开炮"拦截"，李锡熙督驾"广金"协同"中山"、"海虎"等舰还击，引起了"虎门事件"，陈策与陈济棠之间"改制之争"全面爆发。5月3日下午，陈济棠又派第五师张达部赴黄埔收缴海军陆战队军械，但陆战队已登舰他驶，双方遂发生激战，"广金"舰舰长李锡熙被扣。

5月5日晨8时，陈策率"中山"、"海虎"、"广金"等舰驶近虎门，企图出口，陈济棠所部炮台开炮拦截，三舰还击，引发"虎门事件"。陈济棠当日裁撤海军司令部，改隶第一集团军管辖，调陈策为第一集团军高等顾问。

1935年，李锡熙调任"执信"炮舰舰长。

1937年7月7日，日本发动对中国全面侵略战争，中国军民同仇敌忾奋起抗击。

1938年10月12日，日军在舰队和飞机的掩护下偷袭广东，在大亚湾登陆后受到中国军民奋起抗击，但由于武器装备落后，没有空军支援，因此被日军乘虚而入，在10月14日攻陷惠州；10月16日攻陷博罗；10月21日攻占广州沙河；10月23日攻占虎门炮台要塞。

日军第五师团在10月23日与海军配合占领虎门要塞后，中国第二十一军以广州为中心，配置在三水、佛山、石龙一线与日军对峙。但几天后，敌通过海路攻占了海南岛和汕头，陆军则沿广三铁路攻陷了三水。

在敌开始进攻之前，江防司令部唯恐敌人占领三水后切断舰队向三水、马口的退路，又紧急命令各舰再退至三水上游的青岐至肇庆一线。各舰遂奉命分别驶往西江集中待命。途中"江巩"舰在番禺县属的紫泥河面先后与敌机4批近30余架作战达两三个小时后沉没。

10月25日，日军占领三水；10月26日占领佛山。

10月28日，日军通过海路攻占了海南岛和汕头。

广东江防司令部紧急命令各舰再退至三水上游的青岐至肇庆一线。

10月29日，日本海军进犯广东西江，并在思贤溶东岸等处构筑炮兵阵地，准备为沿江西犯的敌陆海军提供火力掩护。

当日下午3时，广东江防司令黄文田派"执信"、"坚如"、"仲元"、"仲恺"、"飞鹏"、"湖山"6舰由"执信"少校舰长李锡熙率领驶往三水河口、思贤溶一带阻止日军前进。从肇庆江面出发，向西江下游日军占领区的三水河口、思贤溶、马口等据点发动搜索进攻。至5时左右，"执信"等舰驶至思贤溶附近，轰击金利马口岗敌据点，与岸上日军炮台展开了持续3个小时的炮战，当场轰毁敌军炮台4座。"执信"号少校舰长李锡熙率舰撤至西江的肇庆一带布防，遭到13架敌机围着6艘军舰轮番攻击。

"执信"被击中数弹，舰长李锡熙的右腿被炸断。士兵要把他抬下去治疗，他却命人抬来一把椅子，坐在指挥台上继续指挥，面不改色地下达舵令。"执信"因被敌集中火力攻击，舰身已受伤多处，左舷进水，舰身开始倾斜。上尉副舰长林春炘（广东海校，时年46岁）、轮机长杨信光、轮机员英明中尉、枪炮员周昭杰、电信员张介眉中尉、司书李桂芬等23人当时已经牺牲，轮机长杨信先等15人也已身负重伤，舰上官兵能投入作战的剩下不到一半。李锡熙舰长命令："驶至敌炮台500码处，进入敌炮射击死角，用我们的舰炮抵近射击！"就在这一刹那，两发炮弹直接命中锅炉和轮机舱，舰身几乎被炸断，并突然上翘。几分钟后，"执信"舰沉没在思贤溶口，李锡熙舰长壮烈殉国，年仅38岁。

# 林国赓

——一生以海军宿将邓世昌以身殉国的壮举为榜样

（1886—1943）

林国赓，字向今，福建省闽侯县（福州市）厂巷林家人，兄林献炘。林国赓生于清光绪十一年十月初三日（1885年11月9日）。毕业于福州英华学院。

光绪二十五年（1899年），林国赓考入黄埔水师学堂驾驶班学习。

光绪二十九年十二月十六日（1904年2月1日），林国赓毕业于广东黄埔水师学堂第八届驾驶班，毕业后派舰见习。

光绪三十二年九月（1906年10月），林国赓、吴振南、毛仲芳、朱天森、王传炯、许建廷又被派赴英国学习驾驶、天文、战术、水雷、鱼雷等，先后入英国格林尼治海军大学、朴茨茅斯枪炮学校及朴茨茅斯领港学校深造。

光绪三十四年十月（1908年11月），林国赓留学期满回国，先充"通济"练习舰枪炮教练官。

宣统元年（1909年），林国赓充任"海容"巡洋舰枪炮大副。

　　宣统二年十一月二十三日（1910年12月24日），林国赓调任"建安"鱼雷舰管带。

　　宣统三年八月十九日（1911年10月10日），武昌起义爆发。八月二十一日（10月12日），清廷急令陆军大臣荫昌率北洋军两个镇兵力由京汉路南下武昌，又命海军提督、舰队统制官萨镇冰率领巡洋、长江两舰队溯江而上，与荫昌会师武汉。

　　九月二十一日（11月11日），萨镇冰采取自行引退，以"身体有病必须赴沪就医"为由离舰出走。临行前，指定资格最深的"海筹"管带黄钟瑛为舰队队长。萨镇冰离开舰队后，海军各舰先后易帜归附革命军。林国赓督驾"建安"鱼雷舰易帜起义，并随舰队参加对清军作战。

　　1912年1月1日，中华民国南京临时政府成立。2月1日，林国赓任"建安"鱼雷舰舰长。

　　1913年1月17日，林国赓被授予海军中校。7月12日，林国赓获得"四等文虎勋章"。

　　1914年10月3日，林国赓任海军部军法司审检科中校科长兼练习舰队参谋长。

　　1915年9月8日，林国赓辞去练习舰队参谋长之兼职。

　　1916年1月14日，林国赓获得"五等嘉禾勋章"。

　　1917年6月6日，北京政府海军部派遣林国赓、徐祖善赴英参观考察战术器械。

　　10月12日，林国赓充任驻英国公使馆海军中校武官。

　　1918年1月7日，林国赓获得"四等文虎勋章"。8月16日，林国赓调任驻日海军中校正武官。9月4日，北京政府大总统冯国璋明令授予驻日海军正武官海军中校林国赓"一等奖章"。

　　1920年1月1日，北京政府大总统徐世昌明令授予林国赓"四等嘉禾勋章"。

　　1921年1月7日，北京政府大总统徐世昌明令授予林国赓"三等文虎勋章"。2月7日，北京政府大总统徐世昌令授予驻日海军武官林国赓"三等文虎勋章"。

　　1922年春，林国赓卸驻日海军武官之职回国。8月8日，北京政府大总统黎元洪明令授予林国赓海军上校军衔。

　　10月18日，北京政府海军总长李鼎新偕福建督军李厚基出走，广东护法政府东路讨贼军许崇智部进占福州，为了加强马尾防务，派遣舰艇赴闽增援，并令练习舰队司令杨树庄暂行兼任闽厦警备司令，并指令驻闽海军舰艇及陆战队扼要分防。

1923年1月19日，北京政府海军部下令复设闽江海军警备司令部。

5月5日，练习舰队司令杨敬修辞职，"应瑞"舰长杨树庄署练习舰队司令兼闽江警备司令。7月25日，署理海军练习舰司令杨树庄奉海军总司令杜锡珪之令，率"海容"、"应瑞"等7艘战舰和陆战队2000多人（陆战队旅长杨砥中）向盘踞在金门、厦门一带的北洋军臧致平部进攻。

7月30日，占领金门。8月1日，杨树庄率领海军舰艇和陆战队进入嵩屿，陆战队在浮宫登陆。北洋臧致平部一面派人与杨树庄议和，一面乘各舰无备，命胡里山炮台用德国克虏伯巨炮发炮向各舰射击，"海容"、"应瑞"等舰负伤。时英、美、日等国以保护岸上各自商埠为由，调舰"阻止海军向岸上发炮"。

8月2日，杨树庄不得不率领舰队和海军陆战队撤到金门。

1924年2月26日，海军总司令杨树庄率"应瑞"、"海容"等舰驻在马尾、金门一带，企图进取厦门，必须有大批的陆战队作为辅助，于是南京海军总司令部令"靖安"运输舰（舰长朱天森）由南京运送一批军械前往马尾，以作补充。但该舰离南京后，该舰军士长张鸣海等向员兵宣传，说明已与沪队联系清楚，只求达到补饷之目的，于是一致同意投沪，并大力说服了舰长朱天森和副舰长孙维城，是以"靖安"舰快到吴淞时，就停泊下来。海军上海领袖处即派"列"字艇前往迎接，该舰遂驶入高昌庙归独立沪队。

3月23日，盘踞在厦门的皖系军阀臧治平、杨化昭部受到杨树庄所率领的海军压迫，欲放弃厦门向浙、沪集结，因弹药缺乏担心中途遭阻击，于是迭请浙江卢永祥支援。适林建章的独立沪队"永绩"驻泊吴淞，经卢永祥部与林建章磋商后，即密派"永绩"装运一大批子弹，驰驶赴厦，接济臧治平部的急需。"永绩"毕事后立即回航驶沪。

3月29日，占据福建的北洋军周荫人攻占泉州，练习舰队司令杨树庄逼迫臧致平交厦门。派林知渊密与盘踞在厦门的臧致平协商，由海军拨给一批子弹给臧致平部，要求把厦门交给海军，作为交换的条件。臧致平部本想放弃厦门，今有此机会，即时答应。当由"应瑞"舰拨给子弹30万发，而臧致平部先将胡里山炮台的炮闩卸下交给海军。双方履行所约，海军兵不血刃，占领了厦门。臧致平部有了充足的子弹，在撤弃厦门时，中途也没受到异军的任何阻碍，安然而顺利地到达浙江。

4月6日，海军练习舰队司令杨树庄兼摄闽口厦门警备司令。4月19日，海军占领厦门后设立闽厦海军警备司令部，参谋长林国赓任闽厦海军警备司令部参谋长。

1925年2月22日，北京政府临时执政段祺瑞明令任命林国赓为海军总司令公署参谋长兼厦门海军警备司令部参谋长、缉私营营长。

5月30日，震惊中外的"五卅运动"在上海爆发，并很快席卷全国。学生欲渡鼓浪屿游行演说，各领事请禁阻。林国赓以"民气不可遏"，婉拒之；一面派兵渡鼓浪屿，以保护侨民为辞。林国赓和交涉员刘先谦派出华警管理（原英租界），并取消了原英国人的工部局。

同时，林国赓积极推进市区改造。筑路设路政处，筑堤设堤工处，以市政会为讨论机关，以督办公署为监督机关，而以警备司令部总其成，官绅努力，步骤协调。建设经费，由开山填海而来，不支国帑，不派民间。筑马路，造堤岸，辟新区，建公墓，设市场，昔日湫溢嚣尘，顿臻整齐清洁。复辟中山公园、虎溪公园、延平公园，供市民游览。十余年间，殚精竭虑，任劳任怨，始有此规模。以故侨胞闻风来归，中外人士都认为："厦市之有今日，非林司令不为功。"其得力处在延揽长于建设之周醒南为会办，"虽经多方反对，屹不为动，知人善任，尤为成功因素云"。

6月23日，厦门海军警备司令部建立，林国赓任司令。时厦门奸匪横行，林国赓到厦门履职后，先巩固治安，令海上军舰、陆上团营，分巡全岛；设武装警察、水上警察暨侦探队。前后获盗魁十余人，"绳以军法，宵小绝迹"。惟不法台民，素以日籍为护符，聚党诈财，无恶不作，久为厦腹心之患。林国赓饬军警破其巢穴，并向日领事交涉，押解回籍。平时对"外交案件，力顾主权，不畏强御"。

7月15日，林国赓被授予海军少将。

1926年6月1日，林国赓调任"通济"练习舰上校舰长。

6月12日，"厦门警备司令部"与"闽江警备司令部"并编为"闽厦海军警备司令部"，陈季良任海军第一舰队司令兼"闽厦海军警备司令部"司令。

6月28日，"通济"练习舰舰长林国赓兼"闽江警备司令部"参谋长。

7月15日，林国赓被授予海军少将，充任驻厦海军警备司令。

国共合作北伐开始，北伐军节节胜利，闽系海军决定与北伐军合作。11月26日，在林知渊策动下驻厦海军警备司令林国赓、海军陆战队队长林忠率部在厦门起义归附国民革命军，所部改编为国民革命军闽厦海军（指挥官林知渊）。

12月10日，驻泊福州马尾等地的海军第一舰队，在司令陈季良的率领下，海军宣布服从国民政府，首先易帜归附国民革命军。林国赓随海军易帜参加国民革命军。

1927年1月18日，福州发现天主教堂孤儿院虐杀儿童案后，该处神甫10人、修女12人率孤儿11人搭乘轮船逃往香港。途中轮船开入厦门，厦门学生登轮欲将神甫等扣留，与船方发生争执，驻厦海军警备司令林国赓派海军卫队前往镇压。

3月14日，海军总司令杨树庄正式宣布与革命军合作，通电率领第一、第二舰队和练习舰队所属44艘舰艇一律易帜，加入国民革命军。在吴淞口成立国民革命军海军总司令部，杨树庄正式就任国民革命军海军总司令。

4月9日凌晨3时，国民党驻厦海军警备司令林国赓宣布厦门戒严，派出百余人包围了市总工会，下令逮捕共产党员、厦门市总工会正、副委员长罗扬才、杨世宁等人（罗扬才、杨世宁等人被解往福州后，于6月2日，杨世宁同他的战友罗扬才在福州被杀害），封闭总工会、学联等革命团体，即厦门"四九"清党事件。并宣布禁止学生、工人罢课、罢工、集会游行，违者以扰乱治安罪，格杀勿论，厦门处于白色恐怖之中。4月12日，专任"通济"练习舰舰长。

5月，福建国民政府成立后，实行省、县二级地方政制，厦门道被撤销。此时，海军总司令杨树庄兼任福建省政府主席。在杨树庄的支持下，驻厦海军警备司令林国赓出任厦门市政督办公署督办。林国赓为推动厦门市政建设，整顿厦门市政会，作为市政建设的执行机关，下设路政处、堤工处，负责市政工程的设计和施工。

林国赓起用了两个人，一是任命美国芝加哥大学法学博士、厦门大学法科主任黄开宗为法律顾问；二是任命曾在广州、汕头、漳州等地主持城市改造的奇才周醒南为市政会、路政处、堤工处的会办。

林国赓主导成立了第一个市政建设工程机构"堤工处"，专门负责建造厦门岛西南沿海的堤岸（在此之前，吨位稍重的军舰进入厦门港，受到潮水的制约，在低潮和退潮时只能停泊在深海区，再通过小船接应，效率和速度根本无法适应战争的需要。鹭江道第一段堤岸建成后，满足了军舰全潮候靠泊的要求，得到当时的海军部司令杨树庄的高度赞赏。林国赓将建设现代港口城市与缔造现代海军基地结合在一起的思路，也得到杨树庄的大力支持，建造中山公园的动议就是杨树庄提出的）建设。

周醒南是广东惠阳人，曾任广东省公路处处长、"闽南护法区"官产局局长，因主持修建广东省的第一条公路和漳州旧城改造名噪一时。他主持厦门市政建设之后，在林国赓的全力支持下，召集从日本留学归国的同乡冯重熙等一帮专业技术人员。周醒南足足花了一年多的时间勘察地形，然后制订出"整体规划，全面改造；开山填海，扩大地盘；筑路建房，滚动开发"的改造方案。

整体规划，全面改造：厦门市区改造规划从全局入手，规划范围内建筑实行统一收买、统一拆除、统一平整、统一规划，同时在适当的地点设置码头、市场、消防监视设施、公园、公墓以及垃圾箱、公共厕所等卫生设施；市区主干道规划为"一横四纵"：一横为贯通浮屿至南普陀的思明北路、思明南路，四纵从北到南分别为厦禾路西段、大同路、思明东路和思明西路、中山路和中华路（原名树庄路，今并入中山路）；主干道之外，相应规划了次干道、小街巷。

开山填海，扩大地盘：厦门西南部旧时多低丘海滩，山水入海以及海水涨潮，形成沟渠洼地纵横遍布的地形，改造规划从两个方面入手，一是修筑从担水巷到打字石（旧称外海滩）和筼筜港南岸美头山以西（旧称内海滩）的沿海海堤；二是取高填低，拓展城市用地，共开辟新区35处，新辟地盘总面积约1300余万平方米，是旧市区面积的3.24倍。

筑路建房，滚动开发：市政督办机构负责修路，道路两旁出售给房地产商建房，售地收入用于修筑马路。

厦门城市建设尚未动工，一些外国籍民、日籍台湾浪人就开始兴风作浪，企图大捞一把。英、法、日驻厦门领事馆一些官员凭借外交强势，对城建事务横加干涉。林国赓起用美国芝加哥大学法学博士、厦门大学法科主任黄开宗为法律顾问，引用欧美的做法，对洋人的刁难逐一加以驳斥。由督办公署起草的《复法领署拍卖籍民宋两仪园地理由函》、《复交涉署收买泰关基督教会西边社坟地经过情形函》、《至交涉员收买日籍民房可照陈前督办商议办法为根据函》、《复外交部没收归正公会竹树脚滩地理由函》等文件中，无不以事实为依据，博征旁引中外法律条文……

为了开辟大同路，西门外观音亭至史巷路头全线开始拆迁。一些外国籍民事先放出风声，宣称不惜使用暴力阻止拆迁。林国赓果断派出海军陆战队，对全路段实行全面控制，保证了拆迁工作的顺利进行。

9月，自认为被排斥在厦门城市建设这个利益圈外的国民党厦门市党部（当时尚未有厦门市的行政区划建制，但国民党的地方组织机构已称为厦门市党部）纠集一伙人，成立厦门市政促进会，要求撤销市政会和市政督办公署，全部市政会与市民达成的购买土地的契约一律无效。并利用周醒南曾在陈炯明军中任职的经历，宣布周醒南为"军阀余孽"，公开通缉周醒南。此举当然是项庄舞剑，意在沛公，矛头所指实为林国赓。这出闹剧最终以林国赓的胜利而结束。从当时挂名参与这场闹剧的包括总工会、商民协会、教育协会、华商协会、学生联合会、妇女协会等社会团体的情况可以看出，市政促进会的发动面不可谓不广。但市政促进会除了往周醒南身上泼一盆政治脏水之外，拿不出任何经济问题来做文章，可见林国赓确实不曾利用手中的强权为自己谋好处。

12月2日，南京国民政府海军部下令将"海军闽厦警备司令部"裁撤，另设立"宁福警备司令部"、"漳厦警备司令部"。

同时分别在马尾、厦门两地设"海军警备司令部"。"马尾警备司令部"辖长门要塞和海军陆战队两个混成旅，以原海军总司令部少将参议兼海军马尾银圆局局长郁邦彦（江苏人）任海军马尾警备司令兼马尾要港司令；以原"海军闽厦警备司令部"少将参谋长林国赓为"漳厦警备司令部"司令。

1928年2月6日，漳厦海军警备司令部及公安局大肆搜捕共产党人。晚6时半，全厦特别戒严，反动军警在打铁街、二王宫等处抓捕9人，在棺材巷抓捕5人，在田仔墘抓捕1人，在西庵宫抓捕4人。

3月12日，林国赓升任海军总司令部参谋长。4月10日，兼任海军厦门警备司令。

9月16日，国民革命军海军舰队分别举行校阅。厦门海军警备司令林国赓校阅驻厦各舰艇。

1929年1月1日，厦门警备司令部司令林国赓在曾厝垵建筑海军机场，面积

19.6万平方米（1938年2月此机场因战局紧张，奉命裁撤，从此废弃不用）。

6月1日，南京政府海军部正式成立，林国赓任"厦门要港司令"兼"漳厦警备司令"。

1930年4月21日，林国赓专任海军厦门要港司令。

6月28日，中华全国机器工会厦门机器支会所属电灯厂会员因年来物价飞涨，生活困难，提出最低加薪条件。由厦门市国民党政军仲裁，驻职会特派员董寄虚无故逮捕工人，林国赓下令将董寄虚逮捕，并将被扣的工人代表释放。

9月17日，中英两国政府正式换文，将厦门原英租界交还中国，林国赓主持接收仪式。

1932年1月1日，厦门要港司令林国赓卸去"漳厦警备司令"的兼职。

1933年10月26日，第十九路军代表与中共代表在瑞金签订了《反日反蒋的初步协定》。11月20日，在全国抗日反蒋高潮的推动下，驻守福建的第十九路军将领陈铭枢、蒋光鼐、蔡廷锴联合国民党内李济深（南京政府训练总监）及第三党（中国国民党临时行动委员会）黄琪翔等反蒋派势力，公开宣布与蒋介石决裂，在福州召开了中国人民临时代表大会，决定成立中华共和国人民革命政府。并决定同共产党合作，开展"抗日反蒋"运动，史称"福建事变"（简称"闽变"）。革命政府将福建划为闽海、兴泉、龙漳、福建4个省和福州、厦门两个特别市，74岁的海军老将萨镇冰被聘为革命政府的高等顾问，后又被任命为福建省省长。驻闽的海军陆战队第一旅（旅长杨廷英）、第二旅（旅长林秉周）名义上也被纳入革命军的序列。

11月22日，福建事变发生后，革命军随即进驻马尾、厦门两地的海军要港司令部、造船所、航空处、炮台、练营等处。

12月16日，南京国民党政府下令讨伐福建人民政府，蒋介石的嫡系部队由浙赣包围闽西北边境。海军部长陈绍宽派陈季良率"海容"等舰回闽，担任陆战队总指挥，相机收复马长地区。

蒋介石军队由闽北向南推进，李孟斌、王寿延奉命率海军舰艇及陆战队协同行动，水陆夹击福州，封锁水上运输线，率"楚有"、"楚泰"于12月23日攻下长门向马尾进逼，革命军撤退，海军将长门各要塞及马尾次第收复。12月15日，派舰上溯名江南台岛，攻克福州。

1934年1月8日，海军部命令厦门要港司令林国赓督促所部做好战斗准备，并加派王寿廷带领"逸仙"、"中山"、"江宁"3艘舰艇及1个营陆战队从三都开往厦门，与驻厦的"楚谦"、"楚同"两舰及陆战队会合，于10日正式接收厦门市，人民革命军驻厦门的特务营、宪兵队被海军改编成陆战队。

1月10日，第十九路军退出厦门，中央海军收复厦门（"中华共和国人民革命政府"所任命之市长兼警备司令黄强于9日夜离厦）。蒋光鼐、蔡廷锴电请陈济棠派兵接防闽南。

1月15日，蔡廷锴率最后一批队伍退出福州，李济深、陈铭枢"中华共和国人民革命政府"瓦解，"福建事变"终告失败。

1935年2月5日，日本海军第三舰队中将司令白武源吉及少将下村正座率9艘军舰抵达厦门，并会晤海军要港司令林国赓及公安局长王固盘。

6月13日，林国赓被授予"海陆空甲种一等奖章"。

8月1日，福州海军艺术学校停办，福建省教育厅准将海军艺术学校改为私立勤工初级机械科职业学校（"勤工学校"）。聘马尾造船所工务长（总工程师）萨本忻为校长。设校董会，以萨镇冰为名誉董事长，陈绍宽为董事长，李世甲为常务董事，陈季良、陈兆锵、陈训泳、林国赓、陈培锟、叶龙骧为董事。

9月6日，林国赓被国民政府授予海军少将。

1936年7月15日，林国赓"努力国民革命勋绩显著"，经海军部呈请授予勋章。

11月12日，国父孙中山诞辰纪念叙勋，林国赓获得"四等云麾勋章"、"国民革命军誓师十周年纪念勋章"。

1937年，"七七事变"全面抗战爆发。日本海军军情部情报人员散布"海军厦门要港司令"林国赓"通敌"的谣言，离间厦门海军与漳州陆军的关系。

8月底，国民革命军一百五十七师（师长黄涛）进驻厦门后。9月1日，一百五十七师师长黄涛以"商讨军情"为诱饵，将"海军厦门要港司令"林国赓骗到一百五十七师的司令部，将其逮捕。并控制了各种通讯机构，将"厦门要港司令部"蒋英等及海军陆战队第三团及胡里山炮台营区两个营的海军陆战队包围缴械，令团长林耀东率部开赴同安。

后海军厦门要港司令部派员冒险偷渡鼓浪屿，将拟好的电报交英国驻鼓浪屿领事，请求设法交由驻厦英舰的电台拍发南京海军部"请速援救"。海军部长陈绍宽接电后，分头疏通。黄涛查不到林国赓任何经济方面的问题，只得以"勾结日寇图谋出卖厦门"的罪名向国民政府报告。以林国赓当时掌握的兵力，若要以死相拼，胜败殊难预料。但"兄弟阋于墙，外御其侮"，大敌当前，林国赓不愿做亲者痛、仇者快的事，最终选择了妥协。他和他的海军陆战队被一百五十七师缴械，黄涛取代了林国赓。当然，"勾结日寇"的罪名纯属"莫须有"。黄涛也未能如他所愿执掌厦门大权，而是被调到广东。厦门岛改由国民革命军第七十五师驻防。

9月2日，海军厦门要港司令林国赓等获得释放。

9月3日，日本侵略者从海空侵犯厦门。日本军舰3艘炮击前沿炮台和曾厝垵海军机场，并有日本飞机12架配合轰炸。守军还击，击中敌舰"若竹"号，敌舰退走。

1938年1月1日，林国赓调任海军总司令部军衡处处长兼海军作战训练研究室研究员，高宪申继任厦门要港司令。

1941年9月1日，（重庆）国民政府明令任命林国赓为海军总司令部舰械处处长。

12月4日，海军总司令部舰械处处长林国赓参与研拟"海军建设初步设计方案"，12月14日送达中央设计局。

1943年9月7日，海军总司令部舰械处少将处长林国赓积劳病逝于重庆，终年57岁。

林国赓年轻时感叹于海军宿将邓世昌以身殉国的壮举，为其书写一副挽联："彼肉食者何为，沧海横流，太息江河空逝水；问如公兮有几，将军一去，惨遭风雨赋招魂。"

林国赓经营厦门岛的前前后后，厦门岛并不为国民政府所看好。尽管早在1843年就正式开埠，但限于历史条件，海岛型的厦门港发展极为缓慢。孙中山《建国方略》中规划的全国三个世界大港、四个二等港、九个三等港中，将三等港之一的厦门港商埠定位在厦门岛之西，即今海沧、嵩屿一带。20世纪20年代中后期，国民政府已经开始编制嵩屿商埠的规划。如果这一规划得到实施，福建东南部的经济、政治布局就是延续传统的漳、泉两片格局。正是有了林国赓成功的厦门市区改建，历史才在漳、泉之间硬生生地崛起一座厦门城，形成厦、漳、泉金三角。厦门着实应该感谢林国赓。

《厦门市志稿》称："厦市有今日，非林司令不为功也"，"改革市区，不遗余力"，"不避劳怨，不辞艰辛，从容应对"等辞章。

　　中山公园竣工时，林国赓曾写有《中山公园记》一文，镌刻于石碑之上。《厦门市志稿》录碑文，碑文最后写道："游斯园者，览规模之宏远，建筑之牢致，谓东南数省区此其选也。因功余，实则创议者杨部长，聿成者周会办，余何有焉。园名系以中山，从民望也。"

　　林国赓之子：林家栋。

# 林遵

## ——接收南海诸岛行使我国领土主权

## （1908—1979）

　　林遵，原名林准，别名尊之，字遵之、莱若。福建闽县（今福州市）人，光绪三十四年七月初十（1908年8月6日）生于江苏省南京。父亲林朝曦，字晖斋。为清末江南水师学堂鱼雷班第二届毕业生，曾任海军艇长、南京海军电雷学校学监，1938年1月1日充海军总司令部少校候补员。林遵幼年入私塾读书，12岁进福州西城小学，毕业后升入福州格致中学（今福州五中）。17岁时随父亲到南京就读于金陵中学。

　　1924年，林遵考入烟台海军学校第十八届航海班。

　　1927年年初，随北伐军节节胜利，山东督办张宗昌带领随从参谋及兵士多人，突来海军学校名为视察实则搜查，以"革命党"的名义将林祥光、高如峰等7人逮捕，关在一间教室里，以后又押到青岛渤海海军舰队司令部，不久又转移到济南军人监狱（北伐胜利到达济南时，林祥光等7人才得到释放）。随即烟台海军学校第十八届因该地战事影响辍课，全校教职员和学生离开烟台到上海，10月回福州参加毕业考试（通称寄闽班）。

　　1928年9月，烟台海军学校林遵在福州海军学校修业完毕。旋即调赴南京鱼

雷枪炮训练班学习。

1929年年初，林遵派充第二舰队候补副。9月1日，海军部选定"海凫"雷艇艇长周宪章、第一舰队副官周应骢、"德胜"舰副舰长华国良、"应瑞"舰枪炮副张鹏霄、"海筹"舰航海长杨道钊、"永绩"舰枪炮副欧阳宝、"江贞"舰航海副陈大贤、"豫章"雷舰鱼雷副高光佑，广东海军考选邓兆祥（广东舰队副官）、陈香圃（广东舰队鱼雷艇副长）等10人为赴英深造的学员；同时又从烟台海军学校第十八届航海班考选学生林祥光、陈赞汤、高如峰、林遵、林夔、程法侃、林溁7人，从福州海军学校第一届航海班考选陈瑞昌、陈书麟、蒋兆庄3人，计20人赴英国留学。

10月22日，张鹏箫、周宪章、陈书麟等20人，由英国海军少校皮特带队，在上海登上了英国的"麦西顿尼亚"号邮船，经一个多月的航行到达英国伦敦。

11月12日，张鹏箫、周宪章、周应骢、华国良、杨道钊、高光佑、欧阳宝、陈大贤8名军官学员被送往"格林尼治海军大学"学习，12名学生学员由陈香圃、邓兆祥带队到"达特默斯海军军营"进行实地练习。

先在英国海疆舰上见习，后入格林尼治皇家海军学院。1930年转入英国海军大学通信专校、国防研究院学习，后被派到"君权"号和"伊丽莎白女王"号战列舰上实习，直接参加英国海军地中海舰队的巡航和战斗演习，经常在地中海马耳他（Malta）港和英吉利海峡等地进行攻防演练和水面、水中武器实弹演放等，得到许多实战的经验。中国的留学生在英国学习海军时常受歧视欺凌，林遵与其他爱国留学生积极参加抗争，并联名向英国海军当局提出抗议。

1931年7月23日，林遵被授予海军少尉。

1933年11月30日，林遵等8人毕业。12月29日，林遵派充"宁海"舰航海副。

1934年8月31日，林遵调任"海容"舰枪炮员。

1935年3月1日，林遵调任福州马尾海军学校教官兼航海学生队上尉队长。4月16日，林遵调任"海容"巡洋舰一等中尉枪炮副。

5月13日，林准改名林遵。8月2日，林遵调任海军部候补员。9月，充"宁海"舰航海官，派福州马尾海军学校服务。其间编写《海军党校规程甲编》。12月31日，被授予海军上尉。

1936年4月21日，海军部候补员林遵调任署海军第一舰队"宁海"舰上尉航海员。

5月5日，海军部候补员调任"宁海"轻型巡洋舰一等上尉航海官。

9月19日，因"著有劳绩，成绩优秀"被授予"陆海空乙种一等奖章"。

10月31日，奉派入海军水鱼雷营组织军官训练班学习。

12月2日，林遵调任"自强"炮舰上尉副舰长。

1937年4月2日，林遵以海军上尉、海军武官的身份作为行政院副院长兼财政部长孔祥熙、海军部长陈绍宽的随员，自上海起程赴英，参加祝贺英王乔治六世加冕典礼。海军部派海军航海练生邱仲明、林濂藩、何树铎、刘纯巽、廖士斓、欧阳晋、刘震、卢如平、蒋菁、王国贵10人由"自强"号副舰长林遵率领从上海赴德留学学习潜艇、驾驶。

4月5日，林遵获得"七等云麾勋章"。

5月23日，林遵随陈绍宽赴德国订购6艘潜艇和一艘潜艇母舰，并负责管理在德国学习潜艇技术的10名留学生；任国民党政府驻德国海军联络官。

7月7日，"七七事变"发生，随着德日加紧勾结，德国一再拖延交货，最后竟然毁约。

1939年5月25日，海军部增派林遵、齐熙2人同时赴德肆习海军。7月，海军部原派往英国留学的军官郎鉴澄、黄廷枢、韩兆霖3人奉命由英转赴德国留学学习潜水艇技术。

10月，海军总司令部又向德国订造4艘潜水艇和一艘潜水艇母舰。

第二次世界大战爆发后，德、意、日三国已结成轴心联盟，德国停止为中国制造潜艇。当时派在德国监造潜水艇的海军人员王致光、徐振骐、林惠平、王荣瑸等人，以及在德国学习潜水艇的学员林遵、林祥光、程法侃、陈粹昌、苏镜潮、程璟、陈尔恭、高光佑、韩兆霖等虽因战争爆发而匆匆回国。回国后，分派各舰艇、机关、部队服务。

12月，海军长江中游布雷游击总队成立（总队长刘德浦，下辖第一、第二、第三、第五大队。1941年10月，改称海军第二布雷总队，林遵充任第五大队大队长兼第九分队分队长）。

1940年1月12日，日本侵略军已深入到华中地区，国民党海军当局实行分段封锁长江布雷，以阻日舰通行。海军将长江中游划为三大布雷游击区：监利至黄陵矶，鄂城至九江，湖口至江阴。海军长江中游布雷游击队改编扩充为海军长江中游布雷游击总队，增加人员，并在水雷制造所大批训练布雷人员。刘德浦任总队长，叶可钰、何传永任总队副。下辖6个中队、13个分队（同年10月扩编为5个大队）。林遵任第五游击布雷中队少校队长兼第九分队队长，率领队员们活跃于安徽贵池县，在缺少渡河器材条件下，连续两年多次深入敌占区侦察，昼伏夜行，身先士卒，泅渡布雷，打击敌人，屡建战功。

1月20日，在两河口江面布下15具漂雷，炸沉日军一艘大型运输船和一艘汽艇，受到上级嘉奖。

4月21日，（重庆）国民政府明令授予海军长江中游布雷游击队第五队少校队长林遵"陆海空军甲种一等奖章"。

11月20日，林遵率领第五队布雷队员王国贵、副军士长范祥光藩等27人在贵池、两河口、黄石矶冒险布漂雷15具，击沉日军大型运输船1艘，汽艇4艘，小火轮1艘。

为此，林遵被列入"海军分段封锁长江发挥敌后布雷游击工作成绩卓著名兵"的名单里，受到表彰，再获"光华甲种二等奖章"和"陆海军一等奖"。林遵在皖南布雷时与新四军开始有所接触。

1941年9月1日，海军长江中游布雷游击队改编为第二布雷总队，下辖7个大队、14个中队，7个电台，刘德浦任总队长，郑震谦、杨希颜任总队副。程法侃为第一大队少校队长；陈赞汤为第二大队少校队长；郑天杰为第三大队少校队长；吕叔奋为第四大队少校队长；林遵为第五大队少校队长；李申溁为第六大队少校队长；何乃诚为第七大队少校队长。第一至第十中队，仍照原次序改编。程法侃兼第一中队队长；陈炳煜为第二中队上尉队长；陈赞汤兼第三中队队长；高声忠为第四中队上尉队长；郑天杰兼第五中队队长；黄廷枢为第六中队上尉队长；吕叔奋兼第七中队队长；沈德镛为第八中队上尉队长；林遵兼第九中队队长；张鸿模为第十中队上尉队长；原十二分队改称第十一中队，李申溁兼队长；原十三分队改称第十二中队，徐奎昭为上尉队长；前海军布雷队第七分队，改为第十三中队，何乃诚兼第十三中队队长；原第十一分队改称第十四中队，林赓尧为上尉队长。

9月28日，林遵率领第五布雷队与程法侃率领的第一布雷队从贵池的岭上舒出发，冒雨抢渡秋浦河，欲寻民船实施布雷，但许多民船被日寇烧毁。无奈，林遵下令布雷队员泅水推雷入江布放，林遵自己率先跳入水中，且泅且推，至中流向敌舰布放。但因水流湍急，向下游驶上来的日军舰又在舰体外加置防雷铜燃网，结果未炸中日舰。他们泅水返回岸上时，陆军一〇一师的一营掩护部队已撤，程法侃、林遵等36名官兵被闻警赶到的日军包围在离江边不远的山林中。海军总司令部总司令陈绍宽得报，急令该区所属的谍报人员全部出动，探查林遵等人下落。第三战区长官部得此消息大为震怒，严令一〇一师那个营将这批布雷队官兵救出，可将功折罪，否则严惩不贷；并张榜悬赏，救出大队长一员赏1000元，队员500元，队兵100元。军委会也电令第三战区积极营救。

10月2日，第三战区派一支精锐的突击部队强渡贵池秋浦河，与日寇展开激战，连日争夺据点，营救被围官兵。深陷敌后林遵等12人利用此时机，分别于5日、6日晚冲出包围。其余人员下落不明。

10月7日，海军长江中游布雷游击队改编为第二布雷总队，刘德浦任总队长，郑震谦、杨希颜任总队副。其中，第一、二、三、五大队为漂雷队；第四、六、七大队为定雷队。漂雷队在长江中游南岸皖赣两省敌后活动，定雷队在沿海港口、江河湖泊活动；温州、宁波、台州、漳州、泉州及闽江口等均由定雷队负责，分属所在战区野战军指挥。程法侃为第一大队少校队长；陈赞汤为第二大队少校大队长；郑天杰为第三大队少校大队长；吕叔奋为第四大队少校大队长；林遵为第五大队少校大队长；李申溁为第六大队少校大队长；何乃诚为第七大队少校大队长。第一至第十中队，仍照原次序改编。程法侃兼第一中队队长；陈炳焜为第二中队上尉队长；陈赞汤兼第三中队队长；高声忠为第四中队上尉队长；郑天杰兼第五中队队长；黄廷枢为第六中队上尉队长；吕叔奋兼第七中队队长；沈德镛为第八中队上尉队长；林遵兼第九中队队长；张鸿模为第十中队上尉队长；原十二分队改称第十一中队，李申溁兼队长；原十三分队改称第十二中队，徐奎昭为上尉队长；前海军布雷队第七分队，改为第十三中队，何乃诚兼第十三中队队长；原第十一分队改称第十四中队，林赓尧为上尉队长。

1942年12月，林遵通过同学林祥光介绍，到重庆国防研究院进修学习军事科学。1944年3月毕业，被分配到军事委员会参谋总长办公室，任海军参谋。

1944年，美国答应给中国8艘军舰，组成中国海军驻美舰队，以配合同盟军在太平洋海域对日作战，国民党政府派遣1000余名海军官兵赴美国学习技术，准备接受这批军舰。

1945年8月15日，日本宣布无条件投降，林遵充任中国驻美国大使馆海军上校副武官。12月10日，获得"六等云麾勋章"。

1946年年初，林遵被临时调任国民党海军驻美舰队指挥官，负责率领在古巴的关塔那摩基地进行战术科目训练的8艘军舰的1000名中国海军官兵回国。

3月12日，林遵赴古巴接任驻美国舰队指挥官。4月14日，林遵率领美国第一批赠让的"太康"、"太平"、"永泰"、"永兴"、"永胜"、"永顺"、"永定"、"永宁"8舰离开古巴哈瓦那起航回国。分别以梁序昭、韩北霖、麦士尧、高泽、孙苏、张朋箫、王恩华为舰长。4月21日，抵达巴拿马运河。5月1日抵达阿可坡可（Acapulco）。5月6日离开墨西哥的阿可坡可（Acapulco）。5月13日驶抵美国的圣地亚哥。5月16日转抵美国的长滩港。7月19日安抵上海吴淞口。7月21日林遵辞去驻美使馆的武官之职。

当时国民党反动当局正热衷于打内战，蒋介石的心腹、国民党海军总司令桂永清电令"峨眉"驶往青岛，把"八舰"开往南京，后调往渤海湾堵截解放军。

南沙、西沙群岛自古以来就是我国的神圣领土，在这以前先后被法国、日本侵占了几十年，日本投降后，根据《波茨坦公告》和1945年9月2日日本签署的《无条件投降书》的有关条款，由中国政府派遣海军舰队与行政官员前往接收。

1946年7月初，为了接收日本侵占的南沙、西沙群岛的主权，国民党行政院通过海军总司令部派遣林遵作为总指挥率领"前进舰队"去接收南海诸岛。10月26日，舰队在上海集中。10月29日，由吴淞口起航，经舟山群岛、珠四口直驶虎门。

国民政府接收南沙群岛专门委员会于1946年10月23日乘"太平"舰从南京出发。前排中为南沙舰队指挥官林遵，后排右一为"太平"舰舰长麦士尧；后排右二为内政部接收专门委员郑资约。第三排右一为"中业"舰舰长李敦谦

11月6日，由虎门驶进海南岛的榆林港，然后分两路前进。一路由林遵率领"太平"、"中业"两舰偕同广东省政府任命接收南沙群岛专员麦蕴瑜及其他工作人员进驻南沙群岛；另一路由舰队副总指挥姚汝钰率领"永兴"、"中建"两舰进驻西沙群岛。时值中国南海东北风强劲季节，赴南沙群岛的两舰两度出航均以狂风巨浪而折回，至12月9日再次出航，经过两三天与风浪搏斗后才于12月12日晨在南沙群岛的一个较大的岛上登陆。登陆后，他们拔掉岛上日本人原竖着的石碑，在原基座上用水泥建起命名为"太平岛"的主权碑，碑的背面镌刻着建碑的日期，并举行升国旗典礼。林遵和麦蕴瑜以及"太平"舰舰长麦士尧、"中业"舰舰长李敦谦等50人参加升旗竖碑仪式。随后李敦谦也将刻有"中业岛"字样的碑石竖在另一小岛，将这岛命名为"中业岛"。

1946年12月15日接收人员在太平岛举行接收南沙群岛升旗典礼，前排左六为李敦谦，前排左四为内政部接收专员郑资约，前排左五为南沙舰队指挥官林遵，前排右四为广东省政府接收专员麦蕴瑜

1946年12月15日，在太平岛举行接收南沙群岛升旗典礼后返航。林遵这一行胜利完成了收复被日本帝国主义占据的我国南海中的南沙群岛、西沙群岛的主权的任务，使这两个群岛无争议地回归祖国的怀抱。

1947年7月，桂永清又任命林遵为海军点验委员会副主任委员（有职无权的闲差使）。

1948年7月4日，林遵任海防第二舰队总司令，下辖"惠安"、"吉安"、"营口"三艘护航驱逐舰和"安东"、"永绥"、"江犀"三艘炮舰以及两个海舰队。奉命率领海防第二舰队驻防长江，配合陆军担负东起江苏江阴，西至江西湖口的这段长500多公里的沿江防务，主要是为防止中国人民解放军大军南下。

林遵接任司令时是光杆司令，司令部没有人。所属舰只也只"惠安"（舰长吴建安，马航六）、"吉安"（舰长宋继宏，青航四）两舰，如何担当500公里长的江防任务？所以就从江防舰队调八艘舰给林。八艘舰是："安东"（舰长唐涌根，电二，代理舰长韩廷枫）、"楚同"（舰长李宝英，烟台）、"永绥"（舰长邵仑，马航二）、"太原"（舰长倪锡麟，马航二）、"江犀"（舰长张家宝，马航五）、"英豪"（舰长薛宝璋，烟台）、"美盛"（舰长易元方，青航五）、"联光"（舰长郭秉衡）；另外又充实了11艘舰，即"逸仙"（舰长宋长志，青航四）、"汾阳"（舰长白树绵，青航四）、"营口"（舰长邱仲明，马航六）、"威海"（舰长吴柏森，黄埔18）、"永嘉"（舰长陈庆坤，黄埔21）、"永修"（舰长桂宗炎，青航五）、"永定"（舰长刘德凯，青航四）、"永绩"（舰长陈清生，青航五）、"美亨"（舰长陈绍平，青航五）、"兴安"（舰长刘宜敏，青航三）、"武陵"（舰长刘征，电二）。又把第五炮艇队约20艘小艇（队长杜澂琛，电二），和当时最大的第二炮艇队50多艘小艇（队长陈务笃）调给林遵指挥。这样第二舰队就有军舰21艘、炮艇70余艘，力量就不小了。林遵的旗舰就是"惠安"。林司令筹组司令部人员如下：参谋长麦士尧（黄埔十八）、总轮机长阙晓钟（马轮二）、参谋组长欧阳晋（马航六）、参谋戴熙愉（马航十）、副官王熙华（马航十二）。其他勤杂人员的姓名我说不上来。另外桂永清派了一个政工组长杨克斯驻"惠安"舰，一个情报员黄楚民驻"太原"舰。1948年年底第二炮艇队一分为二，一个队长名张汝楣（队部在南京）；另一个队长名查良煦（队部在镇江）；剩10条艇充实第五炮艇队（驻大通）。我就接倪锡麟任"太原"舰长，从南京开到芜湖。

桂永清为架空林遵，将从湖口到江阴500公里长江防线划成五个江防区：第一区江阴上下，指挥官由"逸仙"舰舰长兼任；第二区镇江上下，指挥官由"营口"舰舰长兼任；第三区南京上下，指挥官由"永绥"舰舰长兼任；第四区芜湖上下，指挥官由"安东"舰舰长兼任；第五区安庆上下，指挥官由"江犀"舰舰长兼任。各区军舰3—5艘，炮艇十余艘；各区指挥官由总部直接指挥（林遵指挥不了）。这样一来，林遵就成了只有一艘旗舰的空头司令。林遵当然非常不满。

9月22日，林遵被授予海军少将。

1949年2月3日，林遵获得"五等云麾勋章"。时国民党军队的精华在三大战役中损失殆尽，依托长江防线试图南北分治。林遵奉命率领第二舰队进驻长江，在南京附近江面巡视，阻止解放军过江。中国共产党地下工作人员在周恩来同志指示下，通过许多渠道同林遵取得联系。

4月20日，解放军百万雄师突破长江防线，进击浙皖苏赣等地，并以重炮封锁江面。林遵也下定了起义投向共产党的决心，但是对部下各舰长的心思，还没有把握。4月22日，国民政府迁往广州。海军总司令桂永清命令林遵率第二舰队撤向上海，并许诺以海军中将副总司令和青天白日勋章。次日晨，林遵在陈庆堃的"永嘉"舰上召集"惠安"舰舰长吴建安中校、"吉安"舰舰长宋继宏少校、"安东"舰副舰长韩廷枫少校、"楚同"舰舰长李宝英中校、"永绩"舰舰长陈清生少校、"永绥"舰舰长邵仑、"太原"舰舰长陈务笃少校、"江犀"舰舰长张家宝少校、"武陵"舰舰长刘征少校、"美盛"舰舰长易元方少校、"美亨"舰舰长陈绍平少校、"联光"舰舰长郭秉衡少校、"永修"舰舰长桂宗炎少校、"永定"舰舰长刘德凯少校、"兴安"舰舰长刘宜敏中校、第一机动艇队长张汝楒少校、第五炮艇队长杜征琛中校等18人开会，说明江阴要塞已经被解放军占领，要求各舰长对就地停留或是冲向长江下游国统区进行表决。或许是留学英国的缘故，在舰队参谋戴熙愉的建议下，林遵很民主地要求各舰长投票表决去向（两位炮艇队长未发票），结果有8位写了代表留下来的"1"；两位写了表示要走的"2"；6位投了空白票。会后，林遵回到他的旗舰"惠安"上准备起义。

4月23日，林遵于南京江面上举行了震惊全国的起义壮举。除了有少数几艘军舰偷偷溜走外，参加当时起义的有"惠安"舰、"永绥"舰、"安东"舰、"江犀"舰、"楚同"舰、"联光"舰、"太原"舰、"吉安"舰和"美盛"舰9艘军舰，还有两个炮艇队的16艘炮艇，共计1200多名官兵。

起义结束合影。前排中为林遵，后排左为宋继宏，前排左二为邵仑

　　"海防第二舰队"起义后，4月30日由林遵少将领衔率同各舰长、队长向毛泽东主席和朱德总司令发去致敬电。电文表明他们坚决反对蒋介石独裁政府依靠美帝国主义的支持打内战、屠杀自己同胞的反动政策，要同人民站到一起，因而起义参加中国人民解放军；表示"今后誓愿在中国共产党与人民革命军事委员会和人民解放军华东军区领导之下，贯彻毛主席、朱总司令进军命令，为彻底推翻在美帝国主义支持下的国民党反动统治，完成新民主主义而奋斗"。

　　5月18日，毛主席、朱总司令复电，对这次起义予以高度赞扬，称之为"在南京江面上的壮举"，"是值得全国人民热烈欢迎的行动"，并勉励林遵及全体起义官兵"团结一致，学习人民解放军的建军思想和工作制度，并继续学习海军技术，为中国人民海军的光明前途而奋斗"。

　　林遵率领"海防第二舰队"在南京江面上的起义壮举，不仅粉碎了国民党反动派妄图借这支舰队继续反共反人民的如意算盘，加速了渡江战役的胜利，对进军江南，解放全中国作出了贡献；而且大大有利于我国人民海军的建设。

　　就在林遵宣布起义的同日，中国人民解放军的第一支海军——华东军区海军在江苏泰州白马庙宣告成立。这个第一支的我国人民海军即是在林遵等起义和其他投诚舰艇的基础上着手组成的。虽然"二舰队"多数舰艇起义后随即为国民党反动派派遣飞机狂轰滥炸，遭到严重破坏。但起义官兵的专业知识、技术专长为我国人民海军的成长作出了重要贡献，他们的功绩是不可磨灭的。

5月16日，林遵被任命为中国人民解放军华东军区海军筹办和主持海军训练班，亲自制定教学为华东海军各舰艇培养了一批技术骨干。

1951年1月，林遵被调到中国人民解放军军事学院担任海军教授会主任。

1955年11月19日，林遵被授予海军少将军衔，获"一级解放勋章"。

1957年6月，中国人民解放军海军军事学院在南京成立，林遵被任命为南京海军学院副院长。虽然担任领导职务，他还是亲自参加制订教学计划，除审阅教材外，还担任授课。他讲课内容丰富，深入浅出，易于理解，很受学员们欢迎。在教学中，他不断总结经验，提出新问题进行探讨，以新的见解丰富军事科学。他很重视对外国海军的研究，认为必须了解外国的海军技术、装备、作战思想和方法以及他们的现状和历史，把它作为我国的借鉴，才能在中国建设一支强大的人民海军。他在这方面提出一些建议，得到海军司令员萧劲光的赞扬。林遵在新中国成立二十余年间我国海军院校的建设事业中，付出了巨大的心血，为培养我国合格的海军人才做出了重大贡献。长期在海军教育和理论研究的领导岗位工作，提出"建立海军干部训练基地，是建设强大海军的必由之路"，主张院校建设"既要发扬我军优良传统，又要博采众长，注意研究和借鉴外国海军经验"。

1961年，由刘伯承元帅推荐，参加《辞海》军事条目编写工作。

1972年后，林遵因患鼻咽癌先后在南京、上海、青岛等地治疗休养。1974年痊愈后，中央军委任命他为人民解放军东海舰队副司令员。从1975年9月到1976年4月，他视察了东海舰队防区内大小60多个单位。

1976年4月，林遵得了复视症，11月鼻咽癌复发，不得不离开他心爱的海洋和海军事业。然而即使在这最困难的时期，他于1977年8月光荣地加入中国共产党，并担任东海舰队党委委员。他于1949年9月当选为中国人民政治协商会议第一届全国委员会委员，以后又连续当选为第一届至第五届全国人民代表大会代表，并担任国防委员会委员。

1979年7月16日，林遵在上海医院逝世，终年74岁。他临终遗言："我一生爱海军、爱海洋，又是东海舰队副司令，埋骨东海，正是死得其所。"遵照他的遗嘱，骨灰撒在东海。

# 刘德浦

## ——敌后布雷英雄

## （1896—1979）

刘德浦，字志南。福建省建瓯县回龙乡坪州村人，生于清光绪二十二年正月十八日（1896年3月1日）。其祖父迁家建瓯城关做生意，父亲刘英六为清季儒生，因抽鸦片，家道中落。母亲祝淑敬，就学毓兴女校，具有远见卓识，于民国初年举家寓居上海，培养儿子德浦、德城，女德曜成才。

刘德浦11岁进上海澄衷中学，光绪三十三年（1907年）考入烟台水师学堂第六期航海班。

宣统三年五月（1911年6月），刘德浦与杨砥中等83人同期毕业于烟台水师学堂第六届驾驶班。因本届毕业生共83人，人才济济，海军界采"曹操兵马83万

之意"称为"83万班"。毕业后奉派到"通济"练习舰见习。

八月十九日（10月10日），武昌起义爆发，革命军连克武汉三镇，成立了湖北军政府，引起了清王朝的极度震恐。

八月二十一日（10月12日），清廷急令陆军大臣荫昌率北洋军两镇兵力由京汉路南下武昌，又命海军提督、舰队统制官萨镇冰率领巡洋、长江两舰队溯江而上，与荫昌会师武汉，企图一举将革命军镇压。

时在"通济"练习舰见习的杨砥中自告奋勇要到镇江去见镇江都督林述庆，请林述庆给予支持。林述庆表示赞同，嘱托杨砥中等"相机行事"。

九月十八日（11月9日），杨砥中等见习生再次来到茶店，相讨时局决定由杨砥中等4人再赴镇江。林述庆派一批敢死队员，协助他们运动舰队起义。

九月二十一日（11月11日），萨镇冰目睹清政府摇摇欲坠，各省纷纷独立的局面，采取自行引退，以"身体有病必须赴沪就医"为由离舰出走。临行前指定资格最深的"海筹"管带黄钟瑛为舰队长。

九月二十三日（11月13日），在巡洋舰队副官汤芗铭、"江贞"管带杜锡珪及"海琛"舰正电官张怿伯、驾驶副杨庆贞、三副高幼钦、见习士官阳明等策动下，"海琛"舰见习士官阳明即扯下龙旗掷于江中，首先悬起白旗。

时"通济"舰奉令驶烟台，载运"海琛"、"海筹"、"海容"三舰所需军火驶往湖北，抗拒革命军。学生郑沆、林培坚等俟船驶至中途，胁迫管带吴振南，在他们率领下于镇江参加易帜起义。随后参加光复金陵等战役。刘德浦充任"通济"航海副。

1912年1月1日，中华民国南京临时政府建立，孙中山当选为临时大总统。但袁世凯对孙中山就任临时大总统极为不满，唆使北洋军将领40多人通电主张君主立宪，反对共和，并叫嚣要以"开战"来解决政体问题。面对袁世凯的军事讹诈，孙中山毫不妥协，决定进行北伐。1月11日，孙中山宣布自任北伐军总指挥，以黄兴为参谋长，并制订了组织"六军四路"北伐计划。新成立的海军部奉命派舰参加北伐，调拨"海容"、"海琛"、"南琛"三舰组成北伐舰队，杜锡珪任南京临时政府海军北伐舰队"海容"舰代理舰长之职，林永谟被任命为"海琛"舰舰长，葛保炎任中华民国南京临时政府北伐舰队"通济"练习舰舰长。刘德浦随"通济"舰从上海出发，参加北伐。

1月16日，北伐舰队抵达烟台时，烟台已经独立，都督为海军"舞凤"舰管带王传炯。随即北伐舰队遂一面派"海琛"舰护送北伐军运兵船至登州、黄县、龙口，及辽东半岛花园口、貔子窝等地登陆，以武力促成和巩固当地的独立；一面派舰至辽东半岛各港口巡弋，以壮声势。2月12日，隆裕太后在袁世凯的逼迫下，带着6岁的小皇帝溥仪在养心殿下诏宣布退位。2月13日，孙中山在袁世凯通电赞成共和后，提出辞职。2月15日，临时参议院选举袁世凯为临时大总统。

南北议和统一，北伐军遵令终止北伐作战，刘德浦随"通济"舰回上海。3月30日，袁世凯窃取了临时大总统职位，在北京就任了临时大总统之职，并组成北京政府第一届唐绍仪内阁。临时参议院推举刘冠雄为海军总长，袁世凯任命刘冠雄为海军部总长。

1913年1月，北京政府海军部决定在南洋水师学堂旧址设立"海军军官学校"（李和任校长）。刘德浦等被选派入海军军官学校学习海军高等学科及战略战术。

4月17日，刘德浦被授予海军少尉。

1915年1月22日，海军军官学校举行毕业考试，最优等者有郑耀恭、李世甲、郑沆、赵梯昆、郑贞棩、林郢、盛建勋、刘德浦等8人。

2月2日，毕业后被派入"海琛"巡洋舰见习，同年秋再入南京海军雷电学校学习。

1916年初，刘德浦任"联鲸"炮舰中尉枪炮副。6月30日，刘德浦被授予海军上尉。

1920年1月8日，刘德浦获得"六等文虎章"。5月31日北京政府海军部令海军总司令部派舰员李孟亮、刘德浦、邵钟、谢为良4人赴上海海关巡缉船实习测量。

1923年7月，北京政府海道测量局（局长许继祥）和海军测量队成立，刘德浦任海军测量队少校队长，邵钟、谢为良、陈有根为副队长。海军部将海防团所属之"海鹰"、"海鹏"两艘炮艇调归测量队，经修理装配，作为测量艇，改名为"庆云"舰、"景星"舰。又向英国购买一艘测量舰"甘露"号，排水量1133吨。

1924年5月5日，刘德浦被授予海军少校。

1925年7月24日，刘德浦任海道测量局测量股中校股长。7月30日，刘德浦、刘世桢、叶裕和奉派赴美国海道测量局考察学习测量技术及管理法则。

1926年1月21日，苏浙闽海岸巡防分处成立，由全国海岸巡防处巡缉股股长游福海兼全国海岸巡防处苏浙闽分处上校处长，在浙江定海设处办理。该区之坎门、嵊山、厦门三个报警台建成。北京政府海军部派往日本学习测量技术的测量员陈志、叶可松、梁同怡、陈绍弓4人及赴美的测量员刘德浦、刘世桢、叶裕和三人回国时，奉命绕道欧洲，访问法、德等国海军测量局，并至摩洛哥海运测量协会观摩。

7月，刘德浦任"庆云"测量舰中校舰长。时国共合作北伐开始，北伐军节节胜利，闽系海军决定与北伐军合作。11月26日，林知渊策动驻厦海军警备司令林国赓、海军陆战队队长林忠率部在厦门起义归附国民革命军，所部改编为国民革命军闽厦海军（指挥官林知渊）。

12月10日，驻泊福州马尾等地的海军第一舰队，在司令陈季良的率领下，海军宣布服从国民政府，首先易帜归附国民革命军。

1927年3月14日，海军总司令杨树庄正式宣布与革命军合作，通电率领第一、第二舰队和练习舰队所属44艘舰艇一律易帜，加入国民革命军。在吴淞口成立国民革命军海军总司令部，杨树庄正式就任国民革命军海军总司令。刘德浦充任海道测量队队长。

1928年4月1日，海道测量队队长刘德浦充任"甘露"测量舰一等中校。

1929年1月22日，刘德浦晋升为海军海道测量局上校测量员。

3月27日，蒋桂之间因争夺两湖地盘爆发"蒋桂战争"。3月28日海军将领通电拥护中央。3月29日陈绍宽奉命率第二舰队"楚有"、"咸宁"护送蒋介石到九江督师，协助蒋介石讨伐桂系（即第二次西征）。3月30日海军攻占田家镇；4月4日协助陆军攻占刘家庙；4月5日攻下武汉；4月7日海军攻占岳州；4月13日由汉口急进，击破郝穴，在英国军舰的帮助下攻占马家寨防线，继而攻破观音寺防线等三道防线。4月12日，国民政府设立海军部，特任杨树庄为海军部长，陈绍宽为政务次长。

6月1日，海军部正式成立。因部长杨树庄兼任福建省政府主席，由次长陈绍宽代理部务，晋升为海军中将。同日，南京政府海军部海道测量局正式成立，刘德浦任海军部海道测量局代理局长。11月15日，兼任"甘露"舰中校舰长。

在海道测量局代理局长刘德浦的努力下，海军海道测量局测量队于1930年5月18日成立，配备有"甘露"、"曒日"、"青天"、"景星"、"庆云"（后来"庆云"由"诚胜"替换）5艘测量舰艇。

5月23日，南京国民政府委命刘德浦为"甘露"测量舰中校舰长，被授予一等中校。

1933年3月25日，海道测量局技术主任米禄司回英国，"甘露"舰舰长刘德浦代理技术主任。"曒日"舰舰长谢为良调任"甘露"舰代理舰长。6月28日，刘德浦调任南京政府海军海道测量局代局长。

9月27日，刘德浦调任海军部海政司（司长许继祥）测绘科一等中校科长。同日，刘德浦率闽江测量队前往罗源湾复测水道。

9月20日，刘德浦被免去"甘露"舰舰长之兼职（专任海道测量局局长），谢为良继任海军"甘露"测量舰一等中校舰长。

1934年8月31日，扬子江水道整理委员会召集"整理水道"会议，海军部派海道测量局代理局长刘德浦出席会议。

1936年1月16日，刘德浦被授予海军上校。南京政府参谋本部召集"统一全国测量"会议，海军部派海道测量局代理局长刘德浦出席会议。9月19日，改为兼代局长之职。11月2日，国父孙中山诞辰纪念叙勋，刘德浦获"五等云麾勋章"。

1937年，"七七事变"抗日战争全面爆发，刘德浦任海道测量局局长，主持海道测量，为海军在长江等阻塞线抗战作准备，所存重要档案及海道测量资料，日本人甚为垂涎，曾以金钱贿诱刘德浦出卖，被刘德浦拒绝。"八·一三"淞沪抗战爆发，测量局在枫林桥，处敌人炮火轰击线范围内，他将所有档案资料及图表仪器转运南京交海军部保存。

1938年1月1日，海军部改制为海军总司令部（总司令陈绍宽），刘德浦转任海军总司令部上校候补员。

11月2日，海军总司令下令编组成立长江中游布雷游击总队（1941年10月番号改为海军第二布雷总队），刘德浦任上校总队长。总队部下辖第一、第二、第三、第四、第五5个布雷队及一个直属分队，配合第三战区切断日军长江运输线。

第一、第二、第三、第四、第五布雷队均设少校队长。每队各设立电台一部。分辖11个分队。第1分队至第10分队，归第一、第二、第三、第四、第五队队长指挥，第11分队归总队部直辖。并由福建抽调员兵300余人编组训练，是月底筹备妥当，开赴第三战区敌后，担负封锁长江任务。海军长江中游布雷游击总队以湖口至芜湖段为布雷游击地带。该布雷队归第三战区长官部直辖。

1940年1月12日，海军为加强敌后作战，将长江中游划为三大布雷游击区：监利至黄陵矶段，鄂城至九江段，湖口至江阴段。海军长江中游布雷游击队改编扩充为海军长江中游布雷游击总队，增加人员，并在水雷制造所训练大批布雷人员。刘德浦任总队长，叶可钰、何传永任总队副。下辖6个中队、13个分队（同年10月扩编为5个大队）。杨希颜任第一中队少校队长，严智任第二中队少校队长，郑震谦任第三中队少校队长，陈挺刚任第四中队少校队长，林遵任第五中队少校队长，李申滦任第六中队少校队长。杨希颜、严智、郑震谦、陈挺刚、林遵、李申滦6人分别兼任第一、三、五、七、九、十二各分队队长，另派上尉陈炳焜、郑天杰、黄廷枢、沈德镛、张鸿模、林赓尧、吴征椿分别充任第二、四、六、八、十、十一、十三各分队队长。

9月1日，海军长江中游布雷游击队总队成立，刘德浦改任海军布雷队第二布雷总队上校总队长。第二布雷总队隶属于第三战区，驻上海。总队下分7个大队，担负赣、皖、浙、闽4省港口、河流、湖泊的布雷工作。当时漂雷多在皖南、赣北及长江沿岸；定雷则在鄱阳湖各汊口、樟树镇、富春江、瓯江、台州一带及泉州湾、九龙江等处。遇紧急任务，刘德浦总是亲临基层，率领官兵共同操作。当时全国有4个布雷队，刘德浦总队编制最大，防区最广，任务最艰巨，因而功绩最著。

1940年1月20日，刘德浦调任海军长江中游布雷游击队上校队长。10月，刘德浦所督带的长江中游布雷游击队在第一游击区炸沉敌舰46艘，炸伤3艘，以及汽艇43艘，小火轮二艘，运兵商船6艘。

1941年1月1日，元旦叙勋，（重庆）政府军事委员会明令海军第二布雷总队队长刘德浦指挥布雷"著有功绩"，授予"五等宝鼎勋章"。

9月1日，海军长江中游布雷游击队改编为第二布雷总队，刘德浦改任上校总队长。总队设在江西上饶，负责配合第三战区在长江中下游作战。下辖7个大队、14个中队，7部电台，刘德浦任总队长，郑震谦、杨希颜任总队副。其中，第一、二、三、五大队为漂雷队，第四、六、七大队为定雷队。漂雷队在长江中游南岸皖赣两省敌后活动，定雷队在沿海港口、江河湖泊活动；温州、宁波、台州、漳州、泉州及闽江口等均由定雷队负责，分属所在战区野战军指挥。

程法侃为第一大队少校队长，陈赞汤为第二大队少校队长，郑天杰为第三大队少校队长，吕叔奋为第四大队少校队长，林遵为第五大队少校队长，李申溓为第六大队少校队长，何乃诚为第七大队少校队长。第一中队至第十中队，仍照原次序改编。程法侃兼第一中队队长；陈炳焜为第二中队上尉队长；陈赞汤兼第三中队队长；高声忠为第四中队上尉队长；郑天杰兼第五中队队长；黄廷枢为第六中队上尉队长；吕叔奋兼第七中队队长；沈德镛为第八中队上尉队长；林遵兼第九中队队长；张鸿模为第十中队上尉队长；原十二分队改称第十一中队，李申溓兼队长；原十三分队改称第十二中队，徐奎昭为上尉队长；前海军布雷队第七分队，改为第十三中队，何乃诚兼第十三中队队长；原第十一分队改称第十四中队，林赓尧为上尉队长。

1942年8月，海军长江中游布雷游击总队成立，刘德浦任总队长，总队部迁到福建建阳。

1945年4月7日，刘德浦升任闽江江防上校司令。5月1日，刘德浦调任重建的海军马尾要港司令部少将司令。

8月11日，（重庆）国民政府海军总司令陈绍宽决定重建海军厦门要塞司令部，海军少将刘德浦调任厦门要塞司令，海军少将李国堂继任海军马尾要港司令。

8月15日，日本无条件投降。海军总司令部下令设立青岛要港司令部、台澎要港司令部、上海要港司令部、广州要港司令部、厦门要港司令部。9月16日，刘德浦调任海军接受厦门军港专员。9月18日，海军负责接收日伪海军专员曾以鼎调派刘德浦兼任海军厦门要港少将司令。

9月22日，海军负责接收日伪海军专员曾以鼎令厦门要港司令刘德浦少将协助李世甲办理接收厦门日伪投降事宜。何应钦也电令第三战区司令部，最终明确厦门受降改由海军主持。根据何总长致日本海军善后总联络部"第二号命令"及我海军总部致刘德浦少将"元字第二号"命令，改由海军主持。

9月24日，刘德浦奉令随带上校参谋长郑沅、少校副官刘景篁、邬宝祥等和翻译官李泽一等随员，从上海乘专机飞抵厦门，即转来漳州与李世甲晤面。

9月25日，李世甲、刘德浦以"接收指挥所"的名义，向原田清一发布训令：关于厦门、金门、鼓浪屿及白石炮台要塞与飞机场及厦门区日军投降接收事宜。刘德浦命令原田清一立即编造投降官兵花名册和舰艇、军械、弹药、物资等清册，并确定于9月28日在鼓浪屿海滨饭店（现鹿礁路2号）举行受降仪式。同时，刘德浦也向驻永安的刘建绪表示，海军接收范围仅限于原厦门要港司令部、厦门要塞、海军机场、厦门造船所、海军医院和海军电台等几个机构，其余地方行政单位，诸如金融、海关、税务、司法、邮电等机构，均不过问，请省府自行派员接收。

日本驻厦门司令官原田清一海军中将，管辖东南沿海各岛屿。刘德浦先限期移交军事，命令他交出炮台、炮艇、自杀艇、电台、机场、造船厂等。在治安方面，暂由日本宪兵维持，我方派员监督。最后部署接收物资事项，规定有关单位按专业归口分别接收。

厦门受降工作顺利完成，社会秩序安定，与刘德浦妥善布置，严正执行分不开。

日军投降后，日房及眷属2000余人均集中于厦门大学，按国际法规定待遇，不许任何人干扰。遣房时，房众只许自背随身衣物步行至码头上船。日方要求派专车送日本驻厦门司令官原田清一上船。刘德浦坚持原则，令原田清一与遣房同样步行，只许用推车装背包至码头，体现了国家尊严及《国际法》精神。

1945年12月26日，蒋介石免除陈绍宽海军总司令职，军政部海军署接管海军总司令部。

1946年3月12日，战后海军总司令部重建，桂永清任代理总司令。7月31日，刘德浦被授予海军中将。

10月1日，南京国民政府国防部明令任命刘德浦任海军总司令部第二署中将署长。

刘德浦因不满民国政府腐败和海军内部派系斗争，他以年老多病力辞，离职后隐居在南京胞妹住所，不久返福州，继而归福建建瓯老家，但仍遭到监视。刘德浦为避免麻烦，断绝故旧来往。

1947年3月14日，刘德浦获"四等云麾勋章"。

1949年10月1日，新中国成立，华东海军部陈毅同志闻刘德浦"贤能"，特派专车来建瓯邀请他赴上海，任新中国海道测量局四级工程师，主持技术室工作，为高级工程师、技术顾问。

　　1950年，舟山群岛刚获得解放，该岛北部尚有海匪和国民党军残余势力活动，长江口原南京政府的海道布雷尚未扫清，美军舰仍在长江口外巡弋。华东海军布置清除任务，刘德浦参与勘察扫雷工作，经月余努力，完成任务。同年，海道训练班第一批海测人员参加海测实习，刘德浦为提高实习成绩和海测人员技术水平，亲自出海指导。

　　1958年9月，刘德浦因积劳罹病，申请退职。离休后定居于上海疗养。

　　1979年3月12日，刘德浦因肺癌在上海逝世。终年84岁。

# 卢景贤

—— "血染沙场是我愿，捐躯为国是我命"

（1894—1943）

卢景贤，字孟惠。福建省闽侯县人。生于清光绪二十年（1894年）。

光绪三十三年（1907年），卢景贤年13岁考入烟台水师学堂。

宣统三年五月（1911年6月），卢景贤与刘德浦、杨砥中等83人同期毕业于烟台水师学堂第六届驾驶班。因本届毕业生共83人，人才济济，海军界采"曹操兵马83万之意"称为"83万班"。毕业后奉派到"通济"练习舰见习。

八月十九日（1911年10月10日），武昌起义爆发，革命军连克武汉三镇，成立了湖北军政府，引起了清王朝的极度惊恐。时"通济"舰奉令驶烟台，载运"海琛"舰、"海筹"舰、"海容"舰，三舰所需军火驶往湖北，抗拒革命军。见习学生郑沅、林培坚等俟船驶至中途，胁迫管带易帜起义。随舰参加海军易帜起义，随后参加光复金陵等战役。

1912年1月1日，中华民国南京临时政府建立。孙中山任命黄钟瑛为南京临时政府海军总长；汤芗铭为次长。

2月2日，清廷发出诏书宣布清帝接受《优待条例》退位。清廷海军部解散。2月13日，袁世凯通电赞成共和后，孙中山通电辞去中华民国临时大总统职，南京临时政府海军部也宣布裁撤。袁世凯在北京建立中华民国临时政府，谭学衡被委任为北京临时政府海军部正首领，授海军上将衔。3月30日，袁世凯窃取了临时大总统职位，在北京就任了临时大总统，并组成北京政府第一届唐绍仪内阁。临时参议院推举刘冠雄为海军总长。袁世凯任命刘冠雄为海军部总长。他曾经多次与同学和朋友讲"血染沙场是我愿，捐躯为国是我命"。

1913年1月，北京政府海军部决定在南洋水师学堂旧址设立"海军军官学校"（李和任校长，11月8日改为郑纶任校长）。卢景贤被选派入南京海军军官学校再学习海军高等学科及战略战术。

5月20日，卢景贤被授予海军少尉。原定在该校学习两年，后因"应瑞"、"永丰"、"肇和"、"永翔"、"同安"、"豫章"、"建康"等新舰回国后，各舰急需配员，提前于1913年7月结业，派任"应瑞"巡洋舰的航海副。

1919年1月4日，卢景贤获得"八等嘉禾勋章"。

1920年3月5日，卢景贤获得"六等文虎勋章"。

1921年12月30日，卢景贤调任第二舰队"江亨"炮舰中尉航海长。

1927年3月14日，卢景贤调任"湖鹰"炮艇上尉艇长；12月30日，被授予海军少校军衔。

1929年6月29日，卢景贤调任"江鲲"炮舰少校舰长。

1930年1月15日，"江鲲"炮舰舰长卢景贤请假（由海军部军械司少校科员陈祖祺暂代舰长之职）。5月14日，卢景贤被叙为二等少校。

1931年4月29日，卢景贤获得"六等宝鼎勋章"。

1934年3月3日，卢景贤调任"威胜"炮舰一等少校舰长；3月5日被叙为海军二等中校。

1935年4月10日，卢景贤因在2月8日民生实业公司的"民康"轮冒雪雾航行至汉口附近的小金山触礁沉没中救援不力，遭到海军部申斥。

1936年6月15日，"咸宁"炮舰一等少校舰长林建生调任第二舰队司令部

（司令曾以鼎）参谋长。7月13日，林建生任第二舰队司令部（司令曾以鼎）二等中校参谋长。卢景贤继任"咸宁"炮舰一等少校舰长。

11月25日，卢景贤调任海军第二舰队司令部（司令曾以鼎）中校参谋。

1937年1月，奉派充任"楚谦"炮舰代理舰长。5月6日，回任第二舰队司令部中校参谋。"七七事变"全面抗战爆发后，卢景贤曾申请调到最前线，曾对其同仁说："血染沙场是我愿，捐躯为国是我命"。

1938年1月1日，因应抗战需要海军部改制为海军总司令部，卢景贤充任海军总司令部第二舰队司令部（司令曾以鼎）参谋，叙为二等中校。

1943年，卢景贤遭日机轰炸，为国殉难。终年50岁。

# 马步祥

## ——夜袭吴淞口的敌舰

### （1897—1937）

马步祥，原名烈忠，字履和。浙江省东阳县千祥下甘棠村人。生于清光绪二十三年（1897年）。兄弟三人，马步祥排行第三。马步祥入学后，因家里经济拮据，每天只能上午读书，下午放牛。尽管如此，他还是成绩斐然。小学未毕业，就去投考浙江省立金华师范学校并被录取。

1916年12月，马步祥考入烟台海军学校。海军学校修业期8年，马步祥专心攻读，不论是电工学、高等数学、无线电学，还是舰位测绘、海军作战指挥学，他都认真研读，对各类舰艇的吨位、构造、作战能力及轮机、雷达、电台、鱼雷、水雷、炮等兵器的性能都了如指掌。他在学习中，不但弄清原理，而且反复演练，直至操作娴熟，力求理论与实践相结合。因而，每每考核，成绩皆优。在校期间，他积极锻炼身体，以增强体质，适应海上大风大浪的生活环境。为了海上战斗的需要，他十分注重游泳训练，并在比赛中屡屡获奖。

1923年，马步祥毕业于烟台海军学校第十五届航海班，马步祥又进入吴淞鱼雷枪炮学校深造。

1924年8月，马步祥等39人毕业于吴淞鱼雷枪炮学校。

后排左起：俞健、姜炎钟（后改名西园）、冉鸿逵、翁纪清、任毅、张介石、郑体和、吕桐阳、徐锡鬯、李信侯、苏武、马步祥；前排左起张鹏霄、孟宪愚、梁康年、杨保康、田乃宣、陈香圃、宋乐韶、邹振鸿、方联奎、何典燧、黄海琛、赵宗汉、姚汝钰。

毕业后，马步祥登舰见习。1925年任东北海军"镇海"舰中尉候补副、"海琛"舰上尉枪炮正等职。

1931年，"九一八"事变东北沦陷之后任东北"海军学校"学生教导总队少校副总队长。

1933年春，马步祥调任东北海军"海圻"巡洋舰中校副舰长。

马步祥为人热情和蔼，带兵恩威并施，使人敬畏。在东北海军中，他与姜西园、冉鸿翮一起被誉为"东北海军三杰"。

1933年2月22日，日军以两个师团的兵力进攻热河（今河北、内蒙古自治区各一部）。昏庸腐败的热河省主席兼第五军团团长汤玉麟根本无心抗战，逃之夭夭。日军先头部队仅以128名骑兵轻易占领热河省省会承德。并陈兵长城各要口威胁平津,使华北局势危在旦夕。马步祥奉命协同舰长督驾"海圻"舰在天津塘沽附近海面上布置鱼雷和水雷网,封锁津沽航路。

"崂山事件"后东北海军内部的派系斗争激化。原来,东北海军中主要有旧东北航警学校一期生和旧渤海舰队军官两大势力。

东北海军内部旧渤海舰队人员与葫芦岛海军学校、烟台海军学校派系人员之间争夺东北海军领导权的斗争越来越白热化。东北派主要领导人员姜炎钟,和航警学校一期的关继周、杨超伦等青年军官们自恃在"崂山事件"救沈鸿烈出险"有功",在沈鸿烈任市长后向他提出索取港政局局长、公安局局长等职位的要求。

原渤海舰队上尉副官董沐曾到东北海军后深得沈鸿烈青睐,不久就升为中校副舰长,"崂山事变"后又取得军衡处处长的职位。他凭借自己掌管的人事大权,计划把航警学校一期生全从船上调到陆战队去担任较高职务,用明升暗降手法来剥夺对手的舰上实权。

"镇海"舰二副冯志冲认为自己在"崂山事件"中救沈鸿烈有功,却受到旧渤海舰队人员的排挤。关继周等召集几次秘密会议,商讨对策。决定利用舰队大检阅(沈鸿烈照例要到各舰检阅一次)轮到检阅"镇海"舰的时候,乘沈鸿烈来到"镇海"军舰训话时,将沈鸿烈劫持到薛家岛"海圻"舰,逼迫沈鸿烈接受他们的议决案:打倒董沐曾集团的旧渤海人员;青岛市的行政人员(包括主管)要交给东北派的海军人员来做,使东北派势力得以统一。

6月23日,"镇海"舰担任二副的航警学校学生冯志冲等在青岛德县路瀛洲旅社开了一个房间,找老同学商量对策。冯志冲自告奋勇,愿意单独执行绑架沈鸿烈的任务。他们计划劫持沈鸿烈后,迫使他排斥董沐曾等人,由航警学校毕业生掌握人事权。为此密谋绑架东北海军司令沈鸿烈。

6月24日下午4时许,沈鸿烈先去栈桥视察了华北运动会的游泳场后,准备赴大港向"镇海"舰官兵训话。沈鸿烈让副官史复生打电话要船时,冯志冲驾驶着一艘汽艇靠上了码头。小火轮离岸后,还未出港,冯志冲便取出手枪正想将史复生制住。史复生早有防备,挥起一拳将冯志冲打入海中,其他卫士连忙上前将沈鸿烈扑倒伏下,落水的冯志冲仍奋力向艇上连开三枪,但未击中。史复生还击,都未击中。小轮急行,驶奔"镇海"舰。码头警所听到警报,急派警乘船赶往,将冯志冲捞起暂押公安局，后送解海军司令部军法处审讯。

沈鸿烈回司令部后，得知此事涉及很多人，其中不少是他的亲信。于是，他立即下令于当夜处决了冯志冲，不打算再深究他人，史称"薛家岛事件"。

舱面队长关继周等得知冯志冲被处死后极为愤慨。他们觉得沈鸿烈对制造"崂山事变"的人员资遣回籍何等宽大，而对救命恩人却如此无情。即召开紧急会议，认为冯志冲的供词涉及"海圻"、"肇和"、"海琛"三舰的很多主要人员，后患难测。加上东北派的首脑人物之一姜炎钟正想乘机取得"海圻"、"肇和"、"海琛"三舰的领导地位。于是在"海圻"舰召集东北派军官开会商讨应对之策。姜炎钟（后改名西园）建议南下投靠广东的陈济棠。并立即将"海圻"（舰长姜鸿滋不在舰上）、"肇和"、"海琛"三舰的舰长召上舰。晚8时许，"海鸥"艇送上岸休假及各舰购菜人员回舰。

6月25日，"海圻"、"肇和"、"海琛"三舰同时宣布戒严，拒绝原三舰舰长和一部分被认为"亲沈鸿烈的"而不可靠的官兵登舰。同时，也有其他舰上官兵，被认为可靠的，纷纷调来三舰补充。

当晚9时左右，"海圻"、"海琛"、"肇和"这三艘东北海军最大的军舰驶离青岛，起程南下，马步祥充任"海圻"巡洋舰副舰长。

6月27日，"海圻"、"海琛"、"肇和"三舰离开青岛以后，即通电要求沈鸿烈下野。

7月15日，"海圻"、"海琛"、"肇和"三舰抵达广东投靠陈济棠，组建成粤海舰队，姜西园任司令。姜西园被陈济棠任命为舰队司令后，为独揽大权，把一同南下的葫芦岛海校军官以升调的手法调离舰队，将舰长、副长和在舰上有权势的分子，调到陆上学校或江防舰队，或别的陆上行政部门去。广东陈济棠为了控制从东北南来的"海圻"、"海琛"、"肇和"三舰，顺水推舟，凡是姜西园请调离舰的一律批准，但对请示任命的却不同意，而另派自己的亲信接任以补充三舰。同时也训练士兵，和黄埔海校陆续招生，做好后备。

接着逐渐把航警学校毕业生从舰上调离："海琛"舰舰长关继周被派去海南岛考察后予以免职，陈济棠改委任陈浩为"海琛"舰舰长；"海圻"舰舰长冉鸿翮调广东江防司令部，陈济棠改委任方念祖为"海圻"舰舰长，马步祥为"海圻"舰副舰长；"海琛"舰副舰长张凤仁调到岸上任教官，改委任陈祖正为"海琛"舰副舰长；"海圻"舰副长唐静海调"福游"舰任舰长，改派"福游"舰舰长陈浩（广东人，黄埔海校十五期毕业，广东江防司令李庆文的同学）任"海琛"舰舰长。并以广东要人子弟经黄埔海校学习后补充三舰。姜西园成光杆司令。

1935年6月8日，粤海舰队司令姜西园改任政务副司令兼黄埔海军学校校长，原"海圻"副舰长马步祥调任黄埔海军学校（校长由陈济棠兼）上校副校长、陈香圃任教育长。

6月10日，陈济棠下令将粤海舰队与第一集团军江防舰队正式合并，组建第一集团军舰队司令部，陈济棠自兼广东海军总司令，张之英任常务副司令兼江防舰队司令，原江防舰队司令李庆文改任参谋长，原江防舰队参谋长黎巨镠改任副参谋长。

"海圻"、"海琛"、"肇和"三舰大权易手后，姜西园感到无力同陈济棠抗争，只得安心当官。可是三舰官兵对此异常气愤，尤其是从6月起，陈济棠将三舰的军饷由大洋改为广东毫洋，更是火上浇油。许多东北籍官兵表示一定要打出广东，死也不能死在广东。"海琛"舰轮机长陈精文、"肇和"舰枪炮副长李和春、副舰长李宝琳和张凤仁等人，到在广州东山的唐静海家中密商，决定驾舰离粤。

因"肇和"舰正在修理主机，不能行驶，他们只好先带"海圻"、"海琛"两舰行动，并将"肇和"舰原东北海军官兵接来同行。6月15日，"海圻"、"海琛"、"肇和"三舰官兵以讨欠饷为名扣押新任舰长方念祖、陈海等。

陈济棠闻讯，急电虎门司令李洁之出兵截击。两舰高射炮火力强劲，而且广东空军也早已厌倦内战，并不过于逼迫。两舰因水位过低被迫折回鱼珠。

6月16日夜间，时值大雨滂沱，珠江水涨，深夜1时许，"海圻""海琛"两舰脱浅起航突出海口，向虎门炮台发炮百余发，沙角探海灯被击毁，守军还炮欠准，两舰乘雷雨全速驶出虎门口。

"海圻"、"海琛"两舰离开广东后，马步祥被陈济棠解职，北上投靠江阴电雷学校欧阳格，出任江阴电雷学校中校总训练官，负责训练学员的军事技术。

1937年，"七七事变"全面爆发。8月14日电雷学校被改编成战斗序列，海军中将欧阳格任江阴要塞司令。马步祥为江阴要塞鱼雷快艇总指挥，辖鱼雷快艇

15艘。日本海军舰艇"出云"号为中国军队的主攻目标。马步祥出任总指挥后，经常亲率快艇巡航，捕捉战机袭击"出云"号。胡敬端督驾"史102"艇协同"史171"艇（艇长刘功隶）伪装成民船由江阴经内河潜赴上海。

8月16日晚8点整，"史102"艇从上海新龙华出动，经过三道沉船阻塞线与避过英法意各国舰艇的监视，冲向正停泊在日本邮轮码头的"出云"号舰艇。在距离300公尺处以50度射角发射了两枚鱼雷，一枚击中防雷网炸毁了敷网的驳船；一枚则击中岸壁。

鱼雷艇袭击"出云"号，日寇旋即实施了报复。日军此时认定"对中高速鱼雷艇用机雷奇击，必须击灭上海方向之海军为要"。8月24日，日机开始轰炸中国军队舰艇及机场，以致中国海军实力损失殆尽。

"九·二三"战斗结束之时，中国海军第一舰队的主力"宁海"、"平海"两巡洋舰被尽数击毁，欧阳格司令以黄山军港多次遭日军空袭，设备损害严重，决定将各鱼雷艇分散到江阴上下各港汊隐蔽。

9月29日，马步祥中校率领"史34"鱼雷快艇（艇长姜翔翱）在驶往四墩子港警戒，途中被封锁线附近的敌机察觉，4架日机对"史34"艇进行了追击，"史34"号艇的双连装机枪显得火力不足，所以很快被日机的机枪子弹击穿油柜，燃起大火，最后沉于夏港江面。艇长姜翔翱上尉、副艇长叶君略中尉、轮机长江平光中尉与6位艇员全部壮烈牺牲。

农历十月十二日（11月12日），为了支援淞沪作战，欧阳格将军令电雷学校总教官马步祥中校带领"史181"鱼雷快艇冒空袭危险越过封锁线，夜袭吴淞口的敌舰。

11月13日晨4时30分，"史181"鱼雷艇在金鸡港与敌3艘驱逐舰相遇。它们抛锚后向着中国军队的阵地开火，接到报告后，马步祥迅速带领3艘鱼雷快艇出击，与日军炮艇遭遇，日军用37毫米火炮向"史181"鱼雷艇射击，"史181"鱼雷艇迅速发射了6枚鱼雷。因地形复杂，鱼雷误撞暗滩。日舰以炮火还击，击中"史181"鱼雷艇（艇长杨维智），敌艇负伤后仍不顾一切高速前进，直冲敌舰。敌舰中弹起火下沉，电雷学校总训练官马步祥与艇员轮机兵叶永祥等阵亡于金鸡港江面。马步祥殉职时年仅41岁，被追晋为海军上校。

马步祥上校阵亡，蒋介石给予高度评价："马步祥中校此次英勇殉国，其行为甚为英烈，是海军的楷模，我命令，追授马步祥为海军上校，追授青天白日勋章一枚。其妻子儿女由国家出钱照顾，此令，蒋中正。"

马步祥上校此前还留有一封遗书，如下。

母亲、大哥、二哥：

笔未提，心破碎，忠（马步祥，在家仍称原名"烈忠"）此奉命征战，生死未定，念我悠悠中华，泱泱华夏，岂容倭寇践踏？更何况忠身为军人，父亲常嘱"食其禄而保其主，居其地而守其土。"忠记忆犹新，忠不愿也不会辱没祖先，当为国尽忠。唯念年迈老母，美云及迈儿，还有美云肚内之骨肉，此去如遭不测，望母亲哥哥节哀，请大哥、二哥代为尽孝。烈忠绝笔。

# 任光宇

## ——"军人以血洒疆场为人生之大幸福"

## （1885—1948）

　　任光宇，字宙丞，福建省闽县（今福州市）马尾区君竹村人，后举家迁琅岐岛镇衙前村。生于清光绪十一年（1885年），出身于海军世家，父亲、祖父、曾祖父皆是福建水师的水兵。任光宇为家中三兄弟的老二，三弟任光海。

　　光绪二十八年（1902年）冬，任光宇经萨镇冰保荐入烟台水师学堂第一届驾驶班学习。

　　光绪三十一年十月（1905年11月），任光宇与刘永诰、林希曾、饶鸣銮、温

树德、佘振兴等24人同期毕业于烟台水师学堂第一届驾驶班。

光绪三十二年（1906年）春，北洋大臣袁世凯、练兵处大臣铁良应日本政府之请，拟参照赴英国留学之例，在南北洋海军学堂中选派海军学生40名赴日本留学海军。北洋海军统制萨镇冰从烟台海军学堂第一期选派佘振兴等16人和第二期中选派16人，计32人由教官徐裕源率领，从烟台乘"海筹"（管带何品璋）往天津，改乘火车赴北京东城铁狮子胡同练兵处报到候考。练兵处派谭学衡、刘冠雄、沈庆瑜及数名翰林监考。

考选烟台水师学堂驾驶班任光宇、佘振兴、林希曾、郑衡、饶鸣銮、陈永钦、陈文会、戚本恕、林焕铭、郑畴纲、罗忠冕、刘永诰、郑耀庚、刘永谦、温树德、叶芳哲、杨树韩、龚庆霖、张建勋、张洪基、邬宝祥、李君武等22人。

考选南京水师学堂吕德元等12人及船政学堂驾驶班第十三届考选二人，船政学堂管轮班考选一人，并从先期赴日之"成城预备学校"考选方念祖等36人，共72人（不包括福建船政学管辖的1人，俗称"72贤"）。

光绪三十二年四月（1906年5月），清政府派海军游击郑祖彝率领任光宇、佘振兴、刘永诰等乘轮船到上海，改乘法国的轮船东渡。

光绪三十二年四月（1906年5月），任光宇等进入日本东京深川区商船学校学习。72人到日后分甲、乙、丙三班。烟台、南京学生任光宇、佘振兴等22人分为甲班，专习日文；南京水师学堂吕德元等12人及船政学堂驾驶班第十三届考选2人及山东的日本成城学堂考取的方念祖、刘华式等日文较好的8人分为乙班，专学英文；凌霄等28人英文日文都较差者列为丙班。

因该校为海军预科教育，烟台、南京两校毕业生都感到浪费时日。

光绪三十三年（1907年）夏，任光宇、佘振兴、刘永诰等34人回国省亲。各生抵达上海后即向海军统制官萨镇冰报到，言"在日无学可求，要求调回派舰服务"。时正值舰上缺乏人才，当即电请南北洋大臣，核准全部调回国，派舰见习。

海军统制官萨镇冰决定派原江南海军学堂毕业生吕德元、奚定谟、孟慕超、沈奎及烟台海军学堂毕业生温树德、佘振兴、任光宇、刘永诰8人赴英国学习海军。

光绪三十三年八月（1907年9月），任光宇、佘振兴、刘永诰等8人抵香港，分两组，每舰4人。吕德元、奚定谟、孟慕超、沈奎被派上"阿尔佛来君"（Knga Lfard），任光宇、温树德、佘振兴、刘永诰被派上"柏佛得"（Bedford）。舰上设有教官教授数学、天文、驾驶、枪炮、鱼雷、信号、电讯、轮机及分队作战部署等课程。随航学习数学、天文、驾驶、枪炮、鱼雷、信号、电学、轮机及值更分队、作战部署等，实习4个月，航行南洋、新加坡、槟榔屿等地。

任光宇、吕德元、奚定谟、孟慕超、沈奎、温树德、佘振兴、刘永诰8人在英国军舰上学习4个月后，经海军统制萨镇冰与英国海军提督Adna Sir Wiuian Miore上将摩亚伯爵协商，报请海军衙门核准再派往英国驻地中海、大西洋等舰队学习。

光绪三十四年二月（1908年3月），佘振兴、孟慕超两人留英国远东舰队的阿斯特利（Astnca）（驻香港）见习，任光宇、吕德元、奚定谟、沈奎、温树德、刘永诰6人于4月间改乘"瓜代"舰"安佛特莱"号（Aendcitnite）赴英国，历时6周到达英国的朴茨茅斯港（Portsmouth）其中在途经地中海时派两人到英国地中海舰队（Duncan）见习，留下两人派到大西洋舰队。

一年六个月完成舰课，任光宇等被授予海军少校军衔。

宣统元年九月（1908年10月），任光宇、吕德元、奚定谟、孟慕超、沈奎、温树德、佘振兴、刘永诰8人奉派入英国皇家海军格林尼治海军大学学习，入学后接受尉官教育，学习驾驶、航海、测量、枪炮、轮机、理化、微积分、造船等理论。时人誉称任光宇、刘永诰等为"八仙过海"。

任光宇、吕德元、奚定谟、孟慕超、沈奎、温树德、佘振兴、刘永诰8人在英国皇家海军格林威治海军大学学习堂课6个月结束。

宣统二年三月（1910年4月），任光宇等8人转入英国本土舰队（Homes fleet）、新式战舰（Aqamenrnou）即（Lord essoh型舰）参加实习与作战演习两个月。

五月（6月），任光宇、吕德元、奚定谟、孟慕超、沈奎、温树德、佘振兴、刘永诰8人被到英国朴茨茅斯鲸岛基地枪炮学校学习与操练枪炮、航海、鱼雷等技术6个月。完成尉官见习全部课程。

十一月二十四日（12月24日）吕德元、奚定谟、孟慕超、沈奎、温树德、佘振兴、任光宇、刘永诰8人留学期满毕业回国。

十一月二十日（12月22日），任光宇等8人回抵上海。

十一月二十二日（12月24日），任光宇充任长江舰队副官。

宣统三年（1911年）正月元宵节后，任光宇、佘振兴、刘永诰等8人齐集北京。

宣统三年正月十七日（1911年2月15日），北京海军部对任光宇、吕德元、奚定谟、孟慕超、沈奎、温树德、佘振兴、刘永诰8人进行汇报考试。任光宇考试成绩优异，被授予"协领"分派到各舰任教练官。

三月二十四日（4月22日），任光宇调任"海容"舰教练官。

八月十九日（10月10日）武昌起义爆发。

八月二十二日（10月13日）陆军大臣荫昌率北洋军两镇兵力由京汉路南下武昌，海军提督、舰队统制官萨镇冰接到赴援的命令后，率领"海琛"舰由上海星夜赴武昌，并令巡洋舰队代理统领吴应科率领舰队进入长江，溯江而上赴鄂，电令驻守粤洋的"海筹"、"海容"两舰连夜北上驶往武昌协助。

九月十四日（11月4日），"海容"舰（管带喜昌、帮带联升）赶到武昌，时萨镇冰率领各舰泊守于汉口下游刘家庙，"海容"、"海筹"会同"海琛"率领"江"字和"楚"字各炮舰上驶，向武昌炮击。

由于革命军方面的积极争取，清军焚掠汉口的暴行，使越来越多的海军官兵同情革命，任光宇、佘振兴等人进行了广泛联络。

九月二十一日（11月11日），萨镇冰采取自行引退，以"身体有病必须赴沪就医"为由离舰出走。临行前指定资格最深的"海筹"舰管带黄钟瑛为舰队队长。

萨镇冰离开舰队后，黄钟瑛即下令"海筹"、"海容"、"海琛"三舰离开阳逻开赴九江。

九月二十三日（11月13日）"海筹"、"海容"、"海琛"、"江贞"、"湖隼"、"湖鹗"、"湖鹰"等舰换上白旗，表示归顺革命。"海容"、"海琛"两舰的管带也被劝退离舰。同行各舰艇也纷纷响应，"江贞"、"湖隼"、"湖鹗"三舰则前往九江参加起义。

宣统三年十一月十三日（1912年1月1日），中华民国临时政府成立后，临时政府下设海军部。1月3日，孙中山任命黄钟瑛为南京临时政府海军总长，汤芗铭为次长。

孙中山就任临时大总统后，袁世凯向南方发出战争威胁。孙中山决心北伐，以彻底推翻满清政府。

1月11日，孙中山亲自担任北伐总指挥。黄钟瑛坚决拥护孙中山的北伐主张，调拨"海容"、"海筹"、"海琛"、"南琛"、"通济"等舰组成北伐舰队，从上海出发，直赴烟台。黄钟瑛命海军部次长汤芗铭任北伐舰队司令，率"海容"、"海琛"、"南琛"、"通济"四艘巡洋舰北上。北伐舰队分载兵员600名，此外尚有运输船四艘，分载兵员1500名，同时由上海启程北上。任光宇随"海容"舰参加北伐。

1月16日，任光宇随"海容"舰抵达烟台，护送北伐军在烟台登陆。北伐舰队抵达烟台。这时，烟台已经独立，但根基不稳，北伐舰队的到来，壮大了他们的声威。北伐舰队继续北上，光复了一些港口。

2月2日，清廷发出诏书宣布清帝接受优待条件退位。袁世凯通电赞成共和后，孙中山向南京临时参议院提出辞职咨文。

2月15日，临时参议院选举袁世凯为临时大总统。北伐军遵令终止北伐作战。任光宇随北伐舰队南下回到上海。

3月6日，南京临时参议院允许袁世凯在北京就职。

3月30日，袁世凯在北京就任了临时大总统，并组成北京政府第一届唐绍仪内阁。临时参议院推举刘冠雄为海军总长。袁世凯任命刘冠雄为海军部总长。

4月6日，北京政府临时大总统任汤芗铭为海军次长，黄钟瑛为海军总司令（驻在上海高昌庙原巡洋、长江两舰队统制的办事处中），海军总司令部设于上海，负责舰队的作战、训练。原海洋舰队改称"第一舰队（左司令）"，蓝建枢为海军左司令，负责海防；原长江舰队改称"第二舰队（右司令）"，吴应科为海军右司令，负责江防。

4月7日北京政府临时大总统袁世凯明令任命任光宇为第一舰队司令处（海军左司令蓝建枢）二等参谋。

9月8日，任光宇调任北京政府海军部总务厅副官处副官。

1913年1月17日，任光宇被授予海军中校。4月9日，任光宇调任海军第二舰队司令处参谋长。7月12日，任光宇获得"六等文虎勋章"。8月20日，任光宇晋升为海军上校。11月21日，任光宇调任北京政府海军总司令处一等参谋。

1914年5月25日，任光宇获得"三等文虎勋章"。

1916年1月1日，任光宇调任"建康"舰舰长，并获得"四等嘉禾勋章"。

8月25日，任光宇奉命率领"建康"舰护送孙中山从上海南下广州，沿途视察象山、舟山军港后，顺道趣游了我国佛教四大名山之一的普陀山。旅途中孙中山对任光宇有好感，教之革命道理，亲书"天下为公"四字横幅赠给任光宇，并同任光宇一起合影留念。

1917年10月9日，任光宇获得"三等嘉禾勋章"。10月25日，海军各舰长由海军部直接委任改为海军部荐请大总统任命，任光宇被任命为"建康"炮舰舰长。

11月12日，任光宇调任"永绩"炮舰舰长。

1918年10月19日，北京政府大总统徐世昌明令传令嘉奖任光宇。

1919年1月4日，北京政府大总统徐世昌再次明令传令嘉奖任光宇。10月14日，任光宇获得"二等文虎勋章"。

10月28日，"永绩"舰舰长任光宇调任"应瑞"舰舰长，晋升海军少将衔。

1920年2月25日，任光宇调任福建清乡督办专员（萨镇冰）少将高级参谋。

1922年10月13日，萨镇冰出任福建省省长，萨镇冰对任光宇很赏识，电商北京海军部，任光宇调任福建省水上警察厅厅长。任内革新法规，精简冗员，严格训练，并水陆联合缉私。因颇有政绩，1925年任光宇被调任福建省警察厅厅长。但任光宇以"海军出身，不宜陆事"相辞。在福建任职期间，百姓送有万民伞及匾额。

7月22日，任光宇调任"永健"炮舰舰长。

1926年2月6日，任光宇被授予海军中校。7月1日，广东革命政府在广州誓师北伐。7月9日，北伐战争在"打倒列强，除军阀"的口号声中正式开始。7月13日，"通济"舰舰长刘永诰调任海军总司令部参议，任光宇继任海军部练习舰队"通济"舰舰长。

国共合作北伐开始后，北伐军节节胜利。11月26日，林知渊策动驻厦门海军警备司令林国赓、海军陆战队队长林忠率部在厦门率先易帜，归附国民革命军。12月10日，驻泊福州马尾等地的海军第一舰队，在司令陈季良的率领下，海军宣布服从国民政府，首先易帜归附国民革命军。

1927年3月1日，任光宇任海军部练习舰队"通济"练习舰舰长。3月14日，海军总司令杨树庄正式宣布与革命军合作。在吴淞口成立国民革命军海军总司令部，杨树庄正式就任国民革命军海军总司令，参谋长吴光宗。总司令杨树庄电第一、第二和练习舰队所属44艘舰艇一律易帜，加入国民革命军。

1928年4月12日，任光宇当选海军国民党特别党部委员。8月27日任光宇充任国民革命军海军总司令部参谋长，10月29日被授予海军少将。

12月1日，国民政府在国民政府行政院军政部之下设立海军署。12月5日，陈绍宽任海军第二舰队司令兼任国民政府军政部海军署署长。

12月28日，蒋介石为排除异己，削弱其他派系的军事力量，在南京成立国军编遣委员会，海军总司令部及其他集团军总司令部同时撤销，于上海改设海军编遣办事处，以杨树庄为主任，青岛系海军的凌霄和粤系海军的陈策为副主任。

12月29日，张学良在东北易帜，蒋介石实现形式上的全国统一。

1929年3月16日，海军总司令部被裁撤，改设海军编遣办事处，负责全国海军的编遣工作。杨树庄为主任委员（称病未到任，由陈季良代理主任委员），东北海军凌霄、广东海军陈策为副主任委员。陈季良、陈绍宽、曾以鼎、刘传绥、王烈、尹祖荫，黄绪虞、舒宗鎏等8人为委员。办事处下设总务局、军务局及经理分处三个办事机构。原有第一、第二舰队编为第一、第二舰队，东北联合舰队改为第三舰队，广东各舰队改为第四舰队，统归编遣委员会管辖，由海军编遣办事处分别编遣。

3月27日，任光宇为海军编遣办事处军务局少将局长。

1930年12月23日，任光宇充任南京政府海军部参事室少将参事主任，并参与制定海军法规，审议人事奖惩和有关海军涉外事件。

1931年1月26日，南京国民政府明令任命任光宇为海军部参事处少将参事。

1936年7月15日，任光宇"努力国民革命勋绩显著"，经海军部呈请授予勋章。

11月12日，任光宇获得"国民革命军誓师十周年纪念勋章"。

1937年"七七事变"，抗日战争全面爆发，他参与策动长江江阴、马当、田家镇的三次海战和沿江沿海的阻塞战、布雷战。

1938年1月1日，因应抗战需要，海军部改制为海军总司令部，任光宇充任海军总司令部少将候补员（派军事委员会第一部办事）。

3月12日，任光宇调任桂林（西南）行营（办公厅）（主任李济深）少将高级参谋，参与指挥西南战区的陆、海、空三军对日作战。

1940年10月28日，日军十几万人马大举进攻桂林，桂林保卫战开始。李济深指名请任光宇负责主持保卫大西南之战。

11月4日，屏风山、猫儿山等阵地失守，日军开始直接进攻桂林城，并且派登陆艇试图从水路攻击桂林。任光宇会同各将领奔赴前线，以主力大军和左右翼两军，海军炮艇等协力攻击日军的中路，集中兵力，夺回阵地，大歼日军。

在对日作战中，任光宇经常夜以继日制订作战计划，还带着参谋人员到最前线观察敌情，有时连续多日未合眼，终于积劳成疾，得了严重胃病。

11月7日，日军见强攻伤亡巨大，急忙使用了大量的毒气弹攻击桂林各处守军阵地，守军中大多数没有见过毒气，不知道躲避所以大量中毒死伤，其中800名桂军士兵（多为伤兵）在七星岩抵抗日军数日，日军在损失了近千人后向七星岩内施放毒气，七星岩内桂军官兵大量中毒，日军此时冲入其中，很多桂军士兵用剩下的一点点力气射击日军并同日军肉搏，但终因中毒确实力竭和弹尽粮绝而全部被日军击毙。

11月10日桂林城陷落，守军19000余人中12000人战死（其中一半被毒气毒死），7000多人因为中毒昏迷不醒而被日军俘虏。

1941年1月，任光宇胃痛越来越严重，到最后进食都很困难，任光宇说："军人以血洒疆场为人生之大幸福"，坚持战斗在前线，后被强行送往后方桂林抢救。

1945年8月15日抗战胜利。8月21日海军水雷部队重建，但任光宇身体已越来越虚弱。

1947年2月18日，任光宇晋升海军少将，因病情日益加重而申请退役。

1948年，任光宇病逝福建福州。终年63岁，死后被追授海军中将。

任光宇精通英语，曾译有《世界战舰》，还著有不少海军学术文章。他写得一手好字，向他求题字者很多。他还喜好读书，家有藏书万余册。

弟：任光海（1884—1960）。

任光海，字波藩。生于清光绪十年九月初七日（1884年10月25日）。光绪三十三年（1907年），任光海考入烟台水师学堂。宣统三年五月（1911年6月），任光海毕业于烟台海军学堂第六届驾驶班。同年十月（1911年11月），在"通济"管带吴振南率领下于镇江参加易帜起义，随舰参加光复金陵等战役。1913年1月被选派入南京海军军官学校再学习海军高等学科及战略战术。5月20日，任光海被授予海军少尉。1915年5月派充"楚有"炮舰航副。1918年10月赴英国学习鱼雷。11月10日被授予海军上尉。1921年1月任光海等转赴美国费城学习鱼雷等科，入美国海军试炮场制炮厂。6月毕业回国。1924年充任"建康"炮舰副舰长。1925年，充任海军部技士。1926年1月19日，调任"应瑞"巡洋舰少校副舰长。2月6日被授予海军少校。

1927年3月14日随"应瑞"练习舰易帜，仍任国民革命军海军"应瑞"巡洋舰少校副舰长。11月1日，调任海军总司令部少校参谋。1928年，调任"江鲲"炮舰少校舰长。1929年6月29日，调任"豫章"舰长。1930年5月14日，被叙为一等少校。1932年1月21日下午，任光海督带"豫章"炮舰经过南通附近长江江段时，因遭遇大雾，在天生港外的青天礁触礁沉没受免职处分，调充海军部候补员，派第一舰队司令部遣用。4月5日调任"威胜"炮舰舰长。5月28日，被叙为海军二等少校。8月31日，调任海军练习舰队司令部少校参谋。1933年1月7日，晋升为海军中校。1935年1月15日，调任"楚观"舰长，1月16日被叙为海军二等中校。1937年7月1日，调任"民权"炮舰舰长。1938年1月1日，调任海军"楚有"炮舰舰长。1939年1月1日，任"楚观"炮舰舰长。2月28日，林元铨辞去海军修械所所长兼海军特务队总队长之职，调任国民政府参军处海军少将参军。（重庆）国民政府明令海军修械所所长之职由"楚观"舰长任光海兼代。6月12日，兼代海军（木桐镇）特务队队长。

1946年8月20日充任海军"逸仙"舰中校舰长。11月27日辞职回家。新中国成立后，任光海曾任福建省政协委员。1960年，任光海病逝于福州，终年76岁。

# 萨师俊

## ——与"中山"舰共存亡

## （1896—1938）

萨师俊，字翼仲。福建省闽县（今福州市鼓楼区）朱紫坊人。生于清光绪二十一年（1895年），海军宿将萨镇冰的侄孙。

父萨福乾（君乾）娶罗忠如，生四子：大哥萨本新（江南水师学堂毕业）、萨本俊（萨师俊）居二、三弟萨本忻（福建船政学堂毕业）、四弟萨本械。

萨师俊自幼勤奋好学，为人正直，性格倔强。青年时期立志投身海军，报效祖国。

光绪三十四年（1908年），萨师俊考入烟台海军学堂。

宣统三年八月十九日（1911年10月10日），武昌起义爆发后，全国各地纷纷响应。

武昌起义的消息传到烟台，同盟会员迅速行动起来，于九月二十二日（11月12日）晚烟台同盟会员王耀东、荣星銮等联络水师哨官宫顺德，在烟台组织海军学堂学生及水师官兵起义。起义军推举同盟会会员栾忠尧、杨德胜为正、副总指挥，由号称"十八豪杰"的栾忠尧、李凤吾、王耀东等18人统领，兵分三路，以放火为号，一路急驰东山，迫使东山警卫队二营与海军练勇一营投降；一路前往

大清银行放火助威；另一路直扑海防营清军驻地。萨师俊参与烟台海军学校的易帜行动，参加烟台光复。

1912年2月，烟台海军学堂改名烟台海军学校，总教习江中清兼代校长。3月蒋拯任校长。

1913年7月，萨师俊毕业于烟台海军学校第八届航海班，入海军练习舰队实习，6个月期满后补任初级军官，旋升任"通济"练习舰三副。1916年转入南京鱼雷枪炮学校。

1918年南京海军鱼雷枪炮学校第二届枪炮班，最后排左五为萨师俊。

1916年南京海军雷电学校第二届雷电班结业合影。前排左起：郑畴芳、饶琪昌、陈承辉、田炳章、曹明志、方莹、周荣道、钦琳、李宝和、卢文祥、孙新、张佺；第二排左起：黄振、陈泰培、王兆麟、陈绍基、陈泰植、郭昶荣；第三排左起：许建鹰、黄显琪、魏朱英、潘士椿、蒋瑜、萨师俊、蒋元俊、严陵。

1918年毕业后充任候补副。

1919年1月1日，萨师俊充任海军部少尉副官，9月7日被授予海军中尉。

1921年，萨师俊调任第一舰队上尉参谋。

1923年4月12日，萨师俊调任第二舰队司令部（司令李景曦）上尉正副官。

8月12日，萨师俊调任练习舰队司令部（司令李景曦）少校副官。

1925年6月1日，萨师俊调任海军闽厦警备司令部副官处少校处长。

1926年7月4日，中国国民党中央执行委员会通过《出师北伐宣言》，7月9日，国民革命军在广州举行北伐誓师典礼。蒋介石发表宣言、通电和告广东军民书等，以国民革命军总司令名义，宣告北伐战争正式开始。随着北伐军节节胜利，11月26日，林知渊策动驻厦门海军警备司令林国赓、海军陆战队队长林忠率部率先在厦门易帜，归附国民革命军。

12月10日，驻泊福州马尾等地的海军第一舰队，在司令陈季良的率领下，海军宣布服从国民政府，首先易帜归附国民革命军。

12月15日，萨师俊调任第二舰队"江贞"炮舰副舰长。

1927年3月14日，海军总司令杨树庄正式宣布与革命军合作，通电率领第一、第二和练习舰队所属44艘舰艇一律易帜，加入国民革命军。在吴淞口成立国民革命军海军总司令部，杨树庄正式就任国民革命军海军总司令。12月30日，萨师俊被授予海军少校军衔。

1928年6月1日，萨师俊调任"建安"炮舰少校副舰长。

1930年1月1日萨师俊调署"公胜"炮舰舰长（副舰长曾国奇）。5月13日，萨师俊任"公胜"炮艇艇长，5月14日叙为海军二等少校。曾奉命督带"公胜"炮舰参加"剿共"。

10月14日，"青天"炮舰改测量舰，萨师俊调任"青天"测量舰少校舰长。11月6日，"青天"测量舰萨师俊调任"顺胜"炮舰舰长。

1931年4月23日，"青天"舰舰长萨师俊调任海军巡防队"顺胜"炮艇艇长，4月24日叙为二等少校。4月29日萨师俊获得"六等宝鼎章"。萨师俊亲自指挥督带"顺胜"舰从上海航行到福建，开了我国海军史上内河炮舰航海的先例。

5月6日，萨师俊调任"威胜"炮舰代理舰长。7月20日，萨师俊调任"威胜"炮舰舰长，7月29日萨师俊叙为一等少校。

1932年4月4日，萨师俊调署海军第一舰队司令部（司令陈季良）参谋。5月21日，萨师俊任海军第一舰队司令部参谋，5月28日叙为海军二等中校。

6月4日，广东海军"中山"舰因广东当局爆发陈策与陈济棠之间改制之争，"中山"舰曾多次在北海和零丁洋袭击陈济棠部。6月25日，陈济棠派两广飞机轰炸陈策的舰队。6月30日，"中山"舰舰长陈涤宣称不愿参加内战，把舰开离广东，驶入福建海面的东山暂避。7月3日"中山"舰驶抵厦门，原拟留厦门协助十九路军。因淡水用完，罗致通督驾"楚泰"舰与"江元"舰为"中山"舰供给淡水。

7月4日，第一舰队司令陈季良来厦门接收，令"楚泰"舰舰长罗致通替代陈涤出任"中山"舰舰长。7月19日，罗致通接任"中山"舰舰长。7月22日，海军第一舰队司令部参谋萨师俊调署"楚泰"舰舰长。8月26日萨师俊任"楚泰"舰舰长。

11月20日，在全国抗日反蒋高潮的推动下，驻守福建的第十九路军将领陈铭枢、蒋光鼐、蔡廷锴联合国民党内李济深（南京政府训练总监）及第三党（中国国民党临时行动委员会）黄琪翔等反蒋派势力，公开宣布与蒋介石决裂，在福州召开了中国人民临时代表大会，决定成立中华共和国人民革命政府。这就是著名的"福建事变"（简称"闽变"）。

11月22日，十九路军为加强反蒋阵线，曾派员到马尾策动李孟斌率驻闽海军统一行动。李孟斌以"上锋无令不敢行言"拒绝。驻闽第十九路军派部队1个旅及飞机6架，向驻闽军舰施压。李孟斌在十九路军一个旅向马尾进逼时，下令将马尾海军各机关搬到舰上，率"江元"、"楚观"炮舰到宁德三都，并将长门等炮台的炮闩及一部分军械，先期运存"江元"、"楚观"炮舰上。李孟斌将海军陆战队等集中于宁德三都，其中一部扼守宁德、罗源一带。

十九路军进驻马尾、厦门两地的海军要港司令部、造船所、航空处、炮台、练营等处，扣住了"海鸥"、"景云"、"庆云"三舰，但"庆云"舰不久即绕道逃走。

南京政府令海军部派兵前往镇压。11月30日，海军鱼雷游击队司令王寿廷奉命率舰赶到三都，萨师俊奉命率"楚泰"舰驰抵福建宁德三都。

时三都、南关、东冲、马祖、娘宫、涵江等处军舰云集，计有"逸仙"、"中山"、"永健"、"永绩"、"楚有"、"楚泰"、"楚观"、"江元"、"江贞"、"江宁"、"海宁"、"抚宁"、"绥宁"等舰艇，昼夜巡防。而温州、瑞安附近，另派"江宁"、"绥宁"两炮艇与蒋系的陆军联络，"华安"、"定安"二舰负责运送中央军及给养从海道入闽，掩护其登陆。

12月16日，南京国民党政府下令讨伐福建人民政府，蒋介石的嫡系部队由浙赣包围闽西北边境。海军部长陈绍宽派陈季良率"海容"等舰回闽，担任陆战队总指挥，相机收复马长地区。

蒋介石军队由闽北向南推进，李孟斌，王寿廷奉命率海军舰艇及陆战队协同行动，水陆夹击福州，封锁水上运输线，率"楚有"舰，"楚泰"舰于12月23日攻下长门向马尾进逼，革命军撤退，海军将长门各要塞及马尾次第收复。海军要港司令李孟斌率"楚有"、"楚泰"等舰进驻马江，占领长门要塞。同日，海军部正式封锁闽江。蒋鼎文、张治中、卫立煌组成几路大军入闽，镇压"福建人民革命政府"，蒋介石飞抵建瓯，坐镇指挥。协同其他舰艇及海军陆战队先后收复长门、马尾、福州，出力颇多。

1934年1月13日十九路军退出福州,"福建人民革命政府"停止办公,"闽变"失败。

7月10日,陈绍宽以提高军官素质,培训在职舰长为目的,在马尾创办中国第一所"海军大学",校址设在马尾旧司令部(今造船公司钢结构车间,江滨路马尾旱桥头东边),另在它的右边建一座楼房为教室。海军部长陈绍宽兼任校长,海军马尾要港司令李世甲兼任教育长,聘请日本海军大佐寺岗谨平和海军法律顾问、法学博士信夫淳平讲授军事和国际公法。罗致通、高宪申、林元铨等上、中校舰长认为,"日本侵华之心昭然若揭,请日人讲学,是与虎谋皮"。于是召集"宁海"舰舰长高宪申等23位上、中校舰长,于11月23日,联名向国民政府主席林森上请愿书,告陈绍宽私聘日本海军教授,要求解除日籍教官。林元铨等还批评日造宁海巡洋舰"构造平常,物质又劣,全军骇异,舆论沸腾。"而国人仿宁海舰自造的平海舰,则"聘雇日人神保敏男及工匠数十人来江南造船所重新改造。"因此请求蒋中正"饬下海军部取消成约,解雇日人。"林森将信转行政院院长汪精卫处理,汪精卫又转给陈绍宽处理。此项指控对陈绍宽自是打击甚大,因为反对他的舰长,均属中央海军,一向与他关系密切。

陈绍宽把海军部务交陈季良代理,离开南京到上海,11月28日再以"才疏力弱,难胜重任",呈请辞去本兼各职。

1935年2月12日,南京政府海军部代理部长陈季良着手处理23个反对陈绍宽的上、中校舰长,将"中山"舰舰长罗致通调任"通济"号练习舰代理舰长,派"楚泰"舰舰长萨师俊代理"中山"舰中校舰长。

12月23日,"中山"炮舰舰长罗致通调任"通济"号练习舰舰长,"楚泰"舰舰长萨师俊任"中山"舰二等中校舰长。

1936年1月17日,萨师俊任"中山"舰中校舰长。自到"中山"舰任职后,萨师俊忠于职守,以身作则和部下一起勤学苦练,提高实战应变能力。舰上每有患病者,他能亲至慰问,士兵每有急难者,他能解囊相济,深受上司的器重和下属的拥戴。

1937年7月7日"卢沟桥事变"爆发后,日本帝国主义侵略魔爪很快就伸向上海。萨师俊率领"中山"舰奔向抗战第一线,日本军舰云集黄浦江上,并企图通过长江进犯沿岸各城市。借鉴林则徐在鸦片战争借重炮台及堵江御敌的海战经验，海军当局一方面将一部分舰龄较长的军舰沉于长江的咽喉——江阴水道，以堵塞之；另一方面则把所沉军舰的大小炮具全部卸下，移作岸上炮台之用。萨师俊率领"中山"舰沿江防御待命。

1938年2月1日，中国海军在湖南岳州组建特务队，"中山"炮舰中校舰长萨师俊兼任特务队队长（姚玙任副队长）。

6月，侵华日军调动近100万兵力，陆海空联合进攻国民政府临时所在地——武汉，"中山"舰奉命投入保卫武汉的战斗。萨师俊率"中山"舰担任施放水雷及运输工作。

8月初，武汉形势急转直下，国民政府决定撤离武汉。"中山"舰奉命从岳阳开赴武汉外围，参加军民安全转移的任务。它安全地护送一批又一批的军民及物资，向长江上游撤离。

10月初，"中山"舰奉命从岳阳开到武汉外围，在金口—新堤一带巡弋。双十节过后，汉口军民向长江上游撤离的人员和物资甚多。中山舰负责沿海安全巡逻。

10月23日，萨师俊率"中山"舰在金口—新堤（今洪湖市）一带巡防，晚上停泊在金口附近的江面驻防。万里长江流经金口，在大军山与槐山之间夺路而去，奔涌向东。这里紧扼江汉平原"大粮仓"的咽喉，历代都是兵家必争之地。

萨师俊看清形势非常严峻，决心拼死报国，他曾对一好友说："国难至此，生死已置之度外，我的遗嘱已立好，余下的只有一腔热血与暴敌相周旋。"

10月24日晨8时，"中山"舰准备起锚巡航之际，东面的天空隐隐约约传来飞机的声音，全舰官兵迅速各就各位，严阵以待。目标越来越近，在军舰上空不断盘旋并下降高度，血盆大口般太阳旗标志在阳光下异常刺眼，原来是一架日军侦察机。等到敌机进入军舰火力射程范围之内，随着萨师俊一声令下，舰上各炮随即向敌机猛烈开火，敌机向东逃遁。

萨师俊带领全舰官兵作好战前准备，严加防范，准备血战一场。下午3时许，一场激烈的海空战斗终于开始。6架敌机呈"一"字形，轮番向"中山"舰轰炸，萨师俊率领"中山"舰官兵奋勇还击。激战中，一颗炸弹击中舰尾，舵机被炸坏，转动失灵，整个军舰失去控制。接着左舷又中一弹，锅炉被炸，炉舱进水，几分钟后水深达4尺余。军舰丧失动力后，随波漂流，情况万分危急，舰长

萨师俊

萨师俊正在驾驶台指挥战斗，又一弹炸中舰首，萨师俊的双腿被炸断，血涌如注。他忍住剧痛，坚持指挥发炮还击。舰上官兵见舰长伤势严重，欲用舢板载他去岸上医治，萨师俊坚定地说："诸人员可离舰就医，但我身为舰长，职责所在，应与舰共存亡，万难离此一步。"

此时江水已汹涌舱内，眼看军舰就要沉没，副舰长吕叔奋当机立断，下令放下两只舢板，强行将萨舰长及受伤官兵送下舢板，当舢板刚离舰数尺，忽然一声巨响，舰首高高昂起，有如英雄昂首挺胸慷慨就义，跟朝夕相处的官兵作最后的诀别，随即便沉没江底。

"中山"舰沉没后，残暴的日机再度向舢板上手无寸铁的官兵俯冲扫射，直到船毁人亡。萨师俊和其他24名官兵的鲜血染红了江面。萨师俊壮烈殉国，时年43岁。萨师俊殉职后，被国民政府追认为烈士，同时追赠他为海军上校，进灵"忠烈祠"。

萨师俊治军恩威并用，平时以"明生死、知荣辱、负责任、守纪律"自律，也以此与所部官兵共勉，因此深得部下的拥戴和各长官的赏识。他海军知识丰富，技术精湛，曾有同事说他将来必有英国海军名将纳尔逊之殊勋。萨师俊则说："吾唯勉尽责任而已，任之所在，生死以之，吾何敢望纳尔逊之勋猷，但愿效纳尔逊之殉职耳。"

# 沈鸿烈

## ——实行"焦土抗战"

### （1882—1969）

 

沈鸿烈，字成章，湖北省天门（原竟陵）县人。生于清光绪八年十月二十七日（1882年12月7日），出身于一个书香门第家庭，父原在天门老家任私塾先生，其他人等均务农。沈鸿烈姊弟三人，沈鸿烈排行第三。沈鸿烈幼年"承庭训，好学敏求"，跟其父读书6年，汉学基础很深。

光绪二十六年（1900年），沈鸿烈18岁府考中秀才，遂执教于府学。

光绪三十年（1904年），沈鸿烈考入湖北武备学堂（张之洞创办的由德国人经管的南京陆水师学堂）学习炮科，后参加湖北新军，充当文书。

光绪三十二年（1906年）春，北洋大臣袁世凯、练兵处大臣铁良应日本政府之请，拟从烟台、南京两水师学堂挑选学生选派学生赴日学海军，下令由北洋海军统带萨镇冰参照赴英国留学之例，在南、北洋海军学堂中选派海军学生40名赴日本留学。

三月（4月）沈鸿烈以第一名的骄人成绩考取了日本海军学校，与方念祖、黄显仁、杨征祥、刘田甫、姜鸿澜、姜鸿滋、杨启祥、张楚材、黄健元、戴修鉴、齐熙、王裘、范腾霄、宋振、萧举规、刘华式、郑礼庆、谢刚哲、金

民国海魂

溥芬、萧宝珩、陈复、李景渊、王统、凌霄、哈汉仪、吴兆莲、卓金梧、宋式善、龙荣轩、童锡鹏、李右文、姚葵常、尹祚乾、陈华森等36人。由海军游击郑祖彝率领乘轮船到上海，改乘法国的轮船东渡留学。

沈鸿烈到日本后，被派进商船学校学习，所学是航海课程。沈鸿烈在留学生中具有较高威信，沈鸿烈身体瘦弱，而且矮小，但每次摔跤，他必参加，但每次参加，他必失败。不过他失败了，绝不言败。因此，同学们常戏呼之以"不败将军"。沈鸿烈虽身体矮小，而嘴却特大，可以容拳，同学们亦呼之以"沈大嘴"。

在东京沈鸿烈结识了许多当时正在策划推翻满清王朝的中国革命党人并加入同盟会。

宣统三年（1911年）夏沈鸿烈毕业于日本东京商船学校和日本海军大学。回国后，被派在"楚观"兵舰上充候补副。当了一段时间，他觉得没有出息，又另找出路。此后，他曾在报馆当过记者，又当过教员。

宣统三年八月十九日（1911年10月10日）武昌起义爆发后，沈鸿烈、方念祖等留日学生回国参加辛亥革命，沈鸿烈充任海军宣慰使，参与策动长江上下游海军易帜。

1912年1月1日，南京临时政府成立，沈鸿烈任南京临时政府海军部军机处参谋。9月8日沈鸿烈被派往上海海军总司令部（时任海军总司令黄钟瑛）服役，但没有固定的职务，仅是每天必到总司令部，被要求亲自到停泊黄浦江等处的军舰去视察，视察以后，把他所见到的事件和他所知道的日本海军的优点和特点，写信给海军部次长汤芗铭报告。每月由总司令部支领30元的生活费。

10月1日，汤芗铭筹组参谋部第五（海军）局（参谋部部长由副总统黎元洪兼任，次长是陈宧代行部中事务，第一局局长刘一清，第二局局长雷荣寿，第三局局长张联棻，第四局局长姚任支）。

11月18日，北京政府临时大总统袁世凯明令任命谢刚哲为参谋部第五局局长。

1913年2月21日，沈鸿烈为参谋部第五局第一科科长，主持海军作战及海防事宜。凌霄任第二科（教育训练）科长、宋式善任第三科科长、范腾霄为第四科科长。2月24日，方念祖、王时泽、杨启祥、黄绪虞、尹祚乾为科员。

7月16日，沈鸿烈被授予海军少校。

1914年5月15日，沈鸿烈获得"三等文虎章"。5月25日，沈鸿烈被授予沈鸿烈海军中校。

1916年11月12日，北洋政府参谋本部选派刘家佺、沈鸿烈等6人组成观战团到了欧洲，沈鸿烈充任赴欧洲观战团海军武官。沈鸿烈随观战团到达法国后，参观了海陆空军的各个战线，但重点观察了海军在当时欧洲大战中所起的作用，以及各种舰艇所发挥的战斗力。

沈鸿烈重点考察当时欧洲舰艇航速力、火力、驱逐舰的吨位、鱼雷的改进等等。

沈鸿烈在观战之后，又和当时旧中国第一次巡礼国外的"海圻"舰，赴英国，参观了英国海军的若干设施，如阿母士庄造船厂、格林威治海军学校、天文台水路测量队及军舰等，注意到了这个"海上帝国"海图出版的垄断和造船业的发达。沈鸿烈在英国参观完了，又乘"海圻"军舰横渡大西洋到了美国。他在美国参观了军港建设、西点军校、海军大学以及各种舰艇。

沈鸿烈以观战团员的身份考察了欧美海军在大战时期所发挥的战略战术战斗效果，以及他们各自的海军设施和训练情况，为时一共三年。

归国后，他向参谋本部作了报告并提出了自己的建议。他把美英日海军作了全盘的分析和比较，结合旧中国海军自甲午一役以后的具体情况，人员的腐败，舰龄老朽，提出消灭派系把持、"用人唯贤"、"用人唯公"的建议。他分析了欧战海军所起的作用，以及其成败得失，特别注意到了海、陆、空总体战的重要意义。他提出海军的第一线是在敌人的海岸线上的口号。他的建议可以概括为：

一，大力培养海军人才，由各省平均选送或考试取录，不得由某一省、某一系把持操纵；二，实行小型舰艇政策，自己造船，多造驱逐舰和鱼雷舰；三，扩大水路测量队组织，重新测量我国海河航线，自己出版海图；四，成立海事编译局，作为交流吸取和宣传普及水上事业学术之用；五，现有舰艇重新编制，由中央海军部统领，不得分散割据。建议上去了，但如石沉大海。

1918年8月14日，中国北洋政府对德、奥宣战。12月7日，沈鸿烈回国后兼任陆军大学第五、六期海军教官，教授军事与气象。

黑龙江、乌苏里江、松花江三大河流被沙俄所控制，任其肆意航行。直到俄国十月革命爆发后，北京政府"拟乘俄人内乱之际，收回松黑等江航权"。于是

"派视察王崇文等前往调查,准备交涉,并于部内设江防讨论会,专司其事"。

12月12日,吉林、黑龙江两省提出为加强江防,请求北京政府调拨"浅水兵轮"筹建江防舰队,"经国务会议决交海军部筹办"。

1919年8月"北京海军部,特设吉黑江防筹备处,派视察王崇文为处长,归海军总司令部节制。旋由王处长呈拟江防编制,及陆战队配置办法,请以林志翰为陆战队队长,并由海军部所属长江第二舰队调拨船只4艘,为"江亨"舰舰长陈季良、"利捷"舰舰长林培熙)、"利绥"舰舰长王寿廷、"利川"舰舰长林关寿。海军部所调拨的4艘船舰,计划"取道黑龙江口"在松花江封冻之前到达哈尔滨设立"吉黑江防司令部"。但当四舰行驶到俄属黑龙江下游至松花江口时,遭到白俄及日本的无理阻拦,虽然庙街华侨极力相助,但由于时近封冻,四舰被迫困于庙街。直至1920年5月,苏俄红军进入庙街后,经苏俄政府允许才驶入松花江,抵达哈尔滨。

1920年1月26日,沈鸿烈被授予海军上校。5月22日,海军部将吉黑江防筹备处改称吉黑江防司令公署,直属海军部,吉黑江防司令部设于哈尔滨,王崇文任少将司令。沈鸿烈奉参谋本部之派到东北协助王崇文司令添置武装商船,以增加军力。

6月4日,吉黑江防司令部在哈尔滨道外十七道街成立,王崇文任司令。旋即王崇文以松黑乌三江,绵长六千里,四舰不敷调遣,乃向中东铁路发借第六号巡船,改名"利济"舰。并向戊通公司添购商船三艘,编充军舰。将该商船之"江宁"改名为"江平","同昌"改名为"江安","江律"改名为"江通"。各舰配以小炮及重机枪,编入军籍。此时,吉黑江防舰队(又称松花江江防舰队)共有船舰8艘,担负着保卫东北地区江面安全的职责。

12月29日,北京政府大总统徐世昌明令任命沈鸿烈为海军吉黑江防司令公署上校参谋长,协助王崇文司令添置武装商船。

1921年1月10日,北京政府大总统徐世昌明令参谋本部科长沈鸿烈调任海军吉黑江防司令公署参谋。任命陈莘觉为参谋本部科长。4月23日,沈鸿烈获得"二等文虎章"。

吉黑江防舰队直接隶属于海军部。北京政府海军部是一个无职无钱的空头机构,就连薪金都无力发放。

同年秋，沈鸿烈请假返乡省亲，途中与当时浙江水上警察厅厅长凌霄、烟台海军教练官张楚材等留日同学商量他们的出路问题。他们认为当时局势动荡，军阀混战，海军在福建人的把持之下，其他人是没有前途的。尤其是留日海军人员是没有前途的。又以在军阀当中，以奉系军阀张作霖的实力较强，长期盘踞东北，根基牢固，财政充裕。张作霖为了与关内直、皖系和安福系等军阀相抗衡，不遗余力，招兵买马，大有逐鹿中原、并吞全国的野心。这样，他们决定由沈鸿烈先向奉系张作霖联系，开辟新的地盘。

1922年4月28日，第一次直奉大战爆发，闽系海军助直攻奉。5月5日直奉交战，奉军大败，张作霖携高级将领乘火车仓皇撤退，途经秦皇岛时，第一舰队"堵截奉系归路"，奉军遭到闽系海军"海筹"、"海容"等舰的猛烈炮击。京奉路山海关内外的奉军，均暴露在海军大炮的射程之下，被动挨打，进退维谷，毫无还击之力。

张作霖为对抗北京政权，于5月12日以奉军总司令的名义宣布东三省"独立"。张作霖还以东三省"独立自治"为名，"截留东北的盐税、奉榆铁路的客运收入"，设立垦务局、清赋等措施，大力发展经济，以补充庞大的军费开支。北京政府的财政窘困，奉系军阀的经济增长，为吉黑江防舰队归属奉系提供了可能。吉黑江防司令王崇文为摆脱困境，四处奔波，筹措款项。但事与愿违，毫无效果，最终在被迫无奈的情况下选择了投靠奉系。张作霖已认识到了海军的重要，乃派总参议杨宇霆与赴北京途中的王崇文联系、商谈。

5月19日，在沈鸿烈主导下，东三省保安总司令张作霖筹划收编原北京政府海军总司令直辖的东北吉黑江防舰队。吉黑江防司令公署司令王崇文派上校参谋长沈鸿烈前往东北保安司令公署领取粮饷补给。适逢奉军战败退回关外，张作霖决心加强海防。时善于交际逢迎的吉黑江防舰队司令部参谋沈鸿烈，为获取张作霖的信任向张作霖提出"加强海防"的具体建议，受到张作霖的赏识，竟被采纳。

沈鸿烈把家眷接来东北，在法库买地落户，表示决心跟随张作霖。再加上他的丰富的海军阅历和深湛的海军知识，因而受到张作霖的信任。

5月27日，北京政府海军部军派吉黑江防司令王崇文及参谋沈鸿烈，与俄国代表举行联席会议商讨"松黑两江航行章程"。

5月27日，俄阿穆尔国家水道转运局督办特派员、阿穆尔水道局局长工程师拉库金与中国黑河道尹特派外交科长王杼及外交顾问车席珍在黑河签订《中俄黑龙江航行地方临时协议》（九条），并规定了捐额，有效期为1922年行船期内。

6月20日，北京政府大总统黎元洪明令授予沈鸿烈"二等嘉禾章"。

7月16日，张作霖将东三省巡阅使署与奉天督军署合并，组成东三省保安司令部（旋改"镇威上将军公署"，后又改称东北边防司令长官公署）与北京政权分庭抗礼。

7月20日，吉黑江防舰队接受张作霖收编。

8月3日，奉系军阀东北保安总司令长官镇威上将军公署成立东三省航警处。航警处是直属于东三省保安总司令部的八大处之一，下设总务、海事、军需等科，以陆海军人员联合组成，以掌管江防舰队事务。张作霖即委任江防舰队参谋长沈鸿烈（由王崇文推荐）为航警处少将处长，负责筹建海军事宜。管辖东北三省江海防务、水道、渔业、航政等。沈鸿烈原来只是中校参谋，破格提升为少将处长，负责选拔人才，创办海防舰队。

东三省航警处成立后，其统帅张作霖以"江防舰队既驻在东北三省境内自应归三省管辖"为由，向北京政府提出接管吉黑江防舰队的要求。出乎意料的是，不到一个月的时间北京政府便通知张作霖，同意奉系接管吉黑江防舰队。在张作霖的积极策划下，经北京政府的同意，于9月22日奉系正式接管吉黑江防舰队，王崇文仍任吉黑江防舰队司令。

航警处作为筹办东北海军的领导机关，接管江防业务（包括吉黑江防舰队）。沈鸿烈任航警处处长先后从北京海军部中招罗昔日不得志的同学凌霄、方念祖、谢刚哲、王天池（江苏人）、王之烈（山东人）、吴敏（广东人）等30余人充任了东北海军的基层军官。

沈鸿烈自当了张作霖的航警处处长兼江防司令之后，建议张作霖成立了东北海运公司（沈兼公司董事长）。与此同时沈鸿烈还向张作霖献策，提出"要扩充东北的势力，必须建立东北海军"，又得到张作霖的同意。

随后，沈鸿烈为了创办东北海防舰队，接管了戊通航业公司，改组了东北航务局，自任董事长，控制松、黑两江航运，为海军开辟经济来源。

1923年1月，为培养与训练初级海军军官和士兵，沈鸿烈向张作霖建议，奉天省锦西葫芦岛炮台山右侧的8号洋楼创办东三省航警学校,培植海军专门人才,凌霄充任校长、海军中校方念祖任教育长、海军中校陈华森任佐理官、海军少校戴修鉴任学监。

2月1日,奉系军阀成立了江防舰队司令部,将"舰队司令部设在哈尔滨"。在江防舰队机制改编期间,为稳定军心,舰队司令仍由王崇文担任,舰队的其他主要人员也未进行变动,但"奉张渐觉海军之足恃"。

3月1日,海军吉黑江防司令公署改名为海军吉黑江防司令办公处。东北海军(沈鸿烈)拥有江防、海防两舰队实力逐步壮大。为此,沈鸿烈辞去航警处处长之职,推荐由宋式善兼任航警处处长。并把先后设立的东北海军附设机构,归航政处管辖。沈鸿烈常年"船来船往",派头十足,不少人看到这份"肥缺"落在沈鸿烈的手中,心中很不服气。于是,有人向张作霖煽动说:"沈鸿烈账目不清。"张作霖听后却说:"怎么,沈的账目不清?那好,把会计处取消,不要用账,省得不清楚!"来人只得悻悻而去。沈鸿烈常常为了海岛权和航运权,与日本人据理力争,誓不让步,日本人对这位"不听话"的中国官员十分恼火。一次,他们撇开沈鸿烈直接找张作霖,张作霖应酬一番,一谈到主权问题,就不以为然地说:"这个问题,你去跟那个姓沈的小孩谈去。"

4月1日,沈鸿烈主导下东三省航警学校在沈阳招考"额设初级军官学生四十名",报名学员限定"中学校毕业或与中学校毕业有同等学力,数学、英文素有修养,体格健、眼不近视、身家清白,不入外国籍者"。考试科目为"数学、英文、中国地理、历史图书等"。报名者约500名,录取第一期航海班唐静海、张凤仁等40名(实际报到的38人),其中只有4名为外系外省籍的,其余全是东北人。后来又由学兵队录取2名,凑足40名额数(时浙江督军卢永祥与张作霖有同盟的契约,于1924年选派丁其璋等7名来东北学习海军,故这期共为47名");学兵班(东北籍和鲁籍)200名。航警学校的建立及发展,为东北海军的建设,尤其对于东北海防舰队的建立提供了必要的人才资源。沈鸿烈开始购买军舰筹建海防舰队。当时各国由于华盛顿会议精神,限制出售军舰。因此,沈鸿烈向张作霖建议旧商船进行重新改造。

沈鸿烈创办"航警学校"得到奉系中东北人的欢迎,在奉系中的地位愈加巩固。

5月17日，为了进一步控制吉黑江防舰队，沈鸿烈以"报销不实"为名将吉黑江防舰队司令王崇文强行关押、解职，改由"江亨"舰舰长毛钟才继任舰队代理司令，王兆麟充任吉黑江防舰队中校参谋。

7月12日，沈鸿烈向烟台政记轮船公司购入3500吨级的"广利"号商船，随即向日本洽购2500吨级的废商船"佳代丸"号。在旅顺口日本海军基地进行改造，武装4.7英寸口径海军炮两门，3英寸口径的陆军炮4门，以镇威上将军名义命名的两艘军舰。"广利"号更名为"镇海"舰，"佳代丸"号更名为"威海"舰。这便是东北海防舰队的最初军舰。

虽然有了两条改装的军舰，但沈鸿烈还想控制大连的政记轮船公司。政记轮船公司是东北当时最大的航运公司，有四五十条商船，对东北军运方面有重大作用。他直接向该公司经理张本政说："张（作霖）大帅希望政记公司再加以扩充……"张本政恐怕奉系军阀插足进来，当时便加以拒绝。沈鸿烈见引诱不成，便威胁说："你在东北的财产很多，应该体会张大帅的意思去做，否则你在东北的财产，随时可以充公的。"张本政在沈的威胁下，只得答应。于是不久沈又兼了这个公司的董事长，控制了政记轮船公司所有的船只。

为补充东北海军人员的不足，沈鸿烈招聘了一批烟台海校前期毕业而遭到闽系排斥的学生，来东北海军服役。当时中、上校级以上的军官全是沈鸿烈的留日同学，中、少尉级的是烟台海校的同学，至于中级的上尉、少校级，仍无法补充。为海防舰队的建立奠定了组织基础。

9月22日，"决定将吉黑江防司令部扩充为东北江防司令部，所有水警均归该部管辖，并规定设置正副司令各一员，内部分设军需、军医、军法、军务副官各五处，如水警额不足，另行招募编制所有饷械，均由总司令部发给"。并对江防舰队的机制进行了较大的调整。在奉系完成对江防舰队机制调整工作以后，舰队基本走上了正轨。沈鸿烈为了巩固奉系在江防舰队中的势力，对舰队的人员任用进行了重新安排。东北江防舰队司令由"江亨"舰舰长毛钟才代理，参谋长王烈，副官长林舜藩，轮机长吴超，参谋曾广钦，副官郭咏荣，"江亨"舰舰长林培熙、"利捷"舰舰长宋式善、"利绥"舰舰长尹祖荫、"江平"舰舰长尹祚乾、"江安"舰舰长吴敏仁、"利济"舰舰长陈拔、"江通"舰舰长王兆麟。调整后的江防舰队，13位重要人物中，原吉黑舰队舰长仅保留二人，其余皆为奉系新聘人员，舰队完全在奉系军阀的掌控之下。

至此，真正意义上的东北江防舰队正式建立。该舰队的成功改建，不仅为维护江防提供了保障，而且为后来东北海防舰队的建立提供了宝贵的经验。但由于奉系军阀海军基础薄弱，仅靠改编后的东北江防舰队进行江面防御是不够的，加之江防舰队船只皆属潜水舰，无法进行海上作战。因此奉系在东北江防舰队建立后，开始着手建立堪与其他军阀海军相抗衡的海防舰队。

沈鸿烈受命建立东北海军后，为改变状况，他首先派一位基础好的少校赴法国舰队见习，掌握了法国军舰的许多炮术，并购回一些军舰指挥用的指挥仪。

随即又购回一批美国海军军官学校出版的《兵器学》、《外弹道学》、《弹道表》及当时美国海军各种舰炮的射程表，还有最新的16英寸主炮射表。

沈鸿烈针对训练和实战需要，创制了被称作东北海军"三宝"的训练机械和工具："点的"、"装填"、"外膛炮"。"点的"即"点的器"，是一种专为海军炮手在港内练习瞄准的机械。海军炮手用望远镜瞄准时，由于军舰在海浪中摇摆不定，目标在望远镜里时隐时现，不是训练有素的人很难在镜中找到目标，更不用说瞄准了。将"点的器"排在瞄准器前相当距离处，由机械操纵，其移动可按各舰的摇摆速度调整，炮不动而靶则不断摇摆，其作用与在外海作战时瞄准目标一样。每发射一次，靶后面的弹簧针便在靶后打上一个记号，以此检查炮兵的射击精度及速度。"装填"即"装填炮"，是用来训练炮兵装炮弹的工具。海军的4.7英寸炮弹头重约50磅，6英寸炮弹头重约105磅。作战时炮管都是上扬的，要把这样重的弹头送进炮膛，并使炮弹后端的紫铜环准确地嵌上距离炮门室2英尺至3英尺的来复线，很不容易，如果炮弹装偏，就会影响射击精度。沈鸿烈为此创制的这种"装填炮"可帮助炮兵演练，以臻纯熟。"外膛炮"是为炮兵在外海练实弹射击配制的工具。当时我国海军的军舰及炮都是从外国购买的，每门炮配备的炮弹有限，补充也不容易，不能随便练习。于是，沈鸿烈令人在炮管上方装一门自制的小炮，拖行的炮靶距离亦相对缩短，以供练习射击。

1924年1月22日，经与苏联交涉，收回了松花江航运权。9月17日，直奉两军在山海关、九门口附近开战，第二次直奉战争爆发。战争爆发后，直系渤海舰队由温树得率领进逼营口、葫芦岛，并派舰袭扰葫芦岛及营口等地。吴佩孚还亲自指挥"海圻"、"永翔"、"楚豫"三舰沿辽东湾至营口海面察看地形，选定援军登陆地点，准备包抄奉军后路。此时镇守葫芦岛的东北海防舰队力量十分薄弱，但官兵镇定自若，严阵以待。渤海舰队由于情况不明，未敢贸然行动，仅发了百余发炮弹，便撤离葫芦岛海面。战前沈鸿烈就曾向张作霖作出"海防无虞"的保证，此次海防的成功，使张作霖更加坚信加强海军的重要性。东北军海军的建立不仅填补了奉系海军的空白，而且成为全国军阀中最有实力的海军，并在维护治安和作战中起到了一定的作用。尽管东北海军在其存在期间充当了奉系军阀发动内战的军事工具，但就其规模、机制和近代化程度而言均值得称道，在中国海军发展史上占有一定的地位。

江苏督军齐燮元（直系）与浙江督军卢永祥（皖系），为争夺上海地盘，而爆发了江浙战争。张作霖自任总司令，任命杨宇霆为总参谋长，于9月13日率军约25万人，分编6个军，向山海关、热河一线推进。

9月15日，自封为镇威军总司令的张作霖，指挥6个军共25万人浩浩荡荡杀向关内。

9月18日，第二次直奉战争爆发。东北军以山海关为进攻正面，双方激战10天，战况极其惨烈，伤亡相当惨重。激战中，奉军始终采取攻势，不断派飞机向山海关投弹，直军则奉令采取守势。吴佩孚的锦囊妙计是：暗中调渤海舰队集中到秦皇岛，用海军进攻葫芦岛，并以骑兵从海上绕道，由营口登陆，直捣奉天城。所以，他安坐北京城内，在四照堂从容不迫，饮酒赋诗。

10月6日，奉军攻破九门口直军阵地，加上渤海舰队司令温树德不太愿为吴佩孚卖力，直军海上突袭计划受阻，前线战局危急。

10月12日，吴佩孚在腹背受敌，走投无路的情况下，离京乘专车直抵山海关。

10月21日，冯玉祥班师回京，发动了"北京政变"，囚禁了直系首领曹锟，并"逼宫"驱逐溥仪出宫，废除了清帝名号。冯玉祥发动政变，班师回京。这对奉军无疑起了巨大鼓舞作用，直军却军心动摇，陷入混乱状态，奉军以破竹之势，长驱直入，很快到达秦皇岛。

10月31日，自山海关到唐山一带的直军已全部丧失抵抗能力，奉军各路人马长驱直入，猛扑塘沽，与北京方面的冯玉祥、胡景翼部遥相呼应。吴佩孚退守天津后，原想集中残部决一死战，并电苏、浙、鲁、鄂、豫等省求援。不料山东郑士琦突然宣布"武装中立"，并派兵炸毁韩庄铁桥，阻止援军过山东；阎锡山亦出兵石家庄，截断京汉路之交通。吴佩孚获悉后，如巨雷轰顶，惊得连话也说不出来。正当他走投无路插翅难逃之际，幸好海军部军需司长刘永谦为他准备了一艘运输舰，供其逃命。

11月3日，第二次直奉战争中直系惨败，吴佩孚南逃，奉军乘胜直赴天津，张作霖海军至大沽，接收泊在大沽造船所1100余吨之破冰船（刚自海参崴所购，船身坚固，马力极大），乃带回北洋武装成军，命名"定海"舰。自此，东北海防舰队已初具规模。在奉天省城设江海防总指挥处，以沈鸿烈兼任总指挥。

11月25日，东北海防舰队宣告成立，沈鸿烈任东北保安司令长官公署航警处处长兼海防舰队司令。

1925年春，沈鸿烈下令将"江防司令公署"又改为"东北海军江防舰队司令处"，编制有司令、参谋长、参谋、副官长、副官、轮机长、军需长、军医官及处员、书记官等。

同时哈尔滨交通航业戊通公司负债累累，宣告破产。沈鸿烈作为东三省政府代表，与交通银行代表谢荫昌反复磋商，将该公司财产作价转售于东三省政府，改组为东北航务局，沈鸿烈被选为董事长。

7月1日，东北海防舰队正式建成，凌霄任代理舰队长，下辖"镇海"（舰长方念祖）、"威海"（舰长宋式善）、"定海"（舰长冯韬）三舰。东北海防舰队建成后以营口为基地，巡防于营口、葫芦岛、秦皇岛一带。

7月11日，张作霖邀温树德和各舰长去奉天，温树德将"海圻"、"海琛"、"肇和"等舰都带去，把"海圻"舰留在大沽口。温树德自己和高福生住在天津一个旅馆里，令"海圻"舰舰长吴志馨回青岛代拆代行。

9月19日，沈鸿烈派舰长尹祖荫和冯涛到青岛，与他们在烟台海校的同班同学、时任渤海舰队"肇和"舰舰长兼舰队参谋长的赵梯昆和"楚豫"舰舰长胡文溶联系，请他们协助将舰队拉到东北。

时东北海军的劲敌是渤海舰队。渤海舰队拥有三艘巡洋舰、二艘炮舰、一艘鱼雷艇，是一支实力雄厚的正式舰队。东北海军根本不能望其项背。和平地接收渤海舰队，是沈鸿烈面临的一大难题。但是，直奉二战后，直系失败，归直系管辖的渤海舰队陷入困境，连饷银都发不出来，欠饷达3个月之久。军官聚赌，军舰失修，官兵士气消沉，官兵不满，南方杨树庄听到这个消息，派人到青岛进行活动。想把渤海舰队拉到南方去，沈鸿烈得到这个消息后，也向张作霖建议，策划把渤海舰队拉到东北。

张作霖派张学良出面同温树德接洽，沈鸿烈也派尹祖荫、冯韬二人到青岛活动。尹祖荫、冯韬和渤海舰队的参谋长（兼"肇和"舰舰长）赵梯昆、"楚豫"舰舰长胡文溶等，都是海校同学，认为可以马到成功。谁知二人到青岛，与赵、胡洽谈后竟被拒绝，沈鸿烈大为不满，因以前赵梯昆到东北向张作霖贺寿时，沈鸿烈曾当面向赵梯昆接洽，要赵梯昆将渤海舰拉到东北，赵梯昆曾当面答应。

尹祖荫、冯韬无功而返。随后张学良又到天津"息游别墅"亲自同温树德接洽。温树德意图只要东北能拨给军饷和补发欠饷，便可把舰队开赴东北归张学良指挥。不过张学良因没亲眼见到军舰，不放心，先要温树德将舰队调往秦皇岛去检阅，温树德同意了张的要求。

温树德沈鸿烈陪同张学良到秦皇岛，检阅青岛的渤海舰队各舰。沈鸿烈想把渤海舰队拉过来，自己当司令。因此向张学良提出："军饷由东北拨给，人事行政也应归东北，不应再归舰队。"温树德察觉出沈鸿烈的意图不良，对沈鸿烈的要求没有答应。温树德回到天津不久，又下令将舰队调回青岛基地。

沈鸿烈则自秦皇岛返沈阳，向张作霖汇报检阅情况，并向张建议将渤海舰队与东北江、海防舰队合并改编为东北海军。

沈鸿烈的改编方案，与张作霖的想法不谋而合，于是张电召温树德来沈阳召开海军会议。

但是，渤海舰队的多数军官都不主张温树德亲自去，以防他变。温树德本人对张作霖也存有戒心，所以，他一方面将秦皇岛的舰队调回青岛；一方面派代表赴沈阳，他本人则称病躲在天津。渤海舰队代表经与奉天当局多次协商谈判，直到9月底，双方才初步达成协议。温树德"称病"避居天津，对渤海舰队"无驾驭之力"。

张宗昌闻知渤海舰队几个月没发饷，士兵不满，也深恐温树德另谋出路，将舰队带走。10月20日，张宗昌趁温树德尚在天津的机会，下令解除了温树德的渤海舰队司令之职。10月23日并以各舰共举毕庶澄为公开理由，另派毕庶澄兼代渤海舰队司令，领海军中将衔。张宗昌把渤海舰队抓到了自己手中。

10月30日，东三省保安总司令长官公署（镇威上将军公署）在沈阳成立东北海军江海防总指挥部（处）成立，沈鸿烈辞去航警处长之职，专任东北江海防总指挥，统领江防、海防两支舰队。

奉军嫡系军阀郭松龄，为了争夺地盘，在滦县起兵，通电反张作霖。东北海军海防舰队司令沈鸿烈，洞察形势对张作霖有利，而郭松龄必败。此中或有利用南满铁路势力，阻挠郭松龄军前进。且本身海军实力，主要仍靠吉黑江防舰队。因此，又建议张作霖亲自来哈尔滨，主持改组吉黑江防舰队司令公署为东北江防舰队部，东北江防舰队部设于沈阳，直属东北江海防总指挥部。

沈鸿烈为了进一步控制吉黑江防舰队，以"便利指挥，节省经费"为由对江防舰队进行改组（明为节省经费，集结兵力，暗则认为毛钟才有附郭松龄嫌疑。实际上，毛钟才和郭松龄的总参议萧其萱，仅是同乡亲谊，仅有一面之缘）。撤销吉黑（哈尔滨）江防司令部，改为东北军江防舰队部，直属（东北沈阳）海军司令部，编制有舰队长、总教练官、参谋、副官、轮机长、军需官、书记长等46人。

11月15日，北洋军阀（国安军副总司令）张宗昌正式委任毕庶澄兼渤海舰队司令。

11月22日，郭松龄倒戈时，沈鸿烈正在张作霖身边。奉天吃紧时，张作霖的左右纷纷逃遁，沈鸿烈不仅没逃跑，而且还为张作霖多方奔走，并被派同日本人进行联系。所以郭松龄失败后，张作霖视沈为心腹，言听计从，而沈鸿烈也一跃成为张作霖的红人。

12月2日，张宗昌和孙传芳在蚌埠战役中，山东第五师师长施从滨被孙传芳俘虏枪毙，张宗昌军溃败，孙传芳军先头部队已到济南南边八里洼，济南市人心惶惶。张宗昌电第八军军长兼渤海舰队司令毕庶澄军前往增援。当晚，毕庶澄召集团营长及渤海舰队各舰长会议，宣布立即率陆战队前往济南增援。12月20日，毕庶澄兼任山东海防总司令、胶东戒严总司令，胶东护军使，青岛戒严司令等职。

1926年1月18日东北海军海防舰队向日本购买民用客船"宇部丸"号，经武装，改名"飞鹏"舰。谢渭清任"飞鹏"舰舰长。

东北海军海防舰队正式成立，凌霄任代理舰队长。下辖"镇海"（舰长方念祖、副舰长姜鸿滋）、"威海"（舰长宋式善）、"定海"（舰长冯韬）、"飞鹏"（舰长谢渭清）四舰。海防舰队以营口为基地，巡防于东北各海口。

2月1日，沈鸿烈将东北江海防总指挥部改组为东北海军司令部，沈鸿烈任司令，统辖江防、海防两支舰队，标志着东北海军的建立。东北海军司令部成立后，对江防舰队人事进行了较大的调整。

东三省当局接收中东铁路船舶及全部财产，由沈鸿烈赴哈尔滨办理接收事宜。

7月，渤海舰队旗舰"海圻"舰因年久失修，开往旅顺日本船坞进行检修。恰巧同时在该船坞修理的还有东北舰队的"镇海"军舰。两舰隔坞相望。沈鸿烈得知消息后，立刻赶往旅顺船坞，为了将"海圻"舰抢到自己手中，沈鸿烈、张楚材等人乘此机会，买通日本人，暗中监视，此外又集合了"镇海"、"威海"、"定海"等舰，汇集旅顺港，以武力"威迫"，同时施"诱贿"，张楚材担任劝降的主角。"海圻"舰舰长袁方乔（系张楚材的学生，山东海军"文荣帮"的头子）在利诱下"首肯"归附东北，但副舰长张衍学（字耀南）不同意，甚至在旅顺就想动武，经袁方乔劝止，张衍学跑回烟台，准备调集渤海舰队来营救被胁迫的"海圻"。但沈鸿烈对"海圻"号中下层官兵采取三天一小宴，五天一大宴。采取边请吃请喝，边金钱利诱，边离间舰上官兵关系。这套办法说来也真有用，没有多久，全舰士兵几乎都被沈鸿烈收买，他们竟公开地在舰上贴标语，表示不愿再回青岛。鼓动船上士兵闹饷，说："张大帅非常关心'海圻'舰上的官兵，'海圻'归了东北，不但按月发饷，并且把以前有的欠饷一次发清。"

"海圻"舰修好后刚出旅顺口之际，在上校舰长袁方乔和航海大副曹蓝亭的率领下，即通电全国归附东北，驶向长山列岛。"海圻"军舰归附东北。张作霖异常兴奋，下令悉数补发官兵3个月的薪饷。

张宗昌闻"海圻"舰被东北海军接收整编，即电报张作霖提出异议。最后张宗昌准许"海圻"舰接收改编。一场接收"海圻"舰的风波，得以顺利平息。

东北舰队吞并了渤海舰队"海圻"巡洋舰，沈鸿烈将"海圻"舰编入东北海防舰队为旗舰，加以整训一段时间，袁方乔仍任上校舰长海防舰队代将舰队司令，下辖"海圻"、"镇海"、"定海"、"威海"、"江利"等主要舰艇。冯韬任"海圻"舰副舰长，沈鸿烈仅派凌霄常驻"海圻"舰上"监视"，同时将"海圻"舰员兵悉多调拨陆上机关或江防舰队。

7月4日，中国国民党中央执行委员会通过《出师北伐宣言》，7月9日，国民革命军在广州举行北伐誓师典礼，北伐战争正式开始。

8月21日，沈鸿烈令东北海军江防舰队队长尹祖荫接管中东铁路管理局航务处全部船只及其附属财产。8月31日，又奉命将接收的财产交由东北海军司令部特警处处长金荣桂接收，并以此为基础于9月1日成立东北海军江运部（海军江运部隶属于东北海军司令部）。

10月15日，渤海舰队"肇和"、"同安"二舰借口欠饷问题宣布独立。张宗昌闻讯后，立即抓住了这个收编渤海舰队的好机会，派所部旅长毕庶澄率兵前往解决。毕庶澄一面以武力弹压，一面答应发清欠饷抚慰，几天后，闹饷风潮平息。毕庶澄当了渤海舰队司令。

12月19日，东北军海军已建设成为包括江防、海防、水上航空、陆战队、江运部、军事教育以及各种后勤供给、维修等，"拥有大小船只21艘，约32000余吨，当时全国军舰只有42000吨，东北就占76.7%，东北海军官兵有3300人，全国海军约有5400人，东北就占61%"，成为当时全国最为强大的海军，其实力在军阀中占有绝对的优势。东北海军的建立在保护商船、维护治安方面履行了应尽的职责，起到了一定的积极作用。

1927年3月14日，闽系（中央系）海军总司令杨树庄正式宣布与革命军合作。在吴淞口成立国民革命军海军总司令部，杨树庄正式就任国民革命军海军总司令。杨树庄通电率领第一、第二和练习舰队所属44艘舰艇一律易帜，加入国民革命军。

闽系海军易帜，北洋军震骇。3月20日北洋政府重组海军总司令部，设司令部于青岛，辖东北海防舰队与渤海舰队。张宗昌任总司令，沈鸿烈为副总司令，吴志馨任参谋长。

3月25日，东北海防舰队沈鸿烈为了显示威力，令凌霄率领"海圻"舰自烟台、"镇海"舰（舰长方念祖、副舰长姜鸿滋）自青岛港码头起航南下，开赴上海吴淞口支持北洋军阀部队与北伐军对抗。

3月26日拂晓时分，东北海军军舰以主炮与舷侧副炮袭击"海筹"、"应瑞"两舰，时国民革命军（闽系）海军"海筹"号根本没有防备，听到炮声后舰上水兵才匆匆站炮位，但已经来不及了。"海圻"舰以重炮轰击"海筹"舰，但可能因为弹药老旧造成许多发穿板未爆，"海筹"舰因而只是漏水而未沉没或解体。"镇海"母舰还派出一架飞机轰炸上海，效果虽不大但造成对方极大的心理震撼。

这时闽系海军的"通济"舰迎面而来，"镇海"舰升起信号旗叫"通济"舰投降，"通济"舰在主桅上立刻就升起了一面白旗诈降。突然"通济"舰开炮并且加速逃离，很快就驶离了射程，"镇海"舰也没受到损伤。国民革命军派三架飞机增援闽系海军作战，"海圻"舰以猛烈的炮火对空发射，领头的一架当即被击中坠毁在江边芦苇丛中，其他两架攻击防空力量看起来比较弱的"镇海"舰。"镇海"舰没有装备专门的防空高射炮火，但出发前沈鸿烈早在舰上派驻了一队海军练营的步兵，飞机一临空就用步枪、轻机枪、迫击炮往天空乱射，枪炮大副赵二虎还拿着驳壳手枪站在舰桥顶上作射击状甚是吓人。国民革命军飞机见状不敢靠近，老远把炸弹一抛就飞离了，"镇海"舰于是顺利驶出扬子江到达大海之上。

"镇海"舰跟随"海圻"舰出了扬子江口后，转头向南方来到了宁波外海，这时闽系海军"江利"炮舰正好从宁波港开出，准备驶进上海船坞。"海圻"舰当即升起信号旗要求"江利"舰投降，"江利"炮舰桅杆立刻升起一面白旗响应。因为舰上载有7名革命军的陆军军官怕被俘虏枪毙，要求舰长加速沿港岸浅水处驶去，想利用"海圻"舰吃水深不敢进入，"海圻"舰与"镇海"舰立刻开炮轰击，"海圻"舰舷侧的副炮一发射中了"江利"舰的舰体在舱中产生剧烈的爆炸，终因熬不住炮火的威吓，一名帆缆军士长不待舰长命令就将双锚抛下落入水中舰身立刻减速并停止。"海圻"舰派出小艇载着拿捕队登上"江利"炮舰将舰上官兵缴械并令"江利"舰尾随"海圻"舰行驶。于是"镇海"舰先行，"江利"炮舰居中，"海圻"舰殿后压阵一同开回青岛。"江利"舰被迫随"海圻"、"镇海"两舰开至烟台港，归队受编。"江利"舰自舰长以下所有员兵，都不愿受编（除军士长和无线电报务员两人非闽籍外），全部准予随带私人物品，一律遣散回沪。"江利"舰舰长由总教练官张楚材兼任。

沈鸿烈很满意这样的战果，大帅张作霖宣布两舰官兵加发恩饷三个月以为犒赏。

　　5月17日，北京政府国务院摄行大总统之职顾维钧明令授予沈鸿烈海军中将。

　　5月18日早晨7时，北洋政府直鲁联军的东北海军舰队司令沈鸿烈率"海圻"、"肇和"、"定海"、"威海"等舰袭击驻泊吴淞口的国民革命军海军（闽系），并与驻守吴淞口炮台的北伐军发生激战。

　　6月28日，北京政府大元帅张作霖明令改组北京政府海军，设立（东北）海军总司令部，张作霖兼总司令，沈鸿烈任海军上将副总司令，代行总司令职。

　　6月29日，沈鸿烈率"海圻"舰到青岛，对驻青岛的渤海舰队"海琛"舰舰长何瀚澜，"华甲"舰舰长胡文溶等舰长竭力拉拢。而"海琛"舰轮机长萧仕豪和轮机处轮机员高凤华因同乡关系已成为沈鸿烈的心腹，帮他策划一切。并奉军首领商请山东督军张宗昌把东北舰队与渤海舰队联合起来，称为海防联合舰队。

　　7月19日，北京政府大元帅张作霖下令改组北洋海军。原来的渤海舰队司令温树德调任军事部海军署长。"东北海防舰队"改编为"海防第一舰队"，将依附于直系的"渤海舰队"改编为"海防第二舰队"，和东北江防舰队合并为"直鲁海军联合舰队"。在青岛设立海军总司令公署。沈鸿烈首先拥戴直鲁联军总司令张宗昌兼任海军总司令，沈鸿烈自己任副总司令（代行总司令职权）。

　　沈鸿烈经过北京政府大元帅张作霖下令将东北海防舰队与渤海舰队进行整编，将渤海吴志馨所率领的"海琛"、"肇和"、"永翔"、"楚豫"、"同安"、"华甲"等舰艇编为海防第二舰队，即以吴志馨为舰队长；原东北海防舰队之"海圻"、"镇海"、"威海"、"江利"、"定海"等舰编为一队，以凌霄为舰队长。

　　7月29日，北洋（东北）海防第二舰队（原渤海舰队）司令吴志馨因海军欠饷，官兵闹饷准备归附国民政府，派参谋长田秉章赴上海与易帜后的闽系海军总司令杨树庄联系。此事被北方海军（东北海军）副司令（代行总司令职）沈鸿烈所闻，联合舰队副司令沈鸿烈邀同青岛戒严司令祝祥本和赵琪去济南，向张宗昌告密，说渤海舰队司令吴志馨私通革命军。

　　7月30日，张宗昌以东北前敌总指挥名义令青岛戒严司令祝祥本以"秘密勾结北伐军"为由，扣押舰队司令吴志馨。祝祥本邀吴志馨和"楚豫"舰舰长叶树梅、"肇和"舰舰长并渤海舰队参谋长赵梯昆、"华甲"舰舰长胡文溶等于午后4时到老衙门开会,由于"肇和"舰舰长赵梯昆未到会,会议未成。当吴志馨司令回家时,祝祥本已布置密探多人,在他家周围,暗中监视吴志馨之行动,同时沈鸿烈叫"华甲"舰舰长胡文溶去找"肇和"舰舰长赵梯昆。找到赵梯昆后,遂又召集吴志馨和各舰长到老衙门开会。当吴、赵、胡三人一到场就全被"关押",宣布撤职查办。7月31日北洋(东北)海防第二舰队(原渤海舰队)司令吴志馨、"肇和"舰舰长赵梯昆被押解济南,"华甲"舰舰长胡文溶留押青岛(没有几天就释放了)。

张宗昌下令将渤海舰队各舰艇,交沈鸿烈整编。8月2日,沈鸿烈下令将"永翔"、"楚豫"、"江利"、"同安"、"定海"5艘舰只编为海防第一舰队,任命袁方乔为海军少将舰队长,驻泊长山岛;将渤海舰队"海圻"、"海琛"、"肇和"、"镇海"4艘舰只编为海防第二舰队,以原海防第一舰队副司令凌霄升级代将调任第二海防舰队司令(海军少将),驻泊青岛;又将哈尔滨的吉黑江防舰队之"江亨"、"利捷"、"利绥"、"江清"、"江泰"、"江平"、"江安"、"利济"、"江通"、"利川"10艘舰只编为江防舰队,任命尹祖荫为舰队长。

依据命令,凌霄只带一两个幕僚就到第二舰队(渤海舰队)的"肇和"舰准备接任。渤海舰队"肇和"舰士兵拉起船上梯子不准上船。

随即"海琛"、"肇和"、"华甲"、"永翔"、"楚豫"、"海鹤"、"海青"大小7舰的官兵不服而爆发闹饷兵变,渤海舰队各舰长公推李国堂为舰队司令。"海琛"军舰,私自夜间行动,开到青岛海湾后海与"肇和"、"华甲"、"永翔"、"楚豫"、"海鹤"、"海青"6舰汇合,对青岛的前海、后海海面实行戒严,禁止东北舰队的"镇海"军舰驶离码头。并在是日夜间将凌霄关押于"肇和"舰上,一时形势十分紧张。

沈鸿烈闻讯急忙去济南向张宗昌求救,向张宗昌陈述渤海舰队"腐败","军心不稳"等。沈鸿烈向张宗昌建议以"检阅"名义控制"肇和"、"海琛"等主力舰。

8月3日夜,拥有海军总司令头衔的山东督军张宗昌急赴青岛。沈鸿烈急派"海圻"、"镇海"、"定海"3舰开到青岛,在东北舰队中挑选了任毅、赵宗汉等精明干练的官兵，乔装为张宗昌的侍卫。并从东北葫芦岛航警学校挑选精明强干的海军学生和学兵几百名，假扮成陆军，暂充张宗昌的卫队。张宗昌在沈鸿烈的陪同下，率领卫队，登上"肇和"军舰（渤海舰队旗舰）检阅海军，立即集合官兵讲话。当全舰官兵集合到甲板上时，张宗昌的卫队就迅速地占领了该舰的指挥台、驾驶室、通讯、军械库、主、边炮位、火药库等要害部位，并封锁了主要船舱。大字不识几个的张宗昌讲话直截了当。他严厉地问："我是总司令，你们服从我不？"官兵不知所以地齐声回答："服从。"张宗昌立刻直接下令："既然服从，我命令你们马上集合到岸上去听候改编。"

对"海琛"舰也如法炮制，只有"海琛"舰军士长马仕杰和袁世玉见张宗昌从船的右舷梯子上来，他俩从左舷梯子逃走。两条主力舰到手，其他各舰只好悬旗投降。张宗昌将闹饷的官兵全部移押在"华甲"运输舰进行甄别。随后将孙怀福、李得胜、孙勇等几个为首闹饷者枪毙，将王文泰等装在麻袋里由"永翔"舰载出青岛口外抛到海里，并下令通缉李毓藩。

张宗昌解决了东北海防第二舰队闹饷风潮后，于8月5日将海军全权交付给沈鸿烈。

沈鸿烈随即下令免去李国堂渤海舰队司令之职，又委凌霄为渤海舰队司令，并把李国堂、何瀚澜、胡文溶等人"不可靠的军官"遣走，撤换了海防第二（原渤海）舰队全部舰长，沈鸿烈为东北海军一举吞并了实力较雄厚的渤海舰队。

8月12日，沈鸿烈在崂山成立海军督练处，派东北海军总教练官张楚材任督练处处长。

8月20日，北京政府大元帅张作霖明令特授予海军副总司令沈鸿烈以"勋五位"（男爵）。

10月9日，北京政府大元帅张作霖明令授予海军副司令沈鸿烈"一等大绶嘉禾章"。

1928年2月14日，北京政府大元帅张作霖明令任命沈鸿烈为（北洋海军）海军副总司令兼第一舰队司令、凌霄为海防第二舰队司令。

3月1日，沈鸿烈赴哈尔滨召集航务局董事会议，决定在哈尔滨成立"东北造船所"。

4月26日，直鲁联军司令张宗昌带着残兵败将乘坐"同源"号等7艘舰船离开龙口逃往庙岛群岛。东北海军代总司令沈鸿烈闻报后，立即率领三艘军舰前往砣矶岛附近海面监视。

4月30日，东北海军"海圻"等舰进逼庙岛群岛的大钦岛、砣矶岛、长山岛等处，迫使张宗昌残部3000余人于5月1日全部缴械投降。随后，东北海军又将其用船运到山东日照等地遣散。张宗昌被迫再次逃往大连。

5月3日，日本海军舰队为挑起与中国的战争，向驻守的国民党军队发动进攻，冲进位于济南经四纬六路的山东交涉使署，强迫国民政府外交部山东特派交涉员蔡公时承认是由中方挑起事端不果后，蔡公时被日军割去耳、鼻、舌，挖掉眼睛后遇难，交涉使署其余16名随员也同遭杀害，史称"济南惨案"。

日军侵占济南后，又派日军第三师团侵占青岛，武力胁迫原驻青岛的中国军队祝祥本部和沈鸿烈所率领的东北海军撤出青岛，退往东北。东北海军移设海军总司令部于沈阳，以张学良为海军总司令，沈鸿烈为副总司令。

为发展黑龙江航运业，5月12日沈鸿烈在东北成立"东北水道局"，负责疏浚整治航道和管理航标。

7月4日，北洋政府"直鲁联合舰队司令部"改编为"东北海军总司令部"。东三省保安司令张学良就任东三省保安总司令兼任东北海军联合舰队总司令，沈鸿烈仍以副总司令行总司令之权。

12月10日，张学良兼任海军总司令，原联合舰队司令部沈鸿烈任东北海军副总司令（代总司令职）。总司令部设在沈阳，设有参谋处、副官处、秘书处、军衡处、军需处、军械处、军法处等机构。

此外，东北海军还设有东北葫芦岛航警学校、航空队、陆战队、东北航务局、海军江运处、航政局、水道局、造船所、海事编译局、海军农场等单位。

1929年1月22日，东三省举行易帜典礼，正式宣告归附南京国民政府。南京国民政府宣布北伐成功，全国"统一"告成。特任张学良为东北边防司令长官。

3月16日，国民革命军海军总司令部撤销，改设海军编遣办事处，负责全国海军的编遣工作。杨树庄为主任委员（称病未到任，由陈季良代理主任委员），原有第一、第二舰队编为第一、第二舰队，东北联合舰队改为第三舰队，广东各舰队改为第四舰队，统归编遣委员会管辖，由海军编遣办事处分别编遣。3月26

日，东北之第五编遣处及海军编遣处成立。3月27日，南京国民政府明令任命凌霄为海军编遣办事处副主任委员。

由于蒋介石答应张学良保持原有的东北地盘和军队作为易帜的条件，所以其海军名义上拨归南京政府军政部指挥，实际上第三舰队（不归海军部管辖，而是直接隶属军政部）仍受张学良节制。第三舰队司令沈鸿烈、海军中将，谢刚哲为少将参谋长，姜鸿滋（代将）为参谋。司令部设在沈阳，下辖第一、第二海防舰队和江防舰队，及教导总队、两个陆战支队、航空大队、水道测量队、军官学校、水兵训练所、无线电训练班、军医院和长山八岛办事处等机构。直属单位有青岛海军学校、航空队、陆战队两大队、航务局、江运处、水道局、造船所、海事编译局、农场等。

东北海军下辖第一、第二舰队及江防共三个舰队。其中，第一舰队有大型军舰7艘（"海圻"、"海琛"、"肇和"三艘巡洋舰、"同安"驱逐舰一艘、"镇海"练习舰兼水上飞机母舰一艘及"华甲"、"回安"运输舰二艘）；第二舰队有舰艇9艘（"永翔"、"楚豫"、"江利"三艘炮舰、"海鹤"、"海鸥"、"海青"、"海燕"、"海蓬"、"海骏"6艘炮艇及"定海"运输舰）；江防舰队下辖有"江亨"、"利捷"、"利济"、"利绥"、"江平"、"江安"、"江清"、"江泰"、"江通"炮舰。

时东北统治者张学良要把他的势力扩展到关内，向中东路铁路局调拨车辆运兵。遭到苏方路局长拒绝，张学良与苏俄谈判收回中东铁路路权的破裂，张学良下令扣押苏方的局长，造成边境紧张。5月29日，哈尔滨特区长官张景惠下令封闭哈尔滨、齐齐哈尔、海拉尔等地苏联领事馆。5月31日，苏联政府向南京政府提出抗议。6月5日，海参崴当局要求释放其在哈尔滨领事馆被捕人员，表示愿意以缩小中东铁路局长权限作为交换条件。6月9日，苏俄军包围捣毁黑河等处中国领事馆。6月13日，沈阳苏俄领事向张学良抗议搜查哈尔滨领事馆事。苏俄入侵黑龙江、松花江流域，增兵大黑河，扣留航行黑龙江之中国商轮三艘，并拘捕华人……海参崴华侨千余被苏俄拘禁。

沈鸿烈下令成立"抗俄军司令部"，在满洲里、绥芬河和同江一带，集结兵力。张学良令东北海军副总司令（总司令张学良）沈鸿烈率舰队长尹祖荫准备参战。当时东北江防舰队拥有"江亨"（舰长尹祚乾、副舰长胡凌）、"利捷"、"利绥"三艘主力舰和"江平"、"江太"、"江安"、"利济"、"江通"五艘小型炮舰及吃水仅10尺、只能做水上养疗所的"利川"拖船一艘、直属陆战一大队。东北海军代总司令沈鸿烈奉命督率东北联合舰队的江防舰队在同江和三江口布防。先派"江亨"舰开赴同江驻防。

7月10日，东北当局查封苏联公司，将中东铁路管理局苏联高级官员全部免职，解散苏联职工联合会等团体，逮捕苏联人200余名，制造了震惊中外的"中东路事件"。7月11日，中东路理事长兼全路督办吕荣寰下令解除苏方铁路局长、副局长职务，以武力接管中东铁路。7月14日，苏联政府发出最后通牒。7月18日，苏联政府宣布与中国绝交。7月20日，苏军向绥芬河边境进行炮击，在黑龙江中，苏舰扣华船二艘。中苏武装冲突正面爆发。

8月初，因东北形势紧张，舰队长尹祖荫奉沈鸿烈之命赴同江主持江防布防，开始对"三江口江面实施封锁，埋放水雷和设置木排，岸上由陆战队架设炮位。江面舰队方面捷、绥两舰添装俄式7.5英寸大炮各两门，又"东乙"驳船一艘，临时安装4.7英寸大炮两门，有似水上炮台，必要行驶时，指定"江安"舰拖拽。

并把江防舰队原来"分段巡防"的八艘江防小炮舰集中到三江口，后来在了解了阿穆尔河区舰队的实力后，感到实力不敌，便自同江南岸到绥东北岸用铁锁连接起来。铁锁每隔5丈就挂上钢砣，每隔10丈就坠以铁锚，使铁链下沉，不露出水面。又在铁链内外布设水雷，并在同江和绥东两岸修筑临时要塞，配置海军陆战队，并拨给3英寸炮两门，又派"江亨"、"利捷"、"利绥"这三艘正式军舰驻扎同江，是为第一道防线。第二道防线设置在富锦，"江平"、"江泰"、"江安"（舰长范熙申、副长郑祖瑾）三舰轮流巡防同江—富锦的松花江段，江面狭窄紧要处均敷设了水雷。第三道防线设置在桦川，"利济"、"江通"两舰巡防富锦—桦川江面，也在要道敷设了水雷。而从此向上游至依兰江中，有暗礁"满天星"、"麻嘴"等，也可以成为苏联舰队进攻的障碍。

由于当时东北江防舰队与苏军实力强大的苏联舰队相比，力量悬殊。于是借用东北航政局商船六艘，改装配炮，布置在滨江，以防不测。陆防方面，沈鸿烈手下有四个海军陆战团，每个团除了三个步兵大队外，还有机关枪连一个、迫击炮连一个。在同江、绥东、滨江各配属一个团，三江口外的三角洲、富锦各配属一个营，桦川、依兰各两个连。东北军的陆军第二旅、第九旅也分布于抚远、同江、绥东、富锦、桦川、依兰一带。

空防方面，有10门高射炮配置在同江、绥东；另有战斗机两架、侦察机两架驻防同江。

按照上项部署，认为作战时应以"东乙"、"利捷"（代舰长于寿彭、副长马云龙）和"利绥"（舰长黄勋、副长范杰）三舰作为主要力量，因此平时指定"利捷"、"利绥"两舰轮流巡弋同江前段至三江口封锁线止。"江太"（兼代舰务副长莫耀明）、"江平"（兼代舰务副长林康藩）两舰轮流巡弋后段至富锦止，并兼办燃料供应等补充。又"江亨"舰因吃水深江面活动不便，员兵大半抽调前往"东乙"，故提前返防富锦，并将原泊富锦的"利川"拖船开泊兔子科（中段）做临时前方医院。

8月13日东北海军陆战第一大队和陆军第九旅第一团在绥芬河兆北镇首次与苏军交火。

9月3日，东北江防舰队派出"利捷"、"利绥"、"江太"（1927年补充的军舰）、"江安"、"江平"5舰和陆战大队先后到同江，开始布置工作。舰队责任主要为三江口一段防务，但舰队平时武装配备薄弱（仅"江亨"舰有大炮一门），三江口岸上又毫无防御设备，因此都亟待哈尔滨本部做出计划，赶运武器补充。

9月4日，江防舰队长尹祖荫陪同沈鸿烈赴同江前线检查防务，沈鸿烈视察后将同江的海军陆战队削减为一个大队，"江亨"舰也开往富锦休整。并改派"江亨"舰舰长尹祚乾代理舰队长一职，以"利捷"号为旗舰，留在同江指挥舰队。"江亨"舰奉令回防富锦，尹祚乾坐镇"利捷"浅水炮舰任前线指挥官。

9月8日，沈鸿烈下令增派海军陆战队一个大队，由大队长李润青（字泗浔）率领与陆军路永才旅协防三江口岸。又另派海防舰队总训练官张楚材协同指挥作战，张楚材随带冉鸿遙、马云龙、胡凌三员，冉鸿遙担任布雷和以木排堵塞三江口任务，马云龙、胡凌则协助张楚材指挥作战。部署就绪后，沈鸿烈和奉天总部（东北边防司令长官公署）航警处处长宋式善均先后到前线视察训话。南京参谋部科长朱藩也来到同江视察，建议舰队应移防退后30里，扼守狭窄江面，如此较为有利，尹祚乾向沈鸿烈请示，沈鸿烈复电谓如后退一步，即就地正法。

9月9日，东北江防舰队各舰备战部署大体就绪，尹祖荫返回哈尔滨江防舰队司令部，同江防务由尹祚乾代理主持，按照计划一面认真防守，一面加强训练。

9月21日，东北海军副总司令沈鸿烈到三江口视察。沈鸿烈为了加强自己的火力，采纳英国驻华海军武官龙保罗的建议：把大口径的炮藏在芦苇丛中，事先精确测量好固定的距离与角度，等苏俄军舰再来锚泊时发炮轰击。于是沈鸿烈即向日本人借两门射程8000米，口径4.7英寸的阿摩士壮炮装在一艘已经报废的商用驳船"东乙"号，并把"江亨"号上的员兵配备到驳船上操炮，并令张楚材总教官赶赴三江口指挥炮兵。由于"东乙"号没有动力，又由"江安"舰拖带，成为一个秘密的流动水炮台，并被拖往江口附近的沼泽区，隐藏在那里以便提供炮火支持，可以根据战局的需要随意拖往任何地区。隐蔽工作做得很好，官兵们忍受着沼泽地里肆虐的蚊虫，耐心等待苏军的进攻，虽然苏联的飞机在战争准备阶段就开始进行侦察，但他们没有发现江防舰队隐蔽的船只。

10月12日晨5时30分，驻守在同江地区的中国东北海军江防舰队（舰队长尹祖荫）照例轮"利绥"舰巡逻，正起锚行驶至三江口。遭到苏军黑龙江舰队（一说极东舰队）和陆、空军优势兵力的攻击。

战斗从凌晨5时半开始。史称"三江口中苏海战"，也称"同江之役"。第一发炮弹落"东乙"船旁，尹祚乾会同张楚材（炮火总指挥）指挥应战，双方正式开始炮战。

苏联海军的准备异常充分，他们按照中国军舰的战斗力大小有效地分配了火力，其官兵训练有素，士气亦十分高昂，所以"斯维尔德洛夫"号的第一群齐射就命中了中国的旗舰"利捷"号；第二群齐射又击中"利绥"号炮位，炮手4名和上士陈岱祥以及司号兵都被炸飞，尸首无着。中国海军官兵也表现得十分英勇，用各种轻重武器猛烈还击。

由于东北海军司令沈鸿烈事先令"东乙"号拖驳船藏在芦苇浅滩中，改造为水炮台（临时安装两尊4.7英寸的大口径炮），"东乙"即发炮攻击停泊不动的苏军旗舰，第一炮就直接命中了苏军旗舰"雪尔诺夫"号的指挥台。（注：据中方称在炮击中苏军司令勃斯脱区阔夫将军、参谋长、旗舰舰长等多人当场阵亡，但未得到苏方资料证实），后续命中水线的炮火让该舰发生爆炸沉没，接着苏军的第二号舰也被以同样的方式击沉，苏军的另外3艘也被"东乙"击成重伤，其余各舰纷纷拔锚仓皇而逃。

在江面上发生激战的时候，18架苏联战机凌空飞入，分为数组，一组飞富锦、一组飞绥滨，分别进行轰炸，有三架飞机，盘旋在三江口上空，投掷炸弹，协助苏联舰队作战。"利捷"号被炸穿船底，逐渐下沉，前主炮已被击毁、失去战斗力的"利绥"号赶来救援，将船员救出，退往富锦。苏方飞机六架也临空炸射，"利绥"正转向航驶，舰首主炮座中弹被毁，炮长陈岱祥和射手6名全数阵亡，尸首横飞无着。在同江的东北江防舰队则由"江亨"舰舰长尹祚乾代理指挥旗舰"利捷"（旗舰，舰长于寿彭，山东人）、"利绥"（舰长黄勋，"九一八"事变后投敌，任伪满江上军练营大队长、代理参谋长；副舰长范杰，"九一八"事变后投敌，任伪满江上军"利济"号舰长，1932年10月率舰起义，参加路永才部义勇军，1933年2月战败后退往苏联，辗转回国）、"江平"（代理舰长林毅）、"江安"（舰长范熙申，"九一八"事变后投敌，任伪满江上军参谋长）、"江泰"（代理舰长莫耀明）等6艘浅水炮舰应战，另有"东乙"号武装驳船。除"江亨"舰为550吨，"利济"舰（舰长赵竞昌，"九一八"事变后投敌，任伪满江上军练营副大队长、"利绥"号舰长、"养民"号舰长、"顺天"号舰长、海军补充队队长、海军侍从武官、富锦江上军第一地区队队长、哈尔滨江上军江防舰队司令官）为360吨，其余均在200吨以下，全舰队只有120寸炮五门。

沈鸿烈领导的东北江防舰队与苏军作战第一回合打成"平手"，上午9时，苏军派25架飞机参战，由于对方掌握了制空权，中方舰艇防空能力薄弱，开战仅仅一个半小时以后，"利捷"舰中弹下沉，"江平"舰、"江太"舰被炸毁，"江安"舰被炸成两段，相继下沉。张楚材座舰（旗舰）"利绥"舰负重伤丧失战斗力，离队上驶富锦（后被苏空军炸沉，张楚材受伤落水，幸免于死，狼狈逃回哈尔滨），中方的战船唯一还在江面上战斗的是隐藏芦苇中的"东乙"驳船，只剩下不是军舰的"东乙"号。苏军"红色东方"号在压制了江岸上的炮垒后，转移火力轰击"江平"号炮舰，很快就将该舰击沉。苏联浅水重炮舰集中攻击对其威胁最大的"东乙"号，而"东乙"号仗着矮小的个头躲过了大多数攻击，苏舰遂将炮火集中在拖拽它的"江安"号身上，该舰很快就船舷中炮，甲板碎裂，起火燃烧；不久又被击中锅炉，引起爆炸，舰体断成两截，官兵死伤惨重。"孙中山"号击中"江泰"号后舱，将舵轮炸飞，无法机动；接着"江泰"号主炮又被击毁，终被击沉，代理舰长莫耀明亦阵亡。

战斗一个半小时以后，唯一还在江面上战斗的只剩下不是军舰的"东乙"号了。在苏联浅水重炮舰的猛烈攻击下，船体被炸坏，火炮也被击毁，已经无力再战，被迫自沉。"东乙"号因发炮过多，炮膛损伤，又因失去了拖拽船，无法机动，作战指挥官张楚材上校只得下令将它凿沉。其幸存官兵转移到广州商船上，撤往富锦。

当江上作战正在激烈进行时，在两艘炮舰的掩护下，"劳动"、"卡尔·马克思"、"马克·瓦良金"、"巴维尔·茹拉夫列夫"号四艘武装轮船上搭载的第二步兵师沃罗恰耶夫团的一个营400多人在同江县城以东约10华里处登陆，进攻中国军队驻地。守卫该地区的东北海军陆战大队和陆军第九旅的孟昭林营协同抵抗，击退了苏军的首次攻击。但是苏军炮火猛烈，又有2000多名援兵迂回到三江口下游登陆，袭击守军侧翼，经过白刃战后，守军大部战死，阵地被苏军占领。至下午3时，陆军除了配合海军陆战队作战的一个营外全部退走，东北江防舰队海军陆战队和陆军营大都阵亡，陆战队大队长李润青以下70多人被俘，死伤共700余人，舰艇几乎全部损失，"江泰"舰副舰长莫耀明、轮机长万应隆阵亡。各舰官兵经放舢板船营救，从岸上撤回后方富锦。"利绥"舰在回航富锦途中被苏方飞机所投小型炸弹击中。同江江面战斗在当天上午8时左右结束，苏军舰炮发射炮弹2400多发，江防舰队几乎全军覆没，岸防工事遭到严重损坏。

在作战中，"东乙"号驳船上的120毫米大炮因发炮太多，炮膛炸裂后放水自沉。"江安"号锅炉中弹爆炸沉入江中。"江平"号也中弹起火。中国各舰尽最大努力投入作战，共发炮约600发。苏联舰船有三艘中弹沉没，两架飞机被击落。苏军舰队司令及4名军官中弹身亡。

午后2时许，苏军进占同江城，次日退出。10月30日，苏舰又沿松花江上驶，炮击富锦城和绥滨城。

"江亨"舰因兵员大多调到"东乙"船参战，无力应战，同几条驳船一起自沉航道，以阻挡苏舰继续上行。两天后，苏军从富锦撤回。

10月13日中国驻同江守军溃退富锦，受到苏俄军队追击，死伤颇重。沈鸿烈自哈尔滨星夜折返抵达富锦，会同陆军依兰镇守使李杜布置防御。其时，三江口封锁线和岸上我陆战队及友军阵地都被冲破，同江江面也发现苏方小艇，而驻富之"江亨"舰员兵已分配给"东乙"或安排做布雷工作，"利川"原系废船，"利绥"又系新经战败退回，毫无战斗力，因此只好用于阻塞航道，遂将征用的一艘商船和"利川"舰及几艘驳船，沉塞在富锦下游20里处，以阻止苏军舰只前进（"江亨"沉于富锦浅滩，以易于起捞）。此时一面布置阻塞任务，一面收容由陆路退回的前方官兵，除酌留小部分在富锦担任沉塞工作外，悉数遣送哈尔滨本部休整。约一周后"利绥"舰先行返防哈尔滨待修，沈鸿烈等仍留富锦主持至月底。

　　10月31日，苏俄舰军7艘突然破坏拦江索，进入富锦江岸，沈鸿烈设置的阻塞线没有起到太大作用，吃水只有一米多的苏联浅水重炮舰绕过水中沉船，用炮火掩护步兵登陆。苏军步骑炮兵600多人和少数骑兵登陆与中国军队激战。11时苏军攻占富锦县城。苏军将"文武机关分别焚烧"，通讯机关尽数破坏。将锦昌火磨等"所有面粉""分给贫民"，并将"械弹及军需品尽数掠去"。午后7时，苏船21艘由松花江上驶，骑兵一部由吐子元登陆，节节进逼富锦。此即富锦之役。此役东北海陆军近300名中国军人战死，数千人被俘。

　　11月22日由于战事不利，加上得到南满铁路方面日军有异动的消息，张学良决定与苏联谈判。双方于是签订了《中苏伯力会议草约》，提出中东铁路为中苏两国之企业，本诸1924年协议经营之，双方战争才得以平息（中东铁路的问题，直到1952年12月31日，中苏签订《中苏关于中国长春铁路之协定》，苏联将中东路的一切权力及财产移交中华人民共和国，才算圆满解决）。

　　三江口与富锦之役后，沈鸿烈下令东北海军打捞"利绥"、"江平"等舰整修重用，但"江亨"、"利捷"、"江泰"、"江安"等舰则已不堪修复而拆解，作废钢铁出售。舰队长尹祖荫辞职，转任海军江运处处长，沈鸿烈派东北海军总部参谋长谢刚哲暂行兼代。

　　1930年1月1日，沈鸿烈获得"二等宝鼎勋章"。

　　1931年1月1日元旦叙勋，沈鸿烈晋授"一等宝鼎勋章"。9月18日，驻中国东北的日本关东军高级参谋板垣征四郎，作战课长石原莞尔指使南满铁路守卫队

（第二师团即多门师团）下令炸毁沈阳城外文官屯南柳条沟之南满铁路，同时炮击中国东北军的北大营并向沈阳进攻，制造了震惊中外的"九一八"事变。

由于蒋介石向张学良发出"绝对不抵抗"训令。9月19日，日军侵占沈阳，短短的一天之内东北共有17个城市沦陷于日寇的铁蹄之下。日军攻占沈阳后，东北海军总司令部被占领，日寇大肆抢掠东北海军总司令部财物。沈鸿烈正遇父母双亡，不在司令部，因而幸免于难。

9月20日，东北海军总司令沈鸿烈等化装搭车入关，先到北平后转青岛，重建东北海军司令部于青岛。沈鸿烈临行前一面嘱因公在沈阳的哈尔滨江运处长尹祖荫返回哈尔滨转告海军各部门，静待指示，一面令将沈阳的东北海军总司令部迁至青岛海杨路，内设秘书、参谋、副官、军衡、军械、军需、军法、军医八大处，外辖两个海防舰队，一个江防舰队，教导纵队，两个陆战支队，航空大队，水道测量队，军官学校，水兵训练所，无线电训练班，军医院和长山岛办事处等机构；一面下令停泊于辽东沿海的东北海军各舰艇南驶青岛，泊于崂山沙子口一带，并征用太清宫部分建筑，作为海军基地。

同时，泊在辽东沿海的海防舰艇也南驶烟台、威海、青岛等地。虽然海防舰艇未受损失，但失去了东北的财源。

9月23日，东北尹祖荫带着东北海军司令沈鸿烈的命令返回哈尔滨。

10月7日，东北江防舰队困于东北境内的松花江无法南下，东北海军总司令沈鸿烈致电江防舰队队长谢刚哲，调谢刚哲回青岛海军总司令部参谋长原任，江防舰队长由江运处长尹祖荫兼代。

10月8日，沈鸿烈将葫芦岛海军学校后迁至威海刘公岛上，改称为刘公岛海军学校，隶属于中央军委会北平分会，仍由东北海军总司令部副总司令沈鸿烈节制。并在青岛设立分校（原为海军军士教养所），派杨启祥到青岛该校分校任校长。海军总教练官杨征祥兼任"威海"军舰舰长。

因"九一八"事变后，东北地区陷落，凌霄和一些高级军官们生活上一直养尊处优，开销很大。但却丧失了财政来源，军费开支遇到极大困难，虽有南京当局补给，但海军经费大为减少，杯水车薪，无济于事。海军官兵正常生活难以维持，东北籍官兵怀念家乡，军心动荡不安。

在这种情况下，以少将副司令、海防第一舰队长凌霄、"海圻"舰上校舰长方念祖、"海琛"舰上校舰长刘田甫、"肇和"舰上校舰长冯涛、"镇海"舰上校舰长吴兆莲为代表的东北海军高级将领，认为海军要想摆脱陆上军阀的控制，就要解决自己的财源问题，解决财源就要夺取青岛根据地。共同商议夺取青岛、烟台、威海、登州、龙口等地的行政权，以发展海军的陆上势力，增加海军饷源。这个建议颇得官兵们的赞同，但沈鸿烈以军人不宜干涉政治为由加以拖延。凌霄等人决定搬掉沈鸿烈这块拦路石。

12月5日，东北海军副司令、海防第一舰队长凌霄、"海圻"舰上校舰长方念祖、"海琛"舰上校舰长刘田甫、"肇和"舰上校舰长冯涛、"镇海"舰上校舰长吴兆莲为代表的东北海军高级将领，邀请沈鸿烈到崂山"太清宫"（又称"下清宫"）便宴议事之机，将东北海军司令（名义上第三舰队司令）沈鸿烈软禁在下清宫里，由"海琛"舰舰长刘田甫、"镇海"舰舰长吴兆莲负责看管。逼迫沈鸿烈称病辞职，由凌霄代理司令。凌霄则回到舰队司令部宣布"沈鸿烈因患重病，不能到部视事"，并盗用沈鸿烈名义，向军委会北平分会提出"报告辞职"，司令职务交由凌霄代理等等，史称"崂山"事变。

广大官兵尽管对夺取青岛等处地方行政权、解决饷银的主张十分拥护，但不满意凌霄等人扣押沈鸿烈的做法，尤其是航警学校第一期的毕业生。他们认为，沈鸿烈是老长官，凌霄是老校长，方念祖是教育长，大家在一起共事多年，有问题应该协商解决，采取这种做法是不道德的。

12月8日，"海圻"舰水兵第一分队副长关继周、第二分队副长张振舣、鱼雷副长张凤仁计议组成了一支有20多名身强力壮水兵的敢死队。在关继周指挥下，敢死队员携带手枪上岸，迅速解除了岸上警戒哨的武装，突然冲进了下清宫，使正在打牌的沈鸿烈、方念祖等人吓了一跳。当监视沈鸿烈的军官和卫兵被缴械后，关继周对沈鸿烈说："请司令回舰主持一切。"沈鸿烈连帽子也未戴，就随敢死队登上了"海圻"舰，舰上立即升起了将旗。

沈鸿烈被救后，当天晚上就把方念祖、吴兆莲、冯韬三人交由"海圻"舰军士长陈德明押送到青岛。有人提议枪决他们，但是沈鸿烈不许，并且心平气和地说："他们既没有要我的命，我也不应要他们的命。"停了一会儿又说："让他们及时离开这里吧！不要难为他们。"随后将凌霄、方念祖、刘田甫、冯韬、吴兆莲等人驱逐出东北海军。

12月9日，沈鸿烈奉命率舰队抵达青岛。蒋介石认识到东北海军仍然是一支重要的军事力量，从安定青岛局势，用东北海军制衡地方军阀、山东省主席韩复榘的势力考虑，蒋介石决定任命沈鸿烈为青岛市市长。

1933年1月11日，南京国民政府正式发布任职命令沈鸿烈任青岛特别市市长。1月21日，行政院正式公布沈鸿烈兼任青岛特别市市长。

2月22日，日军以两个师团的兵力进攻热河（今河北、内蒙古自治区各一部）。昏庸腐败的热河省主席兼第5军团长汤玉麟根本无心抗战，逃之夭夭。日军先头部队仅以128名骑兵轻易占领热河省会承德。并陈兵长城各要口威胁我平津，使华北局势危在旦夕。当时沈鸿烈指挥的东北舰队，负有渤海、东海的防卫任务。他派了一个联络参谋江金铭（葫芦岛海军学校第三期将校班毕业），在长城以南的北宁线上的陆军防守部队中，担任联络工作。并以报废的"威海"、"定海"两舰沉在大沽口、以防日军舰艇由此登陆进攻天津。另派"镇海"等两艘军舰，由盛建勋率领在津沽附近海面上布置鱼雷和水雷网，封锁了津沽航路。

3月1日，日军以步兵第十六旅为挺进队，当天下午，万福麟所部第一三〇师于叶柏寿附近阻击日军。在日军猛烈攻击下，该部被迫向平泉撤退。3日11时50分，日军先头部队128人兵不血刃地侵占了承德。

当时沈鸿烈指挥着东北舰队，负有渤海、东海的防卫任务。并以报废的"威海"、"定海"两舰沉在大沽口，以防日军舰艇由此登陆进攻天津。另派"镇海"等两艘军舰，由盛建勋率领在津沽附近海面上布置鱼雷和水雷网，封锁了津沽航路。但在《塘沽协定》之后，这些措施便全部撤销了。至于山东半岛的青岛、威海、烟台以及长山列岛的防务，除烟台由韩复榘军队担任外，其他各地水陆防务都由东北海军担任。

3月7日，因热河沦陷，举国一致谴责南京国民政府和蒋介石及张学良，南京政府监察院高一涵等6名委员，对失职者提出弹劾案。张学良致电国民党中央，表示引咎辞职。

3月12日，国民政府发布准张学良辞职及派何应钦兼代军事委员会北平军分会委员长的命令，张学良于当日飞沪，所留东北军改编为4个军，由于学忠、万福麟、何柱国、王以哲分别任军长，归北平军分会指挥。何应钦接任北平军分会委员长，沈鸿烈仍任青岛市市长兼青岛海军舰队司令。

由于"崂山事变"凌霄、方念祖、刘田甫、冯韬、吴兆莲等人被驱逐出东北海军后，沈鸿烈为了拉住原渤海舰队的军官，将他们一律官复原职，航警学校一期生也得以提升。形成"较高级的军官职位多由旧渤海舰队的人担任，中下层军官则以航警学校一期生为多，掌握了各舰实权"、旧东北航警学校一期生和旧渤海舰队军官两大势力的局面。

　　董沐曾取得军衡处长的职位后，计划把航警学校一期生全从船上调到陆战队去担任较高职务，用明升暗降手法来剥夺对手的舰上实权。这个消息很快就传了出来，引发东北海军内部的派系斗争激化。

　　"镇海"舰二副冯志冲等认为自己在"崂山事变"中救沈鸿烈有功，却受到旧渤海舰队人员的排挤。姜西园、关继周等召集几次秘密会议，决定利用舰队大检阅，沈鸿烈照例检阅时，将沈鸿烈劫持到薛家岛"海圻"舰，迫沈鸿烈接受他们的议决案——驱逐董沐曾等为首的原渤海舰队官员。时任"镇海"舰二副的冯志冲自告奋勇，愿意单独执行绑架沈鸿烈的任务。

　　6月24日下午4时许，沈鸿烈先去栈桥视察了华北运动会的游泳场后，准备搭乘"镇海"舰派出的小火轮，赴大港向"镇海"舰官兵训话。沈鸿烈让副官史复生打电话要船时，"镇海"舰二副冯志冲驾驶着一艘汽艇靠上了码头。同行的有副官史复生、龙保罗（英国人）及几个卫兵。沈鸿烈登船后冯志冲就启动了机器，汽艇离岸时，史复生已赶到，纵身跃上汽艇，见冯志冲神色异常，就站到他的身边严密监视。沈鸿烈站在船首，卫士站两舷侧，龙保罗跟在其后，带艇值日官冯志冲和舵手在艇尾，史复生站在冯志冲的旁边。小火轮离岸后，还未出港，冯志冲便取出手枪想将史复生制住。史复生早有防备，挥起一拳将冯志冲打入海中，其他卫士连忙上前将沈鸿烈扑倒伏下，落水的冯志冲仍奋力向艇上连开三枪，但未击中。冯志冲被捕解海军司令部军法处审讯。

　　沈鸿烈回司令部后，得知此事涉及很多人，其中不少是他的亲信，立即下令于当夜处决了冯志冲，史称"薛家岛事件"。

　　冯志冲被杀引起了姜西园、关继周等人的愤慨。他们觉得，沈鸿烈对制造"崂山事变"的人员资遣回籍何等宽大，而对救命恩人却如此无情。有关人员立即在"海圻"舰召开紧急会议，姜西园提议：南下投靠广东的西南政务委员会的陈济棠。

6月25日晚8时许，姜西园自任"海圻"舰长，宣布"海圻"、"肇和"、"海琛"三舰戒严，拒绝原三舰舰长和一部分被认为"亲沈鸿烈的"而不可靠的官兵回舰。当晚9时左右，姜西园率领"海圻"、"海琛"、"肇和"三舰驶离青岛。

6月26日，沈鸿烈获知"海圻"、"海琛"、"肇和"三舰出走后多次拍发电报请三舰返航，称只要回来，任何条件，均可提出洽商，说"保证不予追究"。

沈鸿烈一再电令彼等返航，均被拒绝。当时有美英军舰十余艘停泊青岛避暑，美海军司令颜鲁尔得悉三艘主力舰叛逃，便登陆访沈鸿烈，表示愿意帮助追拦回来。沈鸿烈以事关国家体面，婉言谢绝。

6月27日，"海圻"、"肇和"、"海琛"三艘巡洋舰南下投靠陈济棠后，沈鸿烈致电中央军委会及行政院，请辞去海军司令暨青岛市市长兼职。

沈鸿烈请辞市长的消息传出，青岛市民反应强烈。6月28日，市商会、律师公会、记者公会及各同业公会代表聚集后决定：推选代表赴市府请愿，恳请沈鸿烈打消辞意。然而，沈鸿烈辞意坚决。

6月29日上午，各团体代表在市商会召开紧急会议，议决挽留沈鸿烈的办法："（一）分电行政院、北平政整会，力予挽留；（二）全体代表赴市府慰留；（三）预推代表五人，以备行政院及政整会回电，有出发必要时，分赴（南）京（北）平陈情；（四）关于其他挽留办法，随时相机进行。""各方对沈鸿烈辞职，纷电挽留，中央昨已有慰留电到青"；"（北）平军委会为明了青岛海军事件真相，特派高级参谋李戎邻赴青调查，于前日下午5时搭平浦车赴济转青。"

然而沈鸿烈去意已定，第二次致电南京国民政府请求辞职。有鉴于此，青岛各民众团体于7月2日聚集于浙江路青年会，专门成立了"青岛市各界挽留沈市长联合会"，推选20名代表于4日上午再次赴市政府挽留沈鸿烈。沈鸿烈对各界代表的盛情深表谢忱，并一再说明此次引咎辞职的苦衷。

他对来访的记者说："余自问生平待人处世，俯仰无愧，不幸竟发生此变，殊出我意料之外，但余绝不因此灰心，在中央未准辞职之前，在职一日，即尽一日职务，决不放弃职守。"

沈鸿烈本人奉准辞海军司令职后，特通电全军，勖勉部属，以作临别赠言，电文言自己"诚信不足，驭下无方，致使亲信部属，一再叛变，反躬循省，惭怍万分"。他勉励全体官兵："我国现值国难严重，军人具有守土之责。凡我袍泽，务宜公忠体国，效命疆场，借为国家民族稍留生机，切不可参与内战，自丧国本。务望安心服务，勿以私情而害公谊，勿以个人而忘国家。"

7月10日，行政院准沈鸿烈辞职。沈鸿烈的代表胡家凤专程由青岛至南京，晋谒汪精卫、蒋介石，报告此次海军事变经过，请示善后。

7月11日，沈鸿烈辞去东北海军总司令职务，东北海军"镇海"、"永翔"、"楚豫"、"江利"、"同安"、"定海"等舰和其他海军附属机构，则由南京政府接收整编。

7月12日，行政院委任谢刚哲任第三舰队司令。

7月15日，南京国民政府明令：东北舰队司令沈鸿烈呈请辞职，免去沈鸿烈东北舰队司令之职，专任青岛市长。

国民政府中央军事委员会正式改组东北海军为第三舰队，归华北政务委员会暂时管辖。原东北海军参谋长谢刚哲任第三舰队司令（实质上仍由沈鸿烈控制舰队主导权），盛建勋任参谋处主任，齐耘涛任副官处主任，张复生任军需处处长，曹树芝任"镇海"舰舰长，李信候任"永翔"舰舰长，晏治平任"楚豫"舰舰长，马学贤任"同安"舰舰长，孟宪愚任"江利"舰舰长，谢渭清任"定海"舰舰长，张楚材任威海教导总队队长，张赫炎任陆战队第一大队长，李润青任陆战队第二大队长，戴文骏任航空大队长，刘襄任青岛海校校长，刘华式任编译局长，李国棠任长岛办事处长，李静任驻京办事处长。

海军陆战队总队部设威海卫，海军陆战队和飞机队驻青岛，水兵大队驻刘公岛和威海卫，形成掎角之势。

7月16日，沈鸿烈电告蒋介石、汪精卫云："鸿烈驭下无方，致使三舰叛变于前，复因考察不周，致各将领复有越轨之电，一再溺职，惭怍万分……至市长一职，谨恳遴员接替，以重职守云。"

7月17日，沈鸿烈决然离开青岛，临行手谕，市府政务由秘书长胡家凤代理。后来由于直鲁两主席于学忠、韩复榘为保持华北特殊化集团利益及由青岛市社会局局长储镇发动青岛市地方绅士团体向南京和北平当局呼吁挽留，结果市长一职仍由沈鸿烈留任。

7月19日上午，威海各界在商会礼堂召开挽留沈鸿烈大会，并致电蒋介石和汪精卫请予慰留。

7月20日，沈鸿烈在威海东海饭店宴请青岛、烟台、威海三地代表。席间，代表们再次恳留沈，沈以未奉中央指示为辞。当晚，三地代表又分别致电蒋介石、汪精卫、黄郛，恳请迅予复电沈鸿烈以慰留。

7月21日，沈鸿烈离开威海抵达烟台。蒋、汪、黄慰留电报传来。由于各方敦劝，沈鸿烈终于打消辞意，允不日后返回青岛。

7月23日，沈鸿烈抵达青岛，即复市长职。翌日，沈鸿烈至市府恢复工作。一场持续20多天、引咎辞职和挽留的风波，终告平息。

蒋介石对沈鸿烈的印象不佳，或者是心存戒心。12月12日，张学良、杨虎城在西安发动兵谏，逼迫蒋介石抗日，举国震惊的"西安事变"（"双十二事变"）爆发后，宋子文提议先组织"过渡政府"，三个月后再改造成抗日政府。宋子文建议陈季良或沈鸿烈掌管海军。在西安事变中，沈鸿烈保持中立，一方面致电昔日长官张学良释放蒋介石一同抗日；一方面致电蒋介石事后冷静处理此事，西安事变时沈电劝张学良、杨虎城释蒋，给蒋留下了极好的印象，事后获得蒋介石信任。

9月，青岛市市长沈鸿烈继任烟台私立芝罘中学董事长。9月28日，"烟台私立芝罘中学"改名为"烟台私立志孚初级中学"。

1937年6月7日，南京国民政府明令任命沈鸿烈为青岛保安处处长，王时泽为青岛保安处副处长。"七七事变"后，国民党军政部部长何应钦电令青岛市市长沈鸿烈，立即采取紧急备战措施。沈鸿烈奉命与驻守青岛的海军第三舰队司令谢刚哲、税警团团长王泽民会商，决定由青岛保安处、海军第三舰队、税警团联合组成青岛联防指挥部，沈鸿烈任指挥官，谢刚哲、王泽民任副指挥官，调沈尹（原任青岛保安队大队长）等任参谋。

沈鸿烈下令在青岛及其四周，建筑了三道防线：青岛市区为第一道防线；李村、四方、沧口为第二道防线；崂山、砂子口、即为第三道防线。各道防线上都筑有炮兵阵地。在青岛附近洋面上布置了鱼雷网和水雷网，封锁了青岛港口。

9月18日，青岛防区指挥部成立，青岛市长沈鸿烈任总指挥，海军第三舰队司令谢刚哲任副总指挥。下辖第三舰队巡航舰"镇海"，炮舰"永翔"、"江利"、"楚豫"，运输舰"定海"，驱逐舰"同安"以及"海燕"、"海鹤"8

舰，及驻青岛的海军陆战队两个大队（第一大队长张赫炎，第二大队长李润青）、教导总队（总队长张楚材）所辖的两大队（第一大队长任毅，第二大队长王之烈）。

10月1日，日军向德州城发起猛攻，韩复榘告急，乞援于沈鸿烈的炮兵。沈鸿烈当时派以原"同安"舰长马崇贤（字希尧）为大队长的一个舰炮大队，驰援德州，韩则以一个步兵旅接防了高密。当这个炮队甫抵德州时，日军以铁甲车的炮火向我进攻，马崇贤的舰炮大队当即予以猛烈还击，击毁了日军铁甲车两列，韩军得到炮兵的支持，士气大为振奋，冲出战壕，与敌人肉搏。不幸的是炮弹太少，接济不上，不得已撤回青岛休整。

10月3日，日军占领了德州城。10月18日，海军青岛前敌总指挥沈鸿烈、第三舰队司令谢刚哲根据撤守任务，为提前沉舰登陆作战做准备，下令将"镇海"、"永翔"、"江利"、"楚豫"、"定海"、"同安"6舰，将全部舰炮、武器拆卸搬上了陆地，改编为舰炮总队，派原教导总队长、第一守备总队长张楚材为总队长。舰炮总队部设原青岛海军学校校址东镇。下设六个总队副，第一总队副由"镇海"舰舰长曹树芝担任，第二总队副由"永翔"舰舰长李信候担任，第三总队副由"江利"舰舰长孟宪愚担任，第四总队副由"楚豫"舰舰长晏治平担任，第五总队副由"定海"舰舰长谢渭清担任，第六总队副由第三舰队中校参谋范杰担任。

12月4日，蒋介石电令沈鸿烈实行"焦土抗战"政策，伺机撤离青岛。12月18日，日军向山东发起总攻，蒋介石再次电令沈鸿烈炸毁日商纱厂及其重要企业。沈鸿烈下令将海军测量队改组成爆炸队，负责炸毁日本商人投资的13个纱厂的机器和海底电线等。

沈鸿烈命令海军（青岛）第一支队司令张楚材率爆破队分头炸毁日本人在青岛开设的9家纱厂、两家胶皮厂和青岛港口内的起重设备。限12月26日撤离青岛。

此时"守"与"退"青岛问题引起第三舰队内部的尖锐矛盾。当时海军兵员大半是山东半岛的人，不愿意放弃故乡让日军蹂躏，反对国民党中央撤退的命令。代表这一派意见的是海防指挥张楚材。

12月26日，日本海军封锁了青岛海面。12月27日，沈鸿烈率部撤离青岛。12月28日24时，沈鸿烈下令炸毁20多家日商工厂。12月31日，拂晓沈鸿烈带队登车撤离青岛。

1938年1月11日，韩复榘被蒋介石邀至开封参加北方将领会议时被扣押。后扣押至汉口（1月24日以"违抗命令，擅自撤退"罪被处决）。原青岛市长沈鸿烈，随即被任命为山东省政府主席兼保安司令、国民党省党部主任委员。

1月10日，日本海军60余艘军舰和几十架飞机侵入青岛海域和领空，在军舰和飞机的掩护下，日军在市郊的山东头登陆。1月14日，日本华北方面军的国崎支队和海军第四舰队先后进入市区，日本军队第二次侵占青岛。

因其时山东大部分城镇已被日军占领，沈鸿烈的省政府只能在山东各县农村流动驻扎，相机袭击一下日军，所以时人称之为"游击主席"。

1938年冬，沈鸿烈率领省府人员及吴化文部陆续进驻鲁南沂水县东里店。除继续重建政权，整编游击部队外，积极筹建抗日根据地，征集民工、木料，平整房基、操场，修建大礼堂、营房，成立山东省干部学校。为了增强号召力和表示对蒋介石的忠诚，请蒋遥任校长，自己任副校长，雷法章任教育长。校内设总务、教务、军训、政训四处，各处负责人由蒋派来的国民党山东省党部委员陈惕庐、牟尚斋及军校学生担任。学校设党务班、民政班、财会班、科长班、军事班、无线电通讯班等，各班班主任及授课人员，由各主管厅处派人负责。学习时间，除电讯班外，其他各班，每期两个月。

同时，沈鸿烈还开办各种工厂，供应急需，如办印刷厂，出版山东公报，印刷军用地图及民生银行钞票；设皮纸厂、毛线厂、被服厂，发动商人组织消费合作社，生产采购日用物品，支援抗战。

1939年1月11日，国民党中央军事委员会正式发表对于学忠的任命，任为鲁苏战区总司令，沈鸿烈为副总司令。鲁苏战区是抗日战争时期国民党在敌后设立的两个游击战区之一。

2月，苏鲁战区成立，蒋介石任命于学忠为总司令，率第五十一、第五十七两军，共残缺不全的4个师来到鲁南，沈鸿烈为副总司令。于学忠到达鲁南立足未稳，日军纠集8万兵力，采取拉网战术，大举扫荡鲁南。农历五月一日敌机15架两次轰炸东里店，随后步、骑、炮兵从四面八方向鲁南山区围攻。苦战半月，沈鸿烈部陷于重围。在一次突围行军中与敌遭遇，沈鸿烈恐被俘，拔枪自杀。因枪卡壳，被左右发现，将其手枪夺下拥走，时恰遇倾盆大雨，敌军行动不便，无法追击，沈鸿烈得以脱险。

一个星期后，日军撤退，沈鸿烈才出来召集逃散人员，重整旗鼓。省府各机关及干校恢复之后，移驻临朐县吕匣店。

沈鸿烈在山东所作所为，都是看蒋介石的眼色行事。蒋介石竭力强调"一个主义"、"一个领袖"、"一个政府"、"统一政令"、"统一军令"；大肆叫嚣"防共"、"限共"、"反共"，"三分抗日，七分反共"。沈鸿烈深刻体会蒋介石的意图，即根据这种精神，在党政军各种会议上讲话，在各种文电中，露骨地提出"宁亡于日，不亡于共"，"亡于日尚有恢复之望，亡于共必无葬身之地"，"宁可匪化，不可赤化"、"日可以不抗，共不可不反"，"庆父不除，鲁乱未已"，"灭此朝食，出民水火"等等，号召积极反共。

自从于学忠率部来到鲁南，有些专员县长和游击部队领导人，亲于学忠疏沈鸿烈，形成了两个领导中心，沈鸿烈陷于孤立。

沈鸿烈在鲁南召开了一次军事会议，出席的有各专员，各保安师、旅、团长，少数县长，八路军代表张经武也出席了会议。会后沈鸿烈令各部向胶济、津浦两铁路线发起进攻，破坏了许多车站、桥梁、涵洞，给日军以沉重打击，这是沈在山东对日军唯一的一次主动军事行动。

3月，秦启荣（兼任山东省政府建设厅长）奉命率其别动队进驻新泰、莱芜、博山一带，专门对付共产党八路军，秦部来到博山未几，就制造了骇人听闻的太和事件，杀害八路军干部200余人。

随之又有"鲁人治鲁"的传说。虽未公开排沈，已在暗中逼沈离鲁。沈感到难以继续，乃于1941年9月，由教导团护送去渝，经过9天的昼伏夜行，好不容易到了河南夏邑附近，突遭日军伏击，几乎送了命，到达了汤恩伯的防区。返回重庆，蒋介石夫妇在官邸为他设宴洗尘。

1941年12月27日，沈鸿烈提出辞去山东省政府主席职、中国国民党山东省党部主任委员，调任重庆国民政府农林部部长。

1942年，农林部部长沈鸿烈兼任（国民政府）全国水利委员会委员。12月1日，沈鸿烈兼任重庆国民政府"国家总动员会议"秘书长。

1944年8月2日，沈鸿烈兼任中国国民党中央党政工作考核委员会秘书长。8月29日，沈鸿烈被免去农林部部长之职。

9月30日，沈鸿烈任中央设计局东北委员会主席。

1945年8月15日抗战胜利后，南京国民政府面对一系列的复杂问题，如中苏双边问题——苏军撤退，外蒙独立，边界及缴获处理等，亟待迅速解决。当时，南京政府以行政院长宋子文、外交部部长王世杰为首组成中国代表团，沈鸿烈以专门委员名义随团赴莫斯科参与谈判。苏联人认为沈鸿烈是一个反苏反共的人物。

对承认外蒙独立、租借旅大、共管中东铁路（即中长铁路）等问题，沈鸿烈与宋子文、王世杰意见相左。沈鸿烈认为《莫斯科协定》是胜利中的屈辱条约，有些场合他不愿参加。新闻发布会上也很少露面。沈鸿烈特别反感的是宋子文在莫斯科会谈结束后，不回国，而先到美国。认为这种仰人鼻息，不顾国家体面的做法，可叹可怜。

1946年2月18日，沈鸿烈出任浙江省政府主席。

1948年7月13日，沈鸿烈调任考试院铨叙部部长。

1949年11月25日，沈鸿烈辞去"考试院铨叙部"部长之职，随蒋介石集团去台湾。

1950年3月1日，蒋介石在台湾"复职"，沈鸿烈被蒋介石聘为"总统府国策顾问"。

1969年3月12日，沈鸿烈因动脉血栓症病逝于台中市立医院，终年86岁。

沈鸿烈著有《东北边防与航行权》、《青岛市政》、《浙政两年》、《五十年间大梦记》、《欧战与海权》、《东北边防与航权》、《收回东北航权始末》、《政海微澜》、《消夏漫笔》、《抗战时期之山东党政军》、《读史札记》等，为中国近代的海权研究，留下丰富的材料。


原配：胡英芝，在乡下曾生一子，此子幼年即夭折，胡此后多年未生育。

再娶：胡瑞兰。移居沈阳后，沈纳金丽菊为妾，1952年逝世。

共生育有13个子女。

长女：沈思明。

长子：沈守忠。

# 王寿廷

## ——"高官厚禄"不为所动

## (1888—1944)

王寿廷,名敬椿,字寿廷,号漱汀,以字行。江苏省丹徒(镇江)县人。生于清光绪十四年八月初八(1888年9月13日)。

光绪三十一年(1905年),王寿廷17岁考入南洋水师学堂驾驶班。

光绪三十四年(1908年)冬,王寿廷毕业于江南水师学堂第六届驾驶班。

宣统元年(1909年),王寿廷被派往"通济"舰见习。同年,晋京部试,王寿廷被授予海军协军校(相当于后来的海军少尉)。

宣统二年（1910年），王寿廷充任长江舰队"联鲸"炮舰驾驶大副。

宣统三年（1911年）初，王寿廷升任长江舰队"湖鹏"鱼雷艇驾驶大副，"楚泰"炮舰驾驶二副。

宣统三年八月十九日（1911年10月10日）武昌起义爆发后，参加海军易帜起义。

1912年1月1日，中华民国南京临时政府建立，孙中山当选为临时大总统。临时政府下设海军部。1月3日，代表会议通过临时政府各部设置及孙中山提出的总长、次长名单。孙中山任命黄钟瑛为南京临时政府海军总长，汤芗铭为次长。

2月1日，王寿廷充任海军右舰队（后改称第二舰队）"楚泰"炮舰大副。

2月12日，清帝退位、袁世凯通电赞成共和后，孙中山向南京临时参议院提出辞职咨文，文中提出临时政府仍设南京，新总统必须遵守颁布的法制章程等。孙中山通电辞去中华民国临时大总统职，南京临时政府海军部也宣布裁撤。

2月25日，王寿廷被授予海军上尉军衔。

3月30日，袁世凯在北京就任临时大总统，并组成北京政府第一届内阁。北京政府唐绍仪内阁成立，黄钟瑛患肺病不能担任海军总长的职务，写信辞职。临时参议院推举刘冠雄为海军总长。袁世凯任命刘冠雄为海军部总长。黄钟瑛任海军总司令，王寿廷任第二舰队司令处正副官。

1913年3月27日，王寿廷被授予海军上尉。

1914年5月25日，王寿廷被授予海军少校。

1915年2月9日，王寿廷调任"宿"字鱼雷艇少校艇长。

1916年10月12日，王寿廷获得"一等金色奖章"。

1917年1月1日，王寿廷获得"五等文虎章"。时北洋政府酝酿对德奥宣战，段祺瑞政府为了取得参战借款，扩充军力，实现其"武力统一"的目标，力主对德宣战，其本意是"对外宣而不战，对内战而不宣"。宣战提案遭到黎元洪和国会的抵制，4月15日，段祺瑞假军事会议之名，欲用武力要挟国会。为了向黎元洪总统和国会施加压力，段祺瑞电召各省督军入京，于4月25日举行军事会议。各省区督军皆仰承段祺瑞之意，签署"赞成"参战。段祺瑞内阁于5月7日决定对德宣战。咨请众议院同意，该院决定缓议。参战案经国务院提交到众议院审查时，段祺瑞指使军警、流氓，演出"公民团"包围议会，殴辱议员的闹剧，一时群情激奋，舆论大哗。段祺瑞为通过宣战案，强迫黎元洪解散国会。5月10日段祺瑞便以"督军团"的名义，胁迫大总统解散国会。

黎元洪以有违《约法》拒绝段祺瑞"宣战案"，由此酿出"府院之争"。

5月7日，段祺瑞内阁决定对德宣战。7月18日在上海设海军临时司令部，闽巡阅使萨镇冰兼海军临时总司令。同时将海军总轮机处裁撤，职能改归海军转运局，王齐辰任"海军转运局"局长。同时将德奥在华的浅水炮舰没收，改名"利绥"。

1918年1月1日，王寿廷升任"利绥"浅水炮舰舰长并获得"四等文虎章"。

7月22日，王寿廷被授予海军中校。10月18日，王寿廷调任海军总司令公署参谋处中校参谋。

1919年7月12日，王寿廷升任海军部一等参谋，10月14日获得"三等文虎章"。

1920年1月1日，北京政府大总统徐世昌明令授予王寿廷"四等嘉禾章"。

1921年6月7日，王寿廷调任"永健"炮舰舰长。

7月14日，北京政府迫于日本的压力下令严惩"庙街"事件的肇事者陈世英（季良）免职。同时派王寿廷督带"永健"炮舰北上接替"江亨"舰舰长陈季良。

12月，俄舰在三江口拦验华船，海参崴俄警敲诈侨商，扰乱治安，枪杀我国水兵，黑龙江省省长请派军舰驻黑龙江保护侨商。"永健"舰舰长王寿廷电请由驻海参崴领事邵恒浚提出交涉，并电告北京政府海军部，由海军部咨请外交部核办。

1922年12月9日，北京政府大总统黎元洪明令"永健"舰"久戍海参崴，在事出力"，授予"永健"舰舰长王寿廷"五等宝光嘉禾章"。

1923年6月3日，王寿廷因故被免职。8月15日，王寿廷复任"永健"炮舰舰长，10月9日获得"二等文虎章"。

1924年9月23日，王寿廷被授予海军上校军衔。

1925年2月7日，王寿廷调往第一舰队司令部服务。

1926年7月10日，任北京政府国务院摄行大总统之职的杜锡珪明令任命王寿廷为"海容"巡洋舰上校舰长。

时国共合作北伐，国民革命军连克长沙、平江、岳阳等地，8月底取得两湖战场上的关键一战——汀泗桥、贺胜桥战役胜利。10月，北伐军进抵武汉，先后占领武昌、汉阳、汉口，全歼吴佩孚部主力。北伐军在两湖战场取得胜利后，转向江西战场进击孙传芳所部。11月起，北伐军向南浔路一带发动攻势，消灭孙传芳部主力，占领南昌、九江。随着北伐军节节胜利，闽系海军将领看到了国民革命力量必然取代北洋军阀统治全国的总趋势，于是决定相机应变。北京政府海军部总长杜锡珪从北京避居上海同海军总司令杨树庄密商，决定由杜锡珪在北洋军阀政府中周旋，杨树庄负责同国民革命军建立联系，并"告诉各舰队司令相机行事"。11月21日，海军总司令杨树庄派方声涛到广州接洽闽系海军易帜事宜。11月26日，林知渊率先策动驻厦门海军警备司令林国赓、海军陆战队队长林忠率部在厦门易帜，归附国民革命军。12月10日，驻泊福州马尾等地的海军第一舰队，在司令陈季良的率领下，海军宣布服从国民政府，首先易帜归附国民革命军。

1927年3月14日，海军总司令杨树庄正式宣布与革命军合作。在吴淞口成立国民革命军海军总司令部，杨树庄正式就任国民革命军海军总司令，参谋长吴光宗。总司令杨树庄通电率领第一、第二和练习舰队所属44艘舰艇一律易帜，加入国民革命军。

王寿廷率领"海容"巡洋舰易帜起义参加国民革命军，仍任"海容"舰长。

1928年4月12日，王寿廷当选海军国民党特别党部委员。10月21日，国民革命军海军总司令部筹议扩展教育培植人才，拟于象山港兴建大规模的海军学校。派第二舰队司令陈绍宽率领海军造舰总监郑滋樨、训练处处长夏孙鹏、"海容"舰舰长王寿廷、"海筹"舰舰长李孟斌、"通济"舰舰长李世甲等前往勘察、筹划，经实地勘察，择定象山港北岸高泥地方"适合建校之用"。

1930年4月1日，南京国民政府明令任命王寿廷为"海容"舰舰长。

1931年1月10日，王寿廷获"海陆空甲种一等奖章"。4月29日，南京国民政府明令授予王寿廷"五等宝鼎章"。

1932年1月5日，王寿廷被授予海军少将。1月18日，王寿廷调任海军鱼雷游击队司令。3月1日国民党军事委员会在第二厅下设海军事务处，4月13日王寿廷兼任军事委员会第二厅海军事务处处长。

影攝之將上杜迎歡會茶開艦軍容海在人同隊艦京駐

1931年在南京的海军舰艇人员在"海容"舰上为欢迎前海军部长杜锡珪(二排居中戴瓜皮帽者)到访而留影,彰显袍泽之情。前排席地而坐右起为出席者中高官阶的练习舰队司令陈训泳和"海容"舰舰长王寿廷、"应瑞"舰舰长林元铨。

1933年1月10日,王寿廷获得"海陆空军甲种一等奖章"。2月14日王寿廷被免去军事委员会第二厅海军事务处处长,改由王时泽出任军事委员会第二厅海军事务处处长,回任鱼雷游击队司令。6月2日练习舰队司令陈训泳、鱼雷游击队司令王寿廷奉命率领"永绩"、"楚同"、"楚观"、"楚有"、"楚谦"、"楚泰"、"江元"等8舰在浙江洋面合操。

11月20日,在全国抗日反蒋高潮的推动下,驻守福建的第十九路军将领陈铭枢、蒋光鼐、蔡廷锴联合国民党党内李济深(南京政府训练总监)及第三党(中国国民党临时行动委员会)黄琪翔等反蒋派势力,公开宣布与蒋介石决裂,在福州召开了中国人民临时代表大会,决定成立中华共和国人民革命政府。这就是著名的"福建事变"(简称"闽变")。

海军老将萨镇冰(74岁)被聘为革命政府的高等顾问,后又被任命为福建省省长。

驻闽的海军陆战队第一旅（旅长杨廷英）、第二旅（旅长林秉周）名义上也被纳入革命军的序列，福建人民革命政府要求马尾要港司令李孟斌率舰一致行动。但李孟斌却按南京方面命令，把"江元"、"楚观"二舰开赴三都岛，以避革命军飞机的轰炸。革命军随即进驻马尾、厦门两地的海军要港司令部、造船所、航空处、炮台、练营等处，扣住了"海鸥"、"景云"、"庆云"3舰，但"庆云"舰不久即绕道逃走。海军陆战队也奉命开到三都，其中一部扼守宁德、罗源一带，海军鱼雷游击队司令王寿廷也于11月22日率舰赶到三都，会同李孟斌布防。

11月30日，海军部增派鱼雷游击队司令王寿廷率舰入驻宁德三都，会同马尾要港司令李孟斌研究协助中央军（蒋介石集团陆军）镇压第十九路军。

12月15日，蒋介石下令讨伐十九路军，调动了11个师的兵力，在海、空军的协助下，由浙、赣两省分三路向福建进攻，对革命军形成夹击之势。

1932年"海容"舰舰长王寿廷调鱼雷游击队司令时全舰官兵欢送留影。

王寿廷奉命率"中山"等炮舰驰抵福建宁德三都会同李孟斌司令与其他十余艘舰艇协同中央军围剿十九路军，封锁闽江口。

12月29日，王寿廷因参加镇压"闽变"有功，南京国民政府传令嘉奖。

1934年1月8日，南京政府海军鱼雷游击队司令王寿廷率"逸仙"、"中山"、"江宁"等三艘舰艇及海军陆战队一个营从三都驰抵厦门与驻厦的"楚谦"、"楚同"二舰，协同厦门要港司令林国赓接收厦门。1月10日，王寿廷等正式接收厦门市，人民革命军驻厦门的特务营、宪兵队被海军改编成陆战队。

2月3日，鱼雷游击队裁撤。2月17日，王寿廷升任海军练习舰队司令。

1935年9月6日，王寿廷被叙为海军少将。

1936年1月1日，王寿廷获得"四等宝鼎勋章"。6月1日，因主持广东政务的陈济棠联合广西李宗仁、白崇禧通电反对南京蒋介石政府，发动"两广事变"（"六一事变"）。事变发生后，蒋介石急调中央军精锐部队，驰往粤桂边境布防。

7月1日，蒋介石令海军部派第一舰队司令陈季良率领"海容"、"海筹"、"应瑞"、"逸仙"、"通济"等舰组成外海舰队，派练习舰队司令王寿廷率领"永健"、"永绩"、"中山"、"楚同"、"楚有"、"楚泰"、"楚谦"、"楚观"、"江贞"等舰组成西江舰队，协同派往粤省的中央军孙元良部向两广的李宗仁、陈济棠部进攻。

陈济棠战败下野，蒋介石鉴于广西方面尚未妥协，西江的防务还属重要，"永绩"舰开往西江最前线的都城（属于郁南县）驻防。"永绩"等舰组成西江舰队第一队，沿江西上；练习舰队司令王寿廷率领"中山"等舰组成西江舰队第二队，沿江西进"弹压"。

7月15日，王寿廷因参加镇守"两广事变"勋绩显著，经海军部呈请授予勋章。

7月25日，两广的风云暂告平息，海军练习舰队司令王寿廷乘"楚有"舰到西江与"永绩"舰接防，令"永绩"舰开往三水会同"永健"舰护送孙元良部队回到南京去。

11月12日，王寿廷获得"国民革命军誓师十周年纪念勋章"。

1937年2月，本年度海军检阅成绩案，奉军事委员会核定，王寿廷获得"传令嘉奖"。

"七七事变"全面抗战爆发。8月9日，"虹桥机场事件"爆发后，8月11日，蒋介石指示陈绍宽迅速将现有的31艘军舰和征用的轮船，开往江阴水道，构筑堵塞封锁线，在防敌溯江而上的同时，堵住位于长江内河的日本海军十余艘战舰的退路。在接到命令后的当晚，陈绍宽即率第一舰队主力舰艇驰往江阴，与此同时，江阴下游的炮艇也奉命西上，轰毁沿途水道航标。8月12日，陈绍宽抵达江阴后，将由国营招商局和各轮船公司征集的20余艘轮船及"同济"等8艘老式军舰，在拆除舰炮后逐一沉入江底，以沉船方式构筑江阴封锁线。此后，为加固封锁线，海军部还在沿江之江苏、浙江、安徽、湖北等地，征集180只民船，运送3000多立方巨石、6500多担碎石，填充沉船间的空隙，并在江阴一段布设水雷。随后，他又命海军部次长、第一舰队司令陈季良中将率领多艘主力舰负责守卫长江水上封锁线。

8月13日，日本侵略军进攻上海。9月22日上午，日海军联合航空队首批30余架攻击机和战斗机，以大编队机群袭击江阴，轰炸中国海军第一舰队，主要目标指向旗舰"平海"号及其姊妹舰"宁海"号。此次海空战持续两个小时，战况惨烈。击落日机3架，伤8架；中国海军阵亡6人，伤30余人，"平海"、"应瑞"两舰受伤。日军未达目的，急于再次进攻。23日1时10分，日军出动73架飞机，分两批向中国舰队发起进攻。"平海"、"宁海"两舰在经过顽强的浴血奋战后被击沉。陈绍宽随南京政府高级官员撤往武汉。

9月25日，日军再次出动飞机攻击中国舰队。因"平海"号沉没，陈季良转到"逸仙"号指挥，故日军集中全力进攻"逸仙"号，激战1小时，"逸仙"舰弹洞遍体，被敌机炸沉。当日，陈绍宽派往江阴增援的"健康"号驶到龙梢港江面时，遭11架敌机攻击，亦中弹沉没。因第一舰队实力大减，陈绍宽派第二舰队司令曾以鼎少将乘"楚有"舰驰援江阴并接替陈季良指挥作战。28日，大队日机袭击江阴，围攻"楚有"舰。该舰官兵虽竭尽全力奋战，但终因寡不敌众，于10月2日被炸沉。

9月29日，蒋介石传令海军部嘉勉海军将士："此次暴日肆意侵略，犯我领土，各地遍受荼毒，我海军将士同仇敌忾，该部部长及次长督率官兵，不惜牺牲一切为国奋斗，此来苦心焦思，筹划江防，拱卫京城，并且愿拆除舰炮，巩固江岸防务，此种破釜沉舟之决心，殊为可贵。近来江阴附近敌机肆行轰炸，致伤亡我海军将士多名，尤所轸念，仰该部长转饬所属知照，并对所有受伤将士代致慰问。"后来，由于封锁江阴要塞的军事机密，被汪精卫的亲信泄露给日本总领事，日方采取相应措施，致使封堵日寇于长江内的计划失败。

持续一个多月的江阴海战，是中国海军主力同日本海军航空兵之间展开的一场以空袭和反空袭为主的殊死拼杀。战斗的结果是击落日机20架，而中国第一舰队主力则损失殆尽。

王寿廷抱病抗战，于10月初不得不辞职。

11月12日，日军占领上海，王寿廷因病情每况愈下，无法转移而滞留沦陷区上海。

1938年1月1日，海军部因应抗战需要改制为海军总司令部（总司令陈绍宽），王寿廷任海军总司令部候补员兼海军作战训练研究室研究员（派驻上海办事）。

1940年3月20日在日本操纵下，汪精卫将原来的两个汉奸政权合并，汪伪国民政府在南京成立。3月22日，汪伪政府仿照原国民政府体制编制，在行政院下设海军部（并设一个顾问室，由日本海军少将级军官充任顾问，设有几名军官任助理，一切部务须经顾问室同意后才能实行）。汪伪海军部成立之际，因人告密，王寿廷不幸被日本宪兵逮捕，关在虹口日本宪兵司令部。日军司令部多次派员到狱中诱王寿廷出任汪伪政府的海军部长，均遭到王寿廷拒绝。后经原国民政府海军教官（日）寺冈多方讲情，方获转关押于汪伪特务机关。

1944年7月，王寿廷虽被释放，但终因生活拮据，贫病交加，病情严重，于1944年9月病逝，终年56岁。

王寿廷的养女庞亚仁（即王寿廷的外甥女），"文化大革命"中吃尽苦头，双眼都失了明。

# 严传经

## ——血战鄱阳湖

## （1895—1938）

严传经，字子政。福建省侯官县（今福州市）仓山阳岐村人。生于清光绪二十一年（1895年）。

宣统三年（1911年）夏，严传经考入福建船政学堂驾驶班，1915年转入烟台海军学校第十二届驾驶班学习，1918年转入吴淞海军学校学习。

1920年6月，严传经毕业于烟台海军学校第十二届驾驶班（吴淞海军学校毕业）。毕业就奉派"定安"舰见习。

后又升任"克安"运输舰副舰长，"海容"舰鱼雷副、航海长等职。

1926年8月10日，严传经被授予上尉军衔。

1929年6月1日，南京政府海军部正式成立，严传经充任海军部候补员。

7月22日，"定安"运输舰副舰长久假未销，改由严传经为"定安"舰代理舰长。

1931年1月21日，严传经调署"楚同"炮舰副舰长，5月16日任"楚同"炮舰副舰长。

1933年，严传经调任"楚同"炮舰副舰长，叙为一等上尉。

1934年8月23日，严传经调任第一舰队司令部正副官，叙为一等上尉。

1935年11月23日，严传经调任"义宁"炮艇艇长。

1936年6月16日，"义宁"炮艇周希文调任海军部候补员。"义宁"炮艇周希文调任海军部候补员。第一舰队司令部一等上尉正副官严传经调任"义宁"炮艇艇长，叙为一等上尉。

1937年"七七事变"后，严传经率领"义宁"炮艇在鄱阳湖、江阴一带布雷、巡防。

1938年1月1日，因应抗战需要，海军部改制为总司令部，海军水面部队重组，严传经充任海军总司令第二舰队"义宁"炮艇上尉艇长。

1938年6月25日，"义宁"号在鄱阳湖内白浒镇巡弋，遭到9架日寇飞机轮番轰炸，严传经指挥战士用艇炮、机关枪与敌人飞机激战，"义宁"号后段进水，艇长严传经及轮机副军士长汪景瀚，列兵李孝勋、陈再框、任礼海、陈再枢等中弹阵亡。严传经壮烈牺牲，尸沉海底，年仅43岁。

战斗结束后，战友们一遍遍打捞寻找严传经的遗体，但始终无着。海军部按照军人抚恤条例，从优给恤二十年，国防部颁状褒扬，并追令晋升海军少校官阶以慰忠魂。


*严传经夫人孙毓仙，生育有三个儿子。二儿子严家秋。*

# 杨宣诚

## ——"军事情报界之父"

### （1890—1962）

杨宣诚，原名宣德，字朴园，号札桐。湖南省长沙县（今长沙市）东乡清泰都板仓（今开慧乡）人。生于清光绪十六年三月二十九日（1890年5月17日）。杨宣诚体态修长，身高1.9米，人称"杨长子"，或"十三长子"。兄弟姊妹13人，其为最幼者。

杨宣德16岁东渡日本，投靠已取得官费的七兄杨宣诚。而七兄一人的官费维持两人生活实有困难。适清政府留日海军学生有数十人因故退学回国，使馆就地招考补缺。因规定考试必须是已取得官费资格者，杨宣德乃冒其七兄杨宣诚之名应试，得以中取。后来，使馆以名额尚不足，乃放宽条件，非官费生亦可应试，乃再次赴考，为考官发现，说：你已考过一次，不要再考。令其退出考场。故只得兄弟两人易名。

早年受黄兴影响，组织"流血会"，谋刺长沙知府未遂。光绪三十四年（1908年）入日本海军士官学校，创办《海军》杂志。

杨宣诚为人正直不苟，因为身材高大食量亦大，日本军事学校定量供应，主食多吃麦片，多数中国学生嫌其粗糙，每餐均有剩下，他因食不够，则将他人剩

下者以充饥，可见留学期间之辛苦。

留日期间湖南同乡黄一欧与之交情甚笃，受黄一欧之父黄兴影响，于宣统二年（1910年）参加兴中会（后改名同盟会）。

宣统三年（1911年）毕业于日本海军水雷学校，回国后派长江舰队充"楚泰"浅水炮舰枪炮大副。

革命军连克武汉三镇，成立了湖北军政府，引起了清王朝的极度震恐。

八月二十一日（10月12日），清廷急令陆军大臣荫昌率北洋军两个镇兵力由京汉路南下武昌，又命海军提督、舰队统制萨镇冰率领巡洋、长江两舰队溯江而上，与荫昌会师武汉，企图一举将革命军歼灭。杨宣诚随"楚泰"舰赴武汉支援，兼任援鄂舰队参谋官。

九月二十一日（11月11日），萨镇冰目睹清政府摇摇欲坠，各省纷纷独立的局面，既不愿为清廷殉葬，也不愿公然易帜加入革命军。萨镇冰采取"自行引退"，以"身体有病必须赴沪就医"为由离舰出走。临行前指定资格最深的"海筹"管带黄钟瑛为舰队队长。派各舰见习的杨宣诚、杨启祥等留日学生和年轻军官同情革命，暗中串联策动海军易帜起义。

1912年1月1日，中华民国南京临时政府建立，孙中山任临时大总统。临时政府下设海军部。1月3日代表会议通过临时政府各部设置及孙中山提出的总长、次长名单。1月5日，孙中山任命黄钟瑛为南京临时政府海军总长，汤芗铭为次长。杨宣诚充任"楚泰"炮舰枪炮长兼教练官。

革命政府遴选一批革命有功青年且培养有前途者出国深造，1913年，杨宣诚奉派赴美国留学，先在旧金山青年会学习英文，半年后入洛杉矶加州大学商学院。

但"二次革命"失败，共和党人占据要津，清算革命党人，取消革命党人留学生官费。

杨宣诚被追离美，又不能回国，乃游走于苏联、日本谋生。黄兴适在东京办政法学校，收容革命党人，杨宣诚任黄兴政法学校教师。

1915年5月25日，袁世凯与日本签订丧权辱国的"二十一条条约"，全国仇日情绪高涨，湖南高等师范所聘日本教席被解雇。1916年1月，杨宣诚自日本回国，湖南高等师范充任日文教材翻译，为校长吴雁舟所器重，乃延聘为英文教席。

1918年4月5日，日、英、美干涉军在符拉迪沃斯托克登陆（因1917年11月7日，即俄历10月25日，彼得格勒武装起义开始的推翻资产阶级统治，建立无产阶级专政的社会主义革命）。日本以保护侨民为名于4月5日派"岩见"、"三笠"、"朝日"等军舰占领海参崴。北洋政府发表出兵西伯利亚宣言，决定出兵俄国西伯利亚，参加西方列强14国联合干涉军，屏护三江，并进一步设法收复东北失地。中国北洋政府决定派遣海陆军两路挺进西伯利亚。令海军部派遣军舰前往海参崴，以表示尽了协约国一分子的责任。海军部转上海海军总司令部指派"海容"舰及陆军加强团北上海参崴，参加干涉军。

4月8日，"海容"舰长林建章奉命率舰赴海参崴，开始组建北上官兵队伍。

北京政府参战处派了几位陆军人员赴海参崴，同时海军总司令部增派海军少校孟琇椿、上尉李世甲和何传滋3人赴海参崴。

杨宣诚聘任驻海参崴海军代将处（代将林建章）军事联络员随员，参与收回黑龙江航权。

4月30日，杨宣诚随"海容"舰上校舰长林建章从上海起航北上。

5月13日到达海参崴。8月3日北京政府大总统冯国璋明令海军代将（相当准将）兼"海容"舰舰长林建章节制派赴海参崴陆、海军。海军上校周兆瑞、咨议游学楷，科员奚定谟和杨宣诚参与襄办外交。杨宣诚负责与日军联系。

1920年1月10日，《凡尔赛和约》正式生效。5月31日北京政府海军部明令：驻海参崴海军代将林建章，取消节制陆军，裁撤岸上办公处，移往"海容"，仍以代将名议驻海参崴。杨宣诚南下。

1921年1月，赵恒惕被广州政府任命为湘军总司令（湖南督军）。湖南的地理位置处于南北要冲，是南北军阀争夺地盘的必争之地，战祸连绵，老百姓苦不堪言。北洋任命的督军张敬尧治理湖南，使得湖南陷于水深火热之中。因此，湖南的士绅早就呼吁自治，成立了"湖南自治法筹备处"，聘用名流制定宪法。4月，赵恒惕兼任湖南省长。2月，通过了湖南省宪法。

1922年1月，公布了《湖南省宪法》，由赵恒惕自任总监督，规定三个月内选出议员，组成省议会，再选出省长。企图在北京政府和广州国民政府之外，再建一个全国性的联省自治政府。谭延闿、赵恒惕提出的"省自治"和"联省自治"先后得到四川、云南、贵州、广东、广西、浙江和奉天等省地方军阀的响应，形成一个规模很大的要求省自治和联省自治的高潮。湖南的自治一时受到不只是湖南各界的欢迎，全国的许多知识分子也加以赞扬。

湖南省省长赵恒惕为倡导"联省自治"，聘杨宣诚为湖南省长公署交涉司司长。

7月22日，北京政府大总统徐世昌明令：收回吉黑航权出力，授予杨宣诚"七等嘉禾章"。

杨宣诚在湖南省3年有余（自1923年至1926年），其间正经历"五卅惨案"、"六一惨案"，湖南人民群起谴责日本帝国主义，日本领事馆惊慌失措，再三向杨宣诚请求省政府保护，致以重金，为之斥拒。并深入群众，呼吁保持理智，以防再发生流血事件，同时协助一些青年投奔黄埔军校。

1927年，杨宣诚受聘武汉大学教授日文。10月20日，杨宣诚任国民政府外交部特派湖北交涉员。

1929年，杨宣诚任湖南省政府（主席何键）外事秘书。

1931年，"九一八"事变后，南京国民政府延揽人才，经同乡贺耀祖将军推荐，杨宣诚到国民党军委参谋本部工作。

1932年3月，杨宣诚由参谋本部简任驻日公使馆海军少将武官（驻日公使蒋作宾）。时中日间形势日益紧张，但对日情报，特别是军事情报工作非常薄弱。杨宣诚深感任重道远，精心策划，以其流利的日语以及师友众多的优势，广交日本社会各阶层人士，积极活动，及时搜集到一些珍贵的情报，用不同来源，互相印证，予以仔细分析，正确判断，打下情报业务基础，得到中央政府重视。

1932年7月7日，杨宣诚任满回国，蒋介石对其成绩甚为满意，特命其在庐山开办武官训练班（该班后迁南京，归属参谋本部建制），培养驻外武官人才。

9月26日，杨宣诚调任参谋本部高级参谋。

1934年2月15日，杨宣诚调任参谋本部第二厅第四处处长兼武官训练班（武官训练班为国家培养出不少驻外武官，质量较高，战时遍布世界各国工作，为国家作出不少贡献）主任。

1935年，杨宣诚调任兼任陆军大学海军战术教官，讲解清晰，深得学员好评。

1937年1月1日，杨宣诚获颁"四等云麾勋章"。"七七事变"全面抗战爆发后，南京政府为加强对日情报研析。8月20日，杨宣诚调任大本营第一部情报组处长兼第五部对敌宣传组组长。杨宣诚，是有名的日本通。全面抗战爆发后，他对日本军事情报的系统分析与综合分析能力，是常人所不及的。在抗日战争中，因他详尽的情报搜集与精辟独到的分析，饮誉盟军，享有崇高的威望。

1938年3月28日，杨宣诚调任军令部特级高级参谋。8月，杨宣诚兼任军事委员会调查统计局特种情报所所长。

1939年5月，杨宣诚调任军令部第二厅厅长。

1939年，军令部在重庆菜园坝预备武官训编班，班主任由军令部二厅厅长、海军中将杨宣诚兼任，副主任由海军总司令部"民权"舰舰长、海军中校任光海兼任。学员来源由航空委员会，由海军部改组的海军总司令部、军训部、军令部保送报考。集训半年以后，分赴成都中央陆军军官学校、航空机械学校、空军幼年学校、重庆兵工厂、遵义陆军步兵学校、军事委员会德文译述班、贵阳扎佐军政部陆军演习场等处参观半年；最后，到军令部二厅二处实习陆、海、空军武官驻外业务半年。学习课程内容为外交礼节、国际公法、武官业务、密码学、照相术、通讯术、国际问题和英、美、法、苏联、澳大利亚等国军备，并选学一种或一种以上外国语文如英、法、俄文等。毕业后由军令部二厅根据学习成绩，所学外文分别签请蒋介石批准接见，然后派充陆、海、空军驻外武官或副武官。

1940年12月5日，杨宣诚被（重庆）国民政府授予海军少将军衔。

主持对日作战军事情报工作，这也是杨宣诚一生中最忙碌，最有建树的时期。他主持的军事情报工作，在第二次世界大战中，在盟军中享有崇高的声誉，备受赞扬。当时苏联政府提出，要求与中国政府合作对日情报工作。经中央同意，在重庆建立中苏合作的特种情报所，杨宣诚兼任所长，苏联派人任各级副职。

每周军令部二厅照例举行一次盟军军事情报交流会议，会议上二厅常有精彩的、精辟正确的情报分析报告。驻重庆的各国武官及军事代表都来参加。夏季，著名的长江"三大火炉"之一的重庆酷热难熬，那时办公室又无空调，有些外国军官图凉爽，着便装前往参加。受到杨宣诚严厉批评，并严肃宣布："此乃正式盟军军事会议，凡军容不整者不得与会"。从此，各国军人来二厅接洽公务者，莫不戎装整齐。重庆各国军人流传这样的话"二厅翘胡子将军是一位严肃认真的军人，与他交往，一切礼仪千万不可疏忽"，主要是因为二厅的情报对他们很有价值。

早在太平洋战争爆发前，第二厅监测电台就接收到日军的一个新出现的密码，距离很远，电波微弱，不久便销声匿迹，没有出现。经过破译，发现是日本太平洋海、空军的联系。杨宣诚命令一组监测台日夜监视这一神秘波段。"珍珠港事件"前夕，这个电台又出现了，它频繁忙碌地向太平洋地区发布指示，部署和调动大批海、空军力量。结合当时世界整个战局，以及外交战线上的活动，杨宣诚判断日本将在太平洋地区，特别可能向美国太平洋地区的重要战略据点有所动作。当即报告蒋介石，并建议将这分析通报盟军。获同意后，一方面在重庆召开驻渝盟军军事代表紧急会议，通报这一情报。当时外国军事代表多持怀疑态度，有探询这情报来源者，杨宣诚对以："此系中国军事情报秘密，恕难奉告"；一方面由中国驻美武官郭德权及副武官萧勃亲自向华盛顿美国政府提供这一情报。据闻罗斯福总统获此情报后，曾与三军参谋长联席会议研究，但没受到重视。

1941年12月7日，日本偷袭珍珠港，太平洋战争爆发，罗斯福曾向蒋介石提出，要求中国派一位海军将领，精通英、日文的情报专家，作为他的私人顾问。当时侍从室主管打电话告诉杨宣诚，并戏谓："罗斯福简直是寄了照片来要人，只少提到你那翘胡子了。"蒋介石未予同意，但派了商震上将作为中国军事代表团团长常驻华府。

12月8日，在空袭启德机场等地的同时，日本陆军兵分四路，越过深圳河进攻新界。18日午夜，日军乘坐百余艘汽艇、橡皮舟等，对港岛北岸强行正面登陆。结果英军败退，防守港岛的东部旅与西部旅，联系被切断。日军还占领了黄泥涌贮水池，切断了英军水源。英军司令认为再也无法继续抵抗，在与港督商议后，决定无条件投降。25日晚，东线、西线的英军相继挂起白旗。至此，历时18天的香港战役，以日军占领整个香港地区、英军彻底失败而告终。

日本攻下香港后，重庆参谋首脑研究新加坡形势时，有些人认为大英帝国在新加坡苦苦经营近二十年，新加坡要塞为其东南亚防御枢纽，并且有最新型的战舰"威尔斯亲王"号及"却敌"号参加防御，应是固若金汤。而杨宣诚根据军事情报及战备形势的分析判断，独持不同见解，在高级军事会议上，他阐述了自己的意见："新加坡要塞虽经英国多年建设，然原设计过于偏重保东西航道畅通，对来自海上的攻击，和防御工事可谓至善尽美，却忽略了、也没有考虑会有来自马来西亚方面的陆上攻击，因而形成了薄弱地带，造成有隙可乘。正如此次大战中欧洲战场上法国的马其诺防线，前车之鉴，不可不重视。海上虽有'威尔斯亲王'号及'却敌'号新型巨舰协防，然英国空军多集中在本土及欧洲，对东南亚形成空军掩防弱点，故新型战舰也不一定可恃。"他的结论是："新加坡要塞难长期固守。"与会的军令部次长刘斐中将不以为然，甚至疾言厉色质问，并斥之为悲观情绪。

不久，战争发生，形势发展如杨宣诚分析所言。"威尔斯亲王"号及"却敌"号为日空军击沉。而新加坡要塞为来自马来西亚进攻之日军所攻陷。此时，军界对杨宣诚的洞悉战争形势莫不钦佩。

英国在东南亚战场失利后，1942年年初英国政府向国民政府提出要求，请派军事情报主管到印度，共商加强东南亚地区情报合作问题。蒋介石派杨宣诚赴印度，与英国驻印度总督蒙巴顿勋爵会谈。会谈中定下一些事项，其中有由中国政府派遣航空委员会建制下的电讯情报人员驻印度，与英方在印度军事情报部门合作。由倪耐冰、邱沈钧等30余位组成赴印度工作队。在加尔各答工作一年多，以情报资源帮助英方空军作战，对日本空军予以沉重打击，取得不少胜利，深受英方赞扬。

抗日战争末期，日军曾三次进犯湘北，会战期间，杨宣诚为掌握前线战况，废寝忘食，及时提出可靠情况，对战局起关键作用，特别在第三次长沙会战（1941年12月24日—1942年1月16日）。当日军沿临湘、岳阳一线南下时，长沙守军第四军军长张德能即率部渡湘江西撤，弃城进驻岳麓山，蒋介石曾亲自两次电令其固守长沙，并命回报军事部署，张德能军长含糊其辞。杨宣诚认为情况不对，就致电长江谍报站，询问驻军及该站情况，谍报组长如实报告驻军已撤离长沙城，并直言该站也正拟撤离，杨宣诚乃即命令该谍报站坚持固守岗位，不得擅离，并命令该组派人侦察第四军确切部署地点，以及敌情，迅速及时回报，当他得知第四军确切驻扎地点，日军先锋尚未达长沙的情况时，立即向统帅蒋介石禀报。蒋介石甚为震怒，电张军长，斥其虚报情况，临阵脱逃。张初尚狡辩，谓仍驻在长沙市内，蒋以谍报组回报的其驻扎地点及部署以对，张军长始哑口无言。蒋严令第四军限时迅速返防长沙。第四军甫渡湘江，在猴子石，与日军斥侯部队（斥侯：古义为间谍、侦察之意）遭遇，日军仓促应战，狼狈溃逃。第四军随即进驻长沙，日军回师湘北。杨宣诚电话向参谋总长何应钦禀报时，何在电话中笑谓："老杨，此乃你谍报工作的功劳，湖南人的福气。"张德能以擅自撤退受军事法庭处决。

1943年11月22日至26日，中、美、英三国首脑在埃及开罗举行会议，商计战后的政治安排及反攻缅甸准备，杨宣诚以军令部中将高参和国民政府军委会外事局长身份随蒋介石出席了会议。出席会议首脑，美国为罗斯福总统，英国为丘吉尔首相，中国为蒋介石。英美两国尚有陆、海、空军参谋总长，东南亚盟军总司令及各部幕僚，欧亚两战场高级指挥将领，及各关系国的外交官，美国共约400

人，英国约300人。美国来华作战的史迪威将军和陈纳德将军以中国代表身份出席，中国随从代表共20人。

《开罗宣言》为一重要的历史性文件，为战后的历史安排起了决定性作用。该文件是美国霍布金斯起草，代表中国陆海空三军首长签字的是：陆军商震上将、海军杨宣诚中将、空军周至柔中将。杨宣诚以作为参谋首长论资历应请原军令部次长林蔚中将代表，他不便僭越。但蒋介石称："你是代表中国海军，不可缺海军。"杨宣诚只得遵命。宣言草案中关于战后日本应归还中国领土部分："……台湾应归还中国……"杨宣诚发现未提及澎湖群岛，乃告负责外交工作的代表王宠惠，应该加上，王认为"澎湖群岛系台湾的一部分，宣言中既已说明台湾归还中国，澎湖自然已经包括在内"。杨宣诚则认为："不然，因当年马关条约写明割让台湾与澎湖，两者并列，乃系日本方面提出，当时我国代表李鸿章正如阁下所言，认为澎湖已包括在台湾之内，不必再标明。但日方坚持，系恐我国临时将澎湖划出台湾省，或将之并入福建省管辖。日方坚持要写明澎湖，也因俄国曾出面要求割让或租借，故日本特别重视，现在如果在宣言中只写为台湾而不明确写出澎湖应归返，与马关条约不符合，战争结束后，日方也可能借口不归返澎湖。"王听此番道理后，恍然大悟，出面通知美国在草稿上加上"澎湖"。蒋介石后来曾叙述《开罗宣言》签字过程也说："我们对宣言草稿没有更改一字，意见完全一致，仅加了'澎湖'而已。"王宠惠博士对杨宣诚工作认真仔细，博闻强记，印象很深。曾赞称："翘胡子将军多闻博识，并且一个字也不忽略。"

开罗会议中的军事会议在开罗的梅纳旅馆召开，会议主题是讨论反攻缅甸。作战计划是东南亚盟军拟订的，当然多系英国方面意见。英国参谋总长布鲁克、美国陆军参谋总长马歇尔、海军总长金氏、空军总参谋长安德鲁以及后勤总司令都出席了会议。在印度的英国蒙巴顿勋爵也参加了会议。连中国代表一起，共有代表40余人。每一代表后面还有幕僚，与会者共有100多人。主持会议的主席是英国陆军参谋总长，开会伊始，他把作战计划念了一遍，即打算通过。中国方面事先未见过这份资料，当然不曾研究过，会上无法提出意见。杨宣诚立即推来世明将军发言，提出反对马上通过，指出这计划未曾事先送中国代表予以研究，杨宣诚随后指出："使用兵力必须先了解敌人兵力部署，然后再决定自己投入兵力之多寡。"建议先讨论敌情，再作决定。他的意见被会议采纳，于是布鲁克宣布休会，决定次日召开情报会议，由三国情报人员先研究敌情。他对敌情分析入木三分，对敌军动态了如指掌，震惊盟军参谋界，不久还为英、美参谋将领所论说：太平洋战役之前，国内对日军南进抑或北进，一时议论纷纭，而大多为迎合上峰愿望，多主北进之说，而他独树一帜，力排众议，论定日本将行南进。后来果如他所论证，深为军界同行所钦佩。

第二天会议上，英方代表态度显然固执，认为他们对敌情的判断是正确的。而实际上他们对敌人兵力判断失之过低。据英方估计为，日军在缅甸战场，空军飞机只有200架，陆军5个师团、海军1个舰队。杨宣诚以中国首席代表身份发言，指出英方过低估了敌人实力，英军代表不服。美国主管情报者，曾任驻日陆军武官，在日本时即与杨宣诚相识，熟知其治事认真，情报确切。乃指出："杨宣诚将军乃有名的日本通、军事情报工作的老前辈，在战前，军事情报界誉称为武官之父，应重视其意见。"英国代表傲慢地说："在这里，要讲事实，不论资格。"杨宣诚指出："日本在缅甸、暹罗（今泰国）安南（今越南）的兵力，陆军7个师团，反攻时可能已增到10个师团，空军飞机现有300架，反攻时可能加到500架，海军也可能相应增强与陆军配合。"英国代表认为是夸大，不以为然，质问有何根据。杨宣诚指出："这些判断的根据是我们打下来的日本飞机中的地图、资料，俘虏日军的番号，飞机场数量与跑道的大小长短，被破译的敌军电报密件等而得来的。"说罢并将一些带来的证据资料出示在会议桌上。英国代表才瞠目结舌，哑口无言，转而要求将这些资料给他们带走作为参考，杨宣诚不允。会后，英方多次拜访恳求，杨才同意他们借去拍照复制。第二天清早即由首席代表亲自送还，再三致谢。

情报会议结束后，开军事会议时，杨宣诚提出要英国在反攻计划中增配两个空降师投入缅甸战区，英国代表一反日前倨傲不恭的态度，马上应承下来。后来，在反攻缅甸时，战场上敌人的军事力量与部署，果如杨宣诚所判断，为盟军胜利提供了有力保障。英国参谋本部第二厅克罗门少将特地致电杨宣诚致谢。并赞称："阁下以海军将领身份，不仅对海军情报正确掌握，并对陆军、空军方面，全局情况了如指掌，使吾人敬佩不已……"

1944年1月1日，杨宣诚获颁"三等景星勋章"。2月，杨宣诚调任军事委员会外事局局长。6月27日，杨宣诚晋颁"三等云麾勋章"。10月，杨宣诚调任军事委员会高级参谋兼委员长侍从室高级武官。

1945年8月15日日本宣布无条件投降，8月16日国民政府派军令部长徐永昌上将赴菲律宾，代表中国接受日本投降。8月19日，日本投降代表团飞抵马尼拉。在接见日本投降代表团之前，中国政府的代表朱世明少将、徐永昌上将、杨宣诚海军中将等与其他盟军代表进行洽商。杨宣诚调任军委会外事局局长。

9月2日，盟军以美国麦克阿瑟上将为首，在东京湾"密苏里"舰上举行受降仪式。中国派出以军令部部长徐永昌为团长的代表团参加受降，杨宣诚中将、朱世明少将为代表团成员。

9月5日，杨宣诚调任北平市政府秘书长。10月10日，杨宣诚获颁"忠勤勋章"，又以中国代表团团员、海军代表的身份前往日本受降。

杨宣诚在第二次世界大战中的工作，受到同盟国政府一致赞扬，除国民政府授予不少勋章，如"云麾勋章"、"宝鼎勋章"外，美、英、苏、法政府均赠授过勋章，以表彰他卓越的功勋。

11月8日，美国政府授予杨宣诚司令级功勋勋章的授勋文件中称："这是为了中国海军中将杨宣诚在中国以军事情报首脑身份所作出的优越功勋而授予的司令级功勋勋章，杨将军在协同盟军作战过程中，给予盟军许多卓越贡献，并给美国政府与军队大力协助，是我们深为感谢和难以忘怀的。"

1946年7月31日，杨宣诚晋升海军中将，并退役。

1947年，杨宣诚被聘为台湾省政府顾问兼农林公司董事长。

1949年初，美国政府还在台北又一次赠授勋章给他，以表彰他在第二次世界大战中协助盟军建立的功勋。

随后，杨宣诚蛰居家中，以"在乱世可为伯夷叔齐，在治世不能为王顺长息"自勉，坚持不问政事。最高当局虽曾再三邀请出任要职，蒋介石曾邀面谈数次，他均以年老体衰为托词，坚决辞绝。

1962年3月23日，杨宣诚病逝于台北，终年73岁。

故旧亲朋均致哀悼，张群送有挽词："桓桓君子，魁岸昂藏，少怀壮志，负笈扶桑，楼船攻习，奋死戎行，名历中外，勋绩早彰，笃崇风节，晚景凄凉，胡天不匮，恻然心伤。"

# 曾国晟

## ——"制雷英雄"

## （1899—1979）

曾国晟，字拱北，福建省长乐县（今长乐市）古槐镇感恩村"九落里"人。生于清光绪二十五年七月初七日（1899年8月12日）。

父曾光世（船政后学堂第五届管轮班毕业，曾任海军一等造械官，1926年去世）。父曾光世胞兄弟四人，分别出身于清末中国最知名的两所海校，其中曾光时、曾光世为福州马尾船政后学堂管轮班第二届、第五届毕业生，曾宗巩、曾光亨毕业于天津水师学堂第四届、第六届驾驶班。曾光时参加过1884年马江海战；曾宗巩为"扬威"舰三副，参加1894年甲午战争，亦幸存）。

光绪三十三年（1907年），曾国晟入江西安源矿务附小读书，宣统二年（1910年）到北京豫章学校学习。

1913年3月，曾国晟考入福州海军学校第二届航海班。1917年编为烟台海军学校第十三届航海班。1918年，曾国晟等奉令全班转入吴淞海校学习其他高等课程。

1918年，曾国晟转入南京海军学校，学习水鱼雷及枪炮制造。

1919年，曾国晟等奉派登"通济"练习舰（舰长陈绍宽，李世甲为教练官）

见习生。

1921年3月，曾国晟毕业于烟台海军学校第十三届航海班，毕业后在舰艇上任职，授少尉衔，充任"楚同"舰中尉枪炮官。

1923年，曾国晟参加海军攻夺皖系北洋军臧治平所据之厦门。

1924年，曾国晟参加江浙战争浏河之役。

1925年，曾国晟调任海军陆战队第二独立团中校团副，负责改编诸事宜（此中校乃陆军衔，相当于海军中尉，并非升级）。

1926年10月23日，被授予上尉军衔。

1927年3月14日，海军总司令杨树庄率海军舰队在上海正式宣布与革命军合作，电令各军舰易帜。在吴淞口成立国民革命军海军总司令部，杨树庄正式就任国民革命军海军总司令，参谋长吴光宗。总司令杨树庄通电率领第一、第二和练习舰队所属44艘舰艇一律易帜，加入国民革命军。

10月15日，曾国晟调任"楚有"炮舰中尉副舰长，11月12日晋升海军上尉。

1929年3月，随陈绍宽参加"第二次西征"，攻打李宗仁。

1930年7月1日，曾国晟被借调福州马尾海军学校舰课班主任，奉命兼顾军舰

监造。8月2日，南京政府海军部明令"楚有"舰副舰长曾国晟调任"建安"炮舰监造员，驻上海江南造船所新舰监造室。"海筹"舰鱼雷副郑翊汉充任"楚有"舰副舰长。

12月9日，"建安"废舰改造完工成军，改名为"大同"号，编归第一舰队。"楚谦"炮舰舰长孟琇椿调署"大同"舰舰长。

12月13日，曾国晟充任"大同"舰（"建安"改名）副舰长。

12月23日，曾国晟调任第二舰队司令部正副官。

1931年5月13日，曾国晟调任"逸仙"舰代理副舰长。7月20日，曾国晟任"逸仙"舰上尉副舰长（部分时间监造军舰）。7月29日叙为二等少校。

1932年1月18日，"逸仙"舰副舰长曾国晟奉派赴海军江南造船所"平海"舰兼"江宁"、"海宁"炮艇监造员。"海鹄"炮艇艇长齐粹英继任"逸仙"舰副舰长。

5月2日，曾国晟调任海军部候补员。5月12日，"湖隼"炮艇艇长丁忧在假，曾国晟充任"湖隼"代理艇长。

6月2日，"诚胜"炮艇艇长甘礼经因病请假，"湖隼"炮艇艇长曾国晟暂行代理"诚胜"炮艇艇长，副艇长谢宗元兼护"湖隼"炮艇艇长之职。7月7日，曾国晟被免去"诚胜"炮艇代理艇长之职，回到新舰监造室，万绍先充任"诚胜"炮艇代理艇长。

10月15日，李世甲兼充任江南造船所"抚宁"、"绥宁"炮艇监造官，曾国晟、黄以燕等兼监造员。

1933年5月16日，国民党海军部长陈绍宽派军械处长李世甲为"肃宁"、"威宁"炮艇监造官，曾国晟、黄以燕兼"肃宁"、"威宁"炮艇监造员。

1934年4月22日，曾国晟调任"海筹"巡洋舰代理副舰长。12月28日，曾国晟调任"海筹"舰少校副舰长，12月29日叙为一等少校副舰长。

12月6日，陈绍宽在马尾创办海军大学，培训在职舰长，海军部长陈绍宽，马尾要港司令李世甲兼教育长。聘请两个日本海军顾问充当教官，抽调海军各舰艇长入学受训。消息传出之后，"应瑞"舰舰长林元铨、"宁海"舰舰长高宪申、"海容"舰舰长欧阳勋、"海筹"舰舰长陈宏泰、"大同"舰舰长孟琇椿、"中山"舰舰长罗致通、"克安"舰舰长林镜寰等为首的23位上中校舰长，联名向国民政府主席林森上请愿书，指控陈绍宽重用亲日分子李世甲和聘用两个日本人为教官，将海军军事教育大权委诸敌人。"日本侵华之心昭然若揭，请日人讲学，是与虎谋皮"，请求解聘日籍教官。

12月14日，控告陈绍宽的状文一份由林元铨向林森官邸投递，一份则由程嵋贤利用蒋介石乘坐"永绥"军舰由汉口返南京之便，当面递给蒋介石。蒋介石在"永绥"军舰上接受程嵋贤的状子，并倾听了程嵋贤的面诉，据事后程对人说，蒋介石在接受状文和倾听程的控诉的时候，频频点首，连声叫好。他们以为状告准了，四处张扬：陈绍宽倒台必矣。

向来不管事的林森，接到林元铨所递的状子，便批交行政院处理。行政院院长汪精卫接到国民政府和蒋介石交办的案件，立即召见陈绍宽，汪精卫想拉陈绍宽一把，把两张状子当面交给陈绍宽，全案交陈绍宽自己去处理，并且，授意可以惩办为首的舰长，以平息风潮。

陈绍宽在拜别汪精卫之后，直奔蒋介石官邸，蒋介石不予接见（据传闻蒋介石当时刚好正在理发），使陈绍宽感到出乎意外的冷遇。

23位舰长控告陈绍宽的消息，海军部内司长以上的高级官员微有所闻，既不敢透露上闻，也不做劝阻工作，大家都采取袖手旁观的态度。

12月20日，陈绍宽以"不孚众望"写了两份辞呈，一给行政院，一给军事委员会后，卷起行李，从南京赴上海，请陈季良赴南京主持部务。汪精卫也令海军部总务司司长致电政务次长陈季良回部"代拆代行"部长之职。

以"海筹"舰副舰长曾国晟联合"宁海"舰副舰长薛家声、"海容"舰副舰长周应骢等认为各舰长反对入学是"因取消各舰经费包干制，舰长权力被削弱"，掀起反对各舰长风潮，联合上海《申报》馆编辑、海军退职军官林搏良等人，散发匿名传单，图谋驱逐曾经控告过陈绍宽的23名舰长。海军内部议论纷纷，军心动荡。上海警备司令杨虎速报蒋介石，蒋介石乃派郑介民下来劝诫。

代理部长陈季良为平息风波，于1935年2月15日着手处理23个反对陈绍宽的上、中校舰长。3月1日海军代理部长陈季良处分反对陈绍宽部长的为首者，决定将"应瑞"舰舰长林元铨、"宁海"舰舰长高宪申调离。

1935年2月22日，陈济棠辞去粤海舰队司令兼职，副司令姜西园升任司令，张之英为广东海军副司令兼第一集团军舰队司令。时因粤海舰队待遇高，军饷发

曾国晟

的是大洋，广东江防舰队（即第一集团军舰队）军饷低，发的是广东毫银，引起江防舰队官兵对粤海舰队官兵的不满。4月，陈济棠借姜炎钟之手控制了三舰后，突然宣布把粤海舰队并入江防舰队即第一集团军舰队，由陈济棠兼任舰队总司令，姜炎钟、张之英为副总司令，李庆文为参谋长。"海圻"、"海琛"、"肇和"三舰大权易手，姜炎钟感到无力同陈济棠抗争，只得安心当官。可是唐静海等对此十分气愤，尤其是从6月起，陈济棠将三舰军饷由大洋改为广东杂毫洋，价值大贬，更是火上浇油，许多东北籍官兵表示"一定要打出广东，死也不能死在广东"。6月15日，广东海军学校教官张凤仁、"海琛"舰轮机长陈精文、"肇和"舰枪炮副长李和春、副舰长李宝琳、"福游"炮舰舰长唐静海等人，相约在广州东山的唐静海家中密商，决定驾舰离粤。因"肇和"舰正在修理主机，不能行驶，决定先带"海圻"、"海琛"舰行动。

唐静海自任"海圻"舰舰长、张凤仁自任"海琛"舰舰长，率领两舰逃离广州，冲出虎门，经零丁洋到达香港九龙海面抛锚。

在香港停泊期间，各方都想做"海圻"、"海琛"舰的工作，让两舰归顺他们。李宗仁的代表苏博云、日本驻广州领事田中等人前来说项，均遭到官兵们的拒绝。后来，国民党特务邢森洲来舰，送来蒋介石的电报，称："两舰径驶首都候吾为要，一切问题均可解决。"在粮、煤、饷项都无着落，官兵情绪又日渐低落的情况下，眼见走投无路，两舰官兵接受了蒋介石的意见，决定投归南京方面。

南京政府海军部为防止"海圻"、"海琛"舰投奔伪满，派舰监视。曾国晟随"海筹"舰参与截击东北舰队（第三舰队）"海圻"、"海琛"主力舰，防其投奔伪满。

12月6日，奉海军部派遣，曾国晟与蒋亨湜、华国良、姚玛、沈觐安、陈宗芳等赴杭州防空研究班第七期学习。

1936年9月1日，曾国晟调任新舰监造处舰装设计监造官。10月1日充任"海筹"号一等少校副舰长。11月9日，"海筹"舰副长曾国晟调任"江鲲"炮舰少校舰长，11月23日曾国晟被授予二等海军少校。

1937年3月15日，曾国晟被派驻上海江南造船所新舰监造室，杨道钊接任"江鲲"舰代理舰长。

"七七事变"后全面抗战爆发。7月11日晚9时，鉴于日益紧张的战局，军政部长何应钦主持召开了22次卢沟桥事变的汇报会，研究对策，并向海军部下达指示，要"不失时机，撤除长江之灯塔、航标"，"江阴新炮限期完成"，从速"妥定海军使用计划"。7月17日，海军部长陈绍宽由柏林打回电报，要求率海军人员回国，参加抗战。

中日大战不可避免，海军部派曾国晟中校和周应聪等把在沪的海军机关、眷属，尤其是技术人员撤往内地，并在上海大量购买制造水雷所需器材，分批分路内运。海军部对所辖的57艘舰艇（排水量44038吨）下达命令，"楚泰"舰和"正宁"、"肃宁"、"抚宁"三艇协同闽江口要塞扼守；"公胜"艇协防珠江；"诚胜"艇警戒山东，协助第三舰队；"普安"、"永健"舰留沪，保护海军各机关、造船所，其余49艘舰艇陆续驶入长江待命。

面对敌强我弱，陈绍宽乃未雨绸缪，作水雷战之准备。曾国晟奉命监造"泰宁"布雷舰，并着手以上海南市各庙宇为工场，建设海军水雷厂。

8月13日，"八一三"淞沪抗战爆发。中国空军轰炸日军旗舰"出云"号失利。电雷学校鱼雷艇偷袭日本第三舰队旗舰（司令驻扎的指挥舰）"出云"号失败。海军部"海军舰艇监造办公室"监造官曾国晟建议研制水雷以炸日舰。

8月22日，海军部采纳了曾国晟的建议，并指派曾国晟负责研制水雷。

曾国晟到任后，根据海军部的安排，从海军江南制造所和海军军械处选调了一部分优秀技术员参加研制、设计、制造水雷。中国海军第一个水雷制造厂办公室设在上海重庆南路海军联欢社。为了避免日特发现中国海军在研制水雷，曾国晟将试制水雷工场放在南市佛庙大殿的后面。佛门弟子给予大力支持，自发地担负望风把门的任务。后来，因为日机白天轮番轰炸南市，员工们只能在夜晚工作。试制工作开展了一段后，佛门弟子发现庙里常有些行动诡秘的香客，立即报告了试制工场里的海军。

很快，曾国晟就将试制工场转移到上海枫林桥的海军海道测量局内。这里靠近法租界，一旦遇到意外，便于马上转移到法租界。枫林桥工场设备非常简陋，工作危险度极高，但参加试制的海军官兵没有一人退缩。造水雷需要用蒸汽溶药锅溶化三硝基甲苯（TNT）黄色炸药，当时这种锅买不到，官兵们只得用特大号铝锅顶替。参加试制的海军军官都经过海军学校严格训练，知道这样做是违反操作规程的，稍有不慎就有可能殉职，但他们早就将生死置之度外。

第一批电发水雷取名"海军式"，一试制成功就投产，并送往淞沪抗战。9月28日晚，布雷兵王宜升、陈兰藩携带三枚水雷，泅水靠近"出云"号，准备破除防雷网时被日军发现，王、陈二人引爆水雷后撤离。陆军还用这批水雷破坏了沪西徐家汇桥梁，阻止日军前进。最让试制人员解气的是，中国军队还用这批水雷炸毁了上海日租界的日清码头。他们还在枫林桥工场试制成功了大型的电发水雷。有一天晚上，海军水雷制造厂的官兵乘着夜色将"海军式"水雷运往浦东码头，悄悄地放入黄浦江，再由潜水员拖往上海白渡桥，准备用来炸掉停泊在那里的日军旗舰"出云"号。但敌人发现了情况，用探照灯不断地向黄浦江照射，并调来了部队。潜水员们只得冒死将水雷拖回浦东。

10月1日，曾国晟升任"海军新舰监造处"处长。在上海秘密设厂制雷。

11月12日，中国军队撤离上海，上海沦陷，曾国晟成功地将所有试制水雷的人员和仪器、原料带出上海。辗转到了南京后，他发现国民党中央政府各机关已全部撤往武汉，又立即再往武汉。撤退到武汉后，曾国晟先在汉口的汉安里海军联欢社设置水雷办公处，然后四处寻找制雷厂厂址。那时临近春节，试制人员没有一个人回家与妻儿团聚，而是夜以继日找厂址。最后在武昌找到"彭公祠"作为办事处，并修建制雷工场。在汉口海军监造室造雷并组织和指挥布雷队。

1938年1月1日，因应抗战需要海军部改制为海军总司令部，曾国晟充任海军总司令部军衡处铨叙科中校科员。"海军水雷监造办公处"成立，并在湖北岳州设溶装炸药工场。至此，海军水雷制造厂机构更加完整，规模也有所扩大。

4月，海军水雷制造所迁至湘西辰溪，曾国晟改任水鱼雷制造所所长。建立制雷基地，海军水雷制造厂开始正式生产"海丁式"触发固定水雷。每具水雷内装炸药300磅，月产1000具，在武汉期间共生产约7000具，全部布放在长江中下游阻击敌舰。日军报纸当时在报道中曾提到"支那机雷威力之威胁"。

10月，在日军进攻武汉之前，曾国晟再次组织海军水雷监造办公处全体人员撤出武汉。官兵们带着技术资料、主要仪器和主要原料，分两部分撤出。一部分撤到湖南长沙，一部分撤到湖南常德。曾国晟奉命负责构筑湘阴阻塞线，时海军总司令陈绍宽坐镇长沙。

10月25日下午6时许，侵华日军占领汉口岱家山，武汉沦陷。国民党海军在常德设立水雷制造所。官兵们边建厂边生产"海丁式"固定水雷。在常德的官兵还加班加点研制出"海庚式"漂雷。后来漂雷主要用于长江布雷，因为长江江水向东流下，漂雷能主动攻击敌舰。官兵们还在球形浮标外表涂上接近江水颜色或西瓜皮色的油漆，使其不易被敌舰发现。

在常德期间，官兵们还研制出"海戊式"中型固定雷和"海己式"小型固定雷。前者内装炸药100磅，后者内装炸药50磅，主要布放在洞庭湖、鄱阳湖以及湖南的湘江、资江、沅江、澧江，用于封锁敌舰艇航道。

1939年4月12日，"海军水雷制造处"改称"海军水雷制造所"，曾国晟兼任中校所长（造雷并组织、指挥布雷队）。下设总务课、工务、设计、机务、材料、运输、会计等课，林奇任总务课课长、陈宗芳任工务课课长、黄贻庆任机务课课长、林秉来任材料课课长、曾万里任运输课课长、江守贤任会计课课长。同时下设香港办事处、桂林办事处、长沙办事处、韶关办事处、辰溪办事处、贵阳办事处，周应璁任香港办事处主任、梁序昭任桂林办事处主任、聂锡禹任长沙办事处主任、林缃民任韶关办事处主任、何家澍任辰溪办事处主任、黄璐任贵阳办事处主任。

6月12日，海军总司令部批准将海军水雷监造办公处列入正式编制，改称"海军水雷制造所"，曾国晟任中校所长兼海军布雷游击队第一、三、四、五分队中校总指挥。

7月7日，海军水雷制造所由常德迁辰溪，增设了试验漂雷浮力用的试验池。溶药工场及试验池均设在常德上游佛光寺里，这里距常德制造水雷的工场约10公里。在常德期间，海军造水雷的工厂又得到扩大。

11月12日，（重庆）国民政府明令授予海军总司令部军衡处科员曾国晟"华胄奖章"。

1940年1月，海军总司令陈绍宽下令筹设"海军工厂"，曾国晟任"筹设海军工厂管理委员会"主任委员兼任海军学校学生舰课训班主任，主持培训四期共200多名布雷队员，派往各抗日战场。

为抵制意大利杜黑"优空弃海"谬论对中国海军的消极影响，曾国晟组织"海军整建促进会"（后更名"海军建设促进会"），萨镇冰为名誉会长，蔡鸿干（临冰）为总编辑，郭寿生为编辑，发行《海军整建》月刊（后更名《海军建设》月刊），宣传水雷战，鼓舞海军同胞。

4月10日，（重庆）国民政府海军水雷制造所迁移到辰溪。《海军整建》月刊社跟随海军水雷制造所从常德迁到辰溪。

国民政府海军在浔鄂区（洞庭湖）设海军布雷游击队（下辖4个队），海军水雷制造所所长曾国晟兼任海军汉浔区布雷游击队总指挥，配合第九战区作战。

7月8日，海军总司令部军衡处中校科员派兼海军水雷制造所所长曾国晟勋绩卓著，被誉为抗日"制雷英雄"，海军总司令部呈奉军事委员会授予"五等云麾勋章"，记大功一次。

10月，湖北宜昌、沙市又落入日军之手，常德危在旦夕，海军水雷制造所用最快的速度撤出常德，迁至湖南辰溪。因为时间紧，许多官兵没有来得及将自己的家当带走，而首先搬迁制雷需要的材料和机器。一到辰溪，官兵们立即着手建造制雷工场，并在辰溪上游上麻田设溶药工场和试验漂雷浮力用的试验池，加紧制造各式固定水雷和漂流水雷。

1941年1月1日，（重庆）国民政府海军总司令参谋处增设训练科，舰械处增设雷务科编制。邵新调任参谋处训练科（额定19人）科长，水雷制造所所长曾国晟兼代舰械处雷务科（额定21人）上校科长。

3月，《海军整建》月刊编辑马午被长沙三青团向海军总司令指控为"共党分子"。海军总司令陈绍宽对于这一指控"按下不表"，等到曾国晟到重庆总部述职时，才出示此信，问他如何。曾国昆回到辰溪如实地对马午说了情况。为了保全刊物，马午辞职走了（解放后马午任中央宣传部出版的《学习》杂志社秘书，于1964年病殁于北京）。

"海军整建促进会"的代表大会召开，通过《海军建设促进会第一次全体会员代表大会宣言》，把"海军整建促进会"改名为"海军建设促进会"，因此，从第二卷起，《海军整建》月刊也相应地改名为《海军建设》月刊，但卷数不改，仍称"第二卷"。

在抗日敌后布雷游击战中，多次获新四军帮助，接触共产党和进步人士。

1942年，美国借抗日之名，派第三舰队中校情报官梅乐斯来华，意图支持戴笠染指中国海军。曾国晟与梅乐斯会面，拒绝按梅的要求，脱离陈绍宽而与戴笠合作，美方即中止对辰溪水雷所的一切援助，两人不欢而散。

1943年，曾国晟晋升海军上校。

1945年8月15日抗战胜利，8月18日海军总司令陈绍宽委任曾国晟为"海军接收日伪海军专员"及"接收日本三菱造船所专员"。

9月16日，曾国晟兼任上海海军工厂厂长（上校、准将），奉命接受长江沿岸城市和青岛等地日伪财产，晋升海军少将。

12月26日，蒋介石裁撤海军总司令部，陈绍宽被免官。曾国晟往扬子饭店谒陈绍宽，内心生出联共反蒋之意。

1946年10月16日，南京国民政府国防部明令任命曾国晟第四（支应）署少将署长兼上海日本战后赔偿物资委员会海军组长。陈绍宽被黜后，曾国晟决心采取行动联共反蒋。在上海联系到"民革"前身"民联"的主要人物郭春涛、吴艺五，并把海军动向由他们传给共产党。郭春涛愿意介绍曾国晟与地下党碰头，可惜郭春涛遇捕逃走，原计划落空。

10月10日，曾国晟获抗战"胜利勋章"。

1947年4月，曾国晟与叶可钰、方莹少将等在上海四马路福州旅社成立了海军界组织秘密社团——仁社，开展"翻箱倒柜"（福州方言"反蒋倒桂"）活动，并利用3月19日"伏波"舰在厦门外海被"闽轮"舰撞沉，全舰官兵除1人幸免外全部遇难的事件，发动各种舆论工具抨击桂永清排除异己、迫害闽系海军官兵的罪恶行径。并与中共地下党联系，开展反内战活动。

5月6日，南京政府海军总司令部增设第六（机械）署，南京国民政府明令：海军总司令部第四署署长曾国晟调任第六署署长。

1948年初通过郭寿生才联系到地下党李亨元；之后，三野派孙克骥负责联络。曾国晟在一次江防会议上取得江防图，由孙克骥派人送往解放区。

9月22日，南京国民政府明令授予曾国晟海军少将。

12月31日南京国民政府国防部明令：海军总司令部第六署署长曾国晟（少将）另有任用，免去其本职。着任命马德建（上校）暂代署长之职。

曾国晟替第十军偷运电台交叶可钰送往福州。

1949年4月20日，解放军百万雄师突破长江防线，进击浙、皖、苏、赣等地，并以重炮封锁江面。4月23日，解放军华东军区海军诞生。华东军区海军虽然从国民党第二舰队等起义及投诚者手中，接收了25艘船、45艘小艇，并从上海等地接收了"接5"、"接12"、"接14"、"五三八"及"江流"等10艘舰船。但国民党军利用空中优势，对起义投诚的舰艇及各造船厂狂轰滥炸。4月26日炸沉"楚同"舰于燕子矶，4月28日炸沉"惠安"舰于关头，4月30日炸沉"吉安"、"太原"舰于采石矶……仅靠现有的船只装备起一支海军部队来，那是远远不够的。

5月27日，上海解放前夕，地下党保护曾国晟逃匿，因此安然无恙。

6月1日，华东海军司令张爱萍到上海四川北路拜访曾国晟，探讨人民海军建设问题。

6月3日，成立了一个原国民党海军人员登记办事处，实际上是一个招募处，孙克骥为处长，陈啸奋、曾国晟、金声为副处长；登记处分设于上海、南京、重庆、青岛等地。接着，张爱萍又在1949年6月12日的《大公报》上发布招募通告，以表诚意和决心。

7月1日，曾国晟参加海军起义，加入人民海军行列，协助扫雷大队大队长兼政委孙公飞，完成了党中央的任务——长江口扫雷。

人民海军初建，当时国民党海军起义的舰艇多数破烂不堪，征调和购置的船只，既无武器及其他装备，船体本身也不能适应海战要求。当时，为了解放战争在全国的胜利，配合陆军担负起解放浙闽沿海岛屿的任务，并准备担负起输送、掩护陆军渡海登陆、解放台湾的任务，必须加速装备建设。

为此，华东海军组织了一个舰艇调查修装委员会，委派原海军同志曾国晟为主任，负责抢修和改装工作。

华东海军司令员张爱萍和曾国晟交谈中，向他请教军舰与商船异同之处，从中学到不少军舰与商船的构造、性能等基本知识，颇有启示。张爱萍当即称曾国晟为"造船教师"，并决定由曾国晟成立主修装委员会。当时是两大工作，一是修复，二是改装。按曾国晟提出的方案，将商船的舱隔缩小，以便于在作战中堵漏，再装上火炮。我们当时没有舰用火炮，便从陆军调来榴弹炮、高射炮、高射机枪等799门，对55艘商船进行改装。但是修复也好，改装也好，首先要有造船厂。黄浦江岸的江南造船所、浦东造船厂等8个修造船厂、点，均在国民党军队撤逃时遭受严重破坏，上海解放后，又屡遭敌机轰炸。

为此，张爱萍司令员偕同后勤部司令员陈玉生及曾国晟首先来到江南造船所。从调查研究入手，广泛发动群众，提出了"修旧利废，因陋就简，积小为大"的修建方针。经过深入动员，这所具有80多年历史的老厂，它的潜力被呼唤出来了，魔术般地发挥出巨大的创造力。为了对付敌人的空袭破坏，所有的修船厂点都进行夜间作业。参加抢修的海军官兵，与广大工人群众日夜奋战。在改装抢修舰船的过程中，领导、专家、技术人员和工人群策群力，克服了许多难以想象的困难。特别是曾国晟等原海军专家的真知灼见，及时解决了如陆炮装舰等许多技术难题，确保了装修进度（到1949年10月底，经3个半月奋战，如期完成16艘炮舰、护卫舰的改装和抢修，并立即投入第二批舰船的打捞、改装和抢修的战斗，一次又一次地创造了舰艇修理史上的奇迹）。

8月28日上午，毛泽东在北京中南海的会客厅里，约见林遵和解放后应召参加海军建设的原国民党海军少将曾国晟，徐时辅、金声等人。

1949年8月28日毛泽东在中南海接见国民党海军起义人员。第一排右起：林遵、毛泽东、张爱萍、徐时辅（左二）、黄胜天；第二排右一为曾国晟。还有华东军区海军机关干部蒋振玉、王真、薛伯青等。

11月8日，第一批人民海军舰员培训结业，2000多名学员被编配上7艘护卫舰、9艘炮舰，编成第一、第二两个大队。人民海军第一支战斗舰艇部队胜利诞生了。

1949年海军初创部分人员在天坛合影。右一为黄胜天、右三为曾国晟、右四为张爱萍、右五为林遵、右六为金声、右七为徐时辅。

解放后，曾国晟历任华东海军后勤部副司令。华东海军修造处处长、江南造船所兼所长。为人民海军初创曾国晟提出"陈船利炮"的建议，获张爱萍采纳，并与江南厂员工共同努力，装修舰只150艘次，为华东海军第一支战舰编队的组建打下了基础，后来这些舰只编成了3个舰队和1个扫雷大队。

1950年1月，国民党海军在长江口、圆圆沙、新港、横沙东北江面及南北航道上布设了水雷，使多艘客货轮触雷沉没，严重影响上海港航运事业的发展，使上海市的经济和市民的生活供应受到严重影响，也影响我舰艇的出海活动。为了消灭这些水下"敌人"，我们决定迅速组织力量予以清除。用一艘大型坦克登陆舰和10艘小型登陆艇（代扫雷艇）组成了扫雷大队，这是人民海军的第一支扫雷大队。由孙公飞同志担任大队长兼政委，会同曾国晟等专业人员在舰艇上装置扫雷工具，研究扫雷方案，后来又将"古田"、"周村"、"张店"和"枣庄"等舰改装为扫雷舰，经过多次摸索，于1950年9月底清除了长江口的水雷，保证了长江口航道的安全。

2月6日，曾国晟任华东海军司令部研究委员会副主任。

4月23日在纪念人民海军诞生一周年的大会上，将修复和改装好的舰艇列入战斗序列，分编成三个舰队，并举行命名典礼。第六舰队以8艘护卫舰组成，以南昌、广州等大城市命名，任命饶子健为司令员兼政委，刘中华为副政委。第七舰队以8艘炮舰组成，以延安、瑞金等老根据地城市命名，任命饶守坤为司令员，张雄为政委。第五舰队包括登陆舰、江防舰、坦克登陆艇、江防炮艇等共16艘，分别以井冈山、黄河及古田、陈集等名山大川及根据地集镇命名，另有一艘扫雷舰命名为"秋风"，任命谢立全为舰队政委，张元培为副司令员兼参谋长。在命名典礼大会上，这些舰艇部队接受了华东军区、江苏省及军委海军领导同志粟裕、江渭清、刘道生等参加的检阅。广大指战员满怀激情，深为这支新生的人民海军而自豪。

5月，曾国晟亲自指导扫雷训练，9月随同扫雷队清扫吴淞口外雷区，11月11日长江航道终于畅通。

11月16日，人民解放军海军华东军区（东海舰队前身）司令部成立了"技术研究委员会"，在后勤部成立了"舰艇调查修装委员会"。

"技术研究委员会"的成员大多是原国民党海军的元老派。他们年事高，不易做大的活动，但经验丰富，就授权他们批评、建议、作技术指导，明确规定有权批评司令、政委及所有领导成员。

原国民党海军总司令部中将参谋长曾以鼎任"技术研究委员会"主任，原国民党海军《中国海军》月刊上校社长郭寿生和金声为副主任、北京海军司令部修造部总工程师。

"舰艇调查修装委员会"主要负责所有舰船的修理和改装，曾国晟任主任，负责抢修和改装工作。曾国晟根据张爱萍的安排，便全身心地投入组织抢修起义、接收、破毁的舰艇和购置商船、渔船等。

曾国晟等以"舰艇调查委员会"名义请示中共中央军委，将青岛起义的护卫舰"黄安"号（1949年2月13日宣布起义）调入华东海军。"舰艇调查委员会"还将遗弃黄浦江多年、锈迹斑斑的三艘日本护卫舰打捞上来进行了大修；将渡江战役中被解放军击伤的"威海"号护卫舰、"永绩"号炮舰，进行了大修改造；通过陈毅市长从上海市海运系统调用、调拨"元培"号等6艘货船；通过香港购买三艘外轮，分别改造为"开封"、"洛阳"、"临沂"号护卫舰；另外还通过购买、交换的方式从各地筹集大型坦克登陆舰8艘，中型坦克登陆舰6艘。到了1949年10月底，经3个半月奋战，如期完成16艘炮舰、护卫舰的改装和抢修任务，解放军为此先后从陆军调来榴弹炮、高炮、高射机枪等799门，对55艘商船进行了改装。创造了舰艇修理史上的奇迹。

还以商船名义大量购进二战后的废旧舰艇共获得了48艘，但到了1950年6月，由于国际形势发生变化，朝鲜战争爆发，当时已购得的4艘护卫舰与4艘扫雷舰被英国政府下令暂缓出口，到了1951年又有4艘护卫舰与3艘铁壳扫雷舰（据说还有一艘轻巡洋舰），以美国为首的西方阵营对中国大陆实施禁运，这些船只无法驶往内地，最后这批船舰始终未能交到共和国手中。

曾国晟还向张爱萍司令员建议将商船改装为军舰。曾国晟说："二者最大的不同是在舱格上。商船的舱格大，军舰的舱格小。军舰一旦中弹进水，那只是在一个小舱里，便于抢救，不会马上沉船。商船改成军舰，首先要增加舱格，缩小舱面。其次的不同是军舰有炮、商船没炮。"张爱萍问："商船没有炮怎么办？"曾国晟说："那只好把陆军用的大炮卸掉炮轮，固定在船上，只是射程近些，准确性差于舰炮。但总是以有代无。"当日，张爱萍便指示后勤司令部把购

海研会高龄成员离、退休前在海研会驻地的全家福合影，前排左起：聂锡禹、刘孝鋆、叶裕和、王浴滔（主任）、方莹、郭寿生、于非（工作人员）、陈景芗、郑震谦、曾国晟；二排左起：陈禄华、陈昕（马尾3轮，"重庆"号轮机长）、陈嘉镔（马尾8航）、陈书麟、陈景文（马尾6航，赴英见习，"重庆"号枪炮官）、刘隽、蔡鸿幹、李干城（工作人员）、吴正昌（"重庆"号起义人员）、陈宗孟（"重庆"号鱼雷官，马尾9航、陈景芗之子）；三排左起：姜树远（司机）、张玉岐、宫衍栋、韩安民、姚永清（管理员）、王大胜、卢凤仪、毛之顺（炊事长）、赫钦芳。

置商船改装军舰的报告送到上海市政府。同时向中央军委申请购置苏式130、100毫米舰炮，以装备主要战舰；向三野申请调拨105毫米榴弹炮和75.57反坦克炮以及25毫米机关炮等。不久，华东区海军就购置了各种船只77艘，购置和调拨的舰炮、火炮也陆续到位。

曾国晟最重要的成就是协助华东军区修理一批海军的舰艇。舰艇上安装火炮，都是根据各型舰艇性能而特制的专用舰炮。可是要在商船上装炮，把商船改为军舰，就没有专用的舰炮，只好安装陆军用的加农炮和榴弹炮。曾国晟很快想出办法，把陆军大炮装上商船。这种技术被叫作"陆炮装舰术"，曾国晟成了发明这种技术的"鼻祖"。短短几个月，曾国晟就在134艘舰艇上装了799门火炮。

当时修复改装一艘舰艇，必须得拆卸5~6艘舰艇上的零部件。由于缺少零部件，许多舰艇无法修复。

11月，曾国晟出任人民海军总司令部研究委员会副主任，主持《近代海军史参考资料》编辑和出版工作，撰写《华东海岸形势和战术观点见解》等著作。

1952年，曾国晟被任命为华东军区海军后勤司令部副司令员兼技术部部长，负责后勤工作。

1957年11月，海军总司令部研究委员会主任曾以鼎因病毒性肺炎爆发，在北京海军总医院病逝，王浴滔（陆军起义的将领）任海军总司令部研究委员会主任，郭寿生、方莹任副主任委员，曾国晟调任海军总司令研究会委员。

1958年，曾国晟被打成"右派"，1962年去"右派"帽子。

1963年7月，海军总司令部"研究会"撤销，曾国晟退休回福州，安置于福州广积营"海军村"。

1964年6月22日，曾国晟、刘孝鋆、方莹、陈景芗、郑震谦5人，经福建省政协二届十八次常委会议决议，增补为福建省政协第三届委员会委员。曾任福建省政协常委（享军级待遇）。虽然年高体弱，仍不辞辛劳撰写文史资料稿件，为研究旧中国海军史提供了重要史料；病中还向海司、海政首长写信，提出有关人民海军建设的建议。

1979年8月31日，因肝癌病逝于福州，终年81岁。9月5日曾国晟追悼会在福

1963年国庆前夕，海军总司令部领导来看望退休的海研会委员时在海研会的合影。前排左起：海研会王浴滔主任、海司领导、海司领导、陈景芗、方莹、郭寿生、海司少将部长、海司领导、于非、刘孝鋆；二排左起：聂锡禹、叶裕和、陈书麟、陈景文、郑震谦、刘隽、曾国晟、蔡鸿干、陈昕；第三排左起：王大胜、卢凤仪、陈嘉镔、韩安民、姚永清、李干城、陈宗孟、吴正昌。

州举行，悼词肯定曾国晟"为中国人民的解放事业作出了贡献"，"为建设人民海军作出了贡献"。会后，东海舰队为曾国晟举行了海葬，撒骨灰于东海海域。电视台随舰录像，次日丧事见报。

　　曾国晟主持《近代海军史参考资料》编辑和出版工作，撰写《华东海岸形势和战术观点见解》等著作。


　　妻子：陈锦英，字琬璋（1904.1.14—1986.12.20）。早年丧父。外祖蒋诰，曾任清布政使。舅父蒋拯1921年7月22日—1922年6月15日任海军总司令。

　　曾国晟生育6个子女。曾国晟过世后，其后人便举家离开福州迁到北京。

　　儿子：曾兆钰。抗战开始时，曾国晟夫人带着孩子住在香港，抗战进入最艰难时期，曾国晟让妻子带着孩子来到湖南大山深处的水雷制造工厂，并将大儿子曾兆钰送进了海军学校，1948年4月曾兆钰从青岛海军军官学校第一届轮机班毕业。新中国成立后，曾兆钰一直在大连海运学院执教，是颇有名气的船舶电工教授。

女儿：曾兆惠，1939年生于香港。1962年毕业于北京外语学院德语系。长期从事科技文献翻译。有诗作在《诗刊》发表。后到中央戏剧学院戏剧文学系执教，任讲师、副教授。1980年始业余构写海军历史题材长篇小说，1986年出版《海军世家》。1989年出版《唐诗译析》。

# 曾万里

## ——浴血东南亚盟军统帅部

## （1902—1944）

　　曾万里，字鹏飞，号玉生，福建长乐县（今长乐市）古槐乡感恩村人。生于清光绪二十五年三月初九（1902年4月16日）。父亲是普通的盐务职员。兄弟三人，曾万里排行第二。曾万里少怀大志，聪颖异常。

　　1915年秋，曾万里的父亲去世，家境陷入困顿，适值福州马尾海军制造学校招生，投考福州马尾海军制造学校，制造专业丁班，先学法文系制造，后又学德文系制造，学习制造专业。3年后于1918年1月毕业。

　　1920年11月，曾万里、叶可钰等23名奉派入烟台海军军官学校，列为烟台海

军学校第十七届航海班。曾万里在烟台海军学校学习勤奋，通英、德、法三国文字，每试辄列前茅。其间，阅览进步书刊，参加反帝爱国活动，在罢课风潮中，认识了第十六届学生郭寿生。

1921年秋，中共中央先后派邓中夏、王荷波到烟台海军学校了解情况，指派已是团员的郭寿生在校内建立中国社会主义青年团，开展革命活动。曾万里最早加入郭寿生组织的马克思学说研究小组，指导学生阅读进步书刊。为了引导青年学生和海军士兵从事海军革新运动，1921年冬，曾万里与郭寿先创办了《新海军》月刊，刊物宣传爱国反帝思想，反映海校学员和海军士兵的要求，得到同学的欢迎。由于是求学年代办刊；曾万里多方设法并节约个人费用，帮助解决刊物经费。《新海军》月刊发行到烟台、马尾海军学校、飞潜学校、烟台海军练营、南京海军鱼雷营、舰队及其他海军舰队。由于刊物的影响，许多海军青年学生和士兵纷纷投入海军兴革问题的讨论，不仅增进了海军人员的专业知识，而且起到了抵御帝国主义者侵略的宣传作用。然而，在发行4期后，刊物遭到北京政府及海军当局的查禁而被迫停刊。

为了继续反帝反封建的活动和新海军运动的开展，1923年下半年，根据党的指示，郭寿生、曾以鼎商议决定秘密建立组织。夏秋间，建立了"新海军社"组织，并制定了"新海军社"章程。该社建立后，吸收各地海军学校、练营、舰队、造船所人员参加，仍照《新海军》月刊的宗旨，团结青年学生和海军士兵，参加反帝反封建的活动。后来鉴于入社人员不断增加，为加强领导和统一行动。为此在烟台设立了"新海军社"总社，并在上海、南京、马尾等处设支社，还在部分舰艇中设分社。"新海军社"的人员和影响扩展到整个旧海军中。在筹办"新海军社"过程中，曾万里不辞辛劳，勤奋工作，表现非凡的组织协调能力。

1923年11月，经郭寿生介绍，曾万里加入了中国社会主义青年团。时中共三大已召开，根据中国共产党建立各民主阶级的统一战线的指示精神，曾万里以社会主义青年团员的身份加入国民党组织，并参与烟台海军学校中的国民党烟台市党部第八区分部活动。其间，曾万里经常到"先志学校"、"益文学校"、"水产学校"等，培养、训练进步学生，开展国民运动，参与组织马克思主义研究会和秘密发展社会主义青年团员。

1924年1月，由郭寿生、谢远定介绍，曾万里以团员身份被吸收为中国共产党候补党员。3月，经中共上海地方兼区执行委员会批准，转为中共正式党员。曾万里与王致光一起，创立烟台第一个中共党小组、第一个中共党支部。烟台海军学校共有党员3人，烟台全埠有团员十余人。曾万里等还秘密组织"马克思主义研究会"，发展共青团组织及"新海军社"成员，不仅成为"新海军社"的最重要骨干，同时也是党在旧海军中开展地下革命活动的核心人物之一。

1925年4月，曾万里以第一名成绩毕业于烟台海军学校第十七届航海班，毕业后派"永绩"舰见习。

6月，曾万里被调补闽厦海军警备司令部上尉副官。8月，曾万里调任"永绩"舰航海二副。上舰之后，继续发展"新海军社"成员（仅两年时间，"永绩"炮舰中下层士官海军几乎全部加入"新海军社"）。

摄于1925年6月寄驻烟台海军学校第十三班，第一排为海军学校领导与教官，具体姓名不详；第二排左起：林宝哲、郭鸿久、林赓尧、陈大贤、张国威、梁忻、何希锟、陈祖政；第三排左起：曾万里、梁序昭、刘大丞、何忠、许仁镐、陈澍、李向刚；第四排左起：郑国荣、吴澄椿、叶可钰、姚珫、林家炎、欧阳宝。

1926年7月9日，北伐战争在"打倒列强，除军阀"的口号声中正式开始。参加北伐战争的国民革命军共8个军，约10万人，蒋介石为总司令。在北伐军中，一大批共产党员担任各级党代表或政治处长，或者担任基层指挥员、战斗员。同时，中国共产党的各级组织还组织和武装了大批农民自卫军、工人纠察队，用以策应和支援北伐军的行动。7月12日和14日，中共中央和国民党中央分别发表《中国共产党对于时局的主张》和《北伐出师宣言》，号召全国人民支持国民革命军的北伐。由于广大工农群众的有力支援，国民党"左派"和共产党人的模范政治工作，北伐军进展神速。为适应斗争需要，曾万里支持郭寿生将"新海军社"总社从烟台迁移上海。"新海军社"总社从烟台迁移上海后，曾万里负责南京支社的工作，并协助总社在"建威"、"建康"、"永绩"、"海容"、"海筹"、"应瑞"、"楚有"、"华安"等舰及南京鱼雷营、江南造船新建立分社。

10月9日，北伐军围攻江西南昌的直系军阀孙传芳部，上海局势纷乱，中共上海区准备组织民众进行武装暴动。

曾万里与郭寿生以及"建成"舰大副郭友亨、"建康"舰副长倪华銮、"永绩"舰枪炮正王致光等紧急会商，并在上海辣斐德路永裕里66号召开"新海军社"社员代表大会，通过了修改"新海军社"章程，准备策动海军中的革命力量，配合北伐军推进和武装暴动。并决定成立宁沪两队，支持北伐军事行动，组织策划沪宁海军参加工人武装起义。曾万里、王致光为南京（宁队）的指挥官，郭友亨、倪华銮为上海（沪队）指挥官。并分发了各种宣传品由各代表秘密带回，以备行动时散发各舰艇。同时训令各支、分社"绝对服从总社命令"。

10月16日，孙传芳属下的夏超在杭州宣布独立，并向上海进军。这一事件的发生，使孙传芳的势力分崩离析。上海地方空虚，党中央于10月24日组织了上海工人第一次武装起义。由于整个起义时机不成熟和准备不充分，曾万里及海军中的其他中共地下党员及"新海军社"同志难以配合行动。11月6日，中共上海区委召开主席团会议，与会的罗亦农、汪寿华、赵世炎等人既肯定了海军在起义中的工作，又对海军在即将举行的上海工人第二次武装起义中的工作"作出新的部署"。

1927年初，曾万里充任"建康"号鱼雷副。2月22日，上海工人第二次武装起义开始，停泊在黄浦江的"建康"、"建威"两炮舰率先发炮轰击高昌庙兵工厂，"全市为之震动"。时曾万里、王致光在南京"永绩"炮舰，即要求舰长高宪申开炮拦击由津浦路南下援沪的奉军于浦口，策应驻上海的舰艇行动。上海工人第二次武装起义虽失败，但海军中的中共党员和"新海军社"成员参加武装起义，打击军阀孙传芳，写下了中国海军革命史的新一页。

2月18日，当国民革命军攻取江浙，进攻南京、上海之际，杨树庄遂遣"楚同"舰、"楚谦"舰、"楚有"舰上驶赴九江，会晤蒋介石，其余舰队暂泊吴淞口至江阴水域，监视北洋军阀部队的活动。

3月14日，海军总司令杨树庄率海军舰队在上海正式宣布与革命军合作，电令各军舰易帜。在吴淞口成立国民革命军海军总司令部，杨树庄正式就任国民革命军海军总司令，参谋长吴光宗。总司令杨树庄通电率领第一、第二和练习舰队所属44艘舰艇一律易帜，加入国民革命军。北洋政府海军加入国民革命军后，即投入参加著名的"龙潭之役"，使国民革命军赢得决定性的胜利。

4月12日，蒋介石在上海发动"四一二"政变，大肆捕杀共产党人和革命者。中共中央指令海军中的中共党员配合国民革命军进行讨蒋行动。由此，曾万里协助郭寿生将"新海军社"总社从上海移设汉口，拟再策动驻南京、上海舰艇中的中共党员及"新海军社"成员讨伐蒋介石反革命集团。但，7月15日汪精卫集团在武汉也发动"七一五"反革命政变，白色恐怖更为严重，且中共党内意见各异，在危急的情势下，海军中的中共党员难以继续得到党中央的统领，革命处于低潮，曾万里等人只好"设法潜伏地下，等待时机"。在各种压力下，"新海军社"总社也在汉口无形解散，郭寿生被迫返闽。

1928年，曾万里充任"民权"监造官。

1929年3月26日，蒋介石发出了对桂系的讨伐令，3月28日"蒋桂战争"爆发。

蒋介石同桂系军阀在湖北、广东、广西等地展开了大混战，以杨树庄为首的闽系海军将领通电拥护中央，分别在长江和两广战场上为蒋介石效劳。蒋介石上"应瑞"号督战。

8月15日，"民权"号监造官曾万里调任"咸宁"枪炮正。

曾万里与"永绥"舰三副林溥良等认为可纠集"新海军社"旧日同志及海军进步分子，利用"蒋桂战争"之机，伺机进行革命活动。

5月，曾万里致电郭寿生，请郭寿生"速返上海"，商议举措。由于曾万里等与中共失联，无法得到中共的组织领导和指令，曾万里等人只得继续蛰伏。

1930年9月3日，曾万里被授予海军上尉。10月29日，海军部选派第二舰队司令部副官韩廷杰、"咸宁"号枪炮正曾万里、"应瑞"号军需副杨熙焘、"永绥"号航海副林宝哲、"通济"号航海练习生周伯焘、邵仑、吕叔奋、林继柏、郭懋来、李寿镛等10人赴英国留学。

1931年2月21日，南京国民政府海军部派海军学员韩廷杰、曾万里、杨熙焘、林宝哲等4人赴英留学。曾万里初入英国皇家格林威治海军学院学习航海，1932年入朴茨茅斯枪炮学院学习枪炮，1933年4月奉派上英国舰队登英舰实习一年。

1934年4月，曾万里留学期满回国后充任"应瑞"巡洋练习舰上尉教练习官兼航海正。

5月29日，曾万里调任"宁海"舰上尉航海正。

1935年7月9日，"宁海"舰上尉航海正曾万里充任练习舰队教官派"通济"练习舰教官，负责督带林曙民等22名练习生。

8月，曾万里调任"自强"炮舰上尉副舰长。

1936年1月1日曾万里任"通济"练习舰上尉教练官兼航海官，派驻"应瑞"练习舰。

11月25日，曾万里升任"宁海"轻巡洋舰枪炮官。12月1日，曾万里被授予海军少校。

1937年初，"宁海"舰枪炮长曾万里充任练习舰队总教练官。

"七七事变"爆发后，日军凭借海上优势沿沪宁线西犯并溯长江而上，以图水陆并进，南北合攻南京。

9月22日下午，日军飞机30余架携带重型炸弹窜入江阴，对"平海"舰扫射投弹。次日上午，敌机再次闯入江阴上空，对"平海"、"宁海"舰进行轰炸。在激烈的战斗中，曾万里沉着指挥"宁海"舰枪炮兵还击，"宁海"舰被敌弹击中几处，舰员伤亡过半，曾万里膝盖被横飞的弹片击伤，流血不止，仍咬牙坚持战斗，直至舰沉前驶离舰登岸，送入医院。11月，曾万里因伤口感染回长乐老家养伤。

1938年5月，曾万里伤愈回军，充任海军总司令部少校候补员，奉派武汉卫戍总司令部工程处服务，充任中校参谋之职。

6月12日安庆失守，6月26日马当失守，7月4日湖口失守。7月25日九江失守。

9月，日军由新墙、扬林、通城三路举兵南犯，直攻长沙，中国海军舰艇奉命在岳阳策应。中国海军针对敌军动向，先后在湘江、沅江抢布水雷2000枚，在湘阴以北芦林潭一带设置雷区。日军在汉奸引导下，从岳阳乘小艇、民船迂回绕过雷区，断我在磊石山、霞凝港布雷队的后路。布雷队布雷之后，分别将布雷轮"六胜"、"江安"等自毁，由陆地返回湘阴。日军因避雷区，首尾不能兼顾，兵力分散，给养断绝，被炸毁十多艘汽艇，只得撤退。第一次湘北会战告捷。海军官兵陈宏泰、曾万里、郭鸿久等33人分别受到嘉奖。

10月25日，武汉沦陷。11月11日，日军占领岳阳后，继续南进，逼进长沙，曾万里时兼国民党第九战区湘资沅澧四江封锁委员会设计股股长，他废寝忘食，与同事想方设法，在湘江之磊石山、沅江之杨柳湖以及湘阴以北芦林潭一带水面部署雷区，致敌汽艇被炸，给养断绝，首尾难顾，为湘北会战立下大功，受到国民党海军部嘉奖。

1939年4月12日，"海军水雷制造处"改称"海军水雷制造所"，曾国晟兼任中校所长（造雷并组织、指挥布雷队）。下设总务课、工务、设计、机务、材料、运输、会计等课，曾万里任运输课课长兼桐梓海军学校（福州内迁）舰课班班主任、舰课教练官，并负责该驻地海军布雷队官兵的训练。

1940年1月，为抵制意大利杜黑"优空弃海"谬论对中国海军的消极影响，曾万里与郭寿生、曾国晟、蔡鸿干组建了"海军整建促进会"（后改称"海军建设促进会"），创办了《海军整建月刊》（从第二卷起改为《海军建设月刊》），由蔡鸿干为总编辑。旨在宣传海军抗战事迹，研究我国海防之过去现在与将来，收集当时世界各国海军史料，报道西方海上战局和战役，驳斥中国军事论坛上"制海在空"和"优空弃海"的思潮，呼吁国民党当局要注重海军建设。曾万里经常为刊物撰稿，寒暑之天，从不停笔。

《海军整建月刊》宣传水雷战，鼓舞海军同胞。备受水雷制造所工作人员和舰课班学生的欢迎，海军水雷游击队的军士们在其鼓舞下，激发了抗战热情，在敌后曾与新四军配合，打击日军入侵。

4月10日，（重庆）国民政府海军水雷制造所迁移到辰溪。《海军整建月刊》社跟随海军水雷制造所从常德迁到辰溪。《海军整建月刊》社迁至辰溪后，曾万里利用他所任教的桐梓海军学校（马尾海军内迁）航海班、舰课班教官的有利条件，恢复了"新海军社"组织，经他介绍入社的学生很多。

曾万里生活俭朴，收入不高，却要负担福州老家的部分费用，开支有时显得窘迫，但夫妻感情甚笃，尤其曾万里性格开朗，谈吐诙谐幽默，家庭气氛甚为融洽。

1941年3月，曾万里调任海军浔鄂区布雷游击队第一队队长。

蒋介石集团的陈诚等人，企图从海军少壮派中培养反对海军总司令陈绍宽的力量，指使王东原分化闽系海军，派林祥光持蒋介石令直接交给曾万里，调曾万里到中央训练团受训。

1942年7月，曾万里调任（重庆）国防研究院研究委员。到重庆国防研究院后，介绍了林遵等几位原"新海军社"的同志到院内任研究员，组织研究人员研究当时海空新战法战术，及世界反法西斯战争最新状况。并趁此机会秘密建立超"新海军社"活动小组。

陈绍宽对陈诚使用王东原分化闽系海军，直接调员的做法极为不满，而唯一对抗的办法，就是把林祥光、曾万里等人说成是"逃员"，并请军委会通缉他们。此后一段时间内，曾万里又与郭寿生、林遵、陈书麟等人，时常聚会于重庆南岸的海军工厂，互相交换对时局的看法，向海军当局提出坚持国共合作，一致对日作战的建议等。

1943年春，曾万里因工作积劳吐血，一度病危。稍愈后又开始研究陆海空联合作战的战略，并以许多事例，对当时主张的"中国不需要海军"论予以严词驳斥。不久，国防研究院研究班结束，曾万里调任总统府侍从室参谋。

1944年1月1日，英国蒙巴顿海军上将在印度新德里组建东南亚盟军统帅部。（重庆）政府海军总司令部派海军上校曾万里充任海军总司令部驻东南亚盟军总部海军联络官。曾万里在赴印度的行前即将妻小送回福州。

4月4日，曾万里、冯衍等抵印度后，先行到新德里报到，因时东南亚盟军统帅部正向锡兰岛转移，盟军统帅部安排曾万里、冯衍先由北到南参观印度各地重要军事物资运输的航务设施。

曾万里夫妇及子女合影

在东南亚盟军司令部工作的曾万里（中）

4月14日中午2时40分，陆军少将冯衍、海军上校曾万里及秘书程振越、中国驻印度海军孟买海军少校副武官陈庆甲等在印度孟买驻军指挥官亨达少校等陪同下，参观亚历山大（Elexander）和维多利亚两大船坞，下午4时许，曾万里等抵达孟买船坞参观，刚下车时，一艘停泊在船坞内的装满火药的大型货船突然起火燃烧，船体旋即爆炸。声浪震耳欲聋，物体抛射上空又铺天盖地下落，殃及孟买港口船只及口岸建筑物，数千人扑救未果。视察组一行皆受伤亡，曾万里当夜抢救无效辞世，终年45岁。家有老母及寡妻一子三女。

曾万里殉难，原国民党南京海军鱼雷枪炮学校校长林献炘含悲挥毫："使船如使马，高材一军冠。"国民党海军总司令部和盟军司令蒙巴顿将军致电慰问家属。盟军当局及中国驻印度使馆在孟买维多利亚公墓举行了隆重的遗体安葬仪式。

8月25日，国民政府海军总司令部追赠曾万里为海军少将。

1947年6月，国民党海军主办的《中国海军》杂志曾以专辑"悼念曾万里同志"详述其生平，以示纪念。

# 曾以鼎

## ——誓死保家卫国

## （1892—1957）

　　曾以鼎，字省三，祖籍福州洪塘鹗里，迁到鼓楼区。清光绪十七年十二月二十日（1892年1月19日）生于闽县（今福州市）东街孝义巷。为北洋政府交通总长、段祺瑞安福系重要首领之一曾毓隽的胞弟。高祖父曾晖春，曾祖父曾元炳，祖父曾兆鳌，父亲曾宗诚。

　　烟台水师学堂因第一、第二班被选派22个学生赴日，学校空额甚多，招考补足。

　　光绪三十二年四月（1906年5月），曾以鼎考入烟台水师学堂，列为第二届。

　　光绪三十四年二月（1908年3月）烟台海军学堂第二届驾驶生举行毕业考

试。海军统领萨镇冰亲临监考。考试毕放假一月回籍省亲。

四月（5月），曾以鼎等到上海统领部报到，听候派遣。第一名许秉贤成绩优良，因目近视留校充协教习（后任副教习）。曾以鼎、陈子明、刘道源、黄忠瑄、金轶伦、戴钟麟、严寿华、林培熙、叶鹏超、萨福畴、谢为仪、俞俊伟、俞俊杰、蒋斌、欧阳勋、张秉充、任积慎、路振坤等18人派"通济"练习舰见习。

宣统二年六月（1910年7月下旬）海军筹办大臣载洵、萨镇冰率随员赴欧洲考察海军，从南京、马尾等学堂选派学生，选出青年军官曾以鼎、金轶伦、陈子明等赴英国留学，入英国皇家海军舰队见习。

宣统三年（1911年）初，曾以鼎等留学回国后充任"应瑞"练习舰教练官，教授舰课。

八月十九日（10月10日）武昌起义爆发后，曾以鼎随"应瑞"舰参加海军易帜起义。

1914年，曾以鼎任"应瑞"巡洋舰教练官。1915年，曾以鼎奉派英国留学。

1917年初，曾以鼎留学期满回国。5月7日，曾以鼎调任"靖安"炮舰副舰长。11月21日北京政府大总统冯国璋明令授予曾以鼎海军少校。

1918年3月28日，曾以鼎调任"永健"炮舰少校舰长。10月19日，曾以鼎获得"六等文虎章"。

1920年1月19日，曾以鼎获得"五等文虎章"。

1921年6月7日，北京政府大总统徐世昌明令任命曾以鼎为"江利"舰舰长。9月5日，曾以鼎获得"四等宝光嘉禾章"。12月3日，曾以鼎获得"三等文虎章"。12月18日，北京政府大总统徐世昌明令授予曾以鼎海军中校。

1922年4月28日至5月5日率"江利"炮舰参加"第一次直奉战争"，因作战勇敢，被流弹伤了手指。6月27日北京政府大总统黎元洪明令："江利"舰舰长曾以鼎调任"永健"舰中校舰长。

1923年2月，"永健"舰（驻泊大沽）舰长曾以鼎（因其兄曾毓隽为皖系健将）被投靠直系海军总司令杜锡珪免职，特派军械课课长葛葆炎赶往大沽代理"永健"舰舰长。杜锡珪令葛葆炎将"永健"驾驶南下。曾以鼎虽不甘心，但也无可奈何，只好住在北京其兄曾毓隽公馆中，做起"二老爷"。曾以鼎去职后接受其兄指令出面收买海军倒戈反直，策划海军"永绩"、"海筹"舰南下到上海

"独立"。

4月8日，"海筹"舰舰长许建廷、"永绩"舰舰长蒋斌联合原驻泊上海高昌庙的海军，江南造船所所长刘冠南、"建康"舰舰长严寿华、"列"字鱼雷艇艇长彭瀛等联名发出"庚电"反对杜锡珪，主张联省自治，拒孙传芳入闽，拥戴原海军第一舰队司令林建章为海军领袖。宣告海军沪队独立。

4月11日，"海筹"舰舰长许建廷、"永绩"舰舰长蒋斌、"建康"舰舰长严寿华、"列"字鱼雷艇艇长彭瀛四舰长又发出一项宣言，请各舰来归。其内容是：反对直系武力统一，主张联省自治，希望各舰艇开来上海集合，而且保证按月发饷，还补发欠饷等。

"独立沪队"补饷和保证按月发饷，对驻长江的第二舰队各舰艇影响巨大。海军总司令杜锡珪获悉沪队独立的消息后，向北京政府引咎辞职，经慰留后，杜锡珪即致电北京政府说："闻叛舰曾受彼方饷项接济，现在饷源实为命脉，若再稽延无着，则变故横生，绝非空言所能渝止……"

4月12日，"上海海军领袖处"成立，公推林建章为"海军领袖"，主持一切。在高昌庙原海军总司令部旧址设立"海军领袖处"为办公机构。曾以鼎为参谋处参谋长，王君秀为秘书处秘书长，林焕铭为副官处副官长，王齐辰为轮机处轮机长，刘冠南为江南造船所所长，张日章为副官（派在领袖公馆里行走，可称为衙内副官），沈继芳（与林建章系江南水师学堂同期的同学，也是反对杜锡珪的人士）为人事课课长。第一舰队轮机长刘贻远因回福州，韩玉衡升充第一舰队轮机长。其他零星人员都安置在参谋处或副官处。

海军独立"沪队"经济来源是每月向上海护军使署领取。沪队独立，树立一帜，截断了南京和闽厦之间的海军联络。

1924年9月18日，直系军阀与皖系军阀间的江浙战争（"齐卢战争"）正酣，北京政府海军总司令杜锡珪投靠直系和投靠皖系的沪队海军领袖林建章分别指挥舰艇参战。杜锡珪命令李景曦率第二舰队沿江而下，驻闽海军舰艇北上进入吴淞口，在吴淞浏河为直系齐燮元助战，炮轰皖系卢永祥所部。"楚谦"舰（舰长杨庆贞）因协助齐燮元部开了几炮，被卢永祥部还击，"楚谦"舰受了重创，开往南京修理。

9月21日，在杨树庄所率的闽厦舰队协力配合下，皖系卢永祥所部被打垮，逼使停泊在黄浦江的林建章"海军独立舰队"归附杜锡珪。

9月22日，北洋军阀之间的江浙战争以皖系战败而告终。浙江督军卢永祥、何丰林战败，通电下野，搭日轮逃亡日本，江浙战争终止。投靠皖系军阀的"上海海军领袖处"因所依靠的卢永祥战败而解散，"独立沪队"的"海筹"、"永绩"舰舰长自行离职，在通州的杨树庄得悉，即乘"湖鹗"雷艇到"海筹"舰，予员兵以安慰。

9月23日，杨树庄亲自督带"海筹"、"永绩"舰到通州，其他"独立沪队"的舰艇，也陆续开往南京"归队"。饶涵昌被任命为"海筹"舰舰长，韩玉衡回任"海筹"巡洋舰轮机长；高宪申任"永绩"舰舰长，其他的概无变动。"沪队"至此结束，曾以鼎等怕海军总司令桂锡珪惩处而逃离上海。

9月27日，北京政府海军总司令杜锡珪呈报大总统曹锟：林建章等逆迹昭彰，请褫夺官勋，明令缉办；第一舰队司令周兆瑞率队自拔来归，请予以免议……北京政府大总统曹锟明令："林建章、许建廷、蒋斌、曾以鼎、张日章、陈时珍等甘心从逆实属罪无可逭，均着褫夺官勋通缉讯办，以肃军纪；周兆瑞率队输诚尚知大义，着即免其置议以观后效。"

11月24日，中华民国临时执政府在北京成立，段祺瑞就任"临时总执政"。黄郛任临时内阁总理，唐绍仪为外交部长，龚心湛为内务总长，李思浩为财务总长，吴光新为陆军总长，林建章为海军总长。12月7日，杜锡珪辞去海军总司令之职，由海军练习舰队司令杨树庄代理海军总司令之职。在林建章大力举荐下，曾以鼎复出。

1925年1月30日，北京政府临时执政段祺瑞明令授予曾以鼎海军上校，2月11日北京政府临时执政段祺瑞明令任命曾以鼎为"海容"巡洋舰舰长。

12月31日北京政府内阁改组，林建章辞去海军总长之职。许世英内阁成立，杜锡珪复任海军总长。

1926年7月10日，北京政府国务院摄行大总统之职杜锡珪令："海容"舰长曾以鼎免去舰长之职，调往第一舰队司令部服务。

时北伐势如破竹，接连攻克长沙、平江、岳阳等地，并取得两湖战场上的关键一战——汀泗桥、贺胜桥战役胜利。北洋军阀吴佩孚部主力已被全歼。杜锡珪觉得北洋军阀大势已去，便积极促成海军加入革命军。12月10日，驻泊福建厦门、福州马尾等地的海军第一舰队首先发难，在陈季良司令的率领下，宣布易帜归附国民革命军。

1927年3月14日，海军总司令杨树庄正式宣布与革命军合作。通电率领第一、第二和练习舰队所属44艘舰艇一律易帜，加入国民革命军。在吴淞口成立国民革命军海军总司令部，杨树庄正式就任国民革命军海军总司令。

9月16日，南京政府国民革命军海军设立鱼雷游击队司令处，以曾以鼎为代将司令官。"建康"、"豫章"、"湖鹏"、"湖鹰"、"湖鹗"、"湖隼"、"辰"、"宿"、"列"、"张"等字各舰艇改编入"鱼雷游击队"遣用。

11月1日，南京国民政府海军总司令杨树庄特任曾以鼎为鱼雷游击队司令。

1928年4月13日，海军在上海召开代表大会，成立海军国民党特别支部，曾以鼎被选为委员。

5月1日，曾以鼎任鱼雷游击舰队司令，11月1日被授予海军少将军衔。

1929年2月5日，南京国民政府明令海军总司令部将撤销，成立海军编遣办事处，原第一、第二舰队番号不变，东北海军（包含原直系的渤海舰队）舰队改为第三舰队，广东海军各舰改为第四舰队，统归编遣委员会管辖，由海军编遣办事处分别编遣。

2月27日，南京国民政府明令任命杨树庄为海军编遣办事处主任委员（未到任以前由陈季良代理），任命陈季良、陈绍宽、曾以鼎为海军编遣办事处委员。

3月28日，南京政府正式委任曾以鼎为鱼雷游击队司令，授予海军少将。

6月1日，南京政府海军部正式成立，海军部下辖：第一舰队（司令陈季良兼）、第二舰队（司令陈绍宽兼）、练习舰队（司令陈训泳）、鱼雷游击队（司令曾以鼎）。

为了加强政治独裁，蒋介石下令撤销武汉政治分会，并且准备从桂系手中夺取武汉和两湖地方政权。这就使桂系李宗仁等大为不满，蒋桂矛盾日趋于尖锐化。3月26日蒋介石指责桂系威胁中央，下令讨伐，亲率三个军指向武汉。3月27日蒋桂之间因争夺两湖地盘爆发"蒋桂战争"，3月28日闽系海军将领通电拥护中央（蒋介石）。

3月29日，陈绍宽奉命率第二舰队"楚有"、"咸宁"号护送蒋介石到九江督师，协助蒋介石讨伐桂系（即第二次西征），曾以鼎奉命率领鱼雷游击队参加对桂系作战。

3月30日，闽系海军占田家镇，4月4日协助陆军攻占刘家庙，4月5日攻下武汉，4月7日海军攻占岳州，4月13日由汉口急进，击破郝穴，在英国军舰的帮助下攻占马家寨防线，继攻破观音寺防线等三道防线。

蒋介石集团占领两湖后，闽系海军因助蒋讨伐桂系有功，蒋介石委任陈绍宽兼湘鄂政务委员会委员和湖南省政府委员，并被授予"中流砥柱"大勋旗。

4月12日，南京国民政府设立海军部，特任杨树庄为海军部长，陈绍宽为政务次长兼任湘鄂政务委员会委员、湖南省政府委员。

5月8日，"粤桂战争"爆发。5月6日第二舰队司令陈绍宽奉国民革命军总司令蒋介石之令，乘"江鲲"舰上巡入峡至南沱，由宜昌率"楚有"舰下驶。同时留"江鲲"舰在宜昌驻防，并调"楚谦"舰赴宜昌协助，沙市由"楚观"舰、"江犀"舰屯守，"诚胜"舰、"勇胜"舰担任输运，并巡弋宜昌、沙市附近；荆河以下各舰艇分扼要隘，首尾联络，互为策应。桂方余部自两湖失败后退入粤桂。

12月8日，"第二次蒋桂战争"爆发，广州防务吃紧，鱼雷游击队司令曾以鼎率"联鲸"舰驰返白鹅潭附近梭巡。何应钦督促蒋系陆军与曾以鼎督率"楚谦"舰等舰艇水陆夹攻宜昌军及广西军，激战三昼夜。随后曾以鼎又督率"楚谦"舰等舰艇掩护蔡廷锴部由河口登岸追击，沿江西进，广利、肇庆间残部也被"楚谦"舰击破。12月15日南京国民政府海军鱼雷游击队司令曾以鼎改乘"楚同"舰驰赴西江指挥，逼近梧州。

12月17日"第二次蒋桂战争"以桂系的失败而告终。"联鲸"、"靖安"舰护送何应钦及其交通队、卫队等回南京，其余援粤各舰也先后开回原防。蒋介石下令对海军特予犒劳，国民政府及中央执行委员会也致电海军部"嘉奖出力将士"，曾以鼎等获得嘉奖。

1930年3月28日，南京国民政府国务会议议决，任命陈季良为第一舰队司令，陈绍宽为第二舰队司令，陈训泳为练习舰队司令，曾以鼎为鱼雷游击司令。

时红一方面军总司令朱德和政治委员毛泽东根据总前委的决定，于3月24日下达了"向长沙推进"的命令。全军分左、中、右三路，于3月25日出发，3月29

日主力进抵长沙近郊，总部进到新桥。蒋介石急忙调集海陆空"围剿"红一方面军。7月30日，海军奉何应钦之命由武汉开赴长沙、汉口执行"戒严"任务。7月31日，鱼雷游击队司令曾以鼎奉命率鱼雷游击队舰艇进逼红军。

8月23日，南京国民政府海军部派海军鱼雷司令曾以鼎出席在日内瓦召开的"军缩会议"。

1931年1月1日元旦叙勋，南京政府明令授予鱼雷游击队司令曾以鼎"三等宝鼎勋章"。

12月30日，杨树庄辞去海军部部长之职（改任高级顾问，专任福建省政府主席、国民政府委员），海军部政务次长第二舰队司令陈绍宽继任海军部长。曾以鼎升署第二舰队司令之职。

1932年1月16日，曾以鼎获"海陆空甲种一等奖章"。

1月18日南京国民政府明令海军鱼雷游击队司令曾以鼎调任海军第二舰队司令之职。

12月29日，南京国民政府传令嘉奖第二舰队司令曾以鼎。

1935年9月6日，南京国民政府明令授予曾以鼎海军少将。12月25日，曾以鼎获得"一等三级国花奖章"。9月11日，获得"陆海空甲种一等奖章"。

1936年7月9日南京国民政府明令：曾以鼎"翊赞国民革命有功"，颁给"国民革命军誓师十周年纪念勋章"。8月28日，因在鱼雷游击司令任内校阅成绩优良而获得"陆海空军甲种一等奖章"。

11月12日，国父孙中山诞辰纪念叙勋，南京国民政府明令授予曾以鼎"四等云麾勋章"。

1937年2月1日，年度海军检阅成绩案，奉军事委员会核定，曾以鼎因考绩优良获得"传令嘉奖"。

1937年"七七事变"爆发，海军在江阴布防，曾以鼎受命率"楚有"炮舰由南京驶抵江阴。8月12日江阴江防司令部成立，刘兴充任司令，第二舰队司令曾以鼎、江阴雷电学校教育长欧阳格充任副司令。随即曾以鼎奉命率海军第二舰队赴长江中下游抗击日寇入侵，并负责在马当、湖口、田家镇及葛店等地建造临时炮台，建立炮队。

10月19日，海军鄂赣区炮队成立，第二舰队司令、江防副总司令曾以鼎兼任海军鄂赣区炮队总队长。

1938年1月1日，因应抗战需要，海军部缩编为海军总司令部，海军部长陈绍宽充任海军总司令，曾以鼎任第二舰队司令兼江防副司令，授中将衔。

1939年1月5日，海军在长沙召开了"表彰庆功大会"。会期，海军总司令陈绍宽亲拟呈文，致电蒋介石，为有功将士申请褒奖。其中写道："海军少将第二舰队司令曾以鼎，自抗战以来，率舰队、炮队、雷队，先后在江阴及长江一带，担任江防，努力抗战，著有功绩。现仍率部队在荆河布防。"

1944年12月，曾以鼎保送入陆军大学学习。

1945年春，第一舰队司令兼海军总司令部参谋长陈季良腰伤复发，又得了伤寒（4月14日，陈季良在四川万县离开了人世），4月12日，曾以鼎升任海军总司令部（总司令陈绍宽）参谋长。6月28日，曾以鼎晋升为海军中将。

8月15日抗日战争胜利。9月1日蒋介石集团为了架空海军总司令陈绍宽的权力，在军政部下设海军处，军政部部长陈诚兼任处长。海军处，下设一个办公室和人事、训练、军务、供应4个组，掌管海军行政、教育、训练和建造等事宜，负责审批海军总司令部公文，分割了海军总司令部的权利。

9月2日，曾以鼎代表中国海军在东京湾美舰"密苏里"号上接受日本投降。9月9日陈绍宽奉命与何应钦等人在南京接受日军代表冈村宁次的投降书。

蒋介石为架空海军总司令陈绍宽，委派曾以鼎为海军总接收员。陈绍宽气愤之余，自己命令曾国晟为接收海军大员。

9月17日，陈绍宽、曾以鼎参加接收日军在华舰艇的典礼。

10月10日，曾以鼎被国民政府授予"抗战胜利勋章"。

12月26日，蒋介石下令，免去陈绍宽海军总司令职。12月31日，海军总司令部被撤销，一切业务由军政部海军处（处长由陈诚兼任）接管，舰队暂由陆军总司令部指挥。

1946年2月21日，曾以鼎调任军政部海军处中将参事。3月12日，军政部海军处改任海军署，曾以鼎仍任中将参事。

6月1日，海军总司令部正式成立，陆军一级上将陈诚任海军总司令，曾以鼎被排除出海军领导核心。6月14日，曾以鼎退役，寓居上海。

1949年5月27日上海解放前夕，曾以鼎拒绝去台湾，留待上海解放。上海解

1945年9月17日接收日军在华舰艇的典礼，中间的是国府海军总司令陈绍宽上将，陈在接收完这批日舰后不久就失势了；左二戴眼镜者是参谋长曾以鼎中将；右二是美国第七舰队司令金开德上将，背景是"安宅"号炮舰。

放后参加人民海军。

9月28日，刘孝鋆等由福州乘车赴南京，乘汽车历时一个多月于11月到达南京后，刘孝鋆与杨廷纲（北洋军阀时期跟随孙中山，曾任广州护法政府孙中山的少将侍从武官）、方莹（原国民党海军第一基地少将司令）、叶可钰（原国民党马尾海军练营上校营长）、曾国晟（原国民党海军第六署少将署长）、陈景芗（原国民党海军总司令部军需处少将处长）、韩玉衡（原国民党海军马尾造船所少将所长）、何希琨（原国民党青岛海军军官学校上校教育长）、陈可潜（原国民党海军上海无线电台上校台长）、蔡世溁（原国民党海军军衡处少将处长）、陈书麟（原国民党海军第六署上校副署长）、蔡鸿幹（抗战期间曾协助郭寿山创办《海军整建月刊》）、郭则汾（原海军翻译，精通俄语）等17人（涵盖了海军从指挥作战到机关工作到一线部队到学校、工厂、电台、翻译各个领域）于12月抵达南京，正式加入人民海军，"张爱萍把这些真正懂海军的部分人员组织起来，命名为海军研究委员会，协助华东海军首长接收装备、组建部队、主持舰船修复等"进入华东军区海军司令部的研究委员会。曾以鼎任主任，郭寿生、金声为副主任。

华东海研会成员合影，前排左起：方莹、蔡世溁、郭寿生（副主任）、李天钧（秘书长）、曾以鼎（主任）、韩玉衡、陈可潜、陈景芗、何希琨，后排右起：叶可钰、金声、陈书麟、蔡鸿幹、刘孝鋆、张衍学、杨廷纲、郭则汾、陈藻藩。

　　1950年4月14日，中央军委决定成立中国人民解放军海军总司令部，撤销华东海军司令部，曾以鼎等奉命赴北京，任中央军委"海军总司令部研究委员会"主任（正军级），领导海军研究会开展海军建设和海防建设研究，并翻译国外海军建制资料等。

　　1957年11月，曾以鼎因病毒性肺炎爆发，在北京海军总医院病逝，终年65岁。

　　1958年2月，曾以鼎被追认为革命烈士，安葬于北京八宝山公墓。

　　子：曾克京，20世纪40年代毕业于西南联大电机系，兼祧其伯父曾毓隽。国家一机部上海材料研究所研究员。

民国海魂

# 张秉燊

## ——血染岳州

## （1894—1938）

张秉燊，福建省侯官县（今福州市）人。生于清光绪二十年（1894年）。

宣统三年（1911年）夏，张秉燊考入福建船政后学堂驾驶班，1915年转入烟台海军学校驾驶班第十二届学习，1918年转入吴淞海军学校学习。

1920年6月，张秉燊毕业于烟台海军学校驾驶班第十二届（吴淞海军学校毕业）。张秉燊毕业就奉派"定安"舰见习。

1921年，张秉燊充任候补副。8月中共中央先后派邓中夏、王荷波到烟台海军学校了解情况，指派已是团员的郭寿生在校内建立中国社会主义青年团，开展革命活动。曾万里最早加入郭寿生组织的马克思学说研究小组，指导学生阅读进步书刊。为了引导青年学生和海军士兵从事海军革新运动，1921年冬，曾万里与

前排左起：张秉燊、李维伦、高鹏举、刘学枢、王希哲、赖汝梅、陈挺刚、卢诚、林建生、刘公彦、杨峻天、郭友亨；第二排左起：李孟元、王履中、杜功迈、倪华銮、王致光、饶毓昌、何尔亮、谷源达、张鹏霄、王经、於鲁峰；第三排左起：林康藩、高秸、陈锟、彭祖宣、曾万青、郭汉章、郑震谦。

郭寿生创办了《新海军》月刊，刊物宣传爱国反帝思想，反映海校学员和海军士兵的要求，得到同学的欢迎。由于是求学年代办刊，曾万里多方设法并节约个人费用，帮助解决刊物经费。《新海军》月刊发行到烟台、马尾海军学校、飞潜学校、烟台海军练营、南京海军鱼雷营、舰队及其他海军舰队。由于刊物的影响，许多海军青年学生和士兵纷纷投入海军兴革问题的讨论，不仅增进了海军人员的专业知识，而且起到了抵御帝国主义者侵略的宣传作用。然而，在发行4期后，刊物遭到北京政府及海军当局的查禁而被迫停刊。为了继续反帝反封建的活动和新海军运动的开展，1923年下半年，根据党的指示，郭寿生、曾以鼎商议决定秘密建立组织。夏秋间，建立了"新海军社"组织，并制定了"新海军社"章程。该社建立后，吸收各地海军学校、练营、舰队、造船所人员参加，仍照《新海军》月刊的宗旨，团结青年学生和海军士兵，参加反帝反封建的"海军革新运动"。张秉燊参加海军革新运动。

1923年夏秋间，参加郭寿生、曾万里等建立的"新海军社"组织。

1924年1月，张秉燊充任"永健"军舰枪炮副。

1926年8月10日被授予上尉军衔。

1927年3月14日，海军总司令杨树庄率海军舰队在上海正式宣布与革命军合作，电令各军舰易帜。在吴淞口成立国民革命军海军总司令部，杨树庄正式就任国民革命军海军总司令，参谋长吴光宗。总司令杨树庄通电率领第一、第二和练习舰队所属44艘舰艇一律易帜，加入国民革命军。

6月2日，张秉燊升任"江贞"炮舰上尉副舰长。

1934年，张秉燊调任"楚同"炮舰上尉枪炮正。

1935年8月2日，张秉燊继陈澍任"江鲲"炮舰上尉副舰长。

1936年1月14日，"江鲲"炮舰二等上尉副舰长张秉燊调署"应瑞"舰航海官。1月17日入海军鱼雷营莫士代教授第一期高级队长训练班学习。

4月20日，张秉燊任"应瑞"巡洋舰航海官。

10月31日，奉派入海军水鱼雷营组织军官训练班第一期学习。

1937年"七七事变"全面抗战爆发，张秉燊随"应瑞"巡洋舰参加对日作战。

1938年7月20日，张秉燊在岳州抗敌时中弹殉国，年仅44岁。

# 张天浤

## ——敌后布雷作战为国捐躯

## （1908—1938）

张天浤，字禹声。江苏省江宁府江宁县（今南京市）人。生于清光绪三十四年（1908年）。父亲张承恩（先后在安徽、山东等地县、市政府供职，曾任济南汽车局局长），母亲彭幻真。

张天浤兄弟五人姐妹三女，张天浤居长。

1923年9月，张天浤中学毕业。

1924年4月，经四叔张承愈（北京政府海军部军需司司计科科长）介绍，报考了烟台海军学校，成为该校第十八届航海班学生（共30名），专修舰艇驾驶及航海课程。

1927年初随北伐军节节胜利，山东督办张宗昌带领随从参谋及兵士多人，突来海军学校名为视察实则搜查。张宗昌到讲堂时，随从参谋则分散到学生宿舍，翻箱倒柜，到处搜查。从烟台海校第二期毕业的吴佩孚的嫡系、长江江防司令陈文会回到烟台活动，竟以"革命党"的名义将林祥光、高如峰等7人逮捕，关在一间教室里，以后又押到青岛渤海海军舰队司令部，不久又转移到济南军人监狱。

5月，烟台海军学校停办，第十八届学生张天泫、陈赞汤、林祥光、高如峰、林溁、林准（后改名林遵）、程法侃、孟汉鼎、廖德椷、王廷谟、魏应麟、张大澄、李世鲁、陈训滢、李慧济、翁政衡、陈寿庄、林克中、江涵、杜功治、程豫贤、陈家桁、沈德镛、郎鉴澄、谢为森、薛臻、吴芝钦、江家驹、刘崇平等30人及全校教职员离烟台到上海，7月并入福建的马尾海军学校（通称寄闽班）。

10月，张天泫福州参加毕业考试。毕业后派"通济"舰见习。

1928年9月，张天泫在马尾海校修毕校课，仍作烟台海校第十八届航海班毕业。

1929年初，张天泫充任"楚谦"炮舰枪炮正，时正值"蒋桂之战"，第二舰队在舰队司令陈绍宽的指挥下参加了第二次西征，沿长江攻打湖南、湖北一带的李宗仁桂系军阀部队，从汉口打到宜昌。炮战十分激烈，"楚谦"舰作战炮火精准，张天泫表现出色，给陈绍宽司令留下良好的印象。

此役之后，张天泫被调往"通济"练习巡洋舰任航海官。航海官在军舰上是很重要的职位，舰长、副长不在指挥室时，由航海长负责航行。张天泫在此舰各次海军操演中表现优异。

1930年5月8日，黄剑藩、李慧济、孟汉鼎、张大澄、陈洪、徐奎昭、李干、陈孝枢等43人舰课结束，5月12日举行毕业考试，海军部派军学司司长杨庆贞和"通济"练习舰舰长监考。

5月23日，李慧济、孟汉鼎、张大澄、陈洪、徐奎昭、李干、陈孝枢充任海军部见习员，黄剑藩、李有鹏、沈德镛、陈嘉桁、谢为森派"海筹"舰见习，罗榕荫、王廷谟、江家驹、陈慕周、马世炳等派"海容"舰见习，林家熺、官箴、王大恭、魏应麟、江涵等派"通济"舰见习，沈聿新、翁政衡等派"永健"舰见习，廖能安、薛臻派"永绥"舰见习，杨崇毅派"咸宁"炮舰见习，林祖煊、程豫贤派"民权"炮舰见习，张振藩派"江元"炮舰见习，蒋瑨派"江贞"舰见习，卢诗英派"楚同"炮舰见习，朗鉴澄派"楚谦"舰见习，林克中派"楚泰"舰见习，陈寿庄派"楚观"炮舰见习，李世鲁、梁振华派"德胜"炮舰见习，派杜功治"威胜"炮舰见习，派张天泫、刘崇平、廖德棪、陈训荣"楚有"炮舰见习。

12月23日，充任"应瑞"舰二等中尉航海副。

1931年5月19日，张天泫充任"逸仙"舰二等中尉航海副。9月9日被授予海军少尉。

1932年，张天泫在南京与海军部科长王学海的女儿王宝芳举行了盛大的婚礼。张天泫的父亲张承恩专程从北平赶去。海军部许多要员都曾出席作贺。

8月25日，"逸仙"舰二等中尉航海副张天泫充任"宁海"舰一等中尉军需副。

1933年3月18日，张天泫调任"海宁"舰副舰长。

1934年8月，张天泫调任练习舰队（司令王寿廷）上尉副官。

1935年4月16日，张天泫调任"楚观"炮舰二等上尉枪炮副。"海宁"炮艇副艇长。

7月31日，张天泫调任练习舰队司令部副官。12月31日被授予海军上尉。

1936年2月24日，张天泫充任"通济"练习舰一等上尉航海官。

10月19日，张天泫调任"中山"舰一等上尉副舰长。时广东形势紧张，"中山"等舰组成"西江舰队"第二队，由兼任该队司令的练习舰队司令王寿廷率领开赴广东。

10月31日，奉派入海军水鱼雷营组织军官训练班第一期学习。

1937年初，张天泫被临时抽调到海军部监造室工作。当时外交部正在选拔驻美国大使馆的武官，张天泫通过了考试、考察，被选中。但是1937年7月7日，"七七事变"爆发，北平沦陷。

7月28日，蒋介石在南京最高国防会议上提出：在日军尚未进攻长江流域前，封锁长江航路，截断长江中、上游九江、武汉、宜昌、重庆一带日军第十一战队的13艘舰船和大批日侨的归路，作为与日交涉的筹码；并防止日军再度溯江而上。会议决定在8月12日执行封江。谁料担任会议记录的行政院主任秘书黄浚，早已被化名廖雅权、潜伏在南京汤山温泉当服务员的日本女间谍南造云子拉下水。日军接获情报后，旗舰"八重山"号等13艘军舰于封江前秘密撤出日侨，走脱一空。

8月11日，我海军破坏了长江出口段的所有航标。8月12日，第一、第二舰队主力49艘军舰齐集江阴。江阴位于长江下游，地处宁沪之间，与北岸靖江隔水相望。长江下游江面一般宽约3公里至4公里，到此逐渐狭窄，仅有两公里左右。南岸山岭起伏，地势险要，可以控制整个江面，是扼守苏州、常熟、福山一线的要冲，历代都是兵家必争之地，建有炮台。封锁长江，捍卫首都，这里是首选之地。陈绍宽在"平海"号率领各舰举行了升旗仪式后，将张天泫曾工作过的"通济"练习舰和其他7艘老旧舰艇以及征集来的20艘民用废旧轮船自沉于江，构成封锁线。然后，第一舰队的主力"宁海"、"平海"、"逸仙"、"应瑞"、"海圻"、"海容"、"海琛"、"海筹"这8艘巡洋舰在沉船封锁线后方布防，再后面部署着第二舰队的小型舰艇。再加上两岸的黄山、东山、西山、鹅山、萧山等六大炮台，江阴要塞严阵以待。中国海军誓死保卫南京，欲全力阻挡日军沿长江西进。"中山"舰载海军部长陈绍宽返回南京，未在江阴驻守。江阴防线由第一舰队司令陈季良指挥。

8月13日，淞沪抗战爆发。

9月23日，决战爆发。日军派了72架飞机来到江阴要塞轮番轰炸，大战激烈万分。张天泫和他所在的"中山"舰不辱使命，在江阴战役的几个关键时刻，运送海军部长陈绍宽前来督战和视察，作出了一些关键的决定。12月13日，日军占领南京，屠城。"中山"舰撤往上游，去保卫武汉。

1938年1月1日，海军部被撤销，改设战时海军总司令部，陈绍宽任总司令。将残余舰艇重编为第一舰队和第二舰队。"中山"舰仍属第一舰队。2月，在湖南岳州（今岳阳）组建了特务队，由"中山"舰舰长萨师俊任队长。当时有计划想要派军舰奇袭日本，想让侵略者的老家也尝尝炮火的滋味。他们在洞庭湖里训练。张天泫和他的战友曾经到湖中的君山岛一游。

3月27日，日军开始进攻马当。特务队为了完成特殊任务的需要，张天泫被派去学习航空。

5月，"中山"舰副长张天浤、"顺胜"炮艇副长沈德镛、"甘露"测量舰测量员陈沪生学习航空完毕，分别令回原职服务。

6月，海军葛店布雷队成立，张天浤充任布雷队队员。

7月29日，九江也被日军占领。这时，大量布雷已成为我军防守长江的重要手段。张天浤从"中山"舰上被抽调出来监督布雷，他指挥一些小轮船在第三道防线，即田家镇、葛店一带施放水雷。这里是防卫武汉的最后一道屏障，被划分为四大雷区，各区附近又分别划成补助雷区，准备布雷1500多枚。同时在长江两岸构筑掩护阵地。"中山"、"永绥"、"民生"、"江元"、"江贞"、"楚观"等8舰协同要塞防御。日本侵略军把中国海军在长江布雷视为沿江作战的最大障碍，不断出动飞机前来袭击。张天浤和其他海军战士在敌机狂轰滥炸的极端危险情况下，不避艰险，不怕牺牲，坚持在沉雷区奋战。布雷小轮冒着敌机轰炸，不分昼夜地工作。"永平"、"楚发"、"三星"、"平明"、"远东"、"楚吉"、"万利"、"达通"、"飞鸢"、"临昌"等15艘布雷船相继被炸沉，不少储放水雷的驳船也挨了炸，66人阵亡。但漂雷别动队仍不断携雷驶

张天浤与妻子王宝芳及幸福、幸禄

往前方敷设。

1938年9月25日早上8时许，敌机多架来炸葛店附近谌家矶阻塞线布雷队（队长为葛店炮台第一总台长方莹）的布雷船，队员张天浤被炸落水殉职，年仅30岁。遗体在江中漂7日，随潮汐漂到上游阳罗江捞获。

海军当局根据张天浤生前的愿望，经军事委员长蒋介石批准，隆重地将他安葬于岳州洞庭湖上的君山二妃墓旁，并对他的英勇精神和突出贡献给予了表彰。后来又在国民革命忠烈祠中安放了他的牌位（编号40206，90号2排右5位）。

张天浤逝世后，他的夫人王宝芳含辛茹苦地将两个女儿抚养长大。1949年4月23日，南京解放，她便亲自送年仅15和13岁的两个女儿幸福、幸禄参加了人民解放军。抗美援朝战争时，大女儿幸福又参加了志愿军。她们像父亲张天浤一样，肩负起了保家卫国的重任。


张天浤有姐姐张晓晴，妹妹张绣鸾、张绣龙。

二弟：张天泳，在 1935年的"一二·九"运动后，参加了共产党地下组织的抗日活动。

四弟：张天淳，1934年投考黄埔军校，9月到南京上学，成为黄埔军校第十一期炮兵队学生，并于1937年10月毕业。在敌机狂轰滥炸南京和该校的严峻时刻，他们在灵谷寺举行了毕业典礼，随后出发奔赴前线，参加了淞沪抗战和守卫南京的战斗。

三弟张天淳和五弟张天溥于黄埔军校从南京撤到四川的途中，在江西九江进入了黄埔军校，分别成为第十四期炮兵大队第三队和第一队的学生。他们在铜梁整训将近一年，之后分赴抗日前线。

# 郑滋樨

——"谁也别哭，应当为我笑，我这样死比当汉奸享荣华富贵强一百倍，为不当汉奸，饿死也值！我死而无憾。"

（1869—1944）

郑滋樨，号露湘，福建省闽县军门前（今福州津泰路）人。清同治八年（1869年）出生于一个世代以打制银饰为业的家庭。

光绪六年（1880年），郑滋樨11岁，父郑笙轩病逝，家道中落，12岁时进福州军门前"玉章书纸店"当学徒。自学书法绘画，习得一手好字、好画、好文章，以此扶养老母。母逝后，于光绪十年（1884年）秋，郑滋樨投考天津北洋水师学堂，入学口试因能答亚欧各国近况及各科基本内容而受考官注目。入学后学冠群方，深受北洋水师提督叶祖珪器重。

光绪二十五年六月（1899年7月），郑滋樨以第一名成绩毕业于天津水师学堂第六届管轮班。郑滋樨毕业后被叶祖珪调至提督衙门服务，得统领叶祖珪器重。

当时天津海关大沽河入海处流沙严重，海底沙龙按季节而移动，航道变化，巨舶入出常搁浅，决定聘请英国税务司代请英国专家以二年三期，5万两经费来测量绘制航道海图。叶祖珪认为大沽口乃北洋门户、北京的咽喉，岂容外人尽知航线详情，力争以华自己测量绘图。叶祖珪特向清廷推荐郑滋樨全力承办自测大沽口航道事宜。

郑滋樨受命带随员深入大沽河的入海口，按不同季节和潮汐，逐点测量流速，流量及含沙量、水底沙丘移动规律等，经常冒大风暴雨驾小舟前往观察，仅用六个月时间，一方面经费就完成大沽口四季通航之安全航道，重新绘制海图。这次郑滋樨的测量与绘制的海图超过天津海关英国专家测定的精确度，打破华人不能独立测量海图及华人引水尚未诞生的谬论。

郑滋樨所测绘的《清国郑氏海图初稿》经实地实用一年后被正式采用，列入世界亚洲分册的主要附件，得到世界航海界的公认。一时郑滋樨名誉海内外。当英国驻孟加拉舰队司令来华访问时，指名聘郑滋樨为其司令官安德鲁之汉文文案秘书。郑滋樨随安德鲁司令及舰队从广州经福建、浙江、江苏、山东至东北，丰富其航海经验与学识，并获得英国舰队司令赏识与推荐，安德鲁访问结束后，郑滋樨升为文职正七品，遇缺即补的知县衔，调任"海天"舰任见习，充任二管轮。

光绪二十六年（1900年），郑滋樨升为"海天"舰大管轮。

光绪二十七年（1901年）初，"海天"舰管带萨镇冰力荐郑滋樨补送赴英学习。三月（4月）到达时，英国海军格林威治学校已开学，未能入学。郑滋樨获安德鲁皇家海军学校进修。

光绪二十八年（1902年），郑滋樨以第一名成绩获保送入"阿姆斯特丹"皇家海军研究院学习，专攻舰炮制造。

郑滋樨在阿姆斯特丹海军学校的兵工厂任见习工程师，参加英国海军研制射程为350海里远射程岸炮的制造工作。同时，因其英文水准及社交能力，被任命为请驻法国使馆、驻德国使馆洋务参赞，升为正四品，进入法国"匹斯堡大学"及德国"克虏伯炼钢厂"学习。

光绪二十九年（1903年），郑滋樨又转回英国，继续研制远射程岸炮的工作。试制成功后，郑滋樨驰誉英伦三岛科技界与海军界，被英国科技界誉为"亚洲三杰"之一。

郑滋樨后出任中国驻英使馆英文总文案、参赞，积功升为正四品特旨道衔。

光绪三十四年（1908年），孙中山先生来到英国，郑滋樨由张群介绍与孙中山先生相识，备受孙中山先生器重。

1912年1月1日中华民国建立，孙中山任临时大总统，孙中山函召郑滋樨回国服务。

1913年初，郑滋樨以病为由回到上海时，孙中山已辞职。郑滋樨应聘于商务印书馆，主持东方印刷所机械修理厂工作。

4月1日，郑滋樨充任海军福州行营办事员。

5月16日，海军部技正室技正林献炘、常朝干奉旨赴奥地利向头鱼雷厂学习，北洋政府海军部委任郑滋樨、沈希南继为技正室技正。

5月22日，郑滋樨接受海军部委派，办理炼钢事务。

7月16日，郑滋樨被授海军造械大监，襄办江阴长山建筑弹药库工程。

9月，赴大沽造船所筹划制造机关炮事务。

12月，（上海高昌庙）海军军械所所长法国人哈博门辞聘，郑滋樨继任海军军械所所长。

1914年5月25日，北京政府大总统袁世凯明令授予郑滋樨海军造舰主监（相当海军少将），并获得"三等文虎章"。

郑滋樨被委任为海军高昌庙军械所上校一等军械正，主持高昌庙军械所工作负责军械所在杨思港炮地建军火库事宜。

同时兼北洋政府陆军部顾问，并着手对汉阳兵工厂进行整顿，收回英国控制的技术权限，改造炼钢技术采取高炉炼铁、转炉炼钢术，以及削冗员、减开支、辞洋员等措施，但却得罪权贵而辞去汉阳兵工厂总顾问之职离鄂回北京。

9月28日，郑滋樨被授予"四等嘉禾章"。

1915年，海军部在烟台设海军枪炮练习所，郑滋樨任总教官。

"二次革命"失败后，逃亡日本的孙中山从日本写信给北京的郑滋榤诚邀其南下，帮助南方革命政府的广州兵工厂建设。郑滋榤应邀以赴香港考察办钢铁企业为名，转到广州帮助广州工厂建设，不久回上海。

10月15日，在南京海军军官学校旧址设海军雷电学校，任命海军少将郑纶为校长，琅英为学监，林献炘为总教官，郑滋榤为枪炮教官，方谟为鱼雷教官。

1917年1月1日，郑滋榤被授予"三等嘉禾章"。

10月，烟台海军枪炮训练所停办，归并于南京海军鱼雷学校，改称海军鱼雷枪炮学校。

11月19日，郑滋榤充任海军鱼雷枪炮学校枪炮正教官，留英专攻枪炮之学金秩伦为枪炮教官。该校专门训练烟台、马尾、黄埔各海军学校毕业的海军航海学生，或在上述各校毕业后，已在军舰服役而未受过鱼雷、枪炮技术训练的人。

郑滋榤在该校教授弹道学、射击学、各种弹药和引信、舰炮和机关炮之拆装与操练等。6个月为一期，毕业后由郑滋榤带往上海兵工厂或汉阳兵工厂及海军军械所等处参观。

1918年1月7日，郑滋榤获得"二等文虎章"。

2月1日，北京政府海军部委任郑滋榤为海军部技正室技正，并派郑滋榤办理炼钢事务。

7月2日，海军在江阴长山建筑弹药库，海军部技正郑滋榤奉命率技工王肇岐等人前往勘探，筹办工程。

9月11日，郑滋榤奉命到大沽海军造船所，策划改造舰艇专用机关炮研制改造工作。

1918年9月12日，北京政府海军部派技正郑滋榤赴大沽造船所筹划制造机关炮事务。

1919年5月13日，北京政府大总统徐世昌明令授予郑滋榤海军造舰总监、轮机中将。

1920年，郑滋榤被授予轮机少将、造械大监，负责海军的舰船、枪炮的制造技术。

1923年2月18日，北京政府大总统黎元洪明令授予郑滋榤"二等嘉禾章"。

1925年，郑滋榤积功升为轮机中将、造械总监。

1926年7月4日，中国国民党中央执行委员会通过《出师北伐宣言》，7月9日，国民革命军在广州举行北伐誓师典礼。蒋介石发表宣言、通电和告广东军民书等，以国民革命军总司令名义，宣告北伐战争正式开始。北伐军兵分三路，西路军为主力，担任正面作战，兵力约5万，进攻两湖，直指武汉；中路军保障西路侧翼安全，进攻江西孙传芳部；东路军向敌兵空虚的浙闽进军。第五军留守广州根据地。

国共合作北伐，东路军何应钦部攻入漳州等地。11月26日，林知渊策动驻厦门海军警备司令林国赓、海军陆战队队长林忠率部率先在厦门易帜，归附国民革命军。

12月10日，驻泊福州马尾等地的海军第一舰队，在司令陈季良的率领下，海军宣布服从国民政府，首先易帜归附国民革命军。

1927年3月14日，杨树庄率领海军易帜起义，归附国民革命军。蒋介石发动"四一二"反革命政变后，建立其独裁统治。郑滋樨经张群推荐出任国民革命军事委员会兵工署署长，但郑滋樨对蒋介石的独裁统治不满，坚辞不就。

1928年10月21日，海军总司令部筹议扩展教育培植人才，拟于象山港兴建大规模的海军学校。派第二舰队司令陈绍宽率同造舰总监郑滋樨、训练处处长夏孙鹏、"海容"舰舰长王寿廷、"海筹"舰舰长李孟斌、"通济"舰舰长李世甲等前往勘察、筹划。郑滋樨等乘"定安"运输舰驶抵象山港，实地勘察，择定适合建校之用的象山港北岸高泥地方。

1929年6月1日，南京政府海军部正式成立，陈绍宽为海军部长，7月19日郑滋樨充任南京政府海军部少将技监，造械总监（相当于海军中将）。

1930年5月6日，国民政府明令任命郑滋樨为海军部技监室少将技监。

1934年2月3日，海军部技监室技监郑滋樨兼代海军军械处处长之职。郑滋樨到任后，首先对各兵工厂进行整顿与技术改革，建议在马尾建设试枪场、试炮场。

1935年2月4日，郑滋樨被免去海军军械处处长之职，林元铨继任处长。

1937年4月23日，海军部技正郑滋樨被授予"海陆空军甲种一等奖章"。郑滋樨负责海军军械所试枪场和试炮厂建设（"七七事变"后，避免试枪场被敌所用，遂将火炮场炸毁）。

1938年1月1日，海军部因应抗战需要缩编为海军总司令部，郑滋樨因年迈转为少将候补员。9月，海军总司令部迁往重庆时，郑滋樨滞留上海。

1939年汪精卫伪政府成立后，多次派人催请郑滋樨出任"汪记"海军造械总监。郑滋樨以病为由，誓死不出，遭到日伪特务监视与迫害，而逃入德国医生谢璧诊所。

在日伪特务监视与迫害期间，郑滋樨无以为生，以靠变卖衣服家什艰难度日，第四子郑捷简也不得不放弃学业到码头当搬运工。郑滋樨在家帮助五子善简、六子朝简摆小摊以维持生计。

1944年12月，郑滋樨贫病交加，病逝于上海寓所，享年76岁。

临终前，对家人说："谁也别哭，应当为我笑，我这样死比当汉奸享荣华富贵强一百倍，为不当汉奸，饿死也值！我死而无憾。"他对儿子们唯一留下的遗嘱是：好好做人，谨慎工作，不做汉奸，不当亡国奴。


郑滋樨，生育六子一女。

郑滋樨第一位夫人，是福州鼓楼织布坊的一位织布女工。她为郑滋樨生下两个儿子后就病逝了。第二位夫人是位山东姑娘，又为郑滋樨生下了四个儿子。

长子：郑练简，肄业于马尾海军学校，抗战末转入公路交通系统，曾任建设厅技正。解放后为福建交通厅公路局高级工程师，福州市政协委员。

次子：郑补简，毕业于华东联合大学，解放后供职于福建省公路局。

三子：郑直简，曾就于上海大同大学，病逝于抗战中。

四子：郑捷简，战时在读中学，辍学。解放前参加上海地下党领导的进步组织，解放后考入清华大学，毕业后留校，后为安徽机电学院电机系主任、教授。

五子：郑善简，中共地下党员，1948年参加解放军，1951年考入交通大学，毕业后在上海交通大学任教，后来调入安徽机电学院任电机系主任。

六子：郑朝简，毕业于福州一中，后考入清华大学电机工程系，就职于中国科学院电机研究所，后调入中科院西安微电机研究所，任总工程师兼研究室主任。

长女：早夭。

# 后　记

　　中国是一个海洋大国，也是世界古代海军的发源地之一，对世界海洋文明做出了巨大的贡献。

　　中国近代海军是两次鸦片战争之后酝酿筹办起来的，它的诞生、发展、衰落，无不与中华民族经受的危机和苦难相关。从某种意义上说，中国近代海军史是一部充满侵略与反抗、图强与失败交织的历史。近代中国海军，在中国近代军事发展史上，是一个悲剧群体，他们的人生慷慨悲壮，兴衰荣辱，烙有强烈的时代印记。

　　1937年"卢沟桥事变"，日本帝国主义发动了全面侵华战争，中国海军在捍卫国家领土与抵御日寇入侵过程中，涌现出一批优秀将领和英烈。

　　在民族危难时刻，经略海洋、保卫海疆的历史，在建设海防、捍卫祖国海疆主权方面做出的卓越贡献。《民国海魂》通过近代有代表性海军将领和烈士的介绍，还原了封尘久远的近代中国海军英雄和烈士，从一个侧面展现了抗日战争时期中华民族自强不息、不屈不挠、发愤图强的过程。

　　加强近代海军及英烈的研究、宣传，挖掘、提炼其爱国主义精神文化，对于弘扬我国灿烂悠久的海洋文化，建设海洋强国，打造21世纪海上丝绸之路，树立与增强现代海洋国土观、现代海洋经济观和现代海洋防御观，为经济建设服务，有着重要的现实与借鉴意义。

在本书《民国海魂》即将付印之际，衷心感谢中国社会科学出版社武云博士指导与帮助。

尽管付出很大努力，由于本人水平局限，错误与不妥之处仍难避免，望读者给予批评指正。

刘传标

2014年12月22日于福州

后记